국왕과 양반의 소통 구조

신명호 · 원창애 · 이민주 · 이왕무 · 정해은

도서출판
역사산책

목 차

서언

국왕과 지배층의 소통과 불통

서언

국왕과 지배층의 소통과 불통

이 책은 총 4책으로 구성된 ≪조선 국왕의 리더십과 소통≫ 시리즈 중에서 두 번째 주제인 '국왕과 지배층의 소통과 불통'을 다루었다. 본 주제에는 총 5명의 연구자가 참여하여 다섯 가지 측면에서 '국왕과 지배층의 소통과 불통'을 검토하였다. 첫 번째 연구자는 '국왕과 문관의 소통 구조', 두 번째 연구자는 '국왕과 무관의 소통 구조', 세 번째 연구자는 '국왕과 공신의 소통 구조', 네 번째 연구자는 '국왕과 친인척의 소통 구조', 마지막으로 다섯 번째 연구자는 '복식으로 본 국왕과 양반의 소통 구조'를 검토하였다.

본 책의 검토 대상인 '국왕', '문관', '무관', '공신', '친인척'은 명실상 부하게 조선시대를 대표하는 지배층이었다. '국왕'과 '친인척'은 왕조국 가 조선의 공식적인 최고 지배층이었다. '공신'은 조선왕조를 세우고 유 지해온 핵심 지배층이었다. '문관'과 '무관'은 양반 관료체제를 지향한 조선왕조의 명실상부한 지배층이었다. 이들이 바로 조선왕조를 대표하는 지배층이었음은 재론할 필요도 없다. 조선시대 정치안정은 바로 이들 지배층의 소통과 불통에 직결되었다고 해도 과언이 아니다. 국왕과 지배 층이 원활하게 소통하였을 때, 조선왕조는 정치안정을 이루었다. 국왕과 지배층이 불통하여 대립하였을 때, 조선왕조는 정치안정을 이루지 못하 였다. 바로 그런 때 모반, 역모, 고변 등이 만연하곤 했다.

본 책의 검토 대상 중에서 '복식으로 본 국왕과 양반의 소통 구조'는 다른 주제와 비교할 때 독특하다고 할 수 있다. 다른 주제는 조선왕조를 대표하는 지배층 그 자체인데, 본 주제는 특이하게도 지배층이 아니라 '복식'이기 때문이다. 본 책에서 지배층 이외에 또 '복식'을 첨가한 이유는 '예악'을 중시한 조선왕조의 특성을 가장 잘 보여주는 주제가 '복식'이라 판단했기 때문이다.

　주지하듯이 조선왕조는 주자성리학을 건국이념으로 하여 성립한 국가였다. 조선의 지배층은 자신들 사이의 소통과 정치 안정 및 국제관계 확립 등에 필요한 다양한 제도와 관행을 주자성리학에 입각하여 구상하고 실천했다. 조선시대의 『국조오례의國朝五禮儀』는 바로 그런 구상과 실천을 대표하는 성과라고 할 수 있었다. 길례, 가례, 빈례, 군례, 흉례의 5례로 구성된 『국조오례의』는 조선왕조의 내치와 외교가 '예악'에 입각했음을 확실하게 보여준다. 그 『국조오례의』에서 강조되는 것은 당연히 '예악'이지만, 그 '예악'을 시각적으로 구현한 대표적인 상징물이 바로 '국왕과 양반의 복식'이었다. 따라서 '복식으로 본 국왕과 양반의 소통 구조'는 조선시대 국왕과 지배층들이 구상한 예악적 소통 구조를 시각적으로 가장 잘 보여줄 수 있는 주제라는 판단에서 본 책의 주제에 포함시켰다.

　본 책의 공통 주제인 '국왕과 지배층의 소통과 불통'에서는 국왕이 핵심 지배층인 양반과 맺은 다양한 소통 방식을 공식·비공식적 측면에서 탐구하였다. 조선시대 양반에는 문반과 무반은 물론 공신, 왕의 친인척 등 다양한 층위가 존재했다. 본 연구에서는 국왕이 각 계층과 맺은 소통 방식을 세분화해 심층적으로 검토해 국왕과 양반의 사이에 이루어진 소통 방식의 전모를 해명하고자 하였다.

　본 책의 첫 번째 주제인 '국왕과 문반의 소통 구조'에서는 국왕이 국정 운영을 위해 핵심 지배층인 문반과 맺은 소통 방식을 공식·비공식적 측면에서 탐구해 국왕 리더십에 접근하고자 하였다. 지금까지 조선시대 문신에 대한 연구는 대체로 특정 관직이나 관청에 대한 성과가 주류를 이룬다. 이에 비해 관료 체계에서 국왕 리더십과 국왕과 문관의 소통 시스템이 국정 운영에 실제 어떻게 작용되었는지 규명되지 않았다. 조선은 문치주의 국가로서 관료체제에서 문관이 주요한 위치를 차지했다. 문관만이 국왕과 함께 정책 입안, 의결과 같은 핵심적인 문제에 관여할 수 있었다. 그러므로 국왕과 문관 사이의 소통 구조를 살피는 것은 관료체제가 국왕과 소통할 수 있는 통로를 어떻게 마련했으며 실제 어떻게 작동되었는지를 해명하는 단초를 제공할 수 있다.

조선의 관료체제는 중앙집권적인 국가를 지향하였다. 신흥사대부가 중앙집권적 국가의 틀을 만드는데 사용한 주요 텍스트는 『주례』였다. 『주례』에서는 중국 주나라를 강력한 통제력이 있는 중앙집권적 국가의 원형으로 묘사하고 있다. 신흥사대부가 청사진으로 제시했던 유학적 이념 하에서의 중앙집권적 국가 관료체제는 정도전이 편찬한 『조선경국전』이나, 『경국대전』에 잘 나타나 있다. 『조선경국전』 치전治典 총서에서 총재冢宰는 백관을 통솔하고, 만민을 다스리는 중요한 직책이며, 인군人君의 직임은 총재 한사람을 잘 정하는데 있다고 하였다. 『경국대전』에서는 정1품아문인 의정부가 백관을 총괄하고, 서무를 공평하게 하며 음양을 다스리고, 나라를 경영한다고 명시하였다. 정도전의 『조선경국전』에서 총재 1인의 직임이었던 '백관 총괄'이 『경국대전』에서는 의정부의 직임으로 확대되었다. 두 법전에서 변함없이 지향하는 바는 나라 경영의 최고 직임은 국왕이 아닌 재상에게 있다는 것이었다. 국왕의 역할은 의정부의 재상을 잘 선택하여 임무를 맡기는 것이다. 국왕이 관료체제의 최고 정점에 있어 전권全權을 가진 것처럼 보이나, 실상은 재상을 선임하는 기능을 가진 행정 체제의 한 부분일 뿐이다. 국왕이 행정체제의 일부분이라는 의식은 주희에서도 뚜렷하게 나타났다.

국왕은 나라를 경영할 재상을 잘 선별해야 하고, 고위 관료들이 제시하는 정책에 대한 최종적인 판단을 해야 한다. 국왕이라고 해서 모두 현명한 자질을 가진 것은 아니다. 국왕은 자신의 지위에 걸 맞는 자질을 향상시키기 위해서는 우선 학문에 힘써야 한다. 국왕은 진정한 유학자를 초청해서 학문을 논해야 하며, 모든 사람들이 공유하는 학문의 모델이 되어야 한

다. 조선에서는 이러한 사상적 바탕 위에 국왕의 자질 향상을 위한 경연經
筵이 주요 관부로 자리를 잡았다. 학문 이외에도 국왕이 인재를 잘 알아보
고 국가 정책에 대한 바른 판단을 하기 위해서는 많은 사람들로부터 다양
한 실정을 들을 수 있어야 한다. 아래 사람의 이야기를 잘 경청함으로써
국왕의 현명함을 넓혀야 한다는 것이다. 그러기 위해서는 국왕이 관료를
포함한 백성들의 사정을 들을 수 있도록 언로를 넓혀야 한다. 조선에서는
국왕과 관료의 소통을 매우 중시하여 정사에 참여하지 않아서 국왕을
만날 수 없는 당하관 관료까지도 국왕이 대면할 수 있는 만남의 장을
마련해 놓았다. 이와 같은 배경에서 구축된 조선시대 국왕과 문관의 소통
구조를 해명하기 위해 다음과 같은 주제를 다루었다.

우선 I장에서는 '국왕과 문관의 소통 구조'를 주제로 하여 조선의 관료
체계에서 국왕과 문관의 소통 경로가 어떻게 제도화되었는지를 검토하였
다. 각 관서에서 국정운영에 필요한 정보를 국왕에게 전달하고 논의하는
공식적 과정을 정리함으로써 국왕과 문신 사이의 소통이 이뤄지는 구조
를 알 수 있기 때문이다.

II장에서는 '국왕과 문관의 공적 소통 구조'를 검토하였다. 조선의 관
료 체제는 유학을 바탕으로 짜여 있었다. 조선을 건국한 신흥사대부는
중앙집권적인 국가를 지향하였다. 신흥사대부가 중앙집권적 국가의 틀을
만드는데 사용한 주요 텍스트는 『주례』였다. 『주례』에서는 중국 주나라
를 강력한 통제력이 있는 중앙집권적 국가의 원형으로 묘사하고 있다.
송나라의 고문 학자들은 이 『주례』를 내세워서 중앙에서 사회 개혁을
주도하는 국가를 만들려고 하였다. 조선을 건국한 신흥사대부 역시 송나
라의 고문에 큰 영향을 받아서 중앙집권적 국가 건설을 꿈꾸었다. 국왕은
나라를 경영할 재상을 잘 선별해야 하고, 고위 관료들이 제시하는 정책에
대한 최종적인 판단을 해야 한다. 국왕이라고 해서 모두 현명한 자질을
가진 것은 아니다. 국왕은 자신의 지위에 걸 맞는 자질을 향상시키기
위해서는 우선 학문에 힘써야 한다. 국왕은 진정한 유학자를 초청해서
학문을 논해야 하며, 모든 사람들이 공유하는 학문의 모델이 되어야 한

다. 조선에서는 이러한 사상적 바탕 위에 국왕의 자질 향상을 위한 경연經
筵이 주요 관부로 자리를 잡았다.

학문 이외에도 국왕이 인재를 잘 알아보고 국가 정책에 대한 바른 판단
을 하기 위해서는 많은 사람들로부터 다양한 실정을 들을 수 있어야 한다.
아래 사람의 이야기를 잘 경청함으로써 국왕의 현명함을 넓혀야 한다는
것이다. 그러기 위해서는 국왕이 관료를 포함한 백성들의 사정을 들을
수 있도록 언로를 넓혀야 한다. 조선에서는 국왕과 관료의 소통을 매우
중시하여 정사에 참여하지 않아서 국왕을 만날 수 없는 당하관 관료까지
도 국왕이 대면할 수 있는 만남의 장을 마련해 놓았다. 관료체계 안에서
국왕과 문관 특히 6품 이상의 문관과 각종 조회, 윤대, 인견 등에서 공적
인 만남이 이루어졌다. 이 모임들은 국왕의 의견이 문관에게 전달되고,
관료들 역시 국왕과 면대해 자신의 의견을 개진할 수 있는 자리이다.
이러한 공적 소통 구조에서 국왕의 리더십을 살펴보고자 하였다.

Ⅲ장에서는 '경연을 통한 소통 구조'를 검토하였다. 조선시대 경연은
국왕과 문관이 교육이라는 장에서 만나 이루어지는 소통 구조이다. 경연
에는 학자 관료군과 대면하여 학문을 토론하면서 현안 국정 문제를 포함
하여 많은 논의가 이루어졌다. 경연 내용을 심층적으로 분석해 국왕의
리더십을 보고자 하였다.

Ⅳ장에서는 '언로를 통한 소통 구조'를 검토하였다. 조선시대에는 여론
정치가 행해지면서 여론을 매개로 국왕에게 의사를 전달할 수 있었다.
언로를 통한 국왕의 소통 구조와 그 내용을 파악해 국왕의 리더십을 알아
보고자 하였다.

두 번째 주제인 '국왕과 무관의 소통 구조'에서는 문치주의이자 양반
관료체제를 지향한 조선 사회에서 국왕이 어떤 방식으로 무관과 소통
구조를 만들었는지 살펴보고자 하였다. 조선시대 무신 연구는 문신에
대한 조명 속에서 부분적으로 진행되었을 뿐 독자적인 연구는 드물다.
그나마 조선후기 무신에 대한 연구가 진척되었으나, 중앙정치세력을 연
구하는 과정에서 고위 무신이나 무장들의 정치적 향방, 무반벌열武班閥閱에

대해 관심을 가져왔다. 이런 분위기에서 국왕과 무신의 소통을 연구하는 것은 중요 의미가 있다. 조선후기 군영이 설립되면서 무신은 영향력을 키워나갔고, 이제 국왕은 무신과 함께하지 않으면 권력 보전이 쉽지 않은 시대가 도래한 것이다. 따라서 국왕이 무신과 소통하기 위해 택한 방식을 탐구하는 일은 국왕 리더십을 밝히기 위한 중요한 창窓이 될 것이다.

예전이나 지금이나 군軍과 무武는 양날의 칼이다. 안으로 반란으로부터 정권을 지키고 밖으로 외침을 막아내고 뻗어나가기 위해서 군병과 무기는 필수불가결한 요소였다. 하지만 국왕과 문신 입장에서 군대가 힘이 강하면 쿠데타가 일어날 위험이 많으므로 달가운 일이 아니었다. 이 때문에 조선에서는 군대는 왕권 안보에 치중하였고, 전쟁이 일어나면 국민 총동원령을 내려 대응하였다. 조선전기의 군권은 임금에게 귀일되어 있었다. 형제들을 죽이고 어렵게 왕위에 오른 태종은 군사권을 장악하기 위해 권력자들이 갖고 있던 사병私兵을 혁파해 권력자와 휘하 군사들의 사적 유대 관계를 해체했다. 이 조치는 임금만이 군대를 보유할 수 있다는 선언으로써 군의 정치 개입을 사전에 차단하기 위한 노력이었다. 이런 과정을 거쳐 탄생한 중앙의 군사조직인 5위衛는 군권이 분산되지 않고 병조판서를 거쳐 국왕에게 귀속되었다. 5위는 행정조직에서도 군정 기관인 병조에 소속되었다. 그래서 병조는 오위와 협조 관계를 유지하며 군령 기관의 역할도 수행했고, 개병제皆兵制의 원칙 아래 병권은 병조판서를 거쳐 국왕으로 집중되었다. 또 개병제에다 번상番上 기간마저 짧아 군사들이 자주 갈리면서 군 지휘관은 군사들을 모르고 군사들은 군 지휘관을 모르는 현상도 발생하였다. 요컨대 오위 체제에서 대장이나 총관들은 관료에 불과했으며 군사지휘권과 거리가 멀었다. 그럼에도 국왕은 외형상 군사 총책임자인 도총관과 좋은 관계를 유지하기 위해 다양한 소통책을 마련하였다. 국왕의 입장에서 도총관은 늘 소통하면서 의중을 파악해야 하는 존재였다. 그래서 총관의 위상은 의정부에 비견되었다. 또 도총관은 각종 잔치의 초청 대상이었다는 점도 도총관에 대한 국왕의 관심을 보여준다.

조선후기에 군영軍營이 설립되면서 무신들은 점차 목소리를 키워나갔으며, 정치적으로도 영향력을 확대해갔다. 무반가문이 등장하고 군영대장이 배출되는 현상은 임진왜란 이전에는 찾아볼 수 없는 특징이다. 이런 측면에서 국왕이 무신과 소통하기 위해 택한 방식은 국왕의 리더십에 접근하기 위한 필수 주제라 할 수 있다.

Ⅰ장에서는 '군사제도 속의 소통 구조'를 중심으로 하여 조선전기 오위제와 조선후기 오군영의 군사체제에서 국왕이 군권을 확립하기 위해 무신과 어떤 방식으로 의사소통을 추구했는지 알아보았다.

Ⅱ장에서는 '군사권 발휘를 통한 소통 구조'를 주제로 하여 군사력을 이용한 모반을 방지하기 위해 군사권 제어 방식, 제어와 통제 속에서 이루어진 무신과의 소통 구조를 알아보았다. 또 군사를 움직일 때 필요한 증명서인 발병부發兵符와 군사를 움직이기 위한 유서諭書의 활용 방식을 검토하였다. 그리고 국왕 옆에서 각종 군사업무를 수행하는 선전관宣傳官의 파견과 활용을 통해 무신을 어떤 방식으로 감시, 통제했는지 검토하였다.

Ⅲ장에서는 '격려와 시상을 통한 소통 구조'를 주제로 하여 각종 시재와 호궤 등을 이용해 리더십을 발휘한 구조에 접근하고자 하였다.

세 번째 주제인 '국왕과 공신의 소통 구조'에서는 국왕, 훈봉공신, 종묘배향공신, 문묘배향공신, 정공신, 원종공신 등을 중심으로 하여 조선시대 국왕과 공신 사이에 형성되었던 공식적, 비공식적 소통 구조를 해명하고자 하였다. 그동안 조선시대 공신에 대한 연구는 대체로 정치사 또는 제도사 측면에서 이루어졌다. 공신을 축으로 정치지배세력의 등장과 변화에 주목했고, 공신 책봉에 수반되는 다양한 제도들을 연구하였다. 반면 공신을 국왕과의 소통 구조라는 측면에서 연구한 성과는 찾아볼 수 없다. 공신이 조선시대 정치지배세력의 핵심 중 하나였다는 측면에서 국왕과 공신 사이의 소통은 정치적으로 중요한 문제다. 그래서 정치 안정은 많은 부분 국왕과 공신 사이의 연계와 소통 여하에 달려있었다. 그러므로 국왕이 정치 안정을 위해 공신과 공식·비공식으로 맺은 다양한 소통 구조를 파악하는 것은 국왕의 리더십과 함께 조선시대 핵심 지배층의 정치과정을 구체적으로 해명하기 위해 필수적이라 할 수 있다.

조선시대에는 개국 이외에도 반정 또는 군사반란 진압, 역모사건 평정 등 커다란 정치적, 군사적 사태 이후에 의례적으로 공신이 책봉되었다. 이 결과 조선왕조 5백년간 총 28차례의 공신이 책봉되었다. 이 외에 종묘의 배향공신과 성균관 문묘의 배향공신까지 합치면 조선의 공신은 정공신正功臣만 1천여 명이 넘고, 원종공신原從功臣까지 고려하면 수만 명이 넘는다. 공신책봉을 야기한 28차례의 정치적, 군사적 사태는 모두가 당대를 뒤 흔들던 대사건들이었다. 조선시대에 공신들이 자주 책봉되면서 공신과 관련된 각종 제도들이 정밀하게 마련되었다.

조선시대에 정치적, 군사적 사태를 해결하면서 큰 공훈을 세운 공신들을 책봉하였는데, 그들을 훈봉공신勳封功臣이라고 하였다. 훈봉공신에는 정공신正功臣과 원종공신原從功臣이 있었다. 정공신은 정식으로 공신호를 받고 공신등급을 받은 공신이었고 원종공신은 정공신 이외에 원종공신이라는 공신호를 받은 공신들이었다. 훈봉공신 이외에 종묘배향공신과 문묘배향공신도 공신으로 불렸다. 공신은 훈봉공신이든, 원종공신이든 경제적, 사회적으로 막대한 특권을 누렸다.

조선시대 공신에게 막대한 특권을 준 이유는 그들이 국가에 큰 공훈을 세웠기 때문이기도 하지만, 그와 동시에 그들이 당시의 국가를 떠받치는 핵심 세력이기 때문이기도 하였다. 따라서 국왕과 공신 사이에 대립이 격화되거나 의견조율이 되지 않으면 이는 왕실의 위기가 되기도 하고 나아가 국가의 위기가 되기도 하였다. 이에 조선시대에는 국왕과 공신 사이에 다양한 소통 구조를 정립함으로써 왕권의 안정은 물론 국정의 안정을 도모하고자 하였다.

Ⅰ장에서는 '국왕과 훈봉공신의 소통 구조'를 중심으로 하여 국왕과 공신 사이에 형성된 공식적 소통 구조를 중심으로 살펴보았다. 이를 위해 국왕과 훈봉공신, 종묘배향공신, 문묘배향공신 사이에 형성된 소통 구조 예컨대 공신회맹, 공신연 등을 검토하였다.

Ⅱ장에서는 '국왕과 배향공신의 소통 구조'를 중심으로 검토하였다.

구체적으로 말하면 국왕과 배향공신 사이에 형성된 소통 구조를 종묘와 문묘의 배향을 둘러싼 다툼, 후손들을 위한 배려인 불천위와 치제 등을 중심으로 살펴보았다. 이를 통해 조선시대 국왕과 공신 사이에 형성된 소통 구조를 구체적, 종합적 측면에서 해명하고자 하였다.

네 번째 주제인 '국왕과 친인척의 소통 구조'에서는 국왕, 종친, 종반, 왕친, 척리, 외척, 인척, 왕실, 의례, 봉작, 국혼, 사패지 등을 키워드로 하여 검토하였다. 그동안 조선시대 국왕의 친인척에 관한 연구는 종친 및 외척에 집중되어 있었다. 혈연이나 혼인을 매개로 왕실세력을 연구하거나, 국왕 등극에 따른 외척의 향방과 왕실 혼례에 대한 연구가 진척되었다. 반면에 국왕과 친인척간의 소통에 대한 연구는 일천하였다. 종친과 국왕의 친인척은 왕조국가의 정점에 있으면서 왕실 및 국가의 의례 운영에 참여하고 왕실안위를 수호한 집단이었다. 동시에 이들은 권력을 탐하는 역모자가 되기도 했다. 이 때문에 국왕은 이들에게 통제와 특혜라는 이중적인 소통 구조를 사용했다. 따라서 국왕이 정치적 안정을 위해 친인척과 맺은 소통 구조에 주목한 이 연구는 타 연구와 차별이 있다.

동서고금을 막론하고 제왕의 측근 중에도 친인척이 중요하지 않던 경우는 찾기 어렵다. 제왕의 지위와 생명을 위협한 세력 중에 친인척이 늘 존재하기도 했지만, 제왕을 보호하고 그 적들을 제거하는데 선봉에서 활약한 것도 친인척들이었다. 제왕의 친인척은 '계륵鷄肋'이상의 존재였다. 인간이 가장 기초적인 사회화 과정을 가家에서 거친다면, 그 과정 속에서 일상적으로 대면하던 최초의 갈등요소일 것이다. 그래서 유교를 지향하는 사회에서 제가齊家를 강조했다고 볼 수 있다.

이점은 조선왕조에도 동일하게 나타난다. 전주 이씨라는 사적私的인 가문의 안정과 화합이 곧 왕권의 기초적 토대이며 원천이 될 수 있기 때문이다. 예컨대 조선왕조의 사회구조와 친족관계에서 나타나는 특징 중의 하나가 상호부조相互扶助 가족 네트워크라고 생각된다. 조선왕조의 전 기간 동안 부계와 모계의 기록이 족보에서 사라지지 않았다는 것에서도 알 수 있다. 흥미로운 점은 조선전기의 족보에 모계의 이성 자손과 외손들이

다수를 차지하였고, 조선후기 족보에서는 부계가 다수를 차지하기는 하지만 배우자의 성관姓貫과 처부妻父 및 그 가계의 정보가 기재되었다. 혼인관계로 맺어진 외척의 기록이 다양하게 나타나고 있는 것이다. 왕실의 종친은 물론 외척의 중요성도 시대가 변화되더라도 그대로 유지되었음을 알 수 있다.

조선시대 국왕과 친인척 사이에 형성되었던 공식적, 비공식적 소통 구조를 대상으로 한 본 검토는 서론과 결론 외에 본론을 총 2장으로 구성하였다. Ⅰ장은 '국왕과 종친의 소통 구조'를 중심으로 하여 국왕과 친인척 사이에 형성된 공식적 소통 구조를 중심으로 살펴보았다. 국왕은 왕실 친인척과 왕실의 의례, 국가행사 등을 통해 공식적으로 국왕의 의사를 전달하기 위한 다양한 제도가 있었다. 이 장에서는 왕실 의례와 행사에 동원되거나 활약하였던 왕실 친인척과 국왕 사이에 형성된 공식적 소통 구조를 중심으로 살펴보았다.

Ⅱ장은 '국왕과 의빈, 외척의 소통 구조'를 중심으로 하여 국왕과 친인척 사이에 형성된 비공식적 소통 구조를 살펴보았다. 이를 통해 조선시대 국왕과 친인척 사이에 형성된 다양한 소통 구조를 구체적, 종합적 측면에서 해명하고자 하였다.

마지막으로 다섯 번째 주제인 '복식으로 본 국왕과 양반의 소통 구조'에서는 복식을 매개체로 국왕과 양반이 어떻게 소통하였는지, 또 소통하고자 하였는지를 규명하고자 하였다. 조선시대 복식 연구는 '복식'이라는 물질을 중심으로 시대에 따라 복식의 변화를 밝히는데 주력해 왔다. 더욱이 조선시대는 복식이 신분을 구분 짓고, 의례를 대변하는 시각적인 수단으로서의 역할이 부각됨에 따라 왕실·사대부·민으로 나누어 신분별 복식의 차이를 밝혔다. 의례 복식도 왕실은 오례五禮, 사대부는 사례四禮를 중심으로 차이를 밝히는 연구가 심층적으로 진행되었다. 하지만 조선의 신분·의례별 복식 구조가 밝혀지는 과정에서 복식이 국왕과 양반의 중요한 소통의 역할을 했음에도 불구하고 관련 연구는 전무한 상태다. 따라서 복식이 국왕과 양반의 소통에서 어떤 역할을 했으며 어떤 아이템을 사용했는지 등은 지금껏 시도하지 않은 연구로서, 국왕이 복식을 통해 양반을 리드하고자 했던 방식을 미시적으로 규명하는 데에 적합할 것이다.

무릇 사람을 사람답게 만드는 것이 예의이고, 예의의 시작은 몸가짐을 바르게 하고 얼굴빛을 가지런히 하며 손님을 접대하고 배웅하는 데 있어 말을 공순하게 하는 것이다. 이 때 몸가짐을 바르게 하기 위해서는 의관을 바르게 갖추어야 하며, 의관을 갖춤으로써 임금은 임금다워지고 신하는 신하다워지며 아버지는 아버지답고 자식은 자식답게 되어 강상윤리의 존비관이 지켜지게 된다고 하였다.

봉건사회에서 소통은 질서에 의해 이루어진다. 그 어떤 언어적 소통보다도 각자의 신분과 의례에 맞는 복식을 갖추고 정례화 된 의식을 거행하게 된다. 이에 복식을 통한 상하존비간의 질서는 의례와 신분을 드러내는 결정적인 소통의 수단이 된다.

조선시대 복식은 신분을 구분 짓고 의례를 대별하는 가장 직접적이면서 시각적인 수단이었다. 이는 의례에 참여하는 모든 사람은 각자의 신분에 맞는 복식을 입음으로써 자연스럽게 서열이 정해졌을 뿐 아니라 각 의례에서 각자의 위치와 역할이 정해졌기 때문이다. 더욱이 넓은 공간에서 치러지는 의례에서 복식의 역할은 말이 필요 없는 가장 확실한 소통 구조임에 틀림없다.

Ⅰ장에서는 '관복을 통한 소통 구조'를 주제로 하여 국왕과 양반과의 관복을 통한 소통 구조를 살펴보았다. 이를 통해 국왕과 왕세자, 국왕과 양반, 국왕과 내·외명부 사이의 소통 구조가 구장복과 칠장복, 곤룡포와 관복, 구장복과 적의 등을 통해 어떻게 구현되었는지 검토하였다.

Ⅱ장에서는 '복식과 잔치로 본 소통 구조'를 주제로 국왕과 양반 사이에 유지된 비공식적인 소통 구조를 해명하였다. 국왕은 왕세자, 양반, 내·외명부들에게 이엄을 주기적으로 하사하고, 특별 행사를 치른 후에는 표리表裏를 내려 참여자들을 격려하였다. 또 내·외명부나 기로 신하들에게는 잔치를 내려주어 국왕의 온정을 전달하였다. 이처럼 비공식 또는 비정기적인 온정을 통해 국왕과 왕세자, 국왕과 양반, 국왕과 내외명부,

더 나아가 민과 소통하고자 한 범국가적 차원의 구조를 살펴보았다.

　이상의 다섯 가지 주제를 검토한 결과는 평범하다면 평범하다. 국왕과 지배층 사이에 공식적, 비공식적 소통이 잘 되었을 때 정치는 안정되었지만, 그렇지 않았을 때 정치는 불안했다. 그것은 '소통하면 몸이 아프지 않고, 불통하면 몸이 아프다.通則不痛 不通則痛'고 한 『동의보감』의 가르침과 다를 것이 없었다. 다시 강조하건대, 사람이나 국가나 할 것 없이, 잘 소통하면 아프지 않고, 반대로 불통하면 아프다는 진리에서 벗어나지 않는다.

2019년 4월
집필책임 **신명호**

1부

국왕과 문관의 소통 구조

I

관료 체제 속의 소통 구조

조선의 관료 체제는 유학 사상을 바탕으로 짜여 있었다. 조선을 건국한 신흥사대부는 중앙집권적인 국가를 지향하였다. 신흥사대부가 중앙집권적 국가의 틀을 만드는데 사용한 주요 텍스트는 『주례』였다. 『주례』에서는 중국 주나라를 강한 통제력이 있는 중앙집권적 국가의 원형으로 묘사하고 있다. 송나라의 고문 학자들은 이 『주례』를 내세워서 중앙에서 사회 개혁을 주도하는 국가를 만들려고 하였다.[1] 조선을 건국한 신흥사대부 역시 송나라의 고문에 큰 영향을 받아서 중앙집권적 국가 건설을 꿈꾸었다.

신흥사대부가 청사진으로 제시했던 유학적 이념 하에서의 중앙집권적 국가 관료체제는 어떠한 것이었을까? 그것은 정도전이 편찬한 『조선경국전』이나 『경국대전』에 잘 나타나 있다. 『조선경국전』 치전治典 총서에서 총재冢宰는 백관을 통솔하고 만민을 다스리는 중요한 직책이며, 인군人君의 직임은 총재 한사람을 잘 정하는데 있다고 하였다.[2] 『경국대전』에서는 정1품아문인 의정부가 백관을 총괄하고, 서무를 공평하게 하며 음양을

---

1) 존 B. 던컨, 『조선 왕조의 기원』, 너머북스, 2013, 370~373쪽.
2) 『삼봉집』 권13, 「조선경국전」상, 治典 總序
　　治典冢宰所掌也 司徒以下皆冢宰之屬 則教典以下 亦冢宰之職也 冢宰得其人 六典
　　舉而百職修 故曰人主之職 在論一相 冢宰之謂也 上以承君父 下以統百官治萬民
　　厥·職大矣

다스리고, 나라를 경영한다고 명시하였다.[3]

정도전의『조선경국전』에서 총재 1인의 직임이었던 '백관 총괄'이『경국대전』에서는 의정부의 직임으로 확대되었다. 두 법전에서 변함없이 지향하는 바는 나라 경영의 최고 직임은 국왕이 아닌 재상에게 있다는 것이었다.

국왕의 역할은 의정부의 재상을 잘 선택하여 임무를 맡기는 것이다. 국왕이 관료 체제의 최고 정점에 있어 전권全權을 가진 것처럼 보이나, 실상은 재상을 선임하는 기능을 가진 행정 체제의 한 부분일 뿐이다. 국왕이 행정 체제의 일부분이라는 의식은 주희에게서도 뚜렷하게 나타났다.[4]

국왕은 나라를 경영할 재상을 잘 선별해야 하고, 고위 관료들이 제시하는 정책에 대한 최종적인 판단을 해야 한다. 국왕이라고 해서 모두 현명한 자질을 가진 것은 아니다. 국왕이 자신의 지위에 걸 맞는 자질을 향상시키기 위해서는 우선 학문에 힘써야 한다. 국왕은 진정한 유학자를 초청해서 학문을 논해야 하며, 모든 사람들이 공유하는 학문의 모델이 되어야 한다. 조선에서는 이러한 사상적 바탕 위에 국왕의 자질 향상을 위한 경연經筵이 주요 관서로 자리를 잡았다.

학문 이외에도 국왕이 인재를 잘 알아보아야 하고, 국가 정책에 대한 바른 판단을 하기 위해서는 많은 사람들로부터 다양한 실정을 들을 수 있어야 한다. 아랫 사람의 이야기를 잘 경청함으로써 국왕의 현명함을 넓혀야 한다는 것이다. 그러기 위해서는 국왕이 관료를 포함한 백성들의 사정을 들을 수 있도록 언로가 열려 있어야 한다. 조선에서는 국왕과 관료의 소통을 매우 중시하여 정사에 참여하지 않아서 국왕을 만날 수 없는 당하관까지도 국왕을 대면할 수 있는 만남의 장을 마련해 놓았다.

---

3)『경국대전』권1, 이전, 경관직, 의정부조.
4) Peter K. Bol,『역사 속의 성리학』, 예문서원, 2010, 220쪽.

1. 경관 체제와 소통 구조

경관 체제 안에서 국왕과 관료의 소통 구조는 『경국대전』 예전의 용문자식用文字式에 잘 나타나있다. '용문자식'은 국왕과 관청, 관청과 관청 사이의 공문서를 주고받는 위계질서를 나타내지만, 국왕과 관청, 관청과 관청 간의 소통 구조이기도 하다. 조선시대 국왕과 관청 혹은 관청 간의 소통은 문서를 통해서 이루어졌다. 각 관청에서는 뒷날의 증빙을 위해서 모든 공문서를 입안立案해 두어야 했다.[5]

조선시대 핵심 공문서는 계啓·관關·첩정牒呈·하첩下帖 등이다.[6] 국왕에게 직접 공문서를 올리는 직계直啓 관청은 동반·서반의 1품, 2품아문이다. 동반 아문을 보면, 정1품아문 종친부·의정부·충훈부·의빈부·돈녕부, 종1품아문 의금부, 정2품아문 육조·한성부, 종2품아문 사헌부·개성부·충익부였다. 조선후기에는 여기에 비변사와 제언사가 증설되었다. 동반 직계 아문은 의정부(조선후기, 비변사)를 비롯한 행정관서, 종친부·의빈부·돈녕부 등의 왕실 친인척이 소속된 예우관서, 충훈부와 충익부[7] 등 공신관서 등으로 분류된다.

의정부가 백관을 총괄하는 관부임을 감안할 때, 종2품아문 이하의 행정관서에서 국왕에게 직계한 것은 조선이 완벽한 재상 중심 정치 체제는 아니었음을 보여주는 것이다. 조선시대 의정부는 정종 때에 도평의사사를 재편한 결과로 설치되었다. 태종은 명明의 정치 형태를 본 따서 1514년(태종 14) 의정부를 폐지하고, 행정 실무를 육조에게 맡겨 바로 국왕에게 보고하는 직계제直啓制를 시행하였다. 태종은 왕권 강화를 추구했던 국왕으로서 의정부가 국정 운영의 핵심이 되는 것을 원치 않았다.

육조 직계제는 세종이 즉위한 후에도 지속되다가 1436년(세종 18)

---

5) 『경국대전』 권3, 잡령, 用文字式條.
6) 박준호, 「『경국대전』 체제의 문서 행정 연구」, 『고문서연구』28, 2006, 115쪽.
7) 충익부는 광해군대에 병조에 이속되었다가 인조반정 이후 충훈부에 통합되었다. 그 후에도 충익부는 병조와 충훈부로 이속 통합이 반복되었다가, 최종적으로 충훈부에 통합되어 『대전통편』에 수록되었다.(『대전회통』 권1 이전, 충익부조)

다시 의정부 서사제로 환원되었다. 이때 다시 시행된 의정부 서사제에는 육조 직계제의 흔적이 남아있었다. 의정부가 영의정 주도 하에 나라의 서무를 관장하지만, 육조에서 국왕에게 직계하는 부분도 남겨 놓았다. 육조에서는 행정상 소소한 일상 업무는 해당 아문에서 알아서 시행하고, 중요한 사안은 의정부에 보고하였다. 육조의 업무 가운데 관료의 인사, 군사권 그리고 주요한 형법 처리의 문제는 의정부를 거치지 않고 국왕에게 바로 보고할 수 있었다.[8] 의정부 서사제와 육조 직계제의 복합적인 체제가 『경국대전』용문자식에 그대로 반영되어 2품 이상 아문은 문서를 통해서 국왕과 직접 소통할 수 있었다.

서반 아문의 경우 『경국대전』에는 정1품아문 중추부, 정2품아문 오위도총부, 종2품아문 오위·겸사복·내금위 등이다. 그러나 조선후기에는 정1품아문에 선혜청·준설사·주교사가 증설되었으며, 정2품아문이었던 오위·겸사복·내금위 등은 정3품아문으로 강등되었다.[9] 대신 조선후기에 신설된 군영아문인 훈련도감·어영청·금위영·총융청·수어청 등 오군영이 새롭게 종2품아문에 들었다.

중추부는 직무가 없는 문·무관 당상관이 소속된 예우 아문이었다. 오위도총부는 중앙 군대인 오위를 총괄하는 관서이나, 도총관·부총관은 모두 겸직으로 운영되었다. 오위는 중앙군으로 궁궐 숙위, 국왕 시위, 군사 훈련 등을 주요 업무로 담당하였다. 겸사복은 궁궐 숙위와 국왕 시위를, 내금위는 궁궐 숙위가 주 임무였다. 오위·겸사복·내금위의 제장諸將 역시 겸직으로 운영되었다.[10]

조선후기 서반아문에 신설된 군영아문은 임진왜란을 비롯한 각종 전란을 겪으면서 설립되었다. 군영아문에는 오군영 이외에도 호위청·포도청도 포함되어 있었다. 군영아문 중에서 훈련도감·어영청·금위영은 궁성과

---

8) 남지대, 「조선 초기 관서·관직체계의 정비」, 『호서문화논총』 9·10집, 1996, 99~100쪽.
9) 『대전회통』 권4, 경관직조.
10) 『경국대전』 권4, 병전 경관직, 정1품아문, 정2품아문, 종2품아문.

도성 수비를 책임지고 있는 중앙 군영으로서 삼군문三軍門이라 불리었으며, 병조 이외에 군권을 담당하는 주요관서였다. 삼군문의 대장은 국왕의 측근에서 제수될 뿐만 아니라, 국왕에게 직계하는 아문으로서 비중이 컸다.

2품아문은 아니지만, 예외적으로 국왕에게 직접 보고할 수 있는 관청이 있었다. 정3품아문인 승정원·장례원·사간원 그리고 종부시이다. 왕명을 출납하는 승정원, 종친의 규찰 기관인 종부시, 간쟁과 논박을 담당한 사간원, 노비 소송을 담당한 장례원 등이다.[11] 이와 같은 관청은 2품 이상의 아문은 아니지만, 담당 업무가 국왕과 직접 소통해야 하는 긴밀한 일이기 때문이다.

또한 긴급한 일이 있을 경우 각 관청의 제조提調가 국왕에게 바로 보고할 수 있었다. 조선의 관청은 『경국대전』 이후에도 새로 설치되거나 폐지된 경우도 있고, 관품이 높은 아문에서 낮은 아문으로 이동되기도 하였다. 그러므로 제조가 관할하는 관청의 수를 일괄적으로 말하기는 어렵다. 더욱이 제조는 상설 관청에 설치되는 경우도 있지만, 중요한 사안을 해결하기 위해서 임시적으로 두는 각종 도감都監에도 설치되었다. 조선시기에 설치된 도감의 종류는 전기만 하더라도 의례·토목 등에 관련된 도감이 212회가 설치되었다.[12]

임시 관청의 제조를 제외하더라도, 『경국대전』을 기준으로 긴급한 일로 제조가 국왕에게 보고할 수 있었던 관청은 총 39개이다. 『경국대전』에 기재된 경관은 동반과 서반을 합쳐서 총 90개 관청이다. 제조가 긴급한 일로 국왕에게 직계할 수 있는 관청 39개에다 위에서 언급한 직계 관청 18개를 합하면 57개로, 경관 전체 관청 중 약 63.3%에 달하고

---

11) 『경국대전』 用文字式에 의하면, 서울·지방의 제장(諸將)도 국왕에게 직계할 수 있다고 하였다. 서반 경관으로 장(將)이 배치된 관청은 오위·겸사복·내금위이었다. 이들 관청은 사실 종2품아문에 해당되므로 당연히 국왕에게 직계할 수 있는 지위인데도 예외적으로 국왕에게 직접 보고하는 아문으로 거론되었다.

12) 나영훈, 「조선 전기 도감의 조직과 기능」, 『조선시대사학보』 70, 2014, 61쪽, 〈표 1〉 조선 도감의 기능 분류 참조.

있다. 경관의 2/3에 달하는 관청에서 국왕에게 직계할 수 있었다는 결론이다.[13]

국왕에게 직접 보고하지 못하는 26.7%의 3품아문 이하 관청은 소속 아문에 보고하여 국왕에게 전달되는 간접적인 방식을 사용하였다. 관청 간의 소통 역시 반드시 문서를 사용하였다. 문서의 종류는 관關·첩정牒呈·첩帖 등이 있었다. 관關은 동등한 관부 혹은 상급 관부에서 하급 관부로 보내는 공문서이며, 하급 관부에서 상급 관부에 올리는 공문서는 첩정이다. 7품 이하의 관원에게는 첩으로 공문을 보냈다.

의정부 서사제로 환원된 이후에도 국왕에게 직계하는 부서가 60%가 넘는 것으로 보아 조선은 국왕이 각 관청과 직접적으로 소통할 수 있는 기회가 많았다. 『경국대전』을 바탕한 체제는 16세기 말 왜란과 17세기 초 호란을 거치면서 변화되었다. 여러 전란과 반정을 겪으면서 17세기에는 『경국대전』 체제로는 해결하기 어려운 사안들이 쌓여갔다. 이러한 사안은 기능이 약화된 의정부 그리고 육조에서 처리하기 어려웠으므로 비변사에서 담당하게 하였다. 비변사는 전란이라는 비상 상황에서 설립되어 삼정승 이외에도 육조 중에 주요 관서의 당상 등으로 구성되었다. 비변사 체제는 17세기 전란이 끝난 이후에도 그대로 유지되어 의정부 서사제는 복구되지 못하였고, 시간이 흐를수록 더욱 확대되었다. 비변사 조직은 원임대신과 시임대신 등 대신이 도제조로서 비변사의 운영과 논의를 감독하고 통솔하는 관서로서 『속대전』에 오르게 되었다.[14]

비변사 체제는 겸직제로 운영되었으나, 의정부·육조·삼사三司 등 동반 아문 당상만이 아니라 중추부와 군영 아문 등 서반 아문의 당상까지 포함되었다.[15] 이러한 체제는 국왕이 문서를 통해서만이 아니라 비변사 당상을 겸직한 2품 이상의 동반·서반 당상을 같이 면대하여 국정을 논의할

---

13) 조선후기 서반 아문에도 제조가 설치되는 군영아문이 증치되었는데, 훈련도감·금위영·어영청 등이다.
14) 이재철, 「비변사의 정치적 위상과 기능」, 『사학연구』 91, 2008, 230~232쪽.
15) 이상식, 「조선 숙종대 비변사의 정치적 기능과 왕권 강화」, 『민족문화연구』 42, 2005, 317쪽.

기회를 만들어주었다.

경관 관서가 국왕에게 직계할 때 큰 사안은 계본啓本을, 작은 사안은 계목啓目을 사용하게 법제화되어 있었다. 계본·계목은 조선 초기부터 사용하기 시작하였다. 『경국대전』에는 계본·계목의 서식이 있으나, 이들 문서를 사용하는 사안에 대한 구체적인 언급은 없다.

계본은 고려시대부터 장신狀申이란 명칭으로 사용되어 왔던 것을 명칭만 바꾼 것이나, 계목은 조선 초기에 처음 사용하기 시작한 문서 형식이었다.[16] 계목은 의정부에서 국왕에게 올리는 관원의 의망 문서 형식에서 비롯된 것이다.[17] 의정부에서 국왕에게 관원의 의망을 올릴 때에 문서 작성자의 서명署名을 하지 않았다. 태종 때 육조 직계제가 시행되자 이조·병조 등에서 관원 인선에 관여하게 되어 관원 의망문서를 국왕에게 올렸다. 이 문서 형식이 육조 내 다른 아문에서도 널리 사용되어 예약·형정에 관련된 문서에 작성자의 서명을 하지 않고 '계목'이라고 칭하였다.[18]

당시 육조 관료들은 국왕에게 올리는 문서 중에 서명을 하지 않은 것을 계목이라 하여 계본과 차별화한 것 같다. 그러나 계목에 문서 담당자의 서명이 없어 나중에 누가 국왕에게 문서를 올렸는지 확인할 수 없는 폐단이 있다는 예조 참판 허조許稠의 상서上書로, 태종은 의망 문서와 일상사에 관련된 것만 계목으로 하고 나머지는 계본을 사용하게 하였다.[19]

경관 직계 관청에서 계본과 계목으로 올린 사안은 어떻게 구별되는지 살펴보자. 경관 관청에서 국왕에게 올렸던 계본·계목의 사안은 분석할 만큼 남아 있지 않다. 『조선왕조실록』과 『승정원일기』 등 연대기 자료에 실린 일부 계본·계목을 통해서 문서별 사안을 추정할 수 있다. 연대기에 실린 계본은 경관 관서 보다 지방에서 올린 것이 대부분이다. 경관 관청에서 올린 계본의 사안을 정리하면 다음과 같다.

---

16) 명경일, 「조선초기 啓目 연구」, 『고문서연구』 39, 2011, 39쪽.
17) 명경일, 앞의 글, 41쪽.
18) 『太宗實錄』 권33, 太宗 17년 윤5월 22일(丁丑).
19) 주 18 참조.

〈표 1〉 연대기에 기록된 경관 관청의 계본 내용

사안		관서	내용
형정	추국·추안·추문	사헌부	공초계본 : 죄인의 공초 내용 보고
		의금부	
		형조	
	형장 시행	각사	시행한 신장(訊杖) 차수(次數)와 장수(杖數) 보고
	죄인 조율(照律)	사헌부	관원의 업무상 죄에 대한 조율[20]
		사간원	비리 관원 죄에 대한 조율[21]
		의금부	관료나 양반의 개인적인 죄에 대한 조율[22]
		형조	평민·노비 등의 죄에 대한 조율[23]
	사형죄 심리	의금부	초복(初覆)·재복(再覆)·삼복(三覆)[24]
		형조	
	소송	의금부	노비, 전지 결절(決折), 적첩·부자 분간 등에 관한 소송 사건 보고[25]
		형조	
		한성부	
		사헌부	
		사간원	
		장례원	
		종부시	
인사	포폄	병조	병조 관원 포폄계본[26]
		예조	각능 참봉 포폄계본[27]
		호조	오부(五部) 포폄 계본[28]
		이조	포폄 결과 중(中)을 받은 관원 파출 요청[29], 해유
		공조	소속 관청 포폄계본
		중추부	포폄
업무	과거	예조	증광별시 입계(入啓) 방목 계본[30]
	전문(箋文)	예조	존호를 올린 후 전문을 올린 관료명단
	국기(國忌)	예조	국기계본
	제향	예조	종묘대제 친제 취품(取稟), 각릉 기신제, 선잠제(先蠶祭), 매삭 월령 각제 마련 계본(每朔月令各祭磨鍊啓本)
	인력	사복시	관청 노비 인원 요청[31]

---

20) 사헌부 계본의 예이다.
　　司憲府啓本 司評金元亮 義盈庫直長鄭大亨 典籍安弘量 西學博士權濩 闕直罪笞二十 依大典罷黜啓. 依允. [『承政院日記』 仁祖 원년 7월 7일(乙未).]
21) 사간원 계본의 예이다.
　　司諫院啓 左參贊孫舜孝 告身還給人議得時 欲給任士洪告身 令是非顚倒用罪 大明律 對制上書 詐不以實杖一百徒三年 告身盡奪。命議于領敦寧以上政府臺諫弘文館. [『成宗實錄』 권180, 成宗 16년 6월 14일(癸巳).]
22) 의금부 계본의 예이다.

〈표 1〉을 참조하면, 연대기에는 각종 형정 계본이 많이 실려 있다. 그것은 직계아문 중에 형정과 관련된 관서가 많아서이다. 이처럼 형정을 비중이 크고 중요한 사안으로 여긴 것은 형의 실행이 인사人事에 있어서 가장 중요한 일이라고 여겼기 때문이다. 국왕의 주요 업무 중 하나는 공정한 형정으로 억울한 사람이 없고 민심이 어그러지지 않게 해야 한다. 이러한 의식은 결국 하늘과 사람은 합일체이므로 인사를 잘 닦아야 하늘이 감동한다는 천인합일설天人合一說에 근거를 두고 있었다.32) 형벌·소송 등에 관련된 사안은 해당 관서와 국왕의 소통을 통해서 결정되기도 하지만, 국왕은 대신大臣 또는 관련 관서의 의견을 수렴하여 신중히 논의하여 처분을 내렸다.

형정 다음으로 많은 것은 포폄 계본이었다. 문관과 무관의 인사를 담당한 이조·병조 이외에도 직계直啓 아문에서는 관원의 포폄 계본을 1년에 두 번씩 올렸다. 이러한 계본은 관료의 고과를 결정하기 위한 것이다. 국왕은 각사에서 올리는 포폄 결과를 반영하여 이조·병조와 논의하여 관원의 승진·이동·좌천 등을 결정하였다.

　　　義禁府啓 安璿誣告人罪 律該杖八十徒二年 命示領敦寧以上 沈澮洪應尹壕議 依啓本施行. [『成宗實錄』 권213, 成宗 19년 7월 7일(乙未).]

23) 형조 계본의 예이다.
　　　左承旨金應箕 將刑曹啓本啓 寧越囚私婢丁令與其娚永忠 謀殺其夫林千罪 律該丁令凌遲處死 永忠斬 不待時 命議于領敦寧以上及議政府六曹漢城府.[『成宗實錄』 권275, 成宗 24년 3월 14일(己卯).]

24) 형조에서 올린 三覆啓本의 예이다.
　　　右副承旨李瓊仝將 刑曹啓本三覆啓 慶州囚良人金得山 再犯竊盜罪 依受教絞待時 羅州囚牧馬軍高仍邑 同殿殺金訥金罪 律該絞待時. 皆從之. [『成宗實錄』 권93, 成宗 9년 6월 10일(庚子).]

25) 『成宗實錄』 권93, 成宗 9년 6월 10일(庚子).

26) 『承政院日記』 仁祖 24년 12월 14일(丙戌).

27) 『承政院日記』 孝宗 8년 12월 15일(癸未).

28) 『承政院日記』 顯宗 8년 6월 15일(戊子).

29) 『承政院日記』 顯宗 6년 7월 28일(壬子).

30) 『承政院日記』 肅宗 3년 9월 9일(癸未).

31) 『承政院日記』 肅宗 원년 5월 19일(丁丑).

32) 한상권, 「세종대 치도론과 대명률–절도삼범자 처벌을 둘러싼 논변을 중심으로」, 『역사와 현실』 65, 2007, 30쪽.

그 이외 각종 국가 의례, 외교, 교육 등을 관장하는 예조에서 올린 계본들이 있으나, 연대기에는 각종 국가 제사·과거시험과 관련된 것이 주로 실려 있다. 연대기의 계본을 정리하면 직계 아문의 업무보고, 청원, 국왕에게 처분을 청하기 위한 것 등으로 분류될 수 있는데, 주로 직계아문에서 국왕에게 정기적으로 올린 문서인 것으로 추정된다.

계목은 계본과 같은 사안을 다루더라도 용도가 달랐다. 계목이 사용된 경우는 첫째, 앞에서 언급된 의망 문서이다. 둘째, 국왕에게 올린 문서에 대한 회계回啓 문서식으로 사용되었다. 국왕이 계본을 올린 관청에게 답변을 요구하는 경우나 계본과 관련이 있는 다른 관청에 해결을 명하는 경우에 해당 관청에서는 계목 서식으로 회계하였다. 국왕에 대한 회계는 관련이 있는 다른 관청과 문서를 주고받는 일을 제외하고는 10일 이내에 하게 되어 있다.[33] 만약 회계해야 하는 관청에서 기한 내에 국왕에게 회계할 수 없다면 사유를 계목으로 밝혀야 한다.

셋째, 직계아문의 일상사와 관련된 사안은 계목을 사용했다. 일상사의 의미는 파악하기가 쉽지 않다. 연대기 자료에 등재되어 있는 계목을 정리하면, 형정, 인사 행정, 과거, 의례 등 계본에서 다루는 내용이다. 계본은 같은 사안을 다루더라도 대체적인 계획이나 시행된 최종 결과 등을 작성하여 올리는 문서였다. 반면 계목은 대체적인 계획 속에서 시행되어야 할 세칙이나 조건, 혹은 일이 시행되는 과정 속에서 국왕의 뜻을 그 때 그 때 확인하고 의향을 묻는 경우가 많았다.

예를 들면, 의금부에서 올리는 추국 계본은 추국하여 받은 죄인의 공초를 정리하여서 올리는 것이다. 반면 추국과 관련된 계목은 공초를 받기 위해서 형을 가할 것인지 혹은 죄인이 불복할 경우 더 형을 가할 것인지 계속 국왕에게 추국 상황을 보고하고, 국왕의 의향을 묻는 문서이다.[34]

---

33) 『成宗實錄』 권262, 成宗 23년 2월 12일(癸丑)
34) 의금부에서 추국과 관련하여 올린 계목 사례이다.
禁府啓目 金垣刑問一次不服 加刑 何如 啓. 依允. [『承政院日記』 仁祖 5년 10월 13일(丙午)]

계목의 비중이 점차 높아감에 따라서 문서의 형식이 갖추어졌다. 세조 때에 예조에서는 계목이 군정軍政·형명刑名·전곡錢穀과 같은 중요한 일을 다루는 문서인데도 담당 관원의 서명이나 도장이 없어 신뢰의 문제점이 있다고 지적하였다. 계목의 문서식은 문서를 올린 아문 계목의 날짜 아래에 당상과 해당 낭관을 신臣이라 일컫고 서명하고, 날짜와 종이를 붙인 후면과 수정한 글자 위에 도장을 찍게 하였다.[35]

『경국대전』 체제에서는 국왕과 직계直啓 아문이 계본과 계목이란 문서를 사용하여 긴밀하게 의사소통을 할 수 있는 시스템을 갖추었다. 직계 경관 관서에서 올린 계본·계목은 우선 승정원에 접수되었다. 승정원에서는 해당 관서 담당의 승지들이 계본·계목을 정리하여서 긴급한 사안 순으로 국왕에게 보고하였다. 국왕은 사안의 경중에 따라서 정사를 볼 때 대신들과 협의하고, 의견을 청취하여서 처분을 내렸다.

승정원에서는 국왕이 처결하지 않은 각 관서의 문서를 보관하게 되는데 그것을 '유원留院'이라고 하였다. 지체된 계본 공사 중에서 최우선으로 삼았던 것은 형정刑政이었다. 연산군과 같은 국왕은 사형수에 관한 계본을 매일 2~3건씩 살피고자 하였으며, 형조의 사형수 복고覆考 계본도 함께 서계하게 하였다.[36] 반면 현종은 하루에 10건의 계본을 보고 논의하였다. 승정원에서는 현종에게 하루에 많은 계본을 보는 것보다는 경중을 따져서 중요한 형정에 관련된 계본을 먼저 처리해야 한다는 조언을 하였다.[37] 이처럼 역대 국왕들이 문서 처결 건수가 달랐으나, 가장 우선적으로 처리했던 것은 형정이었다.

『경국대전』에는 직계아문이 국왕에게 올릴 수 있는 문서로 계본·계목만을 언급하고 있으나, 시간이 흐름에 따라 국왕과 직계아문의 소통할 수 있는 문서 형식이 늘어났다. 중종 때에 등장하는 계사啓辭와 선조 때에 사용되기 시작한 초기草記가 그것이다. 두 문서의 특징은 국왕의 앞에서

---

35) 『世祖實錄』 권2, 世祖 1년 12월 13일(甲寅).
36) 『燕山君日記』 권45, 燕山君 8년 8월 21일(庚申).
37) 『承政院日記』 顯宗 원년 2월 11일(丙申).

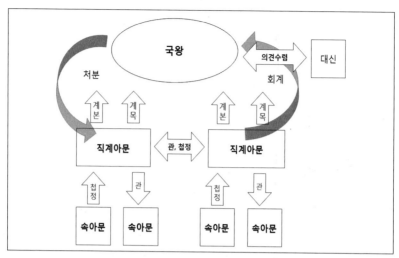

〈그림 1〉『경국대전』용문자식(用文字式)에 의한 국왕과 직계아문 소통 구조

말로써 아뢰던 것이 문서 형식으로 전환된 것이란 점이다.

　계사啓辭는 조선 전기에 단순히 말을 아뢴다는 의미로 사용되었다. 1520년(중종 15) 중종은 대간이 아뢴 말을 알아듣기 어려우니 써서 아뢰라38)는 명령을 내려 계사가 문서로 발전하는 계기가 되었다.『중종실록』을 참고하면, 계사라는 문서는 대간과 승정원에서 주로 사용하였다. 이렇게 사용되기 시작한 계사는 점차 확대되어서 도제조가 없는 아문의 수장이 직접 승정원 아방으로 가서 올리는 아방계사兒房啓辭와 승지나 승전색을 아문으로 불러서 계사를 전하는 비아방계사非兒房啓辭로 구분되었다.39) 계사의 특징은 초본初本은 해당 아문에서 작성하였으며, 정본은 승정원의 주서가 다시 필사하여 만들어서 국왕에게 보고하였다. 계사는 여러 아문에서 사용되긴 했으나, 특히 대간과 승정원과 같은 특정 관원이나 관서에서 주로 사용하였다.

　초기草記는 직계아문에서 국왕에게 아뢸 내용을 구두로 승지에게 전해

---

38)『中宗實錄』권40, 中宗 15년 7월 15일(辛丑).
39) 이강욱, 「계사에 대한 고찰-『승정원일기』를 중심으로-」,『고문서연구』37, 2010, 129~130쪽.

주면, 주서注書가 문서로 작성하여 아뢴 것에서 유래되었다. 초기草記는 도제조가 있는 아문에서만 사용하였던 문서형식이었으나[40], 도제조가 없는 아문으로까지 확산되었다. 그러면 초기 사용 빈도가 높았던 것은 어느 관서였는지 살펴보자.

『승정원일기』에는 각사의 초기草記가 기재되어 있어 각사의 사용빈도를 추정할 수는 있다. 여기에서는 인조대 기사만을 대상으로 초기草記 사용 빈도를 조사해 보았다. 초기는 거의『경국대전』에 규정된 직계아문에서 올렸으나, 일부 예외가 있었다. 인조대에 초기를 올린 관부를 정리하면 다음과 같다.

〈표 2〉 인조대 초기(草記)를 사용한 관서

동반																												서반							권설아문	합계
1품	2품				3품																							2품	군영아문					2품		
비변사	종친부	돈녕부	충훈부	의금부	이	호	예	병	형	한성부	장예원	종부시	교서관	사옹원	내의원	상의원	사복시	군기시	예빈시	선공감	관상감	사역원	홍문관	성균관	예문관	춘추관	시강원	도총부	훈련도감	어영청	총융청	수어청	호위청	포도청	권설아문	합계
471	6	2	13	106	79	298	274	227	50	10	1	3	1	15	23	4	24	7	2	1	1	4	3	4	2	4	17	4	21	21	10	2	4	8	153	2367

총 2,367건의 초기는 비변사 471건(19.9%), 호조 298건(12.6%), 예조 274건(11.6%), 병조 227건(9.6%), 권설아문 153건(6.5%), 의금부 106건(4.5%) 등의 순으로 사용되고 있다. 초기草記는 상설 직계 아문 중에서는 비변사·육조·의금부에서 많이 사용하였으며, 영접도감·국장도감 등 단기간 설치되는 권설아문에서 국왕과 소통하는 주된 문서 형식이었다.[41] 3품아문이지만 제조직이 있는 관서에서도 초기를 사용한 것을 확

<hr>

40) 『光海君日記』권35, 光海君 2년 11월 20일(辛酉).
41) 이강욱의 「『승정원일기』를 통해 본 草記의 전면적 고찰」의 〈표 5〉『승정원일기』에 나타난 초기를 올린 아문의 분류(『민족문화』34, 2010, 333쪽)는 영조 11월 3월과 정조 9년 10월의 기사에서 초기를 사용한 아문을 정리한 것이다. 이 표에 기재된 아문은 비변사·훈련도감·어영청·금위영·도총부·이조·호조·예조·병조·형조·홍

인할 수 있었다. 다만 홍문관·성균관·예문관·춘추관·시강원 등은 제조직이 없는 관청이며, 직계 관청이 아닌데도 초기를 사용하고 있으며, 반면 직계아문인 사헌부·사간원에서는 초기를 사용하지 않았다. 사헌부와 사간원은 대간으로서 초기보다는 계사로 국왕과의 소통이 이루어졌다.

서반 아문에서 훈련도감·어영청·총융청·수어청 등은 직계아문이면서 제조직이 있는 중앙 군영으로 초기를 많이 사용하였다. 서반에서도 예외적인 관서는 호위청과 포도청이다. 호위청과 포도청의 초기草記는 역변과 전란이 있었던 인조대에만 사용되었던 것만은 아니었다.

2. 외관 체제와 소통 구조

조선의 외관 체제는 『경국대전』이 편찬되면서 확립되었다. 태종대에 전국 360여개 군현에 수령을 파견하여 중앙집권 체제를 갖추었다. 세종대에는 수령의 인사 규정을 정비하여 경관·외관의 통일된 인사가 이루어질 수 있는 근거를 마련하였다. 조선의 외관은 도道내의 행정과 군사 업무를 지휘하고 통제하는 장관으로서 관찰사, 도내 각 고을에 파견되어 행정을 담당하는 수령, 군사 업무를 주로 담당하는 무관직 등이 있다. 『경국대전』을 바탕으로 각도에 파견되는 관찰사와 수령을 정리하면 다음과 같다.

〈표 3〉『경국대전』에 명시된 조선의 관찰사 · 수령

	종2품		정3품		종3품	종4품	종5품	종6품	합계
	관찰사	부윤	대도호부사	목사	도호부사	군수	현령	현감	
경기도	1			4	7	7	5	14	38
충청도	1			4		12	1	37	55
경상도	1	1	1	3	7	14	7	34	68
전라도	1	1		3	4	12	6	31	58
황해도	1			2	4	7	4	7	25

문관의금부, 권설아문 기타 등이다. 초기를 주로 사용된 아문은 비변사, 중앙 군영, 육조 그리고 권설아문 등이다. 특정 시기 초기 사용 사례를 표집 하였기 때문에 빈도수는 다르지만, 대체로 초기를 사용하는 아문은 비슷하다.

	종2품		정3품		종3품	종4품	종5품	종6품	합계
	관찰사	부윤	대도호부사	목사	도호부사	군수	현령	현감	
강원도	1		1	1	5	7	3	9	27
영안도	1	1	1		11	5		4	23
평안도	1	1	1	3	6	18	8	5	43

중앙-관찰사-수령 등으로 수직적인 체계를 이루고 있다. 그러나 도내에 파견되는 수령 상호 간에 관품에 따른 상하 관계는 있으나, 지방 행정 체계상으로는 수평적 구조를 이루고 있었다.

지방에 파견되는 외관으로 도내의 병권을 관장하는 수장은 종2품 병마절도사이다. 병마절도사는 정원이 1명인 경우 관찰사가 주로 겸하였다. 그러나 병마절도사의 정원이 2~3명인 경우는 1~2명은 무관이, 1명은 관찰사가 겸하였다. 지방은 관찰사가 도내의 행정과 병정兵政을 관할하는 구조로 체제를 갖추었다. 지방의 각 진鎭에는 품계에 따라서 무관이 배치되었다. 각 진에 파견된 무관과 행정을 주로 담당한 수령 간에는 역시 품계에 따른 상하 관계가 있으나, 지방 체제 내에서 상하 관계는 없었다.

그러나 18세기 이후 변란·도적·호환虎患·사사롭게 동전을 주조하는 등의 경제 범죄 행위를 적발하고 치안을 담당하는 영장제營將制가 성립되면서 행정을 담당하는 수령과 병영의 구체적인 상하 관계가 형성되었다. 각 도내에 영장을 담당할 고을을 지정하고, 고을 내에 치안 문제가 발생했을 때에는 영장이 설치된 고을에 보고해야 하며, 속오군과 관련된 사안은 직접 병영에 보고하게 하였다.[42] 그러므로 18세기 이후 수령은 수령-관찰사의 보고 체계 이외에 수령-영장-병영으로 이어지는 또 다른 보고 체제가 형성되었다.

외관 중에서 국왕에게 직계할 수 있는 것은 원칙적으로는 종2품 이상이다. 도내의 수장인 관찰사, 수령 중에서는 부윤 그리고 무관직은 병마절도사가 이에 해당한다. 그러나 예외적으로 서울과 지방의 제장諸將 들은

---

42) 이선희, 「18세기 수령과 관찰사의 행정마찰과 처리방식」, 『고문서연구』 27, 2005, 26쪽.

국왕에게 직계할 수 있었기 때문에 정3품이긴 하나 수군절도사 역시 국왕에게 직계할 수 있는 권한을 가지고 있었다. 이외에도 품계와 관계없이 국왕에게 직계할 수 있는 관원이 있었는데, 외방 사신이 그들이다. 이들은 일정한 기간 동안 지방에서 근무하는 상근직 외관이 아니고, 국왕으로부터 특정 명령을 받아서 지방에 파견되는 관원이다. 외방 사신의 명칭은 매우 다양하다. 도체찰사, 체찰사, 순찰사, 찰리사 등의 제사諸使, 각종 경차관敬差官, 어사御使, 사헌부 관원이 주로 파견되는 행대行臺·분대分臺 그리고 별감 등의 명칭으로 지방에 파견되었다.[43] 1404년(태종 4) 각종 외방사신이 중앙에 보고하는 방식을 정하였다. 외방 사신들 역시 국왕에게 올리는 계본 1건과 의정부에 보고하는 정장呈狀 1건을 갖추되 기밀사항이면 실봉實封하고 그렇지 않은 경우에는 노봉露封하여 의정부에 올려서 계문할 수 있게 하였다.[44]

지방의 직계 관서와 외방 사신이 국왕과 소통하는 방법은 기본적으로 계본이었다. 『조선왕조실록』·『승정원일기』등의 연대기 자료에 등재된 계본의 대다수가 지방에서 올라온 것이다. 계본으로 올린 사안을 보면 지방 행정 전반에 걸친 다양한 내용이다. 형정刑政이 중심이 되나, 수령칠 사守令七事에 의거한 일들이 계본으로 국왕에게 올라왔다. 지방 직계 아문에서 올린 계본은 승정원을 통해서 국왕에게 보고되었다. 국왕은 지방 직계 아문에서 보내온 사안들을 대신들과 논의하여서 계문을 보낸 아문에 답을 내렸다.

〈표 4〉 **지방 직계 아문의 계본 예**

수령 칠사	계본 내용	
학교흥(學校興)	무과 초기 방목 계본	병사
	증광별시 무과초시 계본	병사
	고강계본	감사
사송간(詞訟簡)	방미방계본(放未放啓本)	감사

---

43) 임선빈, 「조선초기 '외방사신'에 대한 시론」, 『조선시대사학보』 5, 1998, 61~62쪽.
44) 『太宗實錄』 권7, 太宗 4년 1월 4일(丙午).

수령 칠사	계본 내용	
	역적 조사 계본	감사
	죄인 추고 계본	감사
	형률 조율 계본	감사
	죄인 검시 계본	감사
군정수(軍政修)	노정군사계본(奴定軍士啓本)	감사
	세초계본	
	군기 별비 계본(軍器別備啓本)	병사
	수군 노제 계본(水軍老除啓本)	수사
	상번 기병 총수 계본(上番騎兵總數)	병사
부역균(賦役均)	각곡유고수 급 응행부역 색목개록 계본(各穀留庫數及應行賦役色目開錄)	감사
기타	포펌 계본	감사
	해유계본	감사
	연례 천거 단자(年例薦擧單子)	감사
	각릉 봉심사 계본(各陵奉審事啓本)	감사
	노인 미찬 제급 계본(老人米饌題給啓本)	
	도내 폐막 계본(道內弊瘼啓本)	

〈표 4〉에 의거하면, 연대기 자료에 실린 지방 직계 아문의 계본은 정기적으로 국왕에게 보고하는 내용이 대부분이었다. 지방에서 시행된 과거시험의 방목이나 고강 계본들은 과거나 교생 고강이 실시된 이후에 반드시 보고해야 하는 내용이다. 형정에 있어서도 지방의 감옥에 갇혀있는 죄인의 수와 석방된 죄인의 수를 보고하는 방미방계본放未放啓本, 형률을 조율한 계본, 추고 계본 등도 국왕에게 반드시 보고해야 했다. 형률이 지체되거나 잘못 적용되지 않게 하는 것을 정사의 기본으로 생각하였다. 조선에서는 도성 내나 지방에서의 형률이 공정하고 공평하게 적용되었는지의 여부가 국왕의 관심사였기 때문이다.

계본이 지방의 직계 아문에서 국왕에게 올리는 정기적 공식 문서였다면, 사안에 따라서 국왕에게 보고해야 할 일이 있을 경우 올렸던 문서로는 장계狀啓가 있었다. 조선 전기에는 장계가 지방 직계 아문에서만 사용하던 문서는 아니었다. 경관의 아문이나 관원이 사임한다는 글을 올릴 때에도 장계를 사용하였던 것을 연대기 자료에서 확인할 수 있다.

장계가 지방의 직계 아문에서 올리는 문서로서의 비중이 커지기 시작한 것은 성종 때였으며, 그 이후로는 지방 직계 아문에서 올리는 문서 형식으로 자리를 잡았다. 가뭄이나 풍·수해 등에 관련된 보고, 특정 인물의 효행·절의 등의 포상, 국방 문제 등과 같이 긴급한 사안이나, 계본으로 보고하지 않는 내용에 관련된 것 등을 보고할 때 장계를 사용하였다. 장계도 계본과 마찬가지로 승정원으로 보내면, 승정원에서 국왕에게 보고하고, 국왕은 관련이 있는 아문에 내리거나 의정부 혹은 비변사에 내려서 논의하도록 하였다. 관련 관서에서는 논의된 내용을 국왕에게 계목으로 보고하고, 국왕은 계목의 내용을 바탕으로 지방 직계아문에 회답을 보냈다.

II

국왕과 문관의 공적 소통 구조

　조선은 문치주의 국가로서 국왕은 문관과의 소통을 통해서 국정을 운영하였다. 1장에서 관료체제 내에서 국왕과 관료의 소통 구조를 살펴보았다. 서울과 지방의 2품 이상 아문 그리고 3품 이하 특정 아문 등은 직접 국왕과 문서로 국정에 대한 의견을 나눌 수 있으며, 3품 이하 아문에서는 소속 상위 아문을 통해서 국왕과의 소통이 이루어지는 다단계의 시스템이 갖추어져 있었다. 국정은 공식적으로 문서를 통해서 국왕과 관료 간의 소통이 이루어졌으나, 국왕이 직접 관료를 만나서 의견을 교환할 수 있는 시스템도 같이 운영되었다.

　조선에서는 국왕이 직접 관료를 만나서 국정에 관한 의견을 교환하는 공식적인 만남은 조회, 윤대, 외관 인견 등이 있었다. 조회는 이미 중국 주나라에서부터 시행되기 시작한 것으로 고려시대에도 시행되었다. 조선은 특별히 조회에서 직접 만나서 의견을 교환할 수 없는 관품의 관원을 위해서 윤대와 인견이라는 만남의 장을 만들었다. 그러므로 조선의 국왕은 6품 이상의 관원을 적어도 1년에 1번 이상은 만나서 의견을 들음으로써 민정의 동향을 파악하려고 노력하였다.

1. 조회(朝會)

조회는 제후·관료들이 천자를 만나 정사를 논하는 것으로, 중국 주나라 때부터 시작되었다. 주나라에서는 만나는 장소와 논의하는 정사의 내용에 따라서 네 종류의 조의朝儀가 있었다. 첫째, 외조外朝는 궁궐의 제일 바깥에 있는 고문皐門 안에서 이루어지는 것으로 추관이 주관하며 죄를 결단하고, 소송을 들었다. 둘째, 중조中朝는 다섯 번째 문인 노문路門 바깥에서 이루어졌다. 하관이 주관하였는데 천자와 관료들이 등급에 따라 정해진 자리로 나가서 전례 의식을 갖추었다. 셋째, 내조內朝는 노문 안에서 이루어지는 것으로 천자가 조의를 마친 후에 들어가서 정사를 듣고 대부大夫를 만나는 것이다. 넷째, 순사지조詢事之朝는 나라가 전쟁으로 위험하거나 도읍을 옮기거나 황제를 세우는 일에 대해서 만인萬人에게 묻는 일이었다.[45]

주나라에서 시행했던 네 종류의 조회는 후대에는 달리 인식되었다. 외조는 만인에게 묻는 조회로, 내조는 조회 의식을 행하는 것으로, 연조燕朝는 조회를 끝내고 물러나서 정사를 듣는 것[46]으로 변화되었다. 조회에 대한 인식의 변화와 함께 조회 시기가 정비되기 시작하였다. 후한 대에 한 해의 시작을 정월로 하면서 1월에 조회를 시행하는 것이 정식화되었으며,[47] 수나라 때에 정조正朝와 동지에 조회를 시행하기 시작하였다.

매달 1일과 15일 삭망조회의 시행을 법제화한 것은 당 고종 때이었다. 정관지치貞觀之治를 이룩한 당 태종은 639년(당 태종 13)부터 3일에 한 번씩 정사를 보기 시작하였다. 649년(당 태종 23) 장손무기長孫無忌 등이 정사를 보는 날마다 조회를 시행하도록 청하자, 당 태종은 정사는 매일 보되 조회는 1일과 15일에만 시행하게 하였다. 이렇게 시작된 삭망조회는 651년 당 고종이 정식화하였다. 또한 당 고종은 부친과는 달리 5일에

---

45) 『문헌통고』 상책 권106, 왕례고1, 朝儀, 중화서국, 1984, 955쪽.
46) 위의 책 957쪽.
47) 위의 책 958쪽.
    그 이전에는 한 해의 시작이 10월이었다.

한 번 문무관 5품 이상에게 조회를 시행하고, 정사를 보았다.[48] 이처럼
당 태종과 고종대를 거치면서 삭망조회가 정식화하고, 5일에 한 번씩
5품 이상 문무관의 조회와 정사를 시행하기 시작하였다. 당 현종 때에
이르러서는 정지조하의正至朝賀儀가 제정되었다.

이렇듯 중국에서도 여러 왕조를 거치면서 정조正朝·동지冬至에 행하는
정지조회, 1달에 두 번 1일과 15일에 행하는 삭망조회朔望朝會, 아일衙日에
행하는 조참朝參, 매일 행하는 상참常參 등이 시행되었다.

우리나라에서도 조회의 기원이 고려 이전일 것으로 추정되나, 정확한
기록은 없다.[49] 중국의 당송 제도 문물을 수입하였던 고려시대에는 정지
조회·삭망조회·조참 등이 시행되었다. 『고려사』지志에 실린 가례에 '원
정동지절일조하의元正冬至節日朝賀儀'가 있는 것으로 보아 1월 1일, 동지 그리
고 절일에도 조회가 시행되었음을 알 수 있다.[50] 고려에서 매달 1일과
15일에 조회를 시행한 기록은 없다. 다만 '일월삼조의一月三朝儀'에서 고려
에서 시행되었던 조회에 대한 다양한 정보들을 얻을 수 있다.[51]

1012년(현종 3) 현종이 궁궐 뜰에 물이 고인다고 하여 상참관에게
5일에 한 번씩 조회를 시행하도록 하였다. 상참관은 매일 조회와 정사에
참석하는 관원을 의미한다. 상참은 이미 당나라 때에부터 시행하였다.
당나라 덕종 때의 의제령儀制令에 의하면, 문무관 5품 이상과 감찰어사·원
외랑·태상시 박사는 매일 상참하고, 무관 5품 이상은 매월 5일·11일·21
일·25일에 조참하도록 하였다.[52] 『고려사』에서 상참관을 언급한 것이

48) 위의 책 960쪽.
49) 『증보문헌비고』의 禮考에서는 "신라 헌강왕이 平議殿에 나가서 정사를 들었다."
고 기록되어 있으며 孫穆의 『계림유사』에 "달마다 6번 문반 701명과 무반 540
명이 참석하여 六拜와 舞蹈를 행하였다(중략)"라고 기록하고 있다.[『증보문헌비고』
(K2-2095) 권77, 禮考 24, 1면.] 그러나 『삼국사기』에는 중국에 조회하러 갔다
는 것 이외에 조의를 행하였다는 기록이 전혀 나오지 않는다.
50) 『고려사』 권67, 志 제21, 禮9, 嘉禮3, 元正冬至節日朝賀儀.
51) 『고려사』 권67, 志 제21, 禮9, 嘉禮3, 一月三朝儀.
52) 『문헌통고』 상책 권107, 왕례의2, 朝儀, 중화서국, 1984, 967쪽.
其文武官 五品已上及監察御史員外郎太常博士 每日常參 武官五品已上 仍每月五
日十一日二十一日二十五日參.

이미 상참이 시행되었다는 것인지 아니면 5품 이상 관원을 지칭하는 용어로 사용한 것인지 확실하지 않다. 조회 장소의 여건이 마땅하지 않다고 언급한 것은 정황상 상참이 시행되고 있었거나 혹은 상참 시행의 요구가 있었거나 둘 중 하나이다. 그러나 현종은 5일에 한 번씩 조회하라고 명령한 것으로 보아, 현종이 육아일六衙日의 조참을 시행하기를 원하였던 것 같다. 육아일의 조참에 대해서는 현종의 아들인 덕종 역시 1034년(덕종 3) 6월 조회 예식의 절차와 함께 5일에 한 번씩 조회하도록 조서를 내렸다.

이처럼 고려시대에 이미 육아일 조참이 시행되었던 것이 확실하나, 고려 후기에는 조회가 제대로 시행되지 않았던 것 같다. 1370년(공민왕 19) 공민왕은 간관의 건의에 따라서 6부部·대간臺諫·정조政曹 관원에게 육아일 조참을 명령하였다. 신돈은 5일에 한 번씩 조회 예식과 정사를 듣는 것은 무리라고 지적하고, 초 2일과 16일 두 번만 조참을 시행하도록 하였다.[53] 원지배기에는 국왕이 조회를 행하고 정사를 듣는 일이 체계적으로 시행되기 어려웠다.

고려시대 정조와 동지에 시행되는 조회는 관료들이 국왕을 뵙고 축하하는 예식만 시행되었으나, 육아일에는 국왕을 뵙는 예식과 함께 정사를 듣는 일이 함께 시행되었다. 조선 역시 건국 초기부터 정지조회와 육아일의 조참 시행을 원칙으로 하였다. 조선에서는 육아일 조참과 정부·육조·대간 등이 조계朝啓 등을 통해서 국왕과 관료가 정사에 대해서 논의할 기회를 가졌다.

1429년(세종 11) 예조에서 의례상정소 제조들과 상의하여 세종에게 상참常參 시행을 건의하였다. 예조에서는 당·송의 상참에 대해서 언급하면서, 문무 2품·육조 참의·승지·첨총제僉摠制·대간·집현전 6품 이상·의정부 사인·육조 낭관이 참여하는 상참의를 마련하여 올리자 세종은 상참 시행을 허락하였다.[54] 세종은 예조의 청이 있은지 3일 후부터 상참을 시행하였다.

---

53) 『고려사』 권132, 列傳 제45, 逆賊6, 辛旽.
54) 『世宗實錄』 권44, 世宗 11년 4월 22일(丁酉).

이렇게 하여 조선에서는 정지조회·삭망조회·조참 그리고 상참이 모두 시행되었다. 당시에는 문·무 백관이 참석하는 조회는 '대조회'라고 불렀던 것 같다.[55] 각종 조회에 참여하는 관원을 상세히 정리하면 〈표 5〉과 같다.

〈표 5〉 조선에서 시행된 각종 조회와 참석자의 범위

	정조 · 동지	삭망	조참	상참
조회 장소	근정전(경복궁) 인정전(창덕궁)	근정전(경복궁) 인정전(창덕궁)	근정문(경복궁) 인정문(창덕궁) 숭정문, 금상문 (경희궁) 명정문(창경궁)	사정전(경복궁) 선정전(창덕궁) 자정전, 경현당 등 (경희궁)
참석자	종친 문관(정1~종9품) 무관(정1~종9품) 외관 (유수 · 관찰사 · 절도사 · 2품 이상 수령) [객사(客使)]	종친 문관(정1~종9품) 무관(정1~종9품) [객사(客使)]	종친 문관(정1~종9품) 무관(정1~종9품) [객사(客使)]	문관 (종친부 · 의정부 · 충훈부 · 의빈부 · 돈녕부 · 육조 · 한성부의 당상관, 사간원 · 사헌부 각 1명, 경연의 당상 · 당하관 각 2명은 윤번제, 의정부 · 육조의 당직 당하관 · 감찰) 무관(중추부 당상관)
회연(會宴)	○			
청정(聽政)			○	○

〈표 5〉을 참조하면, 참여하는 관원에 따라서 정조·동지 조회, 삭망조회·조참, 상참 등으로 구분할 수 있다. 정조·동지 조회는 종친, 문·무 백관, 2품 이상의 외관 그리고 객사客使 등이 참여하여 하례 전문箋文과 예물을 드리는 예식과 회연으로 구성되어 있었다. 이 조회는 군신 관계의

---

55) 강제훈의 「조선초기의 朝會 의식」의 〈표 1〉『경국대전』의 조회의식에서는 정지 조하와 삭망조하를 大朝로, 조참과 상참을 上朝로 구분하였다.(『조선시대사학보』 28, 2003, 12쪽) 그러나 『조선왕조실록』을 참조하면, 조참까지 포함하여 대조 회로 표현하고 있다.

갱신과 화합을 목적으로 하는 중요한 의례였다.

삭망조회와 조참은 종친, 문·무 백관이 기본적으로 참여하는 조회이나, 객사가 와 있다면 참여할 수 있었다. 이러한 조회는 대조회로 불리기는 했으나, 정조·동지 조회와는 달리 전문과 예물을 드리는 예식과 공식적인 회연은 따로 없었다. 삭망조회와 4번의 조참[56]을 합하여 1달에 6번 조회가 이루어졌기 때문에 육아일 조회로 불렸다. 특히 조참은 조회 예식과 정사를 듣는 시사視事로 이루어졌다. 조참일에 조회 예식 이후 시사視事에 관한 의주는 1403년(태종 3)에 마련되었다. 예조에서 마련한 의주는 조회 예식에 참여하였던 각 아문에서는 아뢸 일이 있으면 계본을 마련하여 와서 읽게 하자는 것이었다. 이에 태종은 공적인 일을 아뢰는 것 보다는 아뢸 말이 있으면 참하관이라도 전殿에 올라와서 이야기할 수 있게 의주를 수정하라고 명하였다.[57]

태종이 생각하는 조참일의 시사는 각 아문의 공적인 업무에 대하여 논하기 보다는 현 정치의 실정失政이나 민간에게 해가 되고 이로움이 되는 것이 무엇인지 논의하는 자리가 되기를 바랐다. 그러므로 1415년(태종 15) 태종은 다시 조참일에 조회 예식 후 의정부·육조 대소 신료들이 국왕 앞에 나와서 현행 정사의 잘못된 점과 민간의 이해利害를 아뢰게 하고, 매일 행하는 공적인 일은 해당 아문에서 보고를 올리라는 명령을 내렸다.[58]

태종은 각 아문의 공적인 업무는 매일의 조계朝啓에서 보고받고 논의하고 있었기 때문에, 조참에서는 공적인 업무보다는 하정下情이 상달上達되는 기회가 되기를 바랐던 것이다. 더욱이 조참일에는 문·무 백관이 참여하는 조회이므로 태종은 조회에 참여하였던 참하관에게도 자신의 의견을 국왕 앞에서 개진할 수 있는 기회를 주고자 하였다.

---

56) 1달의 4번 조참은 5일, 11일, 21일, 25일에 시행한다고 법제화되어 있었다. (『경국대전』 권3, 禮典, 朝儀條)
57) 『太宗實錄』 권5, 太宗 3년 6월 9일(乙卯).
58) 『太宗實錄』 권29, 太宗 15년 3월 5일(癸卯).

상참의 경우 문관은 정2품 이상 아문의 당상관, 대간, 의정부·육조 당하관 그리고 무관은 중추부 당상관이 참여하였다. 상참은 문관 위주의 조회라고 할 수 있다. 2품아문 중 주요 관서 당상관, 경연의 당상·당하관 (예문관·홍문관 당상관, 승지, 홍문관 참상관), 의정부 참상관, 육조 낭청, 대간 등 청요직이 주 구성원이 되는 조회이며, 특징적인 것은 각 궁궐의 편전에서 이루어졌다. 편전에서의 조회는 곧바로 시사視事로 연결되었다.

상참의 시사에는 모든 아문의 관원이 참여하지는 않았다. 정2품 이상 의 아문 중에서도 의금부는 종1품아문임에도 누락되었다. 정2품 이상 아문 중에서도 왕실의 종친·의빈, 공신, 국정 운영의 최고 구성원인 의정 부·육조 당상관, 승지, 대간 및 홍문관 관원으로 구성된 언관, 의정부·육 조의 당직 당하관, 감찰이 상참관이 되었다. 상참관의 구성으로 볼 때 각 아문의 일상적인 업무를 보고하는 자리라기보다 주요 국정에 대해서 논의하거나 언관들이 관원의 실정失政과 비리에 대해 발언할 수 있는 자리 였다. 의정부·육조의 당상관만이 아니라 참상관이 함께 참석하여서 실무 적인 문제도 깊이 있게 논의하였다. 이 자리에서는 국왕의 생각에 대하여 대신들에게 의견을 묻고, 자문을 구하는 일이 빈번히 있었다. 상참에 참 석한 관료들도 자신의 업무에 관련된 문제만이 아니라 국정 전반 문제를 국왕에게 건의하였다. 대간들은 국왕의 실정失政을 비판하고, 관료의 비리 나 범죄 행위에 대한 처벌을 요구하기도 하였다.

정지조회는 군신이 한 자리에 모여서 군신 관계를 재확인하고, 화합을 도모하는 자리였으나, 조참이나 상참에서는 군신이 서로 대면하여 의견 을 교환하는 소통의 자리였다. 이 자리에서 국왕과 소통의 대상은 문관 중에서도 각 아문의 당상관과 참상 청요직이었다.

2. 윤대(輪對)

윤대는 중국 후당 때에 시작된 것인데 당시에는 '전대轉對'라 칭하였다. 후당 명종이 5일에 한번 있는 아일衙日에 백관들에게 돌아가면서 황제에게 품은 바를 아뢰도록 조詔를 내리면서 이 제도가 시작되었다.[59] 송나라 태조는 이를 좀 더 발전시켜서 963년(건륭 3) 아일에 백관이 돌아가면서 3명씩 전대하였다.[60]

윤대는 조선시대에 처음 시행되었다. 1425년(세종 7) 예문관 대제학 변계량 등 10명이 세종에게 윤대 시행을 청하였다. 그들은 국왕이 정부·육조·대간에게 날마다 조계朝啓를 받아서 국왕의 현명함을 넓히고 아랫사람의 실정에 통달하고자 하나 이것만으로는 부족하다고 전제하고, 당·송대에 행해진 윤대를 소개하였다.[61]

세종은 변계량 등의 진언을 받아들여서 조계朝啓에 참여하지 못하는 관서[62]의 4품 이상 관원을 매일 1명씩 돌아가면서 만나 실정을 들었다.[63] 조계朝啓가 의정부·육조·대간 중심으로 이루어졌기 때문에, 세종은 윤대 제도를 매우 긍정적으로 생각하여 바로 시행하였다.

세종은 조계가 끝난 후에 이어서 윤대관을 매일 1명씩 만나되 아랫사람의 실정을 정확히 파악하기 위해서 시신侍臣을 모두 물리치고 독대하였다.[64] 사간원에서는 윤대할 때에 사관史官의 입시를 청하였으나, 세종은 허락하지 않았다.[65] 세종이 사관도 없이 윤대관을 독대한 것은 그들이 마음 놓고 느낀 바에 대하여 이야기할 수 있는 기회를 주고자 한 때문이었다.

세종은 윤대를 점차 확대시켜갔다. 1426년(세종 8)에는 집현전 관원으로 경연관을 겸하지 않은 4품 이상의 관원, 의정부 사인, 윤대에서 제외되

---

59) 『문헌통고』 상책 권107, 왕례고2, 朝儀, 중화서국, 1984, 967쪽.
　　明宗乃詔 起居日有言事者 許 出行自陳 又詔 百官以次轉對
60) 위의 책 971쪽.
　　三年三月詔 內殿起居日 令百官 以次轉對 限三人為定 其封章於閤門通進 復鞠躬
　　自奏宣徽 使承旨宣答 拜舞而出
61) 『世宗實錄』 권28, 世宗 7년 6월 23일(辛酉).
62) 조계에 참석하지 못한 관서는 敦寧府·藝文館·漢城府·仁壽府·慶昌府·仁順府·成均
　　館·通禮門·奉常寺·宗簿寺·承文院·司僕寺·典農寺·內資寺·內贍寺·禮賓寺·繕工
　　監·司宰監·軍資監·濟用監·軍器監·司譯院·書雲觀·典醫監 등이다. [『世宗實錄』 권
　　29, 世宗 7년 7월 4일(辛未).]
63) 『世宗實錄』 권29, 世宗 7년 7월 4일(辛未).
64) 『世宗實錄』 권29, 世宗 7년 7월 11일(戊寅).
65) 『世宗實錄』 권29, 世宗 7년 8월 21일(丁亥).

있던 각 관사에서도 윤대에 응하도록 하였다.[66] 세종이 이처럼 윤대를 통하여 경관 각사 4품 이상의 관원을 매일 접견한 데에는 뜻한 바가 있었기 때문이었다. 그는 윤대관이 언급하는 국왕의 과실, 시정時政의 득실, 민간의 질고, 관료의 사정邪正을 듣고, 새로운 인재를 발탁할 좋은 기회가 될 수 있다고 생각했다. 그러나 윤대가 지속되자 폐단들도 나타나기 시작하였다. 국왕과 윤대관이 독대하자 윤대의 참뜻과는 달리 다른 관원을 참소하거나 이간하는 일까지 있었으며,[67] 각 관청의 지극히 작은 문제들을 거론하기도 하였다.[68]

세종이 사망하고 문종이 즉위하자, 사간원에서는 문종에게 윤대의 대상 범위를 4품 이상에서 6품 이상으로 확대시킬 것을 청하였다. 문종은 의정부에게 이 사안에 대해 의논하게 하였으나, 의정부의 반대로 전례에 따라 4품 이상 관원에 한하여 윤대를 시행하였다.[69] 그러나 1451년(문종 1) 문종은 예조에 전지를 내려서 6품관 이상의 윤대를 항식으로 삼게 하였다.[70] 그가 이처럼 언로를 확대하려고 한 것은 새롭게 왕위에 즉위하여서 관부와 민간의 폐단을 자세히 파악하고, 관원들의 사정邪正을 판단하기 위한 것이었다.

또한 그는 윤대의 대상도 문관만이 아니라 무관에까지 확대하였다. 1451년(문종 1) 동부승지였던 강맹경姜孟卿이 윤대가 문관과 무관에게 적용되지 않음을 지적하였다. 문관은 6품관까지 윤대가 허용되지만, 무관에게는 3품 관원인 상호군이나 대호군에게도 기회가 주어지지 않으며, 상호군을 겸임으로 하고 있는 지형조사知刑曹事는 형조의 도관都官인데도 윤대에 참여할 수 없음을 지적하였다. 이에 대하여 문종은 무관의 윤대도 허락하였으나,[71] 무관의 품계를 언급하지는 않았다. 그 후 단종 때에 문관

---

66) 『世宗實錄』 권31, 世宗 8년 2월 20일(甲申).
67) 『世宗實錄』 권63, 世宗 16년 3월 8일(乙酉).
68) 『世宗實錄』 권50, 世宗 12년 윤12월 8일(甲辰).
69) 『文宗實錄』 권2, 文宗 1년 7월 17일(己未).
70) 『文宗實錄』 권6, 文宗 1년 2월 22일(辛卯).
71) 『文宗實錄』 권6, 文宗 1년 3월 12일(辛亥).

6품 이상, 무관 4품 이상의 윤대가 정식화하였다.

조선 전기 윤대가 아랫사람의 실정을 알게 되는 지름길이라고 여겼기 때문에 국왕들은 윤대 시행에 관심을 가졌다. 세조도 즉위하자마자 윤대 방법에 대하여 거론하였다. 세조는 그 이전의 국왕과는 달리 윤대관의 독대를 원치 않았다. 세조는 한 번에 4명씩 윤대관을 만나려고 했으나, 도승지 신숙주의 반대로 윤대 인원을 2명씩으로 하고 문관과 무관을 교대로 접견하기로 하였다. 또한 그 이전과는 달리 윤대의 자리에 사관과 승지를 입시하게 하였다.[72] 그가 윤대 인원을 늘리고 사관과 승지를 입시하게 한 것은 참소를 막기 위한 조처였다.

세조가 윤대 인원을 늘린 또 다른 이유는 문종과 단종을 거치면서 윤대 대상 관서가 늘어나고, 윤대 대상 관원 또한 문관에서 문관과 무관으로 확대되었기 때문인 것 같다. 사실 문종이 조계와 경연에 참여한다 하여 윤대에서 제외시켰던 대간과 경연의 직을 가지고 있었던 관원들까지도 포함시켰기 때문에 거의 모든 경관 관서 참상관이 윤대 대상이 되었다고 해도 과언이 아니었다.[73]

세조는 1456년(세조 2)에 3명씩 윤대하다가[74] 1459년(세조 5)부터 윤대 인원에 제한을 두지 않고, 관서별로 돌아가며 윤대를 시행하였다.[75] 또한 윤대관이 혼자 윤대에 들어왔을 때에 왕실의 종친이나 대신들의 과실을 언급하는 경우가 많다하여 윤대관의 진실 여부를 확인하기 위해서 대신을 윤대에 입시시키라고 명하였다.[76]

세조는 무관에게도 윤대 참여의 폭을 확대하여 내금위 군사에게까지 적용하였다가, 윤대 대상을 백관으로 확대하였다. 그는 많은 의견을 청취하기 위해 윤대관을 10명에서 많게는 20명으로 정하였다. 그는 이들에게 윤대의 내용을 진술하고 초록하여 제출하게 하였다.[77] 세조는 친히 윤대

---

72) 『世祖實錄』 권1, 世祖 1년 윤6월 13일(丁巳); 7월 22일(乙未).
73) 『文宗實錄』 권10, 文宗 1년 11월 29일(癸亥).
74) 『世祖實錄』 권4, 世祖 2년 6월 8일(丙午).
75) 『世祖實錄』 권19, 世祖 6년 3월 14일(辛卯).
76) 『世祖實錄』 권22, 世祖 6년 11월 6일(戊寅).

관의 글을 읽고 시행 가능성 여부를 따져서 해당 관서에 내리면 관서에서도 분간하고 의논하여 시행하게 하였다.[78]

세조 때에 시행된 윤대는 파격적인 것이었다. 1명씩 독대하던 윤대의 방식을 버리고, 종친과 대신 그리고 승지와 사관이 입시한 가운데서 윤대관의 뜻을 진술하게 하거나 10명~20여명을 동시에 윤대하여 그들의 뜻을 글로 제출하게 하였다. 세조는 왜 이런 윤대 방식을 선택하였을까?

그는 부왕인 세종이 이루어 놓았던 국왕 중심의 정치 질서를 회복하고, 확고히 구축하려 하였다. 그러므로 그는 윤대를 통해서 아랫사람의 실정을 파악하여 능동적으로 대처함으로써 국왕 중심 집권 체제를 다져갔다. 그는 대신들을 윤대에 입시하게 함으로써 정당한 아랫사람의 의견을 공유하여 신속히 대책을 마련하려 하였다. 윤대에 사관을 입시하게 한 것은 윤대관의 의견을 공적인 것으로 받아들이려는 데에서 나온 것이다. 국왕과 윤대관의 독대는 사적인 것이라고 치부될 수도 있지만, 사관의 입시를 통해서 그와 윤대관의 대화가 공적인 것으로 변화될 수 있었기 때문이다. 이것은 국왕이 단순히 아랫사람들의 실정을 아는 데서 그치는 것이 아니라 바로 실행에 옮길 수 있는 근거가 되는 것이기도 하였다.[79]

세조의 뒤를 이은 예종은 부왕이 그랬던 것처럼 문관 9품 이상 무관 7품 이상을 윤대 대상으로 삼고, 만나서 접견하기보다 글로 아뢰게 하였다. 성종은 세조가 사용한 윤대 방식을 바탕으로 윤대법을 정식화하여 『경국대전』에 실었다. 윤대의 대상은 모든 경관 관서의 6품 이상의 문관, 4품 이상의 무관으로 한정하였다. 국왕이 백관을 돌아가면서 전부 불러보는 것이 쉬운 일은 아니었다. 세종이 처음 윤대를 시작할 때보다 대상이 훨씬 확대된 것은 사실이다. 국왕이 2품아문 이상의 아문 대신과 대간·경연관만을 접하였는데, 윤대로 인하여 경관 관서의 문·무 참상관까지 돌아가면서 만날 수 있는 기회를 가지게 되었다.

---

77) 『世祖實錄』 권33, 世祖 10년 7월 26일(丁丑).
78) 『世祖實錄』 권33, 世祖 10년 8월 7일(戊子).
79) 『경국대전』 권3, 예전, 朝儀條.

윤대 방식은 국왕이 관서별로 5인 이내의 윤대관을 매일 만났다. 『경국대전』의 규정에는 언급이 없지만, 국왕이 윤대할 때에 사관과 승지를 각 1명씩 입시하게 하였다.[80] 법전에는 매일 윤대를 시행하도록 명문화되어 있으나, 성종은 5일에 한 번씩 윤대를 시행하기도 하고,[81] 혹은 10일이나 15일에 한 번씩 시행하기도 하였다.[82]

16세기에 들어서는 역대 국왕이 윤대를 제대로 시행하지 않았다. 특히 연산군은 1504년(연산군 10)부터 아예 윤대를 폐지하였다.[83] 중종은 다시 윤대를 회복하여 매달 초1일, 11일, 21일 등 3번은 시행하게 하였다.[84] 중종이 5일에 한번 윤대를 시행하는 것을 원칙으로 한 것은, 적어도 1달에 3번은 반드시 시행하겠다는 의지의 표현이다. 그 이후로는 한 달에 3번 윤대를 시행하는 것이 공식화되어 『속대전』에도 1달에 3번 당하관의 윤대를 명문화하였다.[85]

16세기 이후 윤대의 시행이 파행적으로 시행된 것은 오로지 국왕만의 책임은 아니었다. 1509년(중종 4) 호조좌랑 심의沈義가 윤대의 자리에서 중종에게 "국왕은 약하고 신하가 강하니 기강을 세워야한다"라는 말을 한 것이 문제가 되었다. 대간들은 연일 심의를 추고하라고 요구하였으나, 중종은 윤대에서 언급한 내용을 빌미로 윤대관을 죄주지 않겠다는 강한 의지를 보였다.[86] 국왕이 약하고 신하가 강하다는 것은 반정으로 국왕에 오른 중종의 처지를 두고 한 말이었다. 윤대는 국왕이 구언求言하여 윤대관이 품은 바를 진술한 것이기 때문에 원칙적으로 처벌이 불가한 일이었다.

심의沈義 사건으로 한바탕을 소동을 겪은 후 관원들의 윤대 기피 현상이 나타났다. 윤대에 들어오는 관원이 삼의사三醫司와 한성부 오부 관원에

---

80) 『成宗實錄』 권8, 成宗 1년 12월 7일(庚戌).
81) 『成宗實錄』 권10, 成宗 2년 5월 27일(己亥).
82) 『成宗實錄』 권60, 成宗 6년 10월 5일(辛巳).
83) 『燕山君日記』 권56, 燕山君 10년 12월 4일(庚申).
84) 『中宗實錄』 권1, 中宗 1년 12월 13일(丁巳).
85) 『대전회통』 권3 예전, 朝儀條.
86) 『中宗實錄』 권9, 中宗 4년 10월 3일(辛卯); 10월 5일(癸巳); 10월 9일(丁酉).

지나지 않자, 중종은 육시六寺·칠감七監의 첨정 이상 관원 이름을 모두 기록해서 돌아가며 윤대에 응하라고 명하였다.[87] 그럼에도 당하관들이 윤대에 두루 참여하지 않아서 중종은 윤대에 들어올 관원을 국왕이 낙점하는 방법을 제시하였다.[88] 중종이 제안한 윤대관 낙점은 그 이후로 정식화되어 해당 관서에서 윤대 대상자의 명단을 올리면 국왕이 낙점하는 절차를 거치게 되었다.

조선 전기에는 국왕 중심의 정치 체제 구축에 힘을 기울였던 시기였다. 국왕이 아랫사람의 실정을 다 알아야 바른 정치가 펼쳐진다는 데에 초점이 있었기 때문에 국왕이 되도록 다양한 계층의 사람을 만나는 것이 미덕이었다. 그러나 16세기에 들어서는 분위기가 변하였다. 사화士禍와 반정反正을 거치면서 왕권의 위상이 변화되었다. 심의沈義가 윤대에서 언급했던 것처럼 정치 체제의 무게 중심이 국왕에서 관료에게로 옮겨가고 있었다.

신료들이 반정으로 국왕을 교체했던 것은 왕권이 절대적이지도 상징적이지도 않다는 것을 확인하는 계기가 되었다. 왕권과 신권이 상호 균형과 견제의 유지를 모색하는 상대적 관계로 변화되어갔다.[89] 중종대의 윤대가 원활히 이루어지지 않아서 국왕이 윤대관을 낙점해서 만나는 사태에까지 이르게 된 것은 당시 국왕의 위상을 단적으로 보여주는 것이다.

그러한 상황은 17세기 이후에도 지속되어서 윤대는 계속 제한적으로 운영되었다. 윤대의 횟수 매월 3회로 윤대관의 범위는 문관 6품, 무관 4품 이상으로 정식화되고, 윤대 내용도 자신이 소속된 관서에 관한 것으로 국한되었다. 승정원에서 윤대 4일 전에 국왕에게 시행 의사를 묻고 윤대관을 낙점받았다. 윤대는 윤대관이 입시하여 국왕에게 관직, 성명, 관청에서 맡은 소임, 관청 내의 재정 상태, 소회, 이력 등을 차례로 아뢰고 나오는 의식 순서에 따라서 진행되어, 지극히 형식화되었다.[90] 따라서

87) 『中宗實錄』 권18, 中宗 8년 5월 8일(乙亥).
88) 『中宗實錄』 권55, 中宗 20년 11월 26일(辛巳); 11월 27일(壬午).
89) 김돈, 『조선 전기 군신권력관계 연구』, 서울대학교 출판부, 1997, 6쪽.
90) 『銀臺便攷』 上 권4, 禮房攷, 輪對條, 서울대학교 규장각, 2000, 305쪽.

윤대는 하정상달下情上達이라는 기능을 상실하게 되었다.

3. 외관 인견(引見)

인견引見은 '불러서 본다'는 뜻으로 개념 용어는 아니다. 조선은 중앙집권적 행정체제를 지향하는 나라로서 국왕이 지방으로 파견하는 외관을 접견하였다. 국왕이 접견하는 외관은 지방 행정을 관할하는 수령직과 군사 업무를 담당한 무관직이 있다. 행정을 담당하는 지방 수령은 종6품 이상 현감으로부터 도道를 관장하는 관찰사에 이르기까지, 군사 업무 담당 무관은 종4품 첨절제사·만호 이상 2품 절도사까지다.

국왕이 외관의 인견을 공식적으로 시행한 것은 세종 때였다. 세종은 1419년(세종 1)『시경』의 빈풍 칠월편을 강하던 경연석상에서 여기에서는 백성이 가난하다는 것만 언급하고, 가난한 백성에게 무엇을 어떻게 베풀어야 하는지 언급하지 않은 것에 대해 의문을 제기하였다. 정초鄭招는 백성을 구제하는 방책은 사람을 잘 골라서 다스리게 하는 것인데, 각도의 관찰사가 수령의 포폄을 맞갖게 하지 않아 그 혜택이 백성에게 미치지 못한다고 진단하였다. 그 해결 방안은 국왕이 직접 부임하는 수령을 만나 적임자인지 여부를 살펴 보내는 것이었다.[91] 세종은 정초의 의견이 받아들여서 바로 부임하는 외관들을 인견하기 시작하였다.

세종이 외관의 인견을 시작한 것은 백성을 위한 정책을 펼치겠다는 애민 의식의 발로이기도 하였지만, 지방으로 파견되는 외관의 권위를 부여하기 위한 것이기도 하였다. 고려시대부터 점진적으로 지방에 외관을 파견하기 시작하였으며, 고려 말에는 왜적의 침입으로 쇠잔한 군현을 통폐합하고, 모든 군현에 수령 파견을 시도하였다. 고려 말 군현 정비 작업은 조선 초 태종 때에 이르러서야 330여개 군현에 수령이 파견됨으로써 중앙집권적 지방 행정 체제가 갖추어졌다.

---

91) 『世宗實錄』 권3, 世宗 1년 1월 30일(乙亥).

수령은 오랜 동안 지방에서 주도권을 행사하던 품관, 향리층을 제어할 수 있는 권위가 필요하였다. 세종은 외관 인견의 시작과 함께 지방민들이 수령을 고소하지 못하게 하는 수령고소금지법守令告訴禁止法을 시행하였다. 또한 수령의 임기를 5년으로 늘여서 수령이 지방 행정을 장악할 수 있는 토대를 마련하려고 하였다. 세종 때 시작된 외관 인견은 조선시대 내내 국왕이 자신의 대리자인 수령이나 변장에게 백성을 잘 기르라고 당부하고 그들의 생각을 듣는 자리가 되었다. 이렇게 해서 국왕과 신료가 서로의 의견을 교환할 수 있는 또 다른 소통의 길이 열렸다.

세종은 1419년(세종 1)부터 2품 이상의 외관만을 인견하겠다[92]고 한 1443년(세종 25)까지 약 662명의 외관을 접견하였다. 세종이 접견한 외관을 정리하면 다음과 같다.[93]

〈표 6〉 세종대 인견한 부임 외관 인원

품계 외관종류	종2품	정3품	종3품	정4품	종4품	종5품	종6품	합계
문관	29	22	35		149	94	293	622 (94%)
무관	2	24	9	3	2			40 (6%)
합계	31 (4.7%)	46 (6.9%)	44 (6.6%)	3 (0.5%)	151 (22.8%)	94 (14.2%)	293 (44.3%)	662

〈표 6〉에 의거하면, 문관 수령 및 관찰사가 622명으로 94%에 달하고 있다. 반면 무관은 병마절도사에서 만호에 이르기까지 40명으로 6%에 지나지 않는다. 이처럼 문관 수령의 비율이 높게 나타난 것은 세종이 부임하는 외관을 인견한 의도가 애민愛民에 있었음을 여실히 보여준다.

외관 중 당상관과 당하관의 비율을 보면 정3품 이상 당상관은 10%이며, 당하관이 90%이다. 당상관은 국왕의 정사 논의 상대이었으나, 당하

92) 『世宗實錄』 권99, 世宗 25년 1월 7일(癸亥).
93) 세종이 인견한 와관의 인원은 『세종실록』 기사에 기초한 것이다.

관은 국왕을 만날 수 있는 기회가 적었다. 의정부·육조·사헌부·사간원·홍문관 당하관 그리고 사관인 예문관 참하관 등은 상참 혹은 경연의 자리에서 국왕과 대면할 수 있었지만, 그 외 경관 관서의 문관 당하관은 윤대가 아니면 국왕을 만날 수 없었다. 국왕이 부임하는 수령을 인견했다는 것은 당하관과 소통할 수 있는 또 하나의 통로가 되었다.

문종은 세종이 시작한 외관 인견을 확대하고자 하여 부임할 때뿐만 아니라 교체되어 오는 외관도 만나보기를 원하였다. 그는 집현전 관원에게 교체되어 돌아온 외관들을 인견한 전례가 있었는지 옛 제도를 살피게 하였다. 이때 하위지河緯地는 그러한 전례가 없었지만, 교체되어 오는 외관에게 지방의 실정을 알아보는 것은 아름다운 일이라면서 시행하기를 청하였다.[94]

외관 인견은 지속적으로 시행되긴 하였으나, 각 왕대에 따라 실행 방법이 달랐다. 세종은 되도록 모든 외관을 만나려고 한 반면, 당상 외관 위주로 인견한 국왕들도 있다. 또한 문관 외관에 중점을 두기도 하고, 문·무 외관을 전부 인견한 국왕들도 있었다. 실록과 『승정원일기』에 수록된 외관 인견 기사들을 정리하면 다음 〈표 7〉과 같다.

〈표 7〉 문종~정조대 국왕의 외관인견 현황

왕대	품계	종2품	정3품	종3품	정4품	종4품	종5품	정6품	종6품	합계
문종	문관	5	3	11		40	27		41	127
	무관		7		3					10
세조	문관	5	2	1		2	2		4	16
	무관		2							2
성종	문관	20	15	20		24	36		56	171
	무관	13	11	5	1	27				57
중종	문관	54	5	3		2	1		6	71
	무관	9	2	1		2				14

94) 『文宗實錄』 권7, 文宗 1년 4월 24일(壬辰).

왕대 \ 품계		종2품	정3품	종3품	정4품	종4품	종5품	정6품	종6품	합계
명종	문관	15	6	4		5	2		4	36
	무관	7	2	1	1					11
선조	문관	3	1	1					1	6
	무관	1								1
광해	문관	7	1	2		1				11
	무관									0
인조	문관	232	5	5		4	2		11	259
	무관	15	4			2				21
효종	문관	23	5	22		12	5		25	92
	무관	9	15							24
현종	문관	31	1	8		2	2		9	53
	무관	9	2	1		1				13
숙종	문관	183	8	36		44	12		93	376
	무관	29	19	9	3	6		1		67
영조	문관	161	25	95		78	21		156	536
	무관	23	21	82	3	88				217
정조	문관		1	22		15	8		7	53
	무관			4		1				5
순조	문관		1	17		8			42	68
	무관	1	1	34		30				66
합계		855	165	384	11	394	118	1	455	2,383

위의 표를 보면, 문종은 1450년 즉위하여 1452년에 사망하여 재위 기간이 채 3년이 안되었지만 137명의 외관을 인견하였다. 문종이 인견한 외관은 연평균 약 46명 내외로 세종보다 많았다. 문종은 부임 외관 이외에 교체되어 돌아오는 외관까지 인견할 정도로 백성의 실정을 알고자 했다. 세조는 경관 관료의 윤대에는 깊은 관심을 보였지만, 부임 외관을 인견하는 것에는 크게 관심을 보이지 않았다. 그는 오히려 업무차 서울에 온 외관을 만나서 실정을 듣고자 하였다.[95] 따라서 부임하는 외관은 당상 관 위주로 인견하여서 세조 때 당상 외관 인견 비율이 50%에 달하였다.

성종이 인견한 외관은 총 238명으로 세조 보다는 많았지만, 연평균 약 8명 정도였다. 성종이 만난 외관을 보면, 당상관의 비율이 20.5%로 세조 때보다는 많이 낮아졌으나, 세종이나 문종 때에 비하면 여전히 높은 편이었다. 세종이나 문종 때에는 당상관의 비율이 8.2%~6.3%에 지나지 않았다. 이러한 경향은 세종과 문종이 외관을 인견하려던 본래의 목적과는 상당히 거리가 있었다. 국왕이 당하관을 포함한 외관을 만나 대화하면서 그들의 목민관 자질을 알아보는 것이 목적이었는데, 당상관을 주로 인견한 것은 그 의미를 축소시키는 결과를 가져왔다.

국왕이 인견하지 않은 외관은 승정원에 숙배를 하고 부임하였다. 1498년(성종 20) 지평 조달생趙達生은 국왕이 수령들을 일일이 인견하지 않은 것을 애석하게 여겼다. 그는 수령이 백성을 다스리는 중요한 임무를 수행하니 승정원으로 하여금 수령칠사를 묻게 하는 것이 좋겠다고 아뢰었다. 성종은 부임하는 수령이 칠사를 잘 알고 있는 것이 백성을 다스리는 데에 유익하다는 의견에 회의적이었다. 윤필상尹弼商은 외관으로 간혹 국왕의 뜻을 잘 알고 명예를 소중히 여기는 홍문관·육조의 낭관이 파견되면, 백성을 어루만져 사랑하기에 힘쓸 것이니, 한 도에 이러한 외관 6~7명만 있어도 탐오하는 자들이 없어질 것이라고 하였다. 성종은 이들의 의견을 받아들여서 수령이 승정원에 와서 숙배할 때에 수령칠사를 묻게 하라고 명령하였다.[96]

성종 때 이후로 외관 인견은 문관 당상관 위주로 이루어졌다. 중종이 경연에 나갔을 때에 참찬관 한세환韓世桓은 성종의 외관 인견 현황을 언급하였다. 그는 자신이 『성종실록』을 보니, 성종이 문관 외관만이 아니라 만호·첨사와 같은 무관 외관들도 인견하였음을 강조하였다. 그는 중종에게 외관을 인견할 때에도 국왕이 어떠한 태도를 보이느냐에 따라서 외관들이 부임하여 선정善政을 행할 수 있다고 주장하였다.

그 예로 성종의 외관 인견을 들었다. 성종은 부임하는 외관을 인견하여

---

95) 『世祖實錄』 권4, 世祖 2년 7월 10일(丁丑).
96) 『成宗實錄』 권225, 成宗 20년 2월 23일(辛亥).

그들에게 수령칠사나 부임지에서 어떻게 백성을 다스릴 것인지 포부를 묻고 성실히 직임에 임하도록 당부하였을 뿐만 아니라 부임하는 개개인에게 알맞은 유교諭敎를 내렸다고 하였다. 성종이 평안도 관찰사로 부임하는 신정申靜에게 탐욕스럽다는 소문이 있으니 부임지에서 신중하게 하라고 당부하였는데, 그 당부 때문에 탐욕스러운 신정도 평안도에서 큰 탈 없이 관찰사의 소임을 잘 수행할 수 있었다고 하였다. 국왕이 부임하는 외관을 인견하는 일은 외관으로서의 사명감과 일에 임하는 자세에도 영향을 끼치니, 수령이나 변장을 인견하여 유교諭敎를 남기도록 역설하였다.[97] 중종은 외관 인견의 중요성을 인정하여 자주 시행하겠다고 하였으나, 실제 중종이 인견한 외관은 성종이 인견한 외관의 37%에 지나지 않았다.

당상관 위주의 외관 인견 경향은 17세기 전반까지 계속 심화되었다. 인조가 인견한 외관 중에 당상관이 전체 인원의 약 90%에 이르렀다. 그후 점차 당상관 인견 비율이 점차 떨어지기 시작하여서 숙종대에 들어서는 49%, 영조대에는 30%로 낮아졌다. 이러한 양상은 정치 주도권의 변화로 인한 것이다. 조선 초기 국왕이 주도하는 정치 체제이었던 것과는 달리 16세기에는 정치의 주도권이 신료에게로 넘어갔다. 외관 인견은 절대적 권력을 가진 국왕이 자기를 대신해서 백성을 다스릴 외관을 파견한다는 상징성이 있었다. 그러나 정치 주도권이 신료에게 점차 기울어지면서 국왕의 외관 인견은 당상관 위주로 변화되었다.

그러나 왕권을 회복하고 정치의 주도권을 가져오고자 했던 숙종은 당하관 외관의 인견을 늘려갔다. 숙종의 이러한 행위는 국왕이 주도적으로 외관 파견에 개입하고, 그들과 소통하고자 하는 의지를 가졌음을 보여준 것이었다. 숙종은 외관 인견 시 수령이 직무와 관련되지 않은 사안을 언급하는 것은 용인하지 않았다. 1680년(숙종 6) 숙종은 온양군수로 부임하는 조현기趙顯期가 직임 이외의 난잡한 말을 하여 종중추고從重推考를 하였으며, 입시하였던 승지도 조현기의 추고를 청하지 않았다고 하여

---

97) 『中宗實錄』 권9, 中宗 4년 10월 2일(庚寅).

추고를 당하였다.[98]

영조는 조선의 역대 국왕 중에서 부임하는 외관을 가장 많이 인견한 국왕이었다. 뿐만 아니라 인견한 수령과 변장 인원의 격차가 가장 적었다. 외관 인견을 시작한 세종은 인견한 외관 중 90%가 행정을 담당하는 수령이었다. 문종·세조 때에도 수령의 비율이 80% 이상이었던 것이 성종 때에 70% 미만까지 떨어졌다.

성종 때에 변장 인견이 급격히 늘었던 것은 여진족 정벌과 변방의 해방海防 시설 축성과 관련이 있다. 성종 이전 부임하는 무관 외관 인견 사례는 주로 종2품 각도의 병마절도사, 정3품 각도 수군절제사에 집중되어 있었다. 그런데 성종 때에는 이들 이외에 변장인 만호가 인견 대상으로 부상하였다. 성종이 인견한 만호는 여진족과 국경을 접한 북부 지방 병마만호 8명[99]와 남부 지방의 수군만호 16명[100] 등이었다. 남부 지방의 수군만호의 비율이 북부 지방 보다 많은 것은 성종 때에 해방海防을 위해 축성이 추진되었기 때문이다. 세종 때에도 해방을 위한 축성 문제가 논의 되었지만, 성종 때에 와서야 실행에 옮기게 되었다.[101] 성종은 축성에 관심을 가지고 있었기 때문에 이 지역 만호들을 인견하였던 것 같다.

그 후 점차 무관 외관 인견의 비율이 낮아져서 호란을 겪었던 인조 때에도 10% 미만이었고, 북벌을 추진했던 효종 때에 다시 무관 외관 인견이 잦아지긴 했으나 25% 내외였다. 영조 때에 무관 외관 인견이

---

98) 『承政院日記』 肅宗 6년 2월 19일(己卯).
99) 성종이 인견한 북쪽지방 만호는 평안도 병영 소속과 영안도 북병영 소속이었으나, 거의가 영안도 북병영 소속이었다. 영안도 북병영 소속 경성진관의 사하북만호, 경원진관의 아오동만호, 경흥진관의 무이만호, 부령진관의 무산만호, 온성진관의 영건 만호, 종성진관의 방원만호 등 6명이다. 평안도 병영 소속 만호는 강계진관의 상토만호, 의주진관의 인산만호 등 2명이다.
100) 남쪽지방의 만호는 경기·경상·전라도 소속 수군만호인데, 경상도와 전라도 소속 수순만호가 주류를 이루고 있다. 경기도 소속 만호는 월곶진관의 정포 만호 3명이다. 경상도 소속 만호는 좌수영 부산진관의 포이포만호·오포만호·축산포만호, 제포진관의 당포만호·지세포만호·사량만호 등 9명이다. 전라도 소속 만호는 좌수영 사도진관의 녹도만호, 달량만호, 여산만호, 마도만호 등 4명이다.
101) 차용걸, 「조선 성종대 해방축성 논의와 그 양상」, 『백산학보』23, 1977, 241~246쪽.

전체 외관 인견의 40%에 이르렀는데, 국방상 문제가 있었던 것은 아니다. 영조는 즉위 초반에는 부임하는 수령과 무관 등 모든 거의 외관을 인견하였다.[102] 그런데 영조는 재위한지 16년이 지나면서 외관 인견을 등한히 하였다.

1741년(영조 17) 시독관이었던 정휘량鄭翬良은 영조에게 감사와 수령을 택하는 것이 무엇보다 중요하다고 역설하였다. 이에 대해 원경하元景夏는 감사의 경우는 시종신에서 택하여 파견하므로 그들의 사람됨을 알 수 있으나, 수령은 음관과 무신들도 있어서 모두를 알기는 어렵다고 대답하였다. 정휘량과 영조도 이에 대해서 동의하였다. 영조는 그 대안으로 외관이 차사원으로 서울에 올라왔을 때에 상참에 참석하는 것을 정식으로 삼고자 하였다. 원경하는 상참이 항상 행해지는 예식이 아니므로 차사원으로 올라온 수령을 인견하는 데에 장애가 되니, 수시로 인견하는 것을 정식화하는 것이 좋겠다고 건의하였다. 영조는 외관 인견을 정식화하면 미리 홀기를 써서 들일 것이기 때문에 수령의 인간됨을 살필 수가 없으니 형편을 봐가며 시행하겠다고 답변하였다.[103]

영조는 즉위 초에 부임하는 외관을 거의 다 인견하였으나, 이것을 통해서 외관의 인간됨을 알 수 없으며, 부임하기 전이기 때문에 지방의 실정도 제대로 들을 수 없다고 판단하였다. 또한 차사원差使員으로 서울에 잠시 올라온 외관이나 체직되어 돌아온 외관을 인견하는 것이 효율적이라고 인식하게 되면서, 국왕이 부임하는 외관을 직접 인견하는 일은 줄게 되었다.

순조가 즉위한 이후로는 외관이 부임할 때마다 인견하는 일은 거의 없었다. 〈표 7〉에 따르면, 순조가 인견한 외관 인원이 정조 때보다 훨씬 많았다. 순조는 부임하는 외관을 대도목정사가 시행된 다음날 단체로 인견하는 것을 정식으로 삼았다.[104] 대도목정사가 1년에 두 번 시행되었

---

102) 『英祖實錄』 권21, 英祖 5년 2월 19일(甲午).
　　『承政院日記』 英祖 22년 3월 26일(壬辰).
103) 『承政院日記』 英祖 17년 3월 14일(己卯).

지만, 『승정원일기』에는 순조가 부임하는 외관들을 단체로 인견하는 기사는 두 번밖에 실려 있지 않아서 대도목정사 때마다 부임 외관을 일률적으로 인견하는 것이 정식화되었는지도 의심스럽다. 세종이 부임하는 외관을 인견했던 원래의 뜻은 국왕이 직접 외관을 만나서 대화함으로써 백성을 잘 다스릴 수 있는 길을 모색하려고 한 것이었다. 세도정치가 시작되었던 19세기에는 그 원래의 뜻이 완전히 퇴색되고, 하나의 예식으로만 남게 되었다.

---

104) 『承政院日記』 純祖 26년 6월 26일(丙子).

Ⅲ

경연(經筵)을 통한 소통 구조

경연은 국왕의 교육을 위한 장場이다. 국왕에게 경사經史을 가르쳐서 유학의 규범에 따라서 왕권을 행사하게 하려는 것이었다. 경연은 중국 당나라 현종 때에 시작되었다. 전한前漢의 선제宣帝가 유학자들에게 오경五經을 강의하게 하였다는 기록이 있지만, 이것은 진정한 의미에서의 경연은 아니었다.[105]

중국의 한나라는 진의 통일제국을 모델로 하여서 천명을 받은 황제를 한 사람에서 권력을 집중시켰으며, 한 명의 황제가 천하를 지배한다는 데에 초점을 맞추었다. 천명을 받은 황제가 성인聖人으로 인식되었던 고대 사상 속에서는 황제를 교육한다는 것은 있을 수 없는 일이었다.

그러나 당송의 변혁기를 거치면서 통치자에 대한 인식이 변화되었다. 당나라 때 이미 고문古文으로 돌아가야 한다는 의식 속에서 경전과 역사의 중요성이 부각되었다. 경전은 가장 영험한 것들을 신묘하게 가르쳐 주는데, 이것을 통해서 천지를 항상되게 하고, 음양을 조율하며, 기강을 바로 잡고 도덕이 진흥하게 된다. 이를 배우는 사람들은 번성할 것이고, 이를 배우지 않는 이들은 쇠락할 것이라고 『수서隋書』 「경적지經籍志」에서 언급하고 있다.[106] 당나라의 학자들은 경전을 이해하고 실천하는 일은 성인聖

---

105) 권연웅, 「송대의 경연」, 『東亞史의 비교연구』, 일조각, 1987, 17쪽.
106) 피터 K. 볼, 『역사 속의 성리학』, 예문서원, 2010, 201쪽.

스에게만 가능한 일이라고 여겼다. 성인의 도를 알았던 고대 성왕聖王은 왕도 정치를 수행하였으나, 그 이후의 황제들은 패도로 정치를 수행함으로써 성인의 도道가 상실되었다고 생각하였다. 상실된 성인의 도를 회복하는 방법은 성인의 학문을 통해서만 가능하다고 주장하였다. 이러한 원칙은 황제에게도 예외 없이 적용된다. 그러므로 황제라도 대업을 이루기 위해서는 성인의 도를 배워야 한다는 의식을 가지게 되었다. 개원지치開元之治를 이루어낸 당 현종 때에 경연이 처음 시작되었다. 그는 자신을 위한 강독관을 따로 두어서 매일 경전을 강독하게 하고, 이들에게 사부의 예를 극진히 하였다. 그러나 현종이 시작한 경연은 지속되지 못하였으며, 신유학이 크게 융성했던 송나라 때에 가서야 경연이 제도화되었다.[107]

이처럼 경연은 중국에서 신유학인 성리학이 일어나면서 구체적으로 시행되었다. 우리나라에서도 고려시대에 처음 경연이 소개되었고, 고려 인종 대부터 간헐적이나마 시행되었다. 고려 말 성리학을 바탕으로 한 개혁이 진행되어 신료들은 국왕에게 경연의 필요성을 강조하였고, 경연관 체제도 갖추어졌다.

조선이 건국된 후 고려의 경연관 체제를 그대로 수용하여, 바로 경연이 실시되기 시작하여 고종 때까지 지속되었다. 경연은 강관들이 경전과 사서史書를 강독하고, 국왕이 학문적으로 의문 나는 것이 있으면 질문하는 대화식 교육의 장이었다. 따라서 정사를 논하는 자리와는 달리 간극이 없는 소통이 이루어질 수 있었다.

경사經史를 논하는 학술적인 기능만 가졌던 경연은 조선 역대 국왕의 상황에 따라서 학술과 정사政事를 겸하여 논의되기도 하였다. 이 단원에서는 조선 경연 규식의 성립과정, 변화 그리고 경연 내용 등을 살핌으로써 국왕과 신료 사이의 소통 정도를 살펴보고자 한다.

---

107) 권연웅, 앞의 책, 19~22쪽.

1. 경연 규식

조선 건국 후 태조가 문무백관의 관제를 제정할 때 경연관에 대하여서도 언급하였다. 경연관經筵官은 시중侍中 이상의 영사領事 1명, 정2품 지사知事 2명, 종2품 동지사同知事 2명, 정3품 참찬관參贊官 5명, 종3품 강독관講讀官 4명, 정4품 검토관檢討官 2명, 정5품 부검토관副檢討官, 서리書吏로 구성되었다.[108] 경연관 인원이 이렇게 많은 것은 번을 나누어 시행하기 위한 것으로 추정되는데, 고려 공양왕 때에 운영하였던 경연 시스템과 동일하기 때문이다. 1390년(공양왕 2) 경연이 처음 개설되었다. 경연관은 영경연사 2명, 지경연사 2명, 동지경연사 2명, 참찬관 4명, 강독관 2명, 검토관 3명을 두어서 4개 번番으로 나누어서 운영하였다.[109]

태조는 자신이 늙었다는 이유로 경연에 참여하지 않으려고 하였다. 태조의 이러한 태도에 대하여 당시 도승지였던 안경공安景恭은 경연이 반드시 국왕에게 글을 읽게 하려는 것이 아니라, 정직한 사람들을 가까이하여 바른 말을 듣게 하려는 것이라고 하였다.[110] 곧 경연이 국왕에게 지식을 전수하는 데만 뜻이 있는 것이 아니라 바른 사람들에게서 옳은 말을 지속적으로 들음으로써 국왕이 변화될 수 있음을 지적한 것이다.

정종 때에는 경연이 좀 더 체계화되었다. 우선 사관이 경연에 입시하게 되었다.[111] 사관이 경연에 입시하였던 것은 이미 고려 말에 시행되었던 것이나[112], 태조는 이를 거부하였다.[113] 정종이 즉위하자마자, 문하부의 청으로 사관을 경연에 입시하게 하였다. 문하부에서는 고려 말 국왕의 모습을 귀감으로 삼아서 사관이 국왕의 행동과 정사를 기록하게 하라고 요구하였다. 정종은 자신의 뜻으로 국왕이 된 것은 아니지만, 즉위한 후

---

108) 『太祖實錄』 권1, 太祖 1년 7월 28일(丁未).
109) 『고려사』 권45, 세가 제45, 공양왕1.
110) 『太祖實錄』 권2, 太祖 1년 1월 12일(己丑).
111) 『定宗實錄』 권1, 定宗 1년 1월 7일(戊寅).
112) 윤훈표, 「조선 정종 때의 경연에 대하여」, 『한성사학』 25, 2010, 13쪽.
113) 『太祖實錄』 권15, 太祖 7년 12월 9일(辛亥).

에는 선정을 펼 수 있는 좋은 군왕이 되기를 원하였다.

경연관들은 정종에게 군주의 학문은 먼저 마음을 바르게 가져야 한다는 신유학의 기본 사상과 불교에 대한 인식을 바꾸는 데에 주력하였다. 36회의 경연 동안 당시 정사의 현안을 언급한 것은 2회에 그쳤다. 그러나 국왕이 마음을 바르게 가지기 위해서 현인을 가까이 하여야 한다는 말에 정종은 내사內史 이담李擔을 불러 경연에 간관諫官 1명을 입시하게 해서 자신의 과실에 대하여 직언直言하게 하였다.[114] 이처럼 정종은 경연에 사관과 대간을 입시하게 함으로써 경연의 외적인 체제가 갖추어졌다.

태종 때에는 정종 때에 정식화된 것처럼 동지경연사1명, 참찬관 1명, 시강관 1명, 시독관 2명 등 5명의 경연관과 사관·대간이 참여하는 경연이 시행되었다. 하지만 태종은 경연을 자주 열지는 않았다. 『태종실록』에는 11회의 경연 기록밖에 보이지 않는다. 태종은 형식을 갖춘 경연보다는 정사를 보다가 틈이 나면 경연관을 편전으로 불러 들이는 소대召對 방식으로 강론하게 하였다.[115] 태종이 시행한 소대는 체제가 제대로 갖추진 것은 아니었으며, 김과金科만을 불러서 강론을 하게 하였다.

변칙적으로 운영되던 경연은 세종 때에 활성화되었다. 세종은 즉위하자 경연시 경연관의 좌차를 정하여서 영경연사는 동쪽 벽에, 지경연사·동지경연사는 서쪽 벽에 앉게 하고, 참찬관參贊官 이하는 남쪽 줄에 앉게 하였다.[116] 또한 1420년(세종 2) 집현전 관원에게 경연관을 겸임하게 하였는데, 정3품 집현전 부제학·종3품 직제학·정4품 직전直殿·종4품 응교·정5품 교리·종5품 부교리·정6품 수찬·종6품 부수찬·정7품 박사·정8품 저작著作·정9품 정자正字 등이다.[117] 세종이 집현전의 학사를 경연관에 겸임시키므로, 집현전은 경연 전담기구로서의 성격을 가지는 계기가 되었다. 그러나 세종 때에도 경연에 참석하는 관원이 정식화되지는 못하였

---

114) 『定宗實錄』 권6, 定宗 2년 12월 1일(辛卯).
115) 『太宗實錄』 권5, 太宗 3년 3월 10일(丁亥).
116) 『世宗實錄』 권1, 世宗 즉위년 8월 21일(戊戌).
117) 『世宗實錄』 권7, 世宗 2년 3월 16일(甲申).

다. 영경연사·동지경연사·사관·대간 등이 항상 경연에 들어가는 것이 아니라 국왕이 필요에 따라서 참석 여부를 정하였다.[118] 그러므로 경연 참석 인원이 적을 때는 강관 2~3명에 지나지 않았다.

세종은 즉위하여 1418년(세종 즉위년) 10월부터 1438년(세종 20) 2월까지 20년 4개월 동안 1,936회의 경연을 열었다. 물론 이 기간 동안 경연을 열지 못한 시기도 있었다. 부왕인 태종의 거상·가뭄·중국 사신 입경·군자감 군인의 압사·『자치통감훈의』 편찬 등으로 경연을 정지하였던 13개월을 제외하면 세종은 한 달 평균 약 9회의 경연을 열었다.

문종은 규정화된 경연의 체제를 그대로 유지하였다. 그는 이전의 국왕과는 달리 왕세자 시절 서연書筵을 경험하였다. 문종은 시강관 이하의 관원 2명, 참찬관 1명, 사관史官 1명은 매일 진강하게 하고, 동지경연사 이상의 관원 1명과 사간원 관원 1명은 3일에 한 번 경연에 참석하게 하였으며,[119] 자의적으로 경연에 참석해야 하는 관원을 줄이는 일은 하지 않았다.

조선시대 경연이 시작된 이후 영경연사가 경연에 직접 참석한 일은 거의 없었는데, 문종대에 비로소 영경연사가 경연에 참석하기 시작하였다.[120] 정인지鄭麟趾가 문종이 명석하지만 영경연사인 대신이 경연에 참석해서 정치의 도를 강론하는 것이 좋겠다는 의견을 제시한 것에서 기인하였다.

나이어린 단종이 즉위하면서 영경연사의 경연 참석이 정식화되었다. 단종이 즉위하자 의정부에서 두 건의 경연 진강 사목을 올렸다. 첫 번째 경연사목의 요점은 영경연사는 매달 초1일, 5 아일衙日에만 참석한다는 것과 매일 조강朝講에는 지경연사 이하 승지 각 한 사람, 낭관 두 사람이, 주강과 석강에는 승지 한 사람, 낭관 두 사람이 참여한다는 내용이었다.[121] 두 번째 사목은 경연에 참석하는 대간·사관과 경연 절차에 대한

---

118) 『世宗實錄』 권14, 世宗 3년 11월 7일(丙寅) ; 권25, 世宗 6년 9월 21일(癸巳).
119) 『文宗實錄』 권3, 文宗 즉위년 8월 28일(己亥).
120) 『文宗實錄』 권6, 文宗 1년 3월 6일(乙巳).
121) 『端宗實錄』 권1, 端宗 즉위년 6월 16일(丁丑).

것이었다. 매일 조강朝講에는 대간·사관 각각 1명이, 주강과 석강에는 사관 1명이 참석하게 하였다. 조계朝啓가 있는 날에는 주강은 하지 않으며, 석강에서는 배운 것을 복습하게 하였다.

단종 때의 경연 진강 사목을 좀 더 발전시킨 것이 성종에게 올린 경연 진강 절목이었다. 성종이 즉위하자 경연을 준비하면서 고령군 신숙주는 경연 진강 절목을 만들어 올렸다. 신숙주가 만든 경연 진강 절목에는 조강과 주강에서의 공부 방법과 조강과 주강에 들어갈 경연관을 제시하였다.

첫째, 조강에서는 음독과 해석을 각각 3번씩 하고 난 후에 국왕이 음독과 해석을 각 1번씩 읽으며, 주강에서는 국왕이 아침에 배운 음독과 해석을 각 1번씩 읽도록 하였다. 둘째, 조강에는 당직 원상院相 2명, 경연 당상 1명, 낭청 2명, 승지 1명, 대간 각 1명, 사관 1명이 참석하며, 주강에는 승지 1명, 경연 낭청, 사관 각 1인이 입시하여 음音 20번, 해석釋 10번을 읽게 하였다.[122]

이 절목에는 원상이 경연관에 포함되어 있었다. 나이 어린 성종의 고문관인 원상이 영경연사를 겸임하여 날마다 교대로 경연에 참석하게 되었다.[123] 단종 때에는 영경연사가 육아일에만 경연에 나갔으나, 성종 때에는 영경연사가 매일 참석하게 되었다. 성종은 조강과 주강을 시행한지 한 달 여 만에 석강에도 나갔다. 석강에 참석한 경연관은 승지 1명, 경연관 2명, 사관 1명이 입시하여 국왕이 앞서 수업한 것을 한 번 음독하고, 대문大文을 해석하였다.[124]

성종은 1470년(성종 1) 1월부터 조강·주강·석강을 꾸준히 시행하였고, 1471년(성종 2)에는 야대까지 시행하였다. 성종이 열의를 가지고 경연에 나가자, 공사公事를 처리할 시간이 부족하였다. 1476년(성종 7) 성종은 공사의 경우 조계 때에 승지가 아뢰고, 급한 일이 있으면 조강과

122) 『成宗實錄』 권1, 成宗 즉위년 12월 9일(戊午).
123) 『成宗實錄』 권1, 成宗 즉위년 12월 8일(丁巳).
124) 『成宗實錄』 권3, 成宗 1년 2월 20일(己巳).

주강 때에 아뢰도록 전지하였다.[125] 성종 이전에 경연의 자리에서 가끔 정국 운영 관련 사안을 언급하긴 하였으나, 대부분은 학문의 차원에서 정국 운영 방안이 논의되었다. 하지만 성종의 이러한 처사로 경연의 자리에서 공사를 처리할 수 있는 길을 열어놓게 되었다.

성종은 하루에 세 차례 이상 경연을 시행하자 따로 공사를 논의 시간이 부족하였을 것이다. 게다가 경연에 원상이나 의정 삼공이 영경연사로, 승지가 참찬관으로 참석하였기 때문에 자연스럽게 급한 공사에 대한 논의로 이어졌다. 사간 박숭질朴崇質은 의정부와 육조 당상이 전부 참석하지 못한 경연에서 공사를 처리하면 근시近侍의 권한이 지나치게 커지고, 고굉 신료와는 소원해질 것이라고 염려하였다.[126]

더구나 1486년(성종 17) 2품 이상의 고위 관원이 특진관이란 이름으로 경연에 참석하였는데, 중요한 정치문제를 다룰 때에 자문을 받기위한 것이었다.[127] 그 후 국방 문제에 관한 논의를 위해서 무관도 경연에 참여하게 되었다. 이러한 변화는 경연이 공사를 처리하는 자리로 옮아가는 계기가 되었다. 온전히 학문만을 논하였던 경연이 공사를 논하는 자리와 명확한 구분이 사라져 갔다. 성종 때 이후 상황에 따라 조금씩 변화되었던 경연에 대한 규식이 정조 때 편찬된『홍문관지』와 헌종 때에 편찬된『은대전고』에 실려 있다.

1) 조강(朝講)

경연에 참석하는 관원은 영경연사 1명(영경연사는 의정부 삼공이 으례 겸한다. 영경연사가 참석할 수 없으면, 의정부의 동벽·서벽, 지중추부사 가운데 1명을 불러 대행시킨다.), 지경연사·동지경연사 중 1명, 특진관 2명, 승지 1명, 옥당 상번·하번, 양사의 관원 각 1명, 주서 1명, 한림

---

125) 『成宗實錄』 권63, 成宗 7년 1월 14일(己未).
126) 『成宗實錄』 권64, 成宗 7년 2월 8일(壬午).
127) 윤훈표, 「15세기 말엽부터 16세기 중엽까지 경연의 변모와 그 의미」, 『역사와 실학』51, 2013, 80쪽.

상번·하번 등 총 12명이 입시한다. 양사 관원의 경우 조강에는 반드시 사헌부·사간원의 장관이 참석해야 하지만, 장관이 일이 있으면 차관이 참석해야 한다. 경연관과 옥당 인원이 갖추어지지 않거나, 양사에서 참석할 관원이 없으면 조강을 행할 수 없었다.[128)

조강은 날이 밝을 때(조강의 시간을 정확하게 지정하지 않은 것은 계절에 따라 날이 밝는 시간이 다르기 때문이었다.) 시행하였는데, 정해진 시각을 넘기면 승정원에서 경연을 행할 수 없다고 보고하였다. 조강에서는 사서四書·오경五經 그리고 유현儒賢이 저술한 책 중에서 선택한다.

조강에 영경연사와 특진관이 참석하기 시작하게 된 것은 이미 살펴본 것처럼 성종 때였다. 조강에 대신들이 참여하여 정사를 논하게 되면서, 상참과 조강 모두 시행하는 것이 쉽지 않았다. 중종 때 이후로 상참과

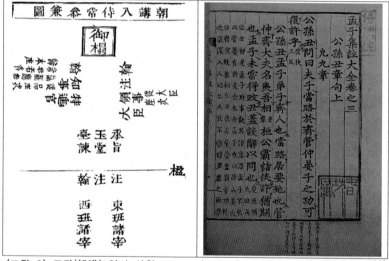

〈그림 2〉 조강(朝講) 입시 상참 겸도[129)

〈그림 3〉 시강원에서 사용했던 『맹자』[130) 로 아래에 한글 번역을 붙였다.

---

128) 『홍문관지』(장서각 K2-2047) 朝講條, 5~6면.
129) 『講官論』(장서각 K2-2773) 권4, 經筵班次圖, 25면.
130) 장서각에 소장된 『맹자』(장서각 K1-174)로서 시강원에서 서연(書筵) 때에 사용하였던 것이다.

조강 중에 하나만을 여는 횟수가 잦아졌다. 『승정원일기』를 참조하면, 조강보다는 상참이 더 자주 시행되었다. 조강을 정지한 대신 주강의 설행이 잦아졌다. 이러한 현상은 『승정원일기』 경연 기록을 참조하면 확인할 수 있다.[131] 따라서 조선후기에는 상참과 조강을 겸하는 반차도까지 마련되었다.

〈그림 2〉의 반차도를 참고하면, 정승이 영경연사를 겸할 뿐만이 아니라 특진관과 별도로 대신, 종2품 이상의 문반·무반 재신들도 조강에 참석하였다. 영경연사, 지경연사, 특진관은 조강에 참석해야 하는 관원이지만, 그 외의 대신과 2품 이상의 문반·무반 관원이 참석할 수 있었던 것은 상참과 겸해서 조강을 열었기 때문이다.

2) 주강(晝講)

주강 경연관은 지경연사·동지경연사 중 1명, 특진관·승지·홍문관 상번과 하번 관원 각 1명, 무신 1명, 종신宗臣 1명, 주서注書, 한림 상번과 하번 각 1명 등 10명으로 구성되었다. 만약 서울에 원임대신이나 유신儒臣이 머물고 있을 때에는 주강에 의례 참석하였는데, 구전으로 국왕에게 이들의 참석을 아뢰었다. 영경연사가 주강에 참석하지 않으므로, 홍문관 상번·하번 관원은 진강할 부분을 주강에 참석할 지경연사나 동지경연사 앞에게 연습하였다. 만약 주강에 원임대신이 참석할 경우에는 조강에서 영경연사에게 하듯이 원임대신에게 나가서 절하고 진강 연습을 하였다. 사헌부·사간원에서 참석할 대간은 미품微稟하여 입시하는데, 자리는 강관의 아래에 배치하였다. 주강의 시간은 오시午時 정각에 시행하였으며, 과목과 진강 절차는 조강과 같다. 다만 조강에 이어서 주강을 할 때에는 국왕이

---

131) 상참, 조강, 주강 횟수를 『승정원일기』에서 검색하면, 다음과 같다.

왕대 조회·경연	인조	효종	현종	숙종	경종	영조	정조	순조	헌종	철종	고종
상참	698	244	91	1261	302	12,638	1,924	4,397	1,446	835	3,090
조강	334	114	18	83	7	1,077	316	144	82	60	20
주강	1,264	1,392	101	6,275	26	6,783	853	1,396	283	354	83

전에 배운 것을 읽지 않는다.[132]

주강의 참석자 특징은 첫째 원임대신과 유신이 참석할 수도 있었다. 이들이 서울에 올라와 있을 때에 경연에 참석하도록 하는 배려는 엘리트 관원을 우대하는 것이다. 둘째, 사간원과 사헌부의 대간은 반드시 참석해야 하는 것은 아니지만, 참석할 수도 있었다. 셋째, 무신과 종신이 참여하였다.

성종 때 이후 무신이 간혹 경연에 참석하기도 했으나, 다시 무신을 경연에 불러 들인 것은 1650년(효종 1)부터였다.[133] 효종은 접견의 폭을 넓힌다는 목적으로 무신을 돌아가면서 1명씩 경연에 참석시키라고 명령하였다. 특히 주강에 들어오는 2품 이상의 무신은 특진관으로 참석하게 하라고 하였다. 특진관은 당상관 중에 반드시 한성부 당상의 경력이 있는 관원이 역임하였다. 하지만 이러한 원칙을 무신에게 일률적으로 적용할 수 없어서 주강에 참석하는 무신은 3품 이상으로 병사와 수사를 지낸 적이 있는 관원으로 정하였으며, 참석 관원은 병조에서 알리게 하였다.

효종이 경연의 자리에 무신을 참석시킨 것은 북진 정책과 깊은 관련이 있었다. 효종은 경사經史를 논하는 자리에 폭넓게 북벌 정책을 논의하고 싶었던 것으로 보인다. 국왕이 경연의 자리에서 특진관이란 이름의 다양한 신료를 만나 국정 현안에 대한 의견을 교환하는 것은 국왕과 신료의 소통이란 측면에서는 긍정적이다. 그러나 경연이 국왕의 학문을 위한 것이라는 본연의 목적에 비추어 볼 때, 바람직한 현상이라고 하기는 어렵다. 효종의 북벌 의식에서 시작된 무신의 주강 참여가 정식화된 것은 숙종 때였다. 숙종은 전교를 내려서 통정대부 이상의 무신을 돌아가면서 주강에 입시하게 하였다.[134]

종신宗臣의 주강 참석은 숙종 즉위 후에 시작되었다. 숙종은 주강 후에 종신을 윤대하였다. 1676년(숙종 2) 숙종은 경연 후에 종신을 윤대하는

---

132) 『홍문관지』(장서각K2-2047) 晝講條, 6~7면.
133) 『承政院日記』孝宗 원년 11월 5일 (乙卯).
134) 『銀臺便攷』上 권4, 禮房攷, 經筵條, 서울대학교 규장각, 2000, 319쪽.

것이 불편하니 경연의 자리에 종신을 참석하게 하는 좋겠다는 의견을 내었다.[135] 종신이 경연관으로 참석하였던 것은 아니지만, 윤대할 종신은 의례 주강에 들어오게 되었다. 주강에 입시하는 종신 역시 2품 이상이었다. 그후 종신의 주강 입시가 정식화 된 것은 영조였다. 영조는 부왕인 숙종 즉위 초의 고사故事를 들어서 종신의 주강 입시를 정식화하였다. 종신으로서 주강 입시 대상은 정3품 도정都正 이상이지만 지방에 있거나 나이가 어리거나 가난하여서 장복章服을 갖출 수 없는 사람은 제외되었다.[136] 주강에 참여할 종신의 명단은 종친부에서 별도로 작성하여 아뢰었다.

3) 석강(夕講)

석강에 참석하는 경연관은 기본적으로 주강과 같이 지경연사·동지경

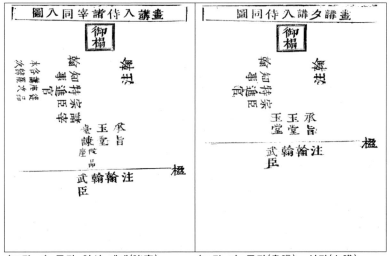

〈그림 4〉 주강 입시 제재(諸宰)
동입도[137]

〈그림 5〉 주강(晝講)·석강(夕講)
입시동도[138]

135) 『承政院日記』 肅宗 2년 3월 20일(壬寅).
136) 『承政院日記』 英祖 1년 2월 2일(庚午).
137) 『講官論』(장서각 K2-2773) 권4, 經筵班次圖, 26쪽.
138) 『講官論』(장서각 K2-2773) 권4, 經筵班次圖, 27쪽.

연사 중 1명, 특진관·승지·홍문관 상번과 하번 관원 각 1명, 주서注書·한림 상번과 하번 각 1명 등 8명으로 구성되었다. 유신이 서울에 있을 때에는 석강에도 참석할 수 있었다. 석강이 시작되는 시간은 미시未時 정각이었다. 하루에 세 번의 경연이 모두 시행된 경우에는 주강이 끝난 후 홍문관의 상번과 하번 관원은 그대로 경연청에 머물렀다. 진강 과목과 진강 절차는 조강 때와 같다.[139]

4) 소대(召對)

소대는 이미 태종 때에 시작되었으나, 중종 때 이후로는 경연의 일부분으로 확실하게 자리를 잡게 되었다. 소대는 시간에 구애되지 않으며, 국왕이 승정원에 하교를 내려 시행되었다. 원임대신과 유신이 참석할 수도 있는데, 책자를 미리 보내 소대에 나올 수 있는지 여부를 미리 알아 보았다. 공식적인 소대 경연관은 승지 1명, 홍문관 상번과 하번 관원, 주서, 한림 상번과 하번 관원 각 1명씩으로 총 6명이었다. 정조가 규장각을 설치한 후에는 입직하는 각신閣臣 1명도 소대 참여 명단에 들어갔다.[140] 소대에서 진강하는 서책은 법강과는 달리 『강목』·『송감宋鑑』과 같은 사서류[141]를 대상으로 하였다.

5) 야대(夜對)

야대는 궁궐 문을 닫은 후에 시행되었다. 경연관은 승지 1명, 홍문관 상번과 하번 관원, 주서, 한림 상번과 하번 관원 각 1명씩으로 총 6명이었으나, 정조 때에 입직 각신 1명이 더 참여하게 되었다. 1782년(정조 6) 규장각 제학 유언호俞彦鎬는 정조에게 내각 절목은 상세하지만, 입시에 대한 일정한 규식이 없어서 등대登對할 방법이 없으니 어제 교정과 규장각

---

139) 『홍문관지』(장서각K2-2047) 夕講條, 7면.
140) 『홍문관지』(장서각K2-2047) 召對條, 7~8면.
141) 『承政院日記』 正祖 6년 9월 2일(丙午).

의 업무를 아뢸 수 있게 입시에 대한 규정을 정해줄 것을 청하였다. 정조
는 어제 교정이나 규장각 업무에 관하여 품의할 일이 있으면 승지가 들어
올 때에 미품으로 따라 들어오도록 하였다. 정조는 또한 규장각의 각신閣
臣이 경연관 직임을 띠고 있지 않아서 경연에 들어오기는 어렵지만, 소대
와 야대는 들어와서 참여하는 것은 문제되지 않는다고 하면서 원임대신
의 예를 들었다. 원임대신은 영경연사가 아닌데도 미품微稟으로 소대에
참석할 수 있었으니, 그 전례에 따라서 입직 각신 1명이 소대와 야대에
참석하는 것을 영원히 정식으로 삼게 하였다.[142] 야대의 진강 절차와 과
목은 소대와 같았다. 다만 야대에서 진강이 끝난 후 국왕은 야대 참석
관원에게 선온을 내리고 마쳤다.[143]

〈그림 6〉 소대(召對)도[144]

---

142) 『承政院日記』正祖 6년 9월 12일(丙午).
143) 『홍문관지』(장서각2-2047) 夜對條 8면.
144) 『講官論』(장서각 K2-2773) 권4, 經筵班次圖, 25쪽.

2. 경연 내용

경연은 신유학을 바탕으로 한 것으로 국왕이라 하여도 인간 본연의 천리天理를 잘 닦아서 국왕으로서의 자질을 키워야 한다는 뜻에서 시행되었다. 태조대부터 경연이 시행되기 시작하여 성종대에 이르러서 경연의 규식이 확립되고, 정형화되어 갔다. 15세기 정형화된 경연은 그 이후에도 즉위하는 국왕의 성향에 따라 혹은 상황에 따라 진행될 수밖에 없었다. 여기에서는 각 왕대 국왕이 경연에 임하였던 자세와 공부한 서책, 그리고 경연의 자리에서 논의되었던 공사公事 등에 대하여서 살펴봄으로써 조선의 국왕이 경연을 통해서 관료들과 무엇을 어떻게 소통했는지 알아보려고 한다.

조선이 건국된 이후 사간원에서는 태조에게 매일 경연에 나갈 것을 요청하는 상소를 올렸다. 이 상소문에서 경연에 나가야 하는 이유를 두 가지로 요약하여 설명하였다. 첫째는 어진 사대부를 만나서 국왕의 덕성을 기를 수 있기 때문이고, 둘째는 환관과 궁첩을 자주 만나지 않게 되어서 나태함을 진작시킬 수 있기 때문이라고 하였다. 또한 강관이 경연에서 공부해야 할 서책으로『대학』을 추천하였다. 그는 진덕수의『대학연의』가 제왕의 정치하는 차례와 학문하는 근본으로 편차되어 있어 자기의 몸과 마음으로부터 시작한다고 전제하고,『대학』을 통해 격물치지格物致知·성의정심誠意正心의 학문을 연구하면 수신제가修身齊家·치국평천하治國平天下의 효과를 이룰 수 있다고 하였다.[145] 대간들의 상소가 여러 번 있었으나, 태조는 경연의 필요성을 느끼지 못한 것 같다.『태조실록』에 태조가 경연에 나갔다는 기록은 거의 보이지 않는다.

정종은 학문에 큰 뜻이 없었으며 격구를 좋아하였지만, 재위 기간 동안 40여회의 경연에 나갔다. 조선 역대 국왕이 경연에서 공부하였던 서책들을 정리하면 다음 표와 같다.

---

145)『太祖實錄』권2, 太祖 1년 11월 14일(辛卯).

〈표 8〉 조선 역대 국왕의 진강 서책[146]

	왕대	경서	사서 및 기타
1	정종	『대학』·『논어』	『통감촬요』·『통감강목』
2	태종	『대학연의』·『상서』·『중용』	『십팔사략』
3	세종	『대학연의』·『춘추호씨전』·『대학』·『중용』·『상서』·『논어』·『맹자』·『시전』·『주역』·『춘추』	『강목통감』·『좌전』·『통감강목』·『사기』·『육전(六典)』·『자치통감편』·『율려신서』·『송감』·『성리대전』·『송조명신언행록』
4	문종	『대학연의』·『대학』·『근사록』	
5	단종	『논어』·『가례』	『가례』
6	세조		『송원절요』·『통감속편』
7	예종	『대학연의』·『예기』	
8	성종	『논어』·『시경』·『주역』·『맹자』·『대학』·『소학』·『중용』·『대학연의』·『공자가어』·『서전』·『예기』·『성리대전』·『근사록』·	『국조보감』·『정관정요』·『자치통감강목』·『통감강목』·『이문등록』·『강목속편』·『고려사』·『명신언행록』·『송원절요』·『송감』·『좌전』·
9	연산	『대학연의』	『자치통감강목』
10	중종	『상서』·『논어』·『대학』·『중용』·『주역』·『예기』·『근사록』·『대학연의』·『소학』·『시전』·『춘추』·『대학연의보』	『강목』·『송감』·『고려사』·『고려사절요』·『속자치통감강목』
11	인종	『상서』	『송감』
12	명종	『소학』·『효경』·『대학』·『논어』·『중용』·『대학연의』·『근사록』·『예기』·『주역』	『강목』
13	선조	『대학』·『예기』·『논어』·『소학』·『맹자』·『근사록』·『서전』·『춘추』·『주역』	『주자강목』·『강목』
14	광해	『서전』·『상서』	

---

146) 정종~중종대 경연 진강 서책은 『조선왕조실록』 기사를 바탕으로 작성하였다. 명종~성종대 경연 진강 서책은 정재훈의 「명종·선조년간의 경연」의 표1과 표2를 참조하였다.(『조선시대사학보』 10, 1999, 59~60쪽) 광해군~현종대 경연 진강 서책은 정재훈의 「조선중기의 경연과 제왕학-광해군~현종년간을 중심으로-」의 표1, 표2, 표3, 표4를 참조하였다.(『역사학보』 184, 2004, 119, 126, 127, 129쪽) 숙종~고종대 경연 진강 서책은 『列聖朝繼講冊子次第』(장서각 K2-2782)를 참조하여 정리하였다.

	왕대	경서	사서 및 기타
15	인조	『논어』·『대학』·『대학연의』·『맹자』·『중용』·『서전』·『시전』	
16	효종	『중용』·『대학연의』·『서전』·『심경』·『시전』	
17	현종	『중용』·『대학연의』·『심경』	『통감』·『송감』
18	숙종	『논어』·『맹자』·『중용』·『서전』·『시전』·『심경』·『주역』·『대학연의』·『성학집요』·『춘추집전』·『예기』	『강목』·『송감』·『황명통기』·『명기편년』·『동국통감』·『당감』·『절작통편』·『명신주의』
19	경종	『서전』	『강목』·『절작통편』
20	영조	『논어』·『맹자』·『중용』·『서전』·『예기』·『시전』·『주역』·『춘추집전』·『심경』·『주례』·『대학』·『근사록』·『소학』·『대학연의』·『대학연의보』·『주자어류초』·『주자봉사』	『강목』·『송감』·『황명통기』·『동국통감』·『성학집요』·『당감』·『절작통편』·『육선공주의』·『이충정공주의』·『좌전』·『역대명신주의』·『송원강목』·『자치통감』·『여사제강』·『역대군감』·『국조보감』·『어제자성편』·『숙흥야매잠』·『정관정요』
21	정조	『춘추집전』·『논어』·『대학』·『맹자』·『중용』·『예기』·『근사록』·『주자봉사』·『주례』·『심경』	『국조보감』·『송명신언행록』·『절작통편』·『정관정요』
22	순조	『맹자』·『중용』·『서전』·『시전』·『대학』·『논어』·『주역』·『소학』	『국조보감』·『성학집요』·『갱장록』·『속강목』·『강목』·『역대군감』
23	헌종	『소학』·『논어』·『시전』·『대학』	『사략』·『강목』·『갱장록』·『국조보감』
24	철종	『대학』·『논어』·『맹자』·『중용』·『시전』·『서전』·『소학』	『사략』·『통감』·『갱장록』·『속강목』
25	고종	『소학』·『대학』·『논어』·『맹자』·『중용』·『시전』·『서전』	『통감』

위 표에서 경연때 진강한 서책 목록의 특징을 보면 정종~연산군대, 중종~선조, 효종~현종, 숙종대 이후 등으로 분류될 수 있다. 15세기에서 16세기 초 연산군대에 이르기까지 경연 교재는 경서의 경우 주로 사서와 오경을, 사서의 경우 『자치통감강목』 등을 주로 사용하였다.

조선이 건국된 후 15세기에 왕세자를 거쳐서 왕위에 오른 사람은 문종·단종·연산군이 전부였다. 그러므로 조선 초기에는 국왕이 갖추어야 할 기본적인 덕목을 갖추어야 했다. 이 시기 경연에서 역점을 두었던 사서 중 하나는 『대학』이었다.

국왕이 『대학』을 모르면 다스림의 근원을 알 수 없고, 신하된 사람이 『대학』을 알지 못하면 국왕을 바르게 하는 근본을 알지 못할 것이기에, 『대학』 원문에 경사經史의 내용을 덧붙이고, 당대 학자들의 의견을 실어서 제왕 교육의 핵심적 교재로 활용되었다.[147]

경연의 교재로 사용되었던 사서인 『자치통감강목』은 주희가 편찬 원칙을 세워서 편찬된 것으로 역사적 사실을 성리학적 관점에서 평가하였다. 『강목』은 장기간의 역사를 다룬 역사서로 왕도 정치의 쟁점들이 어떻게 변화되었는지 알 수 있다. 『강목』은 후주後周의 역사까지만 기술되어 있어서 송나라 역사는 『송감』을 따로 보았다.[148] 『강목』과 같은 역사서는 사례를 들어 도학 정치를 설명할 수 있어서 거의 모든 국왕의 경연에서 사용되었다.

조선 전기 경연에서 많은 서책을 강독한 국왕으로는 세종과 성종을 들 수 있다. 두 국왕의 공통점은 경연에서 강론할 전문 학술 기관을 설립했다는 점이다. 세종은 집현전 학사들을 대거 경연관으로 참여시켰다. 세종은 경연관에게 수업을 받기 보다는 경연을 주도해 나갔다. 세종은 경서를 읽는 것으로는 학문에 득이 되지 않으며, 마음으로 터득해야 한다고 여겨서 같은 서책을 반복적으로 읽었다. 또한 학문에 뜻이 있는 학자 관료들에게 사가독서를 허락함으로써 각자 능한 분야를 집중적으로 공부한 전문가를 양성하려고 하였다. 세종은 사서와 오경에 능통하면서도 주자학에 대해서도 비판할 수 있는 안목을 갖추고 있었다. 경연이 경사經史를 논하는 장이지만, 세종은 경사經史에 국한하지 않고, 『육전』·『율려신서』 등도 논하였다. 세종의 학문에 대한 열정은 경연 역시 조선의 제도 문물을 법제화하는데 활용하였다.

성종은 세조가 폐지하였던 집현전 대신 홍문관을 건립하여 소속 관원

---

147) 신동은, 「조선 전기 경연의 이념과 전개」, 『정신문화연구』32권 제1호, 2009, 68~69쪽.
148) 신동은, 앞의 책, 68쪽.

을 경연관으로 활용하였다. 성종은 경연 제도를 조강·주강·석강·야대 등으로 나누어서 경서와 사서를 강독하고 토론하였다. 성종은 세종과 달리 경연을 주도적으로 이어가지 못하였다. 세종은 고제와 성리학을 두루 섭렵하여서 선별적으로 흡수하였지만, 성종은 성리학쪽으로 완전히 전도되었다. 성종은 사서와 오경은 물론이고 성리학에서 중시하는 『소학』·『근사록』·『성리대전』까지 섭렵하였다.

16세기에 들어서 중종~선조대 경연에서 강독하였던 서책의 특징은 『소학』·『근사론』이 필수 과목이었다는 점이다. 『소학』은 『대학』의 전단계로 성리학적 기본을 충실하게 하는 책으로 인식되었다. 16세기의 경연에서는 『소학』, 사서와 오경, 『근사록』 등으로 성리학의 기본에 충실하였다. 이 시기 국왕들은 세자를 거쳐서 왕위에 오른 경우는 인종 밖에 없다. 반정을 통해서 왕위에 오른 중종, 어린 나이에 왕위에 오른 명종, 그리고 명종의 후계로 계통을 이은 선조 등은 신료들에게 철저하게 제왕이 되는 길을 배웠다. 15세기에는 대부분의 국왕들이 경연을 주도하였던 것과는 달리 16세기 국왕들은 거의 신료들이 주도하는 경연에서 교육되었다.

이기심성론과 출처관에 대한 깊은 고민과 함께 군주 성학론이 대두되었다. 이황의 『성학십도』 같은 것은 성인·성군이 되는 방법이자 국가 경영의 방안이기도 하였다. 군주와 관료가 갖추어야 할 국가 경영 철학과 도덕성의 문제를 제기하였다. 이언적이 명종에게 올린 '진수팔규進修八規'에서도 정치하는 방법에는 많은 갈래가 있지만 그 근원을 찾으면 국왕의 마음에 있으니, 그 근본을 바르게 하고 근원을 맑게 하는 방법은 학문에 힘쓰는 데 있다고 하였다. 16세기에 사림들이 언급한 성학은 관념적인 것이 아니라 당면한 과제를 해결하는 현실적인 방안이었다. 그들은 국왕에게 학문과 경륜으로 군주의 위상을 높이고 국정 운영의 방향을 제시하라는 것이었다.[149] 이러한 성리학의 흐름 속에서 경연관들은 국왕에게 학문만이 시비를 분별하여 국정 운영의 방향을 바로 잡을 수 있다고 강조

---

149) 권연웅·설석규, 「16세기 퇴계학파의 군주성학론」, 『대구사학』67집, 2002, 13~30쪽.

하였다. 때문에 하루에 네 번 혹은 소대까지 5번의 경연에서 사림들은 단계별 성리학 교재로 국왕의 자질을 향상시키고자 하였다.

특히 16세기 국왕들은 언급하였던 것처럼 적장자로 왕위에 오른 것이 아니므로 '택현설'이 대두되었다. 원래 국왕의 왕위 계승에 대하여 신료들은 결정권이 없었다. 그러나 반정을 경험하고, 국왕 계승이 순조롭지 않자 요순과 같이 군덕을 갖춘 사람이 국왕으로 즉위해야 한다는 택현설이 부상하게 되었다. 택현설은 유학의 이상을 반영한 것으로 국왕도 학문을 닦는 데에 최선을 다해야 한다는 것이다. 국왕은 학문을 통해서 군주의 덕을 닦아서 시비 분별을 갖추어 어진 이를 등용하고, 신료를 신임하여 그들에게 정사를 맡겨야 한다고 주장하였다.[150]

경연에서 군주 성학론의 강화는 17세기에도 계속되었다. 광해군과 인조대에 주춤했던 경연은 효종대에 본격화되었다. 효종 때에는 『근사록』에 이어서 『심경』이 경연의 교재로 채택되었으며, 산림들이 경연관으로 등용되기 시작하였다. 효종이 학문에 매진하게 된 데에는 자연 재해도 큰 역할을 하였다. 유학에서의 천명이란 하늘과 합치되어야 한다고 이해되었다. 천명을 받은 국왕이 바로 행동하지 않으면 우주의 질서와 합치되지 않아 자연 재해가 발생하고, 사회가 혼돈에 빠지게 된다는 이론이다. 자연 재해는 효종에게 덕을 닦아야 하는 당위성을 제공하였다. 이러한 배경 속에서 『심경』이 경연 과목으로 채택되었는데, 심학心學 위주로 군주의 덕을 수양시키겠다는 사림의 의지를 그대로 반영한 결과라고 하겠다. 국왕이 군주의 덕을 닦기 위해서는 성학聖學에 힘써야 하는데, 성학이란 최종적으로는 인재 등용으로 귀결되었다. 경연관들은 효종에게 어진 인재를 등용하여 그에게 정사를 위임해야 왕도정치가 구현된다는 것을 강조하였다.[151]

17세기에는 진강에 참여하는 관원과 진강 과목의 변화가 있었다. 첫

---

150) 정재훈, 「명종·선조년간의 경연」, 『조선시대사학보』10, 1999, 38~56쪽.
151) 정재훈, 「조선중기의 경연과 제왕학-광해군~현종년간을 중심으로」, 『역사학보』 184, 2004, 122~128쪽.

째, 진강에 참여하는 관원의 변화는 효종 때부터였다. 효종이 즉위하여 재야의 산림을 불러들여 경연에 참석시켰다. 『홍문관지』에 유신儒臣이 서울에 있을 때에 경연에 참여할 수 있다고 하였는데, 바로 산림을 말한다. 효종 때에 조정에 들어온 산림들은 경연에서 경서를 진강하는 중에 현실 정치를 비판하고, 개혁이 필요한 사안에 대한 견해를 피력하였다. 송준길과 같은 이는 『중용』을 강론하면서, 내수사 폐단의 개혁과 김자점을 탄핵하였다. 또한 『심경』의 강론을 통해서 효종에게 마음공부의 공효에 대해 역설하였다.[152]

둘째 진강 과목의 변화이다. 16세기에 이미 성리학 서적이 경연의 교재로 사용되긴 했으나, 숙종 때에는 『성학집요』·『절작통편』이 진강되었다. 또한 역사서는 『동국통감』·『황명통기』·『명기편년』을, 그리고 『명신주의名臣奏議』 등이 교재로 사용되기 시작하였다.

숙종 때에 『성학집요』·『절작통편』이 경연 교재로 채택된 경위는 당쟁과 밀접한 관계가 있다. 1680년(숙종 6) 경신환국 이후 서인들은 이이의 문묘 배향과 함께 『성학집요』가 경연 교재 활용에 대해 건의하였다. 그러나 『성학집요』을 경연 교재로 채택된 것은 1697년(숙종 23)이었다. 경신환국 이후 서인에서 남인으로, 남인에서 서인으로 정권이 교체되는 과정에서 이이는 문묘에 배향→출향→복향의 굴곡을 겪었다. 최종적으로 갑술환국 후에 이이의 문묘 복향復享이 이루어지면서 『성학집요』를 경연에서 사용하게 된 것이다.[153]

『성학집요』는 이이가 선조를 성군聖君으로 이끌기 위해 찬진한 책으로 국왕의 교범이 될 만한 책이었지만, 숙종은 『대학』의 보조 교재 정도로 여겼다. 그러므로 1696년(숙종 22) 숙종은 왕세자의 서연에 활용하라고 『성학집요』를 시강원에 내렸었다.[154] 그 후 몇 달 후에 이 책을 경연에

---

152) 이원택, 「유교적 공론장으로서의 경연과 유교지식인의 정체성」, 『태동고전연구』 33, 113~122쪽.
153) 윤정 「숙종대 『성학집요』 진강의 경위와 의미-숙종 정국 운영방식의 일단면-」, 『남명학연구』 21, 2006, 221~227쪽.
154) 윤정, 앞의 책, 231쪽.

활용하였다. 송시열이 엮은『절작통편』은 1708년(숙종 34)에 소대에서 강하기 시작하였다. 숙종은 갑술환국 후에 송시열을 사사한 것은 자신의 지나친 조처였다고 인정하였다. 그리고는 그의 저서를 경연 교재로 활용하였다. 그러므로 숙종이『성학집요』·『절작통편』을 경연 교재로 활용한 것은 다분히 정치적이었다.[155]

숙종은 경연에서『황명통기』·『명기편년』·『동국통감』등을 교재로 활용하였다.『황명통기』·『명기편년』는 명나라의 역사서이다. 숙종이 명나라의 역사서를 소대 때 교재로 사용한 것은 1699년(숙종 25) 12월이었다.[156] 그는『황명통기』·『명기편년』을 먼저 읽고,『동국통감』을 보았다. 숙종은 즉위하면서 중국의 정세 동향에 관심을 기울이면서, 기본외교 노선은 청과 화친을 유지하는 것이었다. 숙종이 청과의 화친 기조를 바꾸게 된 계기는 1686년(숙종 12) 조선에서 산삼을 캐기 위해 청에 갔다가 관리를 살해한 사건이었다. 그 사건 이후 숙종은 반청 감정이 커졌을 뿐만 아니라 대명의리론을 강조하기 시작하였다.[157] 숙종은 국방 강화를 내세워 강화 산성, 남한산성 개수 등을 축조하였고, 명의 역사서들을 소대에서 강하고, 그 이후 대보단의 건립, 북한산성 축조 등 대명의리를 강화하는 정책을 유지하였다.

18세기 영조는 숙종이 사용했던 서적 이외에도『주례』·『주자어류초』·『주자봉사』·『육선공주의陸宣公奏議』·『역대명신주의歷代名臣奏議』·『여사제강』·『역대군감』·『국조보감』·『어제자성편』·『숙흥야매잠』·『송명신어행록』등의 새로운 서적을 경연에 활용하였다. 새로운 서적의 성격은 첫째, 왕권 중심의 왕도 정치, 둘째 주자서로 요약할 수 있다. 첫째 18세기 경연에서 진강한 서적이 왕권 중심의 왕도 정치와 관련된 것이다. 영조는 요순시대의 이상주의 정치 실현을 목표로 국왕이 주도하는 왕도정치를 실현을

---

155) 주 156 참조.
156) 『列聖繼講冊子次第』(장서각 K2-2782), 召對進講冊子次第, 4면.
157) 노대환, 「숙종 영조대 대명의리론의 정치·사회적 기능」, 『한국문화』 32, 2003, 156~159쪽.

추구하였다.[158] 이것은 그가 당쟁의 폐해를 줄이고 탕평을 추구하는 군주로서 가져야 하는 치세관에 관심을 기울였기 때문이다. 그러므로 그는 『주례』, 이름 있는 신료들의 주의奏議, 역대 군왕의 치란, 조선 국왕의 경세관을 강론하였다. 이 중에서 『국조보감』이나 어제御製류의 강론은 특별한 의미가 있다. 영조나 정조는 왕위 계승의 정통성이 미약한 국왕이었다. 그들은 자신들이 선대를 계승한 국왕이라는 의식에서 『국조보감』이나 어제류를 경연 교재로 활용하였다.

둘째 주자서이다. 주자서는 이미 숙종이 경연에서 활용하기 시작하였으나, 영조와 정조는 특히 주자서에 경도되어 있었다. 영조는 숙종의 대명의리를 더욱 강화시켜나갔는데, 주자의 입장에서의 의리론을 강조하였다. 주자를 스승을 삼아야 한다는 그의 학문 경향은 노론에서 추구하는 '주자주의'와 근접하였으나, 군주의 입장을 절충하고자 하였다.[159]

18세기 경연 내용은 최고 수준의 학문을 논하고, 국왕의 '수신과 평천하'를 강론하였지만, 19세기의 경연 내용은 사뭇 달랐다. 특히 헌종, 철종, 고종의 경연 책자를 보면, 18세기와는 매우 다른 것을 알 수 있다. 철종과 고종은 양자로서 왕위에 오른 이들로 경연을 통해 국왕의 자질을 키워가야 하는 상황이었으므로 경영 내용의 질이 떨어질 수밖에는 없었다.

158) 지두환, 「조선 후기 영조대 경연과목의 변천-조선성리학 확립과 관련하여-」, 『진단학보』 81, 1996, 144~149쪽.
159) 장경희, 「영조 후반기(1749년~1776년) 경연과 영조의 의리론의 강화」, 『역사학보』 162, 1999, 53~54쪽.

IV

언로를 통한 소통 구조

언로를 연다는 것은 유학 사상과 밀접한 관계가 있다. 중국 주나라 이래 천도天道와 인간의 길흉화복은 관련성이 있다고 여겼다. 군주가 명철하여 화평을 이루면 하늘이 감응하여 자연 현상이 조화롭지만, 군주의 잘못된 행위는 하늘의 노여움으로 자연 이변을 일으킨다고 여겼다. 자연 이변과 언로를 연관시킨 것은 『서경』에서이다. 『서경』에는 군주가 백성들을 다스리는 다섯 가지 조건이 제시되어 있다. 첫째, 태도는 공손하게 하고, 둘째 말을 올바른 것을 따라야 하며, 셋째 관찰은 밝아야 한다. 넷째 들음은 바르게 해야 하며, 다섯째 사색은 치밀해야 한다. 이 다섯 가지를 요약하면, 성군이 되기 위해서 귀로는 많이 듣고, 입으로는 많이 물어서 총명해야 한다는 것이다.[160]

천명에 순응하고, 하늘의 도에 합일하는 군주가 되기 위해서 언로를 넓히고, 언로를 막지 말아야 한다. 조선의 국왕들도 언로를 넓히려는 노력을 아끼지 않았다. 이미 앞 장에서 살펴보았던 윤대도 역시 언로를 넓히는 일환으로 시행된 것이었다. 그것에 만족하지 않고, 사헌부·사간원의 대간과 경연관인 홍문관 관원들이 쉽게 국왕에게 글을 올릴 수 있도록 차자箚子를 사용하도록 허락하였다. 언로의 폭을 관원이 아닌 이들에게

---

160) 김영주, 「조선시대 구언제도의 절차와 내용 연구」, 『언론과학연구』제9권 4호, 2009, 136~139쪽.

까지 넓힌 것이 구언求言이고 유소儒疏이었다. 이 단원에서는 차자, 구언, 유소의 내용을 살펴봄으로써 조선의 국왕이 언로를 통해 관원이하 양반들과 소통하는 방식과 내용을 파악해보고자 한다.

1. 차자(箚子)

차자는 사헌부·사간원·홍문관에서 국왕에게 올리는 문서 형식이다. 대간들은 원래 국왕에게 직접 글을 올리지 않았다. 국왕에게 보고할 내용이 있으면 계사啓辭를 적어서 승정원에 제출하여 승정원에서 보고하였다. 국왕의 회답 역시 승정원에서 환관을 시켜 사헌부에 전하므로 착오가 많았다. 1473년(성종 4) 대사헌 서거정이 경연관으로 경연에 들어가 강독이 끝난 후에 사헌부 문서 체계에 대해서 건의하였다. 그는 송나라의 문서식인 차자를 사용하여 대간들이 국왕에게 진언하고픈 말을 다 적어서 진달할 수 있게 하자는 의견을 내어서 성종의 허락을 받았다.[161]

대간이 차자를 사용하게 된 것은 대간들의 지위가 높아졌음을 의미하는 것이다. 대간 제도는 이미 그 이전부터 시행되고 있었지만, 대간의 활동은 매우 제한적이었다. 대간의 지위가 구조적으로 보장되지 않아서 그 기능을 다하지 못하였다. 예를 든다면, 국왕의 경연에 대간이 들어가도록 정식화했으나, 국왕에 따라서 혹은 상황에 따라서 경연의 참석이 허락되지 않았다. 성종 때에 들어와서 조금씩 대간의 기능이 활성화되기 시작하였다.

성종 때에 관계官界에 등장한 사림들은 언론 기구를 중심으로 활동하면서 그들의 지위를 공고히 굳혀나갔다. 대간이 차자를 사용할 수 있게 된 것 역시 그러한 일환으로 볼 수 있다. 대간이 국왕에게 아뢸 일이 있을 때에 환관이나 승정원의 하리下吏를 통해서 전해야 했던 계사를 차자라는 형식으로 문서화하여 올릴 수 있게 된 것 자체가 대간의 지위를

---

161) 『成宗實錄』 권26, 成宗 4년 1월 21일(壬子).

확고히 함으로써 언로를 넓히는 또 하나의 계기가 된 셈이다.

성종이 차자의 사용을 허락하자마자 바로 사헌부·사간원에서 차자를 올리기 시작하였다. 『성종실록』을 보면 성종 때에 국왕에게 올린 차자는 총 896건이다. 사헌부에서 478건, 사간원에서 336건, 사헌부와 사간원 합사 22건 그리고 홍문관에서 59건의 차자를 올렸다. 성종 때의 언관 활동은 사헌부와 사간원이 주도하는 양상을 보였다. 홍문관의 차자는 1478년(성종 9) 홍문관 응교 채수蔡壽와 수찬 이창신李昌臣이 임사홍 사건에 대한 의견 개진으로 시작되었다.[162] 성종 초반 홍문관은 경연관으로 의사를 표현할 수 있었으나, 대간이 제안한 사항을 수용하도록 촉구하는 정도였다. 1491년(성종 22)년부터 홍문관 관원이 대간직으로 진출하게 되어 대간과 홍문관 관원이 유기적인 관계를 맺어갔다. 연산군 때 이후로는 홍문관에서 올리는 차자의 비율이 대간보다 점차 높아져갔다. 홍문관은 기존에 대간만으로는 한계가 있었던 언론 기능의 강화를 가져왔고, 공론 수용 기능을 원활하게 할 수 있는 바탕이 되었다.[163]

차자를 통한 언관의 활동은 여러 차례 사화와 척신정치를 겪으면서 위축되기도 하였다. 특히 연산군이 대간이나 홍문관의 언론활동을 '능상陵上'으로 규정하면서 위축되기 시작하였다. 연산군이 즉위한 초기에 언관의 갈등을 일으키게 된 것은 첫째, 1494년(연산 즉위년) 12월 수륙재水陸齋 거행, 불경 간행, 절에 소금 공급하는 일 등 불교와 관련된 일 때문이었다. 둘째는 외척에 대한 지나친 상전賞典을 시행하거나 중용重用하는 일 등이었다. 이러한 일로 언관들의 차자가 계속되자, 연산군은 군신 관계에서의 위상을 강조하면서 언관의 행태가 군주의 존재를 인정하지 않는다고 비판하였다. 연산군은 정사가 대신 중심으로 운영되어야 하며 언관에게 쏠려서는 안 된다고 인식하였다. 연산군 즉위 초부터 시작된 국왕과 언관 간의 대립과 갈등은 무오사화, 갑자사화를 거치면서 언관의 위축으로 끝이 났다.

---

162) 『成宗實錄』 권93, 成宗 9년 6월 16일(丙午).
163) 최이돈, 「사림언론과 중앙정치」, 『역사비평』 39, 1997, 369쪽.

중종이 반정으로 즉위한 후에 언관의 기능은 다시 살아나기 시작하였다. 특히 조광조 등이 언관직을 띠게 되자, 성리학을 바탕으로 정치·경제·사회 전반에 관한 문제를 거론하고, 새로운 방향을 모색하였다. 이들은 더 나아가서 실현 가능한 것은 과감하게 실천에 옮김으로써 공신의 재상권을 견제하였고, 향약보급 운동, 문묘 배향, 천거제, 소격서 폐지 등의 성과를 거두었다.[164] 그러나 기묘사화로 다시 언관은 위축될 수밖에 없었다. 명종이 왕위에 오른 후 문정왕후의 수렴청정과 척신정치가 행해지자, 언관은 독립적인 기능을 제대로 수행하지 못하였다. 명종 말에 이르러서 다시 언관의 기능이 정상화되면서 차자 활동도 다시 활기를 띠기 시작하였다.

17세기에 사림정치가 정착되고 난 후에 언관들은 자신이 속한 당색의 당론을 비호하고 반대파의 세력을 견제하는 일에 첨병 역할을 하게 되자, 그들의 언론 활동에 대한 공정성이 의심받았다. 예를 들면 효종 같은 국왕은 언관들의 활동을 당론으로 간주하여서 부정적인 입장을 견지하였다. 현종 초에는 서인이 정권을 잡고 있었고, 언관들도 서인 일색이다 보니 언론 활동이 거의 없었다. 현종 말 남인들이 득세하면서 다시 서인 언관의 언론 활동이 시작되었다. 18세기 영조가 탕평을 표방하고 당색을 조정하고 화합시키면서 언관들의 정치색이 옅어지고 정치 기강이나 관원의 비리, 민생 문제 등과 관련된 언론 활동을 하였다.[165] 대간과 홍문관의 차자를 통한 언론 활동은 그 이후로 정조대까지 활발하게 지속되었으나, 세도정치기에 들어서면서 현격하게 줄어들었다.

사림정치가 시작되자 대간과 홍문관의 언론 활동이 활발해지고, 언론 활동에도 변화가 일어났다. 그 변화는 언관 개개인이 차자를 올리는 것이 아니라 합계合啓를 올렸다. 합계는 일부의 소수 의견이 아니라 언관 다수의 공통된 견해라는 것을 표방하는 것이다. 다수의 의견은 곧 공론으로서

---

164) 김돈, 「중종대 언관의 성격변화와 사림」, 『한국사론』 10, 1984, 154~167쪽.
165) 구덕회, 「조선시대의 여론과 정치 언론과 언관」, 『역사비평』 37, 1997, 360~362쪽.

공정성을 확보할 수 있었다. 다만 사림정치가 당파간의 갈등이 커지면서 언론 활동이 지나치게 정치적으로 기울어져서 공정성을 확보하기가 어렵게 된 것이다. 결론적으로 언관의 언론 활동은 국왕과 신료간의 균형이 어느 정도 이루어졌을 때에 빛을 발하였다.

2. 구언(求言)

구언은 주로 자연 이변 현상이 있을 때에 그 책임 소재가 근본적으로 국왕에게 있다고 여기는 천인합일론에 기초한 것이다. 국왕이 바른 행동을 하면 삼라만상이 조화를 이루어져서 작은 사물 하나도 상하지 않지만, 그렇지 못할 경우 자연 재해가 일어나게 된다고 여겼다. 가뭄·홍수·우박·벼락·지진·혜성·황충 등의 자연 현상이 있게 되면 국왕은 구언한다는 하교를 내렸다.

『정종실록』에 최초의 구언 하교가 실려 있다. 정종은 1399년(정종 1) 천재지변으로 구언한다는 하교를 내렸다. 그 내용은 천변으로 두려우니 양부兩府와 백사百司에서 정형政刑의 득실과 민간의 이해를 진술하여 밀봉하여 바치라는 것이었다.[166] 정종이 내린 구언 하교는 관원들에게만 한정하여 잘못된 정형과 민간의 폐단을 진술하도록 요구한 것이었다.

정종의 구언 하교는 정형화된 형식을 따른 것이었다. 구언 하교나 교지의 내용은 자연 재해 현상을 설명하고, 그 책임을 국왕 자신에게 돌린다. 그리고 구언을 진술할 대상과 내용을 정하여 언급한다. 구언 진술 대상은 항상 일정하지는 않았다. 좁게는 의정부·육조·대간·각사 등의 관원만을 대상으로 하기도 하고, 넓게는 서울과 지방의 현직·산직 대소 신료 및 한량관閑良官까지 확대하여 구언 진술을 요구하기도 하였다. 구언교서 별감을 지방으로 파견하여 구언 진술을 알리기도 하였다.[167]

국왕이 요구한 구언 진술 내용은 첫째 국왕의 수성修省, 둘째 정령政令의

---

166) 『定宗實錄』 권2, 定宗 1년 10월 8일(甲辰).
167) 『世宗實錄』 권32, 世宗 8년 5월 6일(己亥).

개혁 사항, 셋째 민간의 폐단 등으로 요약되었다. 국왕이 구언 상소를 요구하였을 때에는 상소의 내용을 받아들이겠다는 것을 전제한 것이었다. 『태종실록』에는 태종이 13건의 구언을 요청하였다. 그 가운데 구언 상소의 내용을 실천에 옮긴 것은 2건이었다. 1407년(태종 7) 둔전법과 연호미법煙戶米法의 혁파[168]와 1416년(태종 16) 의정부와 육조에서 올린 시무 24조를 실행에 옮긴 것[169]은 구언의 결과였다. 구언의 내용을 실행에 옮기는 것 이외에도 잘된 구언 상소를 올린 사람을 탁용하기도 하였고, 구언과 함께 어진 인재를 천거하게 하였다.

구언이 형식에 치우치는 것을 경계하여서 자연 재해가 있을 때마다 매번 구언하지는 않았다. 태종은 구언 상소의 내용을 실행에 옮길 수 없다면 형식에 지날 뿐이니 기우제를 행하는 것이 낫다고 하였다.[170] 태종뿐만 아니라 세종·세조 역시도 구언의 내용을 실행에 옮기는 것에 대한 부담감을 가지고 있었다. 태종~예종대의 구언 상소에서 국왕들에게 요구한 것은 정령政令의 개혁과 민간의 폐단 개선이 주류를 이루고 있는데, 약 80%에 달하였다.[171]

국왕은 구언 상소를 받아 실행에 옮길 의지도 없으면서 왜 구언 교서를 내린 것일까? 언로를 폭넓게 개방해야 한다는 것이 유학적으로 이상적인 정치라는 인식을 하였기 때문이다. 모든 관료와 백성에게 언로를 개방하여 간쟁을 자유롭게 할 수 있게 하는 것을 중요시한 것이다. 대간의 간쟁은 상시적인 소통 구조 안에서 이루어지는 것이나, 구언은 비상시적인 것으로서 재해라는 특별한 경우에 관원을 포함 많은 사람에게 다양한 사정을 들음으로써 언로 개방의 폭을 확장하는 것이었다.[172] 그러므로 구언은 상소 내용에 따라 폐단을 개혁하는 데까지 이르지는 못하더라도

---

168) 『太宗實錄』 권13, 太宗 7년 6월 28일(庚戌).
169) 『太宗實錄』 권31, 太宗 16년 5월 20일(辛亥).
170) 『太宗實錄』 권21, 太宗 11년 6월 14일(癸卯).
171) 이석규, 「조선초기 응지상소를 통해 본 성종대의 변화」, 『조선시대사학보』41, 2007, 11쪽, 〈표 1〉 응지상소의 내용 대분류표(태조~성종) 참조.
172) 송웅섭, 「조선 초기 언로로서의 구언」, 『규장각』 48, 2016, 69~70쪽.

상소의 기회가 주어졌다는 데에 큰 의미가 있다.

성종대에 구언 상소는 여러 면에서 변화가 있었다. 우선 구언 상소 내용의 변화이다. 구언 상소 내용이 정령이나 민간의 폐단 등을 개혁해야 한다는 것 보다 국왕의 수성修省을 강조하는 내용이 급증하였다. 국왕이 수성해야 할 내용은 대부분 인사문제였다. 구언 상소에서 인사에 대해 언급한 것은 글을 올린 사람 대부분이 대간과 홍문관 관원이었기 때문이다. 그들이 거론한 인사 대상은 고위 관료인 훈구 세력이었다. 정치적인 측면에서 언관으로 활동하던 사람들이 대신이었던 훈구세력을 비판한 것이다.[173] 국왕이 진정한 왕도정치를 수행하기 위해서는 현명한 이를 등용해서 그들에게 국정을 맡겨야 한다는 논리였다. 그들은 성리학적 명분을 내세워 훈구대신을 탄핵하였다.

또 다른 변화는 구언 상소를 올린 부류가 다양화 되었다는 점이다. 언관들이 주로 구언 상소를 올렸으나, 관원이 아닌 사람들도 상소를 올려 국왕과 국정에 대한 자신의 의견을 개진하였다. 이들 중에는 유생도 포함되어 있었다. 성종은 매년 1회 정도로 구언을 하였기에 유생들이 자신의 견해를 펼 수 있는 기회가 잦은 편이었다. 이들이 더욱 자유롭게 자신의 주장을 펼 수 있게 된 것은 구언 상소를 올린 사람에 대한 처벌은 하지 않는다는 원칙을 실천에 옮겼기 때문이다. 성종은 언론 활동을 수행한 사람에 대해서는 관대하였다. 구언 상소로 처벌해야 할 경우도 있었지만, 성종은 언로 개방을 중요시하여 처벌하지 않았다. 따라서 성종 때의 구언은 또 하나의 언로로서의 그 기능을 충분히 발휘했다고 판단된다.

16세기 연산군, 중종, 명종대의 구언은 즉위 전반기에 집중되어 있었다. 구언 전교는 자연재해로 인해 내려지는 것인데도 즉위 후반기로 갈수록 구언 전교의 횟수가 줄어들었다. 이러한 경향은 구언 상소가 지나치게 국왕의 수성修省에만 치우쳐서 실효를 내기 어렵기 때문으로 보인다. 즉위 초에는 전례에 따라 재해가 있을 때 구언 전교를 내리지만, 점차 실효성이

---

173) 이석규, 위의 책, 12~13쪽.

없고 추상적인 내용을 담은 구언 상소가 더 이상 의미가 없다는 것을 느꼈기 때문일 것이다.

연산군 때에는 국왕의 수성에 관한 내용이 구언의 57%, 중종 때에는 77%에 이르렀다고 한다.[174] 연산군은 즉위 초반부터 대신과의 갈등이 많았고, 언론 활동을 '능상凌上'으로 규정하였기에 점차 구언의 필요성을 느끼지 못하였던 것 같다. 중종이 즉위 초에 구언 전교를 자주 내린 것은 그가 반정으로 왕위에 올랐으므로 언로를 크게 개방하였다. 그러므로 기묘사화가 있기 전까지는 구언 전교를 충실하게 내렸지만, 전지에 응하는 구언 상소가 그리 많지 않았다. 신료들은 이러한 현상에 대해서 상소를 받아 개혁에 임하는 것도 중요하지만, 스스로 반성하여 구언 전교를 냈다는 것이 중요하다고 강조하였다.

언로를 열어 많은 것을 듣고, 앎으로써 현명한 국왕이 될 수 있고, 현명한 국왕이 하늘과 합일되어서 삼라만상을 조화롭게 유지할 수 있다는 것이 성리학적 군주론이다. 그러나 성리학이 심화 발전되어간 16세기에 오히려 구언이 사회·경제 문제를 도외시하고, 지나치게 국왕의 수성이라는 추상적인 문제로 흘러서 백성의 실정이 국왕에게 전해지는 기회가 적어지는 결과를 초래하였다.

17세기 이후 사림정치기에도 구언 전교와 그에 따른 상소가 으레 있긴 했으나, 구언 상소의 내용이 정치적인 문제로 흘러 구언의 본질적인 의미를 상실하거나, 자신들의 뜻에 맞지 않으면 국왕의 전교에 응하지 않는 경우도 있었다. 따라서 구언 전교나 구언 상소가 제 기능을 하지 못하였다. 그럼에도 국왕들이 구언 전교를 포기할 수 없는 것은 구언 전교를 내리는 그 행위가 국왕의 수성修省하는 모습이었기 때문이다.

---

174) 이석규, 「연산군·중종대 구언의 성격변화와 그 의미」, 『사학연구』 88, 2007, 631쪽.

3. 유소(儒疏)

유소는 유생의 상소를 말한다. 유생들이 국왕에게 글을 올리는 일은 고려 때부터 있었다. 유생들이 국왕에게 글을 올린 것을 '상서上書' 혹은 '상언上言'이라고 하였다. 유생의 상서는 조선 건국 초부터 있었으나, 세종 때 이후로 활기를 띠기 시작하였다. 세조 같은 국왕은 시폐를 논하라는 왕명에 응해 상서를 올린 성균 진사 송희헌宋希獻을 호조 좌랑으로 발탁하기도 하였다.[175] 또한 구언求言으로 언로를 확대한 성종 역시 유생들의 상서에 매우 관대하였지만, 유생의 정치 참여는 허용하려 하지 않았다.

1480년(성종 11) 성균관 유생들은 흥덕사의 승려들이 절을 중수하면서 궁궐을 모방하였는데, 성종도 그 사실을 알고 있었는지 따지는 상소上疏를 올렸다. 성종은 유생들의 행동이 임금을 기만하는 행위이며, 정치에 개입하는 것은 옳지 않다고 여겨 유생들에게 죄를 주려하였다. 당시 그 자리에 있었던 경연관들은 관대하게 용서해 줄 것을 청하였다. 성종은 국가의 일에 대해 간쟁하는 대간과 홍문관이 있는데, 유생들이 왜 국가 일에 참여하느냐고 반문하였다.[176] 이 사건에서 유생에 대한 성종의 의중을 파악할 수 있다. 성종은 유생에게 언로의 길을 열어주긴 했으나, 그들의 자발적인 정치 참여에 대해서는 긍정적이진 않았다.

또한 1492년(성종 23) 성균관 유생이 방榜을 붙이고 풀로 만든 인형을 만든 사건으로 유생들의 글인 상서와 상소의 차이를 명확하게 하였다. 방을 붙이고 인형을 만든 장본인인 유생 황필을 추국하기로 하자, 성균관 유생들이 상소문을 가지고 대궐에 갔지만, 승지가 이들의 상소를 받아들이지 않았다. 이 사건으로 대간들이 탄핵하자, 승지들이 국가와 관련된 상소上疏가 아니라 자신들의 개인적인 문제를 상언上言한 것으로 여겨서 받아들이지 않았다고 하였다. 승지들은 국가적인 일로 올린 글을 '소疏'라 하고, 개인적인 일은 '상언'이라고 인식하고 있었다.[177] 그러므로 유생이

---

175) 『世祖實錄』 권46, 世祖 14년 6월 14일(壬寅).
176) 『成宗實錄』 권117, 成宗 11년 5월 29일(戊申).

상소上疏를 올렸다는 것은 국정에 관한 내용이라는 것을 알 수 있다. 이러한 사건들을 통해서 성종이 유생에게 언로를 열어주기는 했으나, 유소를 공론으로 인정하였다고 확언하기는 어렵다.

연산군 때에 퇴보되었던 유생의 언론 활동은 반정으로 등극한 중종 때에 활기를 띠게 되었다. 중종과 공신들은 반정의 명분을 세우기 위해서 연산군이 폐기했던 것을 복구하였다. 그 중 하나가 유생과 관련된 것이었다. 중종은 관학을 육성하기 위한 방안을 강구하는 한편 천거를 통한 유생의 관직진출을 허용하고, 이들의 유소 활동도 막지 않았다. 특히 유생의 천거는 성균관 관원과 유생들의 의견을 통해서 이루어졌다. 이러한 분위기 속에서 성균관 내의 유생 자치 활동과 유소를 통한 의견 개진이 활발하였다.

중종 때 유소는 성균관 유생 47.3%, 지방 유생 31.1%, 미상 21.6%이다.[178] 수치상으로 보면, 성균관 유생이 언론 활동을 주도하였다. 유소의 주요 내용은 국왕의 수신修身이 주가 된 간쟁 27%, 시폐를 중심한 시무時務 21.6% 등이며, 나머지는 청원과 신원에 관한 것이었다.[179] 유생의 유소는 조광조 등의 사림이 정계에서 활동하였던 시기에 편중되어 있었다. 이 시기의 유소는 성균관 유생보다 지방 유생들의 것이 많았는데, 지방에 세력 기반을 둔 사림의 정치적 입지 강화와 관련이 있다. 조광조가 기묘사화로 화를 당한 후에는 유생의 언론 활동이 급감하였다. 더욱이 유생이 상소를 올리더라도 부정적인 비답을 내리거나 아예 비답이 없는 경우도 있었다. 중종의 이러한 태도는 유생의 언론 활동을 위축시키기에 충분하였다.[180]

그러나 김안로가 제거된 1573년(중종 32)부터 서서히 유생의 언론

---

177) 『成宗實錄』 권262, 成宗 23년 2월 15일(丙辰).
178) 설석규, 「조선시대 유생상소의 유형과 추이」, 『경북사학』 17·18합집, 1995, 81쪽, 〈표 6〉 시기별·소속별 유소비율(%).
179) 설석규, 「조선시대 유생상소의 유형과 추이」, 『경북사학』 17·18합집, 1995, 65쪽, 〈표 3〉 시기별·내용별 유소비율(%).
180) 설석규, 「16세기 전반 정국과 유소의 성격」, 『대구사학』 44, 1992, 59쪽, 68~71쪽.

활동이 다시 호전되기 시작하였다. 이때의 유소는 대부분 성균관 유생들을 중심으로 이루어지고 있었다. 이러한 경향은 유생의 공론이 성균관을 중심으로 형성됨을 확인해 주었다. 성균관 유생들은 유소를 통해서 정치적 의견을 개진하고, 자신들의 의견이 받아들여지지 않을 때에는 공관空館을 감행해서 그들의 의지를 보여 주면서 정치적 영향력을 키워갔다.[181]

중종 말기부터 인종 때까지 유생과 언관은 기묘사림의 신원을 추진하여 인종으로부터 조광조의 추복追復과 현량과 복설을 결정하였다. 그러나 명종이 즉위하여 문정왕후의 수렴청정과 척신 정치가 행해지면서 다시 유생의 언론 활동은 위축되었다. 명종 때 유소는 성균관 유생 35.7%, 지방 유생 50%, 미상 14.3%이다.[182] 이러한 경향은 중종 때와 비교하면 성균관 유생의 상소는 줄었고, 지방 유생의 상소는 50%로 급증하였다.

상소의 주요 내용은 국왕 수신 권면 19.6%, 탄핵 35.7%, 청원 18.5% 등으로 시폐를 논하는 시무 상소의 점유율이 매우 낮아졌다.[183] 문정왕후와 척신들은 여론을 자신들이 바라는 대로 조장하는 한편 언론을 탄압하였다. 그런 중에도 탄핵 상소의 점유율이 높았던 것은 왕실의 숭불 행위를 배척하는 사안 때문이었다. 특히 지방유생은 서원건립 및 사액 운동을 통해서 결속을 강화해갔다.[184]

선조가 즉위하자 바로 을사사화 이후 금고된 인물의 복직을 추진하고, 사화를 일으켰던 이들에 대한 처벌을 주장하였다. 이러한 정국은 유소 내용에도 그대로 반영되어 탄핵과 신원을 청하는 상소가 38.5%에 달하고 있다.[185] 성균관 유생의 상소는 28.8%로 점점 줄고 지방 유생의 상소는 49.1%로 여전히 상당한 점유율을 보이고 있었다.[186] 그럼에도 유생의

181) 설석규, 「16세기 전반 정국과 유소의 성격」, 『대구사학』 44, 1992, 73쪽.
182) 설석규, 「조선시대 유생상소의 유형과 추이」, 『경북사학』 17·18합집, 1995, 81쪽, 〈표 6〉 시기별·소속별 유소비율(%).
183) 설석규, 「조선시대 유생상소의 유형과 추이」, 『경북사학』 17·18합집, 1995, 65쪽, 〈표 3〉 시기별·내용별 유소비율(%).
184) 설석규, 「16세기 전반 정국과 유소의 성격」, 『대구사학』 44, 1992, 81쪽.
185) 설석규, 「조선시대 유생상소의 유형과 추이」, 『경북사학』 17·18합집, 1995, 65쪽, 〈표 3〉 시기별·내용별 유소비율(%).

공론은 여전히 성균관 중심으로 형성되었으며, 조정에서도 유생을 적극적으로 지원하였다. 유생들은 정치적인 현안만이 아니라 오현의 문묘종사 운동을 전개해 나갔지만, 선조는 유생에게 문묘종사는 신중해야 한다는 의견을 피력하고, 쉽게 동조하지 않았다.[187] 뿐만 아니라 선조는 유생의 언론 활동을 억제하였으나 언로를 막지는 않았다.

광해군은 대북세력의 지원을 받아 왕위에 올랐으나, 표면상으로는 어느 정치 세력도 배타적 우위를 점하지 않은 연립적인 성격을 띠고 전개되었다. 따라서 정치 세력들은 자파의 명분을 확보하기 위해 경쟁적인 노력을 하였다. 이러한 정치적 상황을 반영이나 하듯 유소가 급격히 늘었다. 조선시대 조사된 유소 2,208건 중에 20.6%를 점하여 두 번째로 많았으며, 유소 내용도 68.9%가 탄핵에 관한 것이었다. 이처럼 격렬한 정치 세력 간의 갈등 속에서 대북세력이 우위를 점하고, 공론이 형성되는 성균관을 장악하였다. 대북 세력의 이러한 행위로 서인과 남인 유생들을 자극하여 성균관 유생들이 분열하고 첨예한 대결을 벌이게 되었다.

사림정치의 정착은 정치권과 유생이 연대하여 공론을 형성하면서, 유소의 성격이 당론에 치중되었다. 이러한 경향은 사림정치가 지속되는 동안 계속되었다. 인조~효종 때 서인이 정치의 주도권을 잡고, 성균관을 장악하고는 남인 유생들을 억압하였으므로 유생들의 정치적 입장은 서인의 당론에 쏠려있었다.[188] 그러나 당파간의 갈등이 심했던 시기에는 어김없이 유소의 양이 늘어났는데, 서인과 남인의 갈등이 파국으로 치닫던 숙종대의 유소가 전체 유소의 25.9%로 가장 많았다.[189]

숙종은 유생이 관학을 중심으로 공론을 형성하고, 그것을 빌미로 삼아

---

186) 설석규, 「조선시대 유생상소의 유형과 추이」, 『경북사학』 17·18합집, 1995, 81쪽, 〈표 6〉 시기별·소속별 유소비율(%).

187) 설석규, 「조선시대 유생의 문묘종사 운동과 그 성격」, 『조선사연구』 3, 1994, 150쪽.

188) 박현순, 「영조대 성균관 유생의 정치적 활동 규제와 사기의 저하」, 『규장각』 44, 2014, 31쪽.

189) 설석규, 「조선시대 유생상소의 유형과 추이」, 『경북사학』 17·18합집, 1995, 62쪽.

정치에 개입하는 것을 받아들이지 않으려 했다. 그는 환국을 단행하면서 성균관 유생의 활동에 개입하여 유생들이 내렸던 유벌을 풀어주었으며, 이에 반발하는 성균관 장의를 정거停擧시켰다. 숙종의 처사에 대해 유소를 올린 소두疏頭에게도 정거停擧를 시행하였다.[190) 숙종은 통제되지 않는 유생들에게 과거 응시를 금하는 정거로 강력하게 대응하였다.

탕평을 추구하였던 영조 역시 유생의 언론 활동을 인정하면서도 그들의 지나친 정치적인 유소를 간과하지는 않았다. 그는 성균관 유생들이 성균관에 머물면서 학업에 열중하게 하는 한편, 유생들의 당습을 막으려 하였다. 하지만 신료들은 당론을 강화하기 위해 유생들의 언론 활동을 지원하고 그들을 옹호하고 나섰기에, 탕평을 하려는 영조와 유생의 갈등은 그 간극을 메우기 어려웠다.

유생들은 영조의 규제에 대응하여 자신들의 의견을 무시하는 관료에게 유벌 중에서 극형이라고 하는 부황付黃을 행하였다. 유생들이 신료에게 유벌을 행한 것은 광해군 때에 시작되었다. 국왕들은 이를 금단하려 했으나, 사론士論 앞에서 금지령은 유명무실하였다. 영조 때에도 유생들이 신료에게 여러 번 유벌을 행하였다.[191)

그러던 중 사학 유생 홍계억洪繼億 등이 1745년(영조 21) 영조가 왕세자를 위해 저술한 『어제상훈』의 내용에서 존주지성尊周之誠을 존왕지성尊王之誠으로 수정하게 된 이유를 묻는 유소를 올렸다.[192) 또한 유생들은 수정 원인을 제공한 당사자로 오해한 좌승지 조명리趙明履와 내용 수정을 요구하는 유소를 올렸던 소두 처벌을 언급했던 원경하元景夏에게 부황을 시행하였다.[193) 영조는 문구 수정을 명분으로 올린 유소가 사실은 『어제상훈』의 당습을 제거한다는 조목[祛黨]에 대한 반감이라고 여겼고, 조신들에게 묵적을 행한 유생들은 유배를 보냈다. 뿐만 아니라 유생들이 조관에게

---

190) 박현순, 앞의 책, 34쪽.
191) 박현순, 앞의 책, 39~40쪽.
192) 『承政院日記』英祖 21년 8월 5일(甲辰).
193) 『英祖實錄』권62, 英祖 21년 8월 30일(己巳).

유벌을 행한 경우 유배를 보낸다는 내용을『속대전』에 명시하게 하였다.[194]

영조의 관학 유생에 대한 강경 대응은 관학 유생들의 언론 활동을 억제하는 결과를 가져왔다. 그 결과 영조 때 관학 유생의 유소는 16.5%에 지나지 않았다. 이처럼 관학 유생들의 언론 활동을 억제된 대신 지방 유생들의 유소가 계속 증가세에 있었다. 유소의 내용도 간쟁이나 탄핵 등이 줄어드는 대신 시폐나 문묘 종사, 배향, 서원의 사액 요청 등 청원의 점유율이 높아졌다. 정조 때에는 다소 점유율에 변화를 보여서 관학 유생의 유소 점유율이 늘어나고, 지방 유생의 유소 점유율이 줄어들었다.[195] 유소의 내용도 탄핵의 점유율이 늘긴 했으나, 유소의 성격이 근본적으로 변화된 것은 아니었다.

국왕이 홀로 정치를 하지 않고, 신료와 함께 하는 것 그리고 언로를 여는 것은 성리학적 이상 정치의 목표였다. 조선의 국왕들은 이것의 실현을 최상의 목표로 여겨 실천에 옮기려 하였다. 그러므로 나라에서는 유생들을 예우하여 그들의 자치활동을 보장하고, 그의 언론 활동을 보장해주었다. 그러나 정작 사림 정치가 시작되고 나서 유생들의 언론은 각 당파의 당론에 치우쳤다. 국왕들은 유생의 본분을 잊고 당론에 따라 움직이는 유생의 언론 활동을 억제하려 하였으므로 유소는 그 원래의 기능을 다했다고 보기 어렵다.

---

194)『承政院日記』英祖 21년 9월 10일(己卯).
195) 설석규, 「조선시대 유생상소의 유형과 추이」, 『경북사학』 17·18합집, 1995, 65쪽, 〈표 3〉 시기별·내용별 유소비율(%).

2부

국왕과 무관의 소통 구조

군사제도 속의 소통 구조

1. 국왕과 오위제 체제

1) 무신에 대한 이해

(1) 무신의 범주

오늘날 경복궁 근정전이나 덕수궁 중화전을 가보면 앞뜰의 중앙에 임금이 다니는 어도御道가 있다. 그리고 그 좌우로 품계석品階石이 놓여 있다. 남쪽을 향해 앉는 임금을 바라보고 오른쪽(동쪽)에 있는 품계석이 문신이 서는 자리고, 왼쪽(서쪽)의 품계석이 무신이 서는 자리였다. 그래서 문신을 동반東班, 무신을 서반西班이라 했으며, 이 둘을 합쳐 '양반兩班'이라 불렀다.

그러면 어떤 사람들이 무신에 해당했을까? 일반적으로 무신이라 하면 무武에 관한 일에 종사하면서 서반의 관직이나 관품官品을 갖고 있는 사람으로 이해하고 있다. 조선시대 법전에는 무신의 관품과 관직 체계를 '서반관계西班官階'로 정리했다. '서반西班', '무반武班', '무신武臣', '무관武官'이라는 용어는 모두 관직이나 관품을 기준으로 사용한 용어다.

서반의 관품은 종9품에서 정3품 당상관까지 15단계가 있었다. 종2품에서 정1품까지는 동반의 관품을 빌려 사용했다. 서반직 규모는 『경국대전』의 규정에 따르면 총 3,826자리가 있었다. 서울에서 근무하는 자리가 3,324자리, 지방에 배속된 자리가 502자리였다. 정직과 체아직으로 구분하면 서반직 3,826자리 중 서반 체아직이 총 3,110자리이며, 정직 녹관正職祿官은 821자리였다.[1]

『경국대전』에 규정된 관직 구조는 19세기 말까지 기본 골격은 유지했으나 관직의 구성에는 변화가 있었다. 먼저 서반 체아직의 규모가 『속대전』, 『대전통편』에서 1,511자리로, 『대전회통』에서 1,387자리로 감소했다. 즉 조선전기에 비해 서반 체아직이 절반 이하로 줄어든 상태였다.[2]

다음으로 『경국대전』과 『속대전』의 서반직을 비교해보면, 『속대전』에서 경관직으로 정3품아문인 선전관청, 종6품아문인 세손위종사世孫衛從司와 수문장청이 신설되고, 군영아문軍營衙門도 추가되었다. 외관직의 변화는 크지 않으며 순조 연간 무렵에 서반 외관직이 15자리 정도 늘었다.[3] 하지만 경관직이나 외관직이 신설되었어도 체아직의 감소가 워낙 크기 때문에 조선 후기 서반직의 녹관 자리는 전기보다 줄었다.

한편, 무신의 범주를 고려할 때에 군직軍職도 반영해야 한다. 군대에서 차등적으로 존재하는 다양한 직책들은 군직에 대한 이해를 어렵게 한다. 『만기요람萬機要覽』을 비롯한 『훈국총요訓局摠要』, 『어영청사례御營廳事例』 등 조선 후기 오군영 관련 자료에서는 군영의 조직을 대체로 관제官制 또는 관직, 장관將官, 장교將校, 군총軍摠의 네 등급으로 구분했다.

'관제' 또는 '관직'은 상급 지도부인 도제조都提調, 제조提調, 대장大將 또는 사使, 종사관從事官(종6품)이 해당한다. 관제에 품계가 낮은 종사관이 포함된 이유는 이 자리가 문신이 담당하는 자리이기 때문이다. '장관'은

---

1) 이성무, 『조선초기양반연구』, 일조각, 1980, 125~126쪽.
2) 『속대전』 권4, 병전 경관직 정3품아문 오위;『대전통편』 권4, 병전 경관직 정3품 아문 오위;『대전회통』 권4, 병전 경관직 정3품아문 오위. 본문에서 제시한 체아 직 규모는 법전에 실린 오위직을 조사한 수치다.
3) 홍순민, 「정치집단의 구성」, 『조선정치사』(상), 청년사, 1990, 209쪽. 조선 후기 에 늘어난 서반 외관직은 삼도통제사(1), 삼도통어사(1), 각도의 병마절도사(8), 수 군절도사(5)다.

실질적으로 군사 업무를 담당하면서 관품이 있는 직책이다. 중군中軍(종2품), 별장別將(정3품), 천총千摠(정3품) 이하 초관哨官(종9품)까지가 해당한다. 장교는 군졸을 통솔하는 직책이나 관품이 없다. 교련관, 기패관, 군관 등을 꼽을 수 있다. 군총은 일반 군졸 즉 군액軍額을 의미한다.

그렇다면 이들 중 어디까지를 무신의 범주로 넣을 수 있을까? 『만기요람』에서는 관제부터 장교까지를 '원액員額'으로, 해당 군영에 소속된 군졸을 '군총軍摠'으로 구분하여 제시했다. 이 점을 고려하면, 교련관, 기패관, 군관 등은 직업으로서 군인의 길로 들어선 사람들이다. 그러므로 무신이란 협의의 개념으로는 서반의 관직이나 품계를 소유한 사람들을 지칭하나, 광의의 개념으로 장교급까지 확대하여 포괄할 수 있다.

그런데 무신을 직제로 구분한다 할지라도 현실에서 무신과 문신의 경계는 모호한 측면이 있었다. 무신이라도 동반직을 역임할 수 있으며 문신이라도 서반직을 맡았기 때문이다.

예컨대, 무과의 장원 급제자는 첫 관직으로 동반 6품직에 임명되었다. 비변사에서 실무를 담당한 낭청郎廳은 동반에 해당하는 이전吏典에 올라 있는데, 문신 4인과 무신 8인이 담당했다. 따라서 비변사 낭청도 누가 임명되느냐에 따라 문관이 되거나 무관이 될 수 있었다.

이와 반대로 문신이 서반직에 임용되는 경우는 더 많았다. 무신의 청요직이라 할 수 있는 선전관宣傳官에는 문신만 임용하는 자리가 따로 있었다. 서반직 가운데 최고위직이라 할 수 있는 중추부中樞府는 담당 직무가 없는 문신·무신의 당상관을 우대하는 부서였다. 의정부 정승들이 자리에서 물러나면 이곳으로 옮겨와 즉시 정1품직 판사判事에 임명되었다. 이렇듯 무신과 문신은 서반직 또는 동반직의 경계가 확연하지 않은 채 서로 넘나들고 있었다.

이러한 까닭에 무신을 서반직이나 서반 품계를 기준으로 파악하는 것은 의미가 없다. 이보다는 처음 발신發身을 어느 쪽으로 했느냐가 어느 개인을 문신으로 간주할 것인지 무신으로 볼 것인지를 가늠하는 기준이었다.

성종이 새로 임명한 신창 현감 김숙손을 불러놓고 "너의 출신이 무엇이냐?"라고 묻자, 그가 "무과입니다."라고 대답했다.[4] 이 사례에서 보듯이 어느 쪽으로 발신했느냐에 따라 문신과 무신, 그리고 음관蔭官, 기술관으로 나뉘었다. 무과 출신이면 무신, 문과 출신이면 문신이며, 잡과 출신은 기술관, 문음 출신은 음관으로 구분되었다.

오늘날 현전하는 각종 선생안先生案을 봐도 해당 인물의 출신이 '문', '무', '음'으로 표시되어 있다. 이 역시 해당 인물이 문과, 무과, 문음 중 어느 통로로 관직에 진출했는지를 기준으로 구분한 것이다. 문과이면 문신, 무과이면 무신, 문음이면 음관이었던 것이다.

(2) 무신이 직면한 각종 차별

조선시대에 각종 사료를 보면 "문무는 수레의 양 바퀴와 같다."라는 말을 자주 발견할 수 있다. 하지만 이는 원칙적인 언사에 불과했으며 현실은 반드시 그렇지 않았다. 조선 사회의 내부를 자세히 들여다보면 문신이 무신에 비해 우위를 점하는 문치주의文治主義를 지향한 사회였다.

조선의 문신은 사회 정치적 엘리트로서 무신과 수직적 관계를 형성하기 위해 여러 제도들을 고안했다. 문신은 전쟁을 정치의 도구로서, 군인을 정치가의 하위 동료라는 공감대를 형성하면서 무신이 정치에 관여하는 행위를 위험시했다.

그렇다면 조선 사회에서는 왜 무신의 성장을 제한하고 제대로 대우하지 않는 일이 벌어진 것일까? 조선시대에 국가의 공무를 실제적으로 담당한 사람은 양반이었다. 그런데 문치주의 사회를 지향한 조선에서는 칼과 활을 든 무신보다 붓을 든 문신이 우위를 차지했다.

이 점은 중국 왕조의 역사에서 송宋과 명明의 상황과 유사하다. 송 왕조는 당唐이 패망한 전철을 밟지 않기 위해 안으로 군부 세력을 억제하고 문치文治에 주력하는 정책을 펼쳤다. 그 결과 당 말기에 초래된 혼란이

---

4) 『成宗實錄』 권15, 成宗 3년 2월 25일(壬辰).

지방의 군부 세력인 절도사의 발호 때문이라 판단하여 문신이 군권을 장악하기 위해 다양한 정책을 펼쳤다.

명明에서도 홍무 연간(1368~1398)부터 문관 중시, 무관 경시의 경향을 보이기 시작했다. 그리고 1백여 년이 경과하면서 문관 집단이 성숙 단계로 접어들자 무관의 사회적 지위가 사상 최하가 되었다. 문관은 평소 무관을 일단 낮추어 보았을 뿐만 아니라, 전쟁 중에도 상급 장군을 이치에 닿지 않는다는 이유로 탄핵한 경우가 있을 정도였다.[5]

조선이 지향한 문치주의는 군사軍事 전반에도 영향을 끼쳤으며 무신의 성장을 억제하는 방향으로 나아갔다. 고려 왕조에 비해 무신의 사회적 위상은 안정되었으나, 그 속을 들여다보면 여전히 무신을 하위 동료로 고착화시키는 차별적인 요소들이 있었다.

첫째, 가장 두드러진 차별은 서반 품계에 2품 이상을 두지 않은 점이었다. 동반 품계는 9품에서 1품까지 19단계가 있었으나, 서반 품계는 9품에서 정3품 당상관까지 15단계만 있었다. 그래서 무신이 2품 이상의 직위에 오를 때는 동반 품계를 사용해야 했다. 이것은 숭문崇文을 지향한 조선 왕조가 보여준 적나라한 제도라 할 수 있다.

둘째, 권력을 장악할 수 있는 청요직도 문신에 치우쳐 있었다. 문신은 의정부, 이조, 병조, 사헌부, 사간원, 홍문관 등에 핵심 관직이 다수 포진된 데 비해, 무신의 청요직은 오위도총부와 선전관으로 제한되었다. 더구나 오위도총부의 최고 책임자인 도총관(정2품)과 부총관(종2품)은 겸직이었고, 선전관도 문신이 겸하는 자리가 따로 배정되어 있어 문신이 참여하는 길을 열어놓았다.[6]

이와 관련하여 1466년(세조 12) 공조 판서 구종직의 발언이 흥미롭다. 그는 "옛날에 창을 손에 쥐고 왕궁을 숙위하는 일은 사대부의 직책이었습니다. 그런데 진·한 이래로 이 제도가 폐지되어 방패를 들고 섬돌 밑에서

---

5) 레이 황 지음, 김한식 외 옮김, 『1587, 만력 15년 아무 일도 없었던 해』, 새물결, 2004, 276~277쪽.
6) 『경국대전』권4, 병전 경관직 정이품아문 오위도총부, 정삼품아문 선전관청.

창을 쥐고 호위하는 일을 간혹 사람을 때려 죽여서 파묻어 버리는 어리석고 사나운 무리로 둘러서게 했으니 진실로 개탄스럽습니다. 지금 도총관과 위장衛將·부장部將이 모두 사대부의 직책을 겸하고 있으니, 이것은 삼대三代 이전의 훌륭한 법입니다.”[7]라고 했다. 이 발언은 문신으로서 무신을 바라보는 인식을 잘 대변할 뿐만 아니라, 무신에 대한 불신감까지 엿볼 수 있다.

셋째, 두 번째와 관련 있는 사항으로서 문신이 군권을 장악하는 구조를 꼽을 수 있다. 이는 전략이 전술보다 우월하다는 분위기에서 문관이 서반직의 최고위직을 점유하거나, 서반직을 무력화시키는 방식으로 이뤄졌다.

조선전기 오위도총부의 최고책임자 도총관과 오위장은 겸직으로 운용했고, 조선후기 오군영 가운데 궁궐 및 도성 수비를 담당한 삼군문인 훈련도감·어영청·금위영도 대장(종2품) 위에 도제조(정1품)와 제조(정2품)를 두었다. 도제조와 제조는 당연직이었으나 적어도 무신이나 장수들에게 최고 권한을 맡기지 않겠다는 의지를 나타낸 조치로 읽힌다.

또 동반의 최고직이라 할 수 있는 의정부는 명실상부한 실직實職인 데 비해, 서반의 최고직인 중추부는 소임이 없는 문신·무신 당상관의 대기직으로 활용했다. 지방도 마찬가지여서 각도의 병마절도사(종2품)와 수군절도사(정3품당상관) 2~3자리 가운데 1자리는 문신인 관찰사가 겸임했다.

넷째, 사회적으로 무신이 받는 차별은 교육 기관의 운용에서도 찾아볼 수 있다. 문신의 경우 서당, 향교. 성균관 등 교육 기관이 있어 어린 시절부터 유학자로서 소양을 닦거나 과거시험을 준비할 수 있었다. 더구나 양반 사대부들은 자제 교육을 위하여 가숙을 세워 5~6세 때부터 교육을 시작하는 열성을 보이기도 했다.

이에 비해 무신은 예비 교육 기관이 없었다. 또 무신은 어린 시절부터

---

[7] 『世祖實錄』 권39, 世祖 12년 7월 7일(丙子).

무인으로서의 정체성을 다질 수 있는 제도적 장치가 사회적으로 준비되어 있지 않았다. 그래서 무신은 이른 시기에 진로를 결정해도 여건상 문신에 비해 출발이 늦을 수밖에 없었다.

끝으로, 국가에서 시행한 문신과 무신에 대한 인적 관리도 공정하다고 볼 수 없다. 1402년(태종 2) 무과를 시행한 이후부터 문·무는 수레의 두 바퀴와 같다고 하여 문과와 무과는 반드시 함께 실시했다. 그래서 임진왜란 때 군병 확보를 위해 무과만 따로 시행한 사례를 제외하고 문과와 무과의 실시 시기와 횟수는 같다.

하지만 과거 급제자의 명부라 할 수 있는 방목榜目의 제작은 문과와 무과가 달랐다. 국가에서 문과 급제자는 전체 현황을 파악하여 조선 왕조 전 시기의 전체 급제자를 집성한 종합방목을 몇 차례 간행했다. 이와 달리 무과 급제자의 경우는 종합방목을 전혀 작성하지 않았다. 조선에서 무신의 모집단이라 할 수 있는 무과 급제자의 명부를 소홀히 취급한 점은 무신에 대한 인적 관리가 문신에 비해 상대적으로 허술하던 현실을 보여준다.

요컨대, 문신이 제도화한 차별의 핵심은 무신의 권한을 최소화하고, 군사력을 정치에 종속시키는 데에 초점이 맞춰져 있었다. 다음에서 검토할 국왕이 무관을 대상으로 한 소통의 구조나 방식은 문치주의 사회의 이러한 특성을 바탕으로 이뤄졌음을 기억할 필요가 있다.

2) 오위의 군사 조직

오위五衛는 조선전기 중앙군의 군사 편제 조직이다. 오위는 전前, 후後, 좌左, 우右, 중中의 다섯 방향으로 군사를 배치하는 진법 체제를 고려한 부대 편성이자 실전에 동원했을 때의 전투 편성 방식이었다.

고려시대에도 오위처럼 다섯 방향으로 갈라지는 부대 편성으로서 오군五軍이 있었고, 공민왕 중엽부터 병력 전체를 지칭하는 용어로도 자주 사용했다.

이러한 전통을 계승하여 1421년(세종 3) 변계량卞季良이 오위 진법을 만들었으며, 강무講武나 대열大閱 때에 사용했다. 1451년(문종 1) 문종이 부대 조직과 전투 편성인 진법陣法을 일치시킨다는 방침 아래 진법을 정비하여 당시 중앙 군사 조직인 12사司를 5사로 개편했다. 1457년(세조 3)에는 5사를 5위衛로 다시 바꾸었으며, 이것이 『경국대전』에 법제화되었다.

이 때 여러 병종들을 오위에 배치했는데, 의흥위義興衛, 용양위龍驤衛, 호분위虎賁衛, 충좌위忠佐衛, 충무위忠武衛가 오위의 중추 조직이 되면서 점차 이들 자체가 중위中衛, 좌위左衛, 우위右衛, 전위前衛, 후위後衛의 대명사가 되었다. 그리고 한성부를 다섯으로 나누어 각 위에 배치했으며, 특수 병종도 분산 배치하여 한 부대에 치우치는 현상을 막았다.

의흥위는 오위 중 중위에 해당한다. '의흥'이라는 명칭은 건국 초 국왕의 친위 부대인 의흥친군위義興親軍衛에서 기원한다. 그 뒤 1451년에 중앙군을 오사五司로 개편할 때에 의흥사義興司가 되었다가 1457년에 개칭한 것이다. 소속 중앙군은 갑사와 보충대補充隊였다.

예하 조직인 오부五部의 구성은 한성 중부中部와 개성부, 경기의 양주·광주·수원·장단 진관의 군사가 중부中部에, 강원도 강릉·원주·양양 진관의 군사가 좌부左部에, 충청도의 공주·홍주 진관의 군사가 우부右部에, 충청도 충주·청주 진관의 군사가 전부前部에, 황해도 황주·해주 진관의 군사가 후부後部에 속했다.[8]

용양위는 오위 중 좌위에 해당한다. 10위의 하나인 좌우위左右衛가 1394년(태종 3)에 용양순위사龍驤巡衛司로, 1409년에 용양시위사龍驤侍衛司로 바뀌었다. 그 뒤 문종이 중앙군을 오사로 개편할 때 용양사龍驤司가 되었다가, 1457년에 개칭한 것이다. 소속 중앙군은 별시위別侍衛와 대졸隊卒이었다.

예하의 오부는 한성의 동부東部와 경상도 대구 진관의 군사가 중부, 경상도 경주 진관의 군사가 좌부, 경상도 진주 진관의 군사가 우부, 전라

---

8)『경국대전』 권4, 병전 오위. 이하 오위에 대한 서술은 민현구, 『조선 초기의 군사 제도와 정치』, 한국연구원, 1983을 참조했다.

도 김해 진관의 군사가 전부, 경상도 상주·안동 진관의 군사가 후부에
속했다.

호분위는 오위 중 우위에 해당한다. 10위의 하나인 비순위備巡衛가
1394에 호분순위사虎賁巡衛司로, 1409년에는 호분시위사虎賁侍衛司로 바뀌
었다가 1418년 12사로 개편할 때 호분사虎賁司로 되었다. 그 뒤 1457년에
호분위로 바뀐 것이다. 소속 중앙군으로는 족친위族親衛, 친군위親軍衛, 팽
배彭排가 있었다.

예하의 오부는 한성 서부와 평안도 안주 진관의 군사가 중부, 평안도
의주·구성·삭주 진관의 군사 및 창성·창주·방산·인산진의 군사가 좌부,
평안도 성천 진관의 군사가 우부, 평안도 영변·강계·벽동 진관의 군사와
벽단·만포·고산리·위원·이산·영원진의 군사가 전부, 평안도 평양 진관
의 군사가 후부에 속했다.

충좌위는 오위 중 전위에 해당한다. 문종이 중앙군을 오사로 개편할
때에 충좌사忠佐司가 되었다가 1457년에 개편한 것이다. 여기에 속한 중앙
군은 충의위忠義衛, 충찬위忠贊衛, 파적위破敵衛였다. 예하의 오부는 한성 남
부와 전라도 전주 진관의 군사가 중부, 전라도 순천 진관의 군사가 좌부,
전라도 나주 진관의 군사가 우부, 전라도 장흥·제주 진관의 군사가 전부,
전라도 남원 진관의 군사가 후부에 속했다.

충무위는 오위 중 후위에 해당한다. 1451년에 문종이 중앙군을 오사로
개편할 때에 충무사忠武司가 되었다가, 1457년에 개편된 것이다. 소속 중
앙군으로는 충순위忠順衛, 정병正兵, 장용위壯勇衛가 있었다.

예하의 오부는 한성 북부와 함경도 북청 진관의 군사가 중부, 함경도
갑산 진관의 군사와 삼수·혜산진의 군사가 좌부, 함경도 온성·경원·경흥
진관의 군사 및 유원·미전·훈융진의 군사가 우부, 함경도 경성·부령·회
령·종성 진관의 군사와 고령·동관진의 군사가 전부, 함경도 영흥·안변
진관의 군사가 후부에 속했다.

3) 총관의 권한 제한과 소통

예나 지금이나 군사력은 양날의 칼과 같다. 안으로는 반란으로부터 정권을 지키고, 밖으로는 외침을 막아내고 국력을 뻗어나가게 하려면 군병과 무기는 필수 요소라 할 수 있다.

하지만 문치주의를 지향한 조선 왕조에서는 강한 군사력이 마냥 달가운 일만은 아니었다. 국왕과 문신 입장에서 군대가 힘이 강하면 쿠데타가 일어날 위험이 커지기 때문이었다. 이런 연유로 해서 조선에서는 군사력을 휘두를 수 있는 무신을 통제했다.

조선 전기 중앙군 조직인 오위의 시초는 문종이 재편한 오사에 기원한다. 문종은 2년밖에 재위하지 않았으나 1445년(세종 27)부터 부왕 세종을 대신해 국정을 수행했다. 이 기간에 문종은 오이라트의 에센[也先]이 명 황제 영종을 포로로 붙잡은 '토목보의 변'(1449년)이 났다는 소식을 접했다. 1450년에 즉위한 문종은 당시 종양이 심해 국상 진행이나 여차廬 次 생활이 어려울 정도였으나 오이라트 문제만은 국정 현안으로 다뤘다.[9] 문종은 명과 몽골의 충돌을 예의주시하면서 오이라트의 침공 위협에 대비했다.

문종은 전쟁의 방어책으로 행성行城과 산성 축조에 힘을 기울였다. 행성은 이미 세종이 1441년(세종 23) 봄부터 북변에다 128곳을 선정해 오랜 기간 구축해 왔다. 세종이 축조한 행성은 총 140km 정도로, 최북단에 방어선을 구축했다.[10] 문종은 세종의 정책을 이어받아 1449년과 1450년에 전쟁 위기가 대두되자 행성 구축을 재개했다.

문종은 군사 훈련도 강화했다. 황수신의 건의에 따라 행진 연습, 진법 훈련, 『계축진설癸丑陣說』을 대상으로 한 강서 시험을 실시했다.[11] 1451년 (문종 1) 1월부터는 경연에서 진법에 관한 논의를 본격화하여 5월에 『어

---

9) 임용한, 「오이라트의 위협과 조선의 방어전략-진관체제 성립의 역사적 배경」, 『역사와 실학』 46, 2011, 47쪽.

10) 차용걸, 「행성·읍성·진성의 축조」, 『한국사』 22, 1995, 185쪽.

11) 윤훈표, 「조선전기 진법훈련 체계의 변화」, 『역사와 실학』 46, 2011, 14~16쪽.

제신진서御製新陣書』를 만들고 6월에 '신진법新陣法'으로 공포했다. 문종이 편찬한 이 '진법'은 향후 세조 및 성종 대에 몇 차례의 개정을 거쳐 『(오위)진법』으로 최종 완성되었다.[12] 『(오위)진법』이 몇 차례 변화를 거듭한 이유는 중앙군 조직인 오위제가 몇 번의 개편을 거치면서 안착했기 때문이다.

『(오위)진법』에 따르면, 오위의 편제는 대장大將 아래 5위衛, 각 위衛에 5부部, 각 부에 4통統이 있으며, 위장, 부장, 통장의 장將을 각각 두었다. 통統 아래에는 여수旅帥, 대정隊正, 오장伍長이 있다.

편제 인원은 5인이 오伍가 되고, 25인이 대隊가 되고 125인이 여旅가 된다. 즉 한 부대는 오伍→대隊→여旅→통統→부部→위衛의 편제로 짜여있다.[13] 다만, 통統 이하인 여-대-오의 명령 계통은 절대적인 순서가 아니라 병력 규모에 따라 융통성 있게 운용해 여旅의 인원이 125인이 넘거나 훨씬 미치지 못해도 4통의 체제로 만들게 했다.

따라서 위, 부, 통의 인원은 원칙만 있지 실제로 규정된 인원은 아니었다. 1통統의 인원에 따라 대부대가 되거나 소부대가 될 수 있다. 예컨대, 오를 통으로 삼으면 5위의 병력이 500명이 되고, 여를 통으로 삼으면 5위의 병력을 12,500명까지 조직할 수 있었다.

조선 전기의 군권은 임금에게 귀일되어 있었다. 형제들을 죽이고 어렵게 왕위에 오른 태종은 군사권을 장악하기 위해 권력자들이 갖고 있던 사병私兵을 혁파해 권력자와 휘하 군사들의 사적 유대 관계를 해체했다. 이 조치는 임금만이 군대를 보유할 수 있다는 선언으로써 군의 정치 개입을 사전에 차단하기 위한 노력이었다. 이런 과정을 거쳐 탄생한 중앙의 군사 조직인 오위는 군권이 분산되지 않고 병조 판서를 거쳐 국왕에게 귀속되었다.

---

12) 『文宗實錄』 권8, 文宗 1년 6월 19일(丙戌). '진법'은 1451년(문종 1)에 처음 마련한 이후로 세조 대에 두 차례 다시 간행되었다. 그리고 1492년(성종 23)에 또 한 번 개정되었다. 이것이 바로 『(오위)진법』이다.

13) 『(五衛)陣法』 分數.

군의 정치 개입을 막기 위한 조치는 오위의 지휘 체계에서도 잘 드러난다. 오위의 책임자인 장(將, 종2품)은 총12명이며, 오위를 지휘 감독하는 오위도총부의 사령관인 도총관(정2품)과 부총관(종2품) 역시 각각 5명씩 총 10인이었다. 오위장과 총관 모두 22명이었다. 군사 책임자의 인원이 이처럼 많은 이유는 군권의 집중을 막기 위해서였다. 더구나 오위장 및 도총관·부총관 모두 겸직이었고 임기도 1년에 불과했다. 따라서 오위장이나 도총관·부총관은 실질적인 병권을 가질 수 없는 구조였다.

또 오위는 행정 조직에서도 군정 기관인 병조에 소속되었다. 그래서 병조는 오위와 협조 관계를 유지하면서 군령 기관의 역할도 수행했고, 개병제皆兵制의 원칙 아래 병권은 병조 판서를 거쳐 국왕으로 집중되었다.[14] 무엇보다도 오위장의 역할이 군사를 인솔하여 궁궐 입직에 치우친 점도 병권을 약화시키는 요인이 되었다.

한편, 번상番上 기간마저 짧아 군사들이 자주 갈리면서 군 지휘관은 군사들을 모르고 군사들은 군 지휘관을 모르는 현상도 발생했다. 1627년(인조 5) 5월 정묘호란이 끝난 직후에 비변사에서 "우리나라는 본래 병제가 없어서 하루아침에 위급한 일이 발생하면 임시로 뽑아 보내면서 약속 장소[信地]를 정하지도 않고 아침저녁으로 옮깁니다. 더구나 장수가 군졸을 모르고 군졸이 장수를 모르므로 급변에 대응해야 할 때에 힘을 얻기 어렵습니다."[15]라고 비판했다.

이 언급은 17세기 전반에 나온 발언이나 아직 오군영이 정립되지 않을 때이므로 이전의 오위를 비롯해 당시까지의 군제 전반에 대한 비판으로 파악된다. 따라서 오위는 장수의 명령이 말단까지 가기 어려워 장수가 군을 장악하기 쉽지 않은 구조였다고 할 수 있다.

오위를 관장하는 오위도총부의 임무는 입직 군사를 총괄하며 국왕이 머무는 궁궐을 숙위하는 일이었다. 입직할 오위장의 낙점과 군사 분배 등의 행정은 병조에서 담당했지만, 궁궐 숙위를 실질적으로 총괄하는

---

14) 차문섭, 『조선시대 군사관계연구』, 단국대학교 출판부, 1996, 18쪽.
15) 『承政院日記』 17책, 仁祖 5년 5월 13일(戊寅).

책임은 도총부에 있었다.

앞서 설명했듯이 도총관은 다섯 명으로 임기는 1년이며, 겸직이었다. 겸직하는 관원 중에는 이조 판서도 있었다. 또 오위도총부는 변보邊報의 논의에도 참여했으며, 국왕 명령의 전달 임무도 담당했다. 이러한 임무가 15세기 후반을 지나면서 금군 비중이 높아지고 선전관이 국왕 명령의 전달 임무를 맡게 되면서 중종 대 이후로 약화되어 갔다.[16]

그럼에도 총관에 종친이나 의빈을 임명하는 것이 상례였으며, 의정부와 육조의 당상관이 겸임했으므로 위상이 결코 낮지 않았다. 1477년(성종 8) 성종이 유자광을 도총관으로 임명하자 대사헌 김영유는 "문반의 직은 의정부보다 큰 것이 없고, 무반의 직은 도총부보다 중한 것이 없습니다."라고 하면서 반대했다.[17] 따라서 이 같은 도총관의 위상 때문에 국왕의 입장에서는 도총관은 늘 소통하면서 의중을 파악해야 하는 존재였다.

성종 연간의 경우 국왕이 도총관에게 음식 접대 및 선물을 내리는 사례가 많다. 성종은 원상, 경연의 당상관, 낭청, 승지, 주서, 사관 등에게 주머니와 무릎 덮개를 하사할 때에 도총관에게도 함께 내렸다.[18] 성종은 여러 원상과 입직한 병조, 도총관의 여러 장수에게 음식을 내려주었다.[19] 또 도총관은 각종 잔치의 초청 대상이었다는 점도 도총관에 대한 국왕의 관심을 보여준다.

2. 국왕과 오군영 체제

1) 오군영의 군사조직

임진왜란을 거치면서 오위제五衛制는 무너졌다. 그 대신에 16세기 말부터 17세기 후반에 걸쳐 중앙에는 오군영五軍營이 만들어지기 시작했다.

---

16) 김웅호, 『조선초기 중앙군 운용 연구』, 서울대 박사학위논문, 2016, 226~231쪽.
17) 『成宗實錄』 권77, 成宗 8년 윤2월 24일(壬戌).
18) 『成宗實錄』 권4, 成宗 1년 4월 24일(壬申).
19) 『成宗實錄』 권34, 成宗 4년 9월 12일(庚子).

오군영은 도성 방어가 군사적으로 절대적 의미를 부여받으면서 만들어졌고 도성-북한산성-남한선성을 주요 거점으로 하여 짜여졌다. 오군영 체제는 숙종 초에 마무리되어 훈련도감訓鍊都監, 어영청御營廳, 금위영禁衛營, 총융청摠戎廳, 수어청守禦廳으로 정비되었다.

훈련도감은 국왕 시위와 서울의 방위에 중추적 역할을 담당한 핵심 군영이었다.[20] 임진왜란 때인 1593년(선조 26) 10월에 척계광戚繼光(1528~1587)의 『기효신서紀效新書』에 나오는 삼수기법三手技法[21]을 토대로 정예군사 양성과 기민 구제의 목적으로 만들어졌다. 초기에는 조총으로 무장한 일본군에 대항하기 위해 포수砲手 중심으로 편제했고, 그 뒤 창·검 등 근접전 기술을 전문으로 하는 살수殺手와 사수射手를 편입했다.

훈련도감의 병력은 시기마다 다르나 17~19세기 초까지 대략 5~6천 명 가량을 유지했다. 이들은 다른 군영에 소속된 병사와 달리 병농분리제에 입각해 서울에 거주하면서 일정한 급료를 받고 장기간 근무하는 정예 병이었다.

어영청은 인조반정 이후 후금後金의 침입에 대비하기 위한 중앙 군사력의 강화책으로 1624년(인조 2)에 창설되었다. 인조의 친정親征 계획에 따라 1624년 1월에 개성에서 모집한 260명의 병력이 시초였다. 이후 1624년 이괄의 난과 호란을 거치면서 병력이 증강되고 1642년(인조 24)에 군영의 모습을 갖추었다. 효종 대에 북벌정책이 추진되면서 편제와 군액이 증강되어 훈련도감에 비견되는 군영으로 발전했으며, 숙종 대에 훈련도감, 금위영과 함께 중앙군의 핵심을 이루었다. 어영군은 초창기에 모병募兵으로 운영했지만 재정 악화로 현종 이후로 평안도와 함경도를 제외한 6도 향군鄕軍이 의무적으로 번상하는 체제로 바꾸었다. 어영청의

---

20) 훈련도감에 대해서는 차문섭, 「조선후기 중앙군제의 재편」, 『한국사론』 9, 국사편찬위원회, 1981; 김종수, 『조선후기 중앙군제연구-훈련도감의 설립과 사회변동』, 혜안, 2003 참조.

21) 『기효신서』는 명나라 말기의 장수인 척계광이 남방의 왜구를 소탕하는 과정에서 창안한 병법을 정리한 책이다. 삼수기법은 조총수인 砲手, 弓兵인 射手, 槍劍兵인 殺手로 구성되었다.

임무는 훈련도감과 마찬가지로 국왕 호위가 주요 임무였다.[22]

금위영은 1682년(숙종 8) 도성 방어력을 증강하기 위해 어영청을 본떠 이전부터 있던 정초청精抄廳과 훈련별대訓鍊別隊를 통합해 설치했다. 편제는 어영청과 유사하며 총병력은 14,000여 명이며 군사의 주축은 평안·함경도를 제외한 6도 향군의 번상군이었다. 금위영은 영조 대 무신난戊申亂을 거치면서 훈련도감·어영청과 함께 수도방위의 핵심군영으로 부각되었다.

총융청은 인조반정 이후 후금과의 관계가 악화되고 이괄의 난 등 국내외 정세가 어수선하자 수도 외곽의 수비를 강화하기 위해 설치되었다. 1624년 인조가 경기군을 정비하고 이서李曙의 관할군을 총융군으로 명명한 것이 총융청의 시초다.[23] 총융청은 1646년(인조 24) 일부 총융군이 궁궐 숙위를 담당하면서 내영內營과 외영外營으로 구분되었다. 본청인 내영은 도성에 있고 주 방어거점인 외영은 북한산성에 있으면서 수도 외곽에서 도성 방어를 주임무로 했다.

총융청의 소속 군현 역시 시기마다 다른데 수원·광주廣州·양주·장단·남양 등이 주영主營이며 이밖에 한강 이북의 경기 지역 30여 곳이 소속되었다. 조총병이 주력인 총융청은 소속 병력이 시대마다 다르지만 대략 15,000~21,000명 정도이며, 경기 속오군이 중심이었다. 재정은 함경도, 강원도를 제외한 전국의 둔전屯田 수입과 보인 지급을 통해 해결했다.

수어청은 수도 외곽의 수비를 강화하기 위해 1626년(인조 4) 남한산성을 개축하면서 설치한 것으로 보인다.[24] 호란 이후 북벌을 추진한 효종 대에 경기·강원·충청 지역의 일부 군병을 남한산성에 소속시키면서 군영체제를 정비했다. 이후 1704년(숙종 30) 무렵에 3영營 2부部의 5영 체제로 정비되면서 수도 외곽의 군영으로 자리 잡게 되었다. 소속 병력은 16,000여명 정도로 추정되며 3영은 경기 속오군이, 2부는 아병牙兵과 마병馬兵이 주축이었다. 아병의 경우는 둔전 경작민이었다.

---

22) 최효식, 「어영청」, 『조선후기 군제사 연구』, 1995, 신서원.
23) 이태진, 『조선후기의 정치와 군영제 변천』, 한국연구원, 1985, 99~100쪽.
24) 『속대전』 권4, 병전 군영아문 수어청.

수어청은 총융청과 마찬가지로 서울 군영을 두기도 했으나 정조 때에 장용영壯勇營을 설치하고 경청을 없애면서 위상이 낮아졌다. 또 미포米布를 바쳐 군역을 대신하는 군관이 많았으며 군사 훈련도 20년 동안 제대로 이루어지지 않을 정도로 유명무실했다.[25] 그 결과 『만기요람萬機要覽』에서는 수어청을 독립 군문으로 취급하지 않았으며, 남한산성의 관리 임무만 맡게 되었다.

이상에서 보았듯이 1593년 훈련도감의 설치 이후 1682년 금위영의 설치로 오군영 체제가 갖추어졌다. 그리고 도성 방어는 훈련도감·금위영·어영청의 삼군문三軍門이, 도성 외곽은 총융청과 수어청이 담당하는 이원적인 체제로 운영되었다. 삼군문은 구역을 나누어 궁성과 도성의 방위를 분담했으며, 총융청은 북한산성을, 수어청은 남한산성의 방어를 책임졌다. 북한산성의 경우 여기에 삼군문의 군수 창고가 있어 삼군문에서도 구역을 나누어 수비했다.

2) 국왕이 무관과 소통해야 하는 시대

조선시대에 군사권을 비롯한 입법·행정·사법권은 이념상 임금의 차지였다. 임금은 하늘의 명命을 받아 모든 국토와 민을 지배하는 사람이었다. 이것이 천명天命이었다. 그러나 현실적으로 임금 혼자서 모든 업무를 처리하기란 사실 가능하지 않았다.

그래서 임금은 신료들에게 일정한 권력과 업무를 나눠주고 그 대가로 충성을 요구했다. 하지만 현실에서 이 같은 이상적인 군신 관계는 성립되지 못한 채 왕권王權과 신권臣權이 대립했다. 그리고 조선의 통치형태를 전반적으로 평가하면 임금보다 신료들의 힘이 더 강한 군약신강君弱臣强의 나라였다고 생각한다.

신료 특히 문신은 이상적인 유교 정치를 표방하면서 임금의 전제를

---

25) 차문섭, 「수어청연구」(상)(하), 『동양학』 6, 9, 단국대 동양학연구소, 1976, 1979.

막기 위해 경연經筵을 비롯해 사관史官과 간관諫官의 기능을 강화시켰다. 신료들은 경연을 통하여 국왕에게 군주의 자질과 덕목을 설파하고, 사관과 간원들을 내세워 왕의 일거수일투족을 공공연히 감시하고 압력을 행사할 수 있었다. 국왕의 전제권조차 문文으로서 효과적으로 제어한 조선에서 무신이 낄 자리는 크지 않았다.

무신이 공식적으로 임금과 만날 수 있는 기회는 숙배肅拜와 윤대輪對였다. 숙배는 신하가 임금을 비롯한 왕실 구성원에게 인사를 올리는 행위다. 숙배는 '사은숙배謝恩肅拜'가 대표적으로, 관원에 임명된 자가 국은에 감사하는 마음을 표현하는 의식이었다. 이 밖에 왕명을 수행하기 위해 도성 밖으로 나갈 경우, 휴가를 받은 경우, 과거에 급제한 경우, 명일이나 경사를 맞아 하례하는 경우에도 시행했다.

사은숙배는『경국대전』의 규정에 따르면, 동반東班 9품 이상, 서반西班 4품 이상의 관직을 받은 관원이 임명된 다음날 거행했다. 사은숙배의 대상은 국왕, 왕비, 왕세자였다.[26] 사은숙배에 관한 규정에서 주목되는 점은 동반은 9품 이상이 사은숙배를 하지만, 서반은 4품 이상부터 사은숙배를 할 수 있다는 점이다.

윤대輪對는 관아의 차례에 따라 윤번으로 궁중에 들어가 매일 임금의 질문에 응대하거나 정무를 논의하는 자리로서 하루에 5인을 넘을 수 없었다.『경국대전』의 규정에 따르면, "동반 6품 이상이나 서반 4품 이상은 각각 관아의 차례에 따라 매일 윤대한다.〈5인을 넘을 수 없다.〉"[27]라고 되어 있다. 이 규정에서도 동반은 6품 이상이나, 서반은 4품 이상으로 규정되었다.

이처럼 제도적으로 무신으로서 5품 이하는 국왕을 대면할 기회를 갖기 어려웠다. 조선은 문신 집단이 우위를 점하는 사회로서 문신과 무신의 차별이 엄연히 존재했다. "문무는 수레의 양 바퀴와 같다."라는 언사와

---

26)『경국대전』권3, 예전, 朝儀.
27)『경국대전』권3, 예전, 朝儀. "東班六品以上。西班四品以上。各以衙門次第。每日輪對〈毋過五人〉。"

달리 문신 집단은 사회 정치적 엘리트로서 무신과 수직적 관계를 형성하기 위해 여러 가지 제도들을 고안했다. 이 점 때문에 국왕이 무신을 만나고 소통하는 구조는 국왕의 의지가 있을 때에 가능하다는 특성을 안고 있다.

그러다가 변화가 찾아왔다. 무신이 정치적으로 새로운 국면을 맞게 된 계기는 조선후기에 중앙군으로 오군영五軍營이 창설되면서부터였다. 오군영은 임진왜란 당시 훈련도감(1593년)이 설치된 이후 인조반정 직후 총융청(1624년), 어영청(1624년), 수어청(1626년)의 3개 군영이 창설되었고, 숙종 대에 금위영(1682년)이 만들어지면서 최종적으로 완성되었다. 이 중 훈련도감은 조선에서도 '장번長番'으로 표현되는 직업군이 등장하는 계기가 되었으며, 권력자들이 군권軍權을 장악하기 위한 경쟁을 촉발했다. 그리고 오군영이 가져온 변화의 핵심이 바로 이 군권의 향방이었다.

오위 체제에서 무관은 군권을 장악하거나 조금이라도 향유할 수 있는 구조가 아니었다. 하지만 이런 구조는 오군영이 정착되면서 바뀌었다. 병력 충당은 모병募兵으로도 이뤄졌고, 군권도 병조 판서와 관련 없이 군영이 독립성을 띠면서 군영대장으로 연결되는 양상을 띠었다.

이런 차이를 유발한 요소는 오위와 오군영의 지휘체계가 현격히 달랐기 때문이다. 훈련도감은 오위의 단점을 극복하기 위해 명 장수 척계광戚繼光(1528~1588)이 개발한 어왜전법禦倭戰法을 담은 『기효신서紀效新書』를 도입해 지휘 계통을 수립했다. 곧 대장 ─ 중군中軍 ─ 별장別將 ─ 천총千總 ─ 파총把摠 ─ 초관哨官 ─ 군졸로 이어지는 장수와 군병의 일원적인 명령 계통을 확립해 군영대장이 군영에 대한 강력한 지휘권을 행사할 수 있었다.[28] 곧 오군영 체제에서 군 지휘권이 군영대장으로 집중되자 병조 판서와 군권의 연결고리가 느슨해졌고, 군영대장의 권한은 상대적으로 커져갔다.

오군영과 함께 군권과 관련하여 무신에게 결정적인 변화를 가져온 일

---

28) 김종수, 앞의 책, 222쪽.

대 사건이 인조반정仁祖反正이었다. 인조반정은 1623년 3월에 서인 세력이 광해군을 폐위하고 당시 집권세력인 대북 정권을 타도한 쿠데타였다. 그리고 인조반정 당시 권력과 연관을 맺는 무신들이 정계에 본격적으로 등장했다. 반정을 일으키기 전에 반정 주모자들은 "훈련도감군은 두려운 존재이니 반드시 이흥립을 얻어야 성공할 수 있다."[29]라고 판단해 훈련대장 이흥립과 그가 이끈 정예군 3~4천여 명을 반정군에 끌어들였다.

이흥립李興立(?~1624)은 좌리공신佐理功臣(1471년) 광원군廣原君 이극돈李克墩의 5대손으로 무과에 급제했다. 이흥립이 반정에 참여하게 된 과정은 『인조실록』과 『등단록登壇錄』「선생안」에 자세하다. 이흥립이 훈련대장으로서 정예병을 이끌고 대내에 주둔하고 있자 반정을 모의한 사람들이 이를 염려했다. 장유張維의 동생 장신張紳은 이흥립의 사위였다. 그래서 장유가 장신을 시켜 이흥립을 회유했다.

이흥립이 "이 아무개도 함께 모의에 참여하는가?"하고 묻자, 장신이 "그렇습니다."라고 대답했다. 이흥립이 "이 거사는 의義이므로 반드시 성사되어야 한다."라고 하면서 내응하기로 허락했다. 그리고 반정 당일에 반정군이 창덕궁에 이르자 궐문 입구에 포진하여 군사를 단속하여 움직이지 못하게 했다. 그리고 초관哨官 이항李沆이 돈화문敦化門을 열어 반정군들이 바로 궐내로 들어올 수 있게 조치했다.[30] 반정이 성공한 뒤에 이흥립은 정사공신靖社功臣 1등이 되었다.[31]

반정 뒤에 공신 세력의 우선 과제는 시국 안정이었다. 당시 여론은 반정에 대해 군주를 바꾼 행위에 지나지 않는다고 여겼기 때문이다.[32] 대외적으로도 인조 정권은 동아시아 강자로 새롭게 부상하는 후금을 적대시하는 노선을 택했다. 반정의 명분이 광해군이 조선을 구해준 은혜를

---

29) 『仁祖實錄』 권1, 仁祖 1년 3월 13일(癸卯).
30) 『仁祖實錄』 권1, 仁祖 1년 3월 13일(癸卯); 『登壇錄』 7책, 先生案(장서각 K2-520), 仁祖朝 李興立. "光海政亂。李延平貴。定議匡濟。時興立以訓將持重兵在內。諸公以爲憂。使其婿張紳說之。興立曰。李某亦與謀乎。紳曰然。興立曰此擧義也。必可成也。遂諾爲內應。反正夜迎拜軍前。"
31) 『仁祖實錄』 권3, 仁祖 1년 윤10월 18일(甲辰).
32) 『仁祖實錄』 권9, 仁祖 3년 6월 19일(乙未).

베푼 명을 저버리고 오랑캐 후금과 교분을 맺었다는 것이었으므로 후금에 대해 적대적인 태도를 취할 수밖에 없었다.

이렇듯 국내외 정세가 인조 및 반정 공신들에게 불리하게 움직이자 이들은 어렵게 획득한 권력을 지키기 위한 방편으로 군사력에 눈을 돌렸다. 인조 대에 오군영 가운데 3개 군영인 어영청, 총융청, 수어청이 창설된 것도 바로 국내외 정세 때문이었다. 이러한 배경으로 인하여 정국을 장악한 서인의 핵심들은 군영의 조직과 운영을 대부분 전담하다시피 하였고 실상 서인의 군영이란 성격을 강하게 띠었다.[33]

인조반정의 주도 세력이자 1등 공신인 이서李曙, 구굉具宏, 이흥립, 신경진申景禛은 모두 명망 있는 무신이며, 이흥립은 반정 당시 훈련대장이었다. 인조반정 이후 이서는 경기 군사를 재정비하여 총융청의 창설을 주도했고, 이후 총융사와 어영대장을 역임했다. 구굉도 훈련대장으로 총융사와 어영대장을 겸임했으며 병조 판서를 역임했다. 신경진 역시 훈련대장과 병조 판서를 거쳐 영의정까지 올랐다.[34]

군영이 정파를 중심으로 운영되자 자연스럽게 이 안에서 군영대장의 역할과 권한도 커져갔다. 이러한 양상은 임진왜란 이전에는 찾아볼 수 없는 중요한 변화였다. 심지어 커져가는 군영대장의 군권은 국왕의 심기를 불편하게 했다.

영조 대에 훈련대장을 지낸 장붕익張鵬翼은 영조가 정치색을 띤 인물로 거론했으며, 장기간 훈련대장을 역임하면서 병권을 장악하는 현상이 발생하자 암살 위협을 받기까지 했다.[35] 1786년(정조 10)에 발생한 훈련대장 구선복具善復의 '옥사獄事'도 정조가 군권을 장악해가는 과정에서 발생한 정치 사건으로 이해할 수 있다.[36]

---

33) 이태진, 앞의 책, 319쪽
34) 『등단록』 7책, 선생안(장서각 K2-520).
35) 『英祖實錄』 권30, 英祖 7년 11월 27일(丙戌); 『英祖實錄』 권34, 英祖 9년 5월 11일(辛卯).
36) 구선복의 죽음이 정조가 군권을 장악하는 과정에서 일으킨 정치적 사건이라는 의견에 대해서는 구수석, 『정조시대 훈련대장 구선복』, 민창사, 2007, 228~232쪽 참조.

군영대장의 부각으로 권세가나 권력 집단들은 정권 유지를 위해 무신을 적극 끌어들이지 않을 수 없었다. 군영대장들도 "권세가에 붙어 이익을 챙기는데 수완이 있다."라는 비난이 나올 만큼 군영대장에 오르기 위해서는 권력 집단의 밀착이 반드시 필요했다.

한편, 1785년(정조 9) 5월에 정조가 환관과 무신을 대상으로 내린 '어제칙유무신윤음'도 주목해야 한다.[37] 윤음의 주요 내용은 환관은 국정에 간여해서는 안 되며, 무신은 본분을 잊어버린 행위를 하지 않도록 했다. 이 윤음을 내리기 직전인 2월 말에 홍국영의 종제從弟인 홍복영洪福榮의 역모 사건이 발생했다.[38] 정조는 이 사건을 마무리한 뒤에 후속 조치로 7월에 장용위를 설치했다. 이 윤음이 이 기간 사이에 나왔으며, 국왕의 신변과 밀접한 관련이 있는 무신을 대상으로 윤음을 내렸다는 것은 무신에 대한 경계가 중요했음을 말해준다.

정조는 "무신은 환관보다 갑절 더 경계해야 할 것이다. 별군직과 선전관은 침소를 출입하니 말할 것도 없거니와, 이 밖의 무신도 내외직을 막론하고 그 직임이 병무를 관장하는 것이 아니면 곧 시위하는 일이다."라고 하면서 다음과 같이 유시했다.

근래 듣건대, 무신 가운데 간혹 법의 뜻을 알지 못하는 자가 있어서 활쏘기를 익히는 한 가지 일만 가지고 말하더라도 중일中日의 사장射場이나 옛 궁궐의 터가 문란하기 그지없고, 비록 함께 다니면서 대오를 이루는 데까지는 이르지 않았어도 깍지를 끼고 팔찌를 걸친 모습과 웃고 떠드는 소리가 서로 뒤섞일 정도라고 한다. 궐 안이 이와 같으니 남쪽과 북쪽에 있는 활쏘기를 익히는 정자亭子의 형편은 미루어 알 수 있다. 점점 악화될 조짐을 결코 그대로 불어나도록 놓아둘 수는 없으나, 확실한 범죄 사실을 포착하지 못하여 아직 억지로 잡아 형벌에 처하지는 않았다.

37) 『어제칙유무신윤음(御製飭諭武臣綸音)』(奎 958); 『正祖實錄』 권20, 正祖 9년 5월 4일(壬子). 이 윤음은 『홍재전서』 권33, 敎3, '嚴禁武臣與宦寺相通之謬習敎'로도 실렸다.

38) 이 사건에 대해서는 배혜숙, 「정조연간 홍복영옥사 연구」, 『역사와실학』 5·6, 역사실학회, 1995 참조.

정조는 이 윤음을 병조와 도총부, 오군영, 별군직, 선전관, 무겸 선전관, 부장部將, 수문장, 금군禁軍 등의 관청에 게시하게 했다. 이어서 인쇄본을 만들어 현재 관직에 있는 사람들에게 나눠 주게 했다.

이처럼 국왕들은 군권의 향방을 파악하고 다른 곳으로 엇나가지 않게 하기 위해 무신과 소통하지 않으면 안 되었다. 오군영의 성립으로 이제 국왕은 리더십을 힘껏 발휘해 무신과 대화하는 한편, 무신의 일거수일투족을 알아야하는 시대가 된 것이다. 조선후기 인견引見의 대상에 군영대장이 포함된 것도 이러한 분위기를 잘 말해준다.

II

군사권 발휘를 통한 소통 구조

1. 발병부(發兵符)의 이용

1) 발병부의 성립

(1) 발병부와 교서

조선 시대에 병조에서는 특정인의 신분을 밝히고 중대한 업무를 수행할 때 확인을 위해 부신符信을 발행했다. 부符, 절節 또는 부절符節이라 불리는 이 증명표는 둘 또는 셋으로 쪼개서 지니고 있다가 증빙을 할 때 서로 맞춰보는 형태였다.

일반적으로 부신은 나무나 상아로 만든 패에 전자篆字 또는 해서楷書로 문자를 새겨 넣은 뒤에 낙인을 했다. 그런 다음 두 조각 또는 세 조각으로 나누어 한 조각은 해당자에게 지급하고, 다른 조각은 발급처에서 보관했다가 중대한 일이 있을 때 서로 맞추어 진위를 확인했다.

부신은 중국 한漢에서 유래하며, 한국에서는 고려 말에 원元 조정으로부터 받은 금부金符와 삼주호부三珠虎符가 있었다. 조선 왕조에서는 1397년 (태조 6)에 호부虎符를 제작한 것이 시초다.[39] 조선시대에 사용한 부신으

로는 발병부發兵符, 밀부密符, 개문좌부開門左符, 한부漢符, 신부信符, 통부通符, 명소命김 등이 있었다.

이 외에도 기밀 유지나 출입 통제를 위해 부신처럼 사용한 표신標信과 패牌도 있었다. 표신으로는 선전표신宣傳標信, 개폐문표신開閉門標信, 문안표신問安標信, 척간표신擲奸標信, 휘지표신徽旨標信, 의지표신懿旨標信, 내령표신內令標信, 자지표신慈旨標信, 내지표신內旨標信 등이 있다. 패로는 목마패木馬牌, 대장패大將牌, 전령패傳令牌, 순장패巡將牌, 감군패監軍牌, 위장패衛將牌, 순검패巡檢牌, 관군패管軍牌 등이 있다.

부신 중 가장 중요한 것이 발병부와 밀부였다. 발병부와 밀부는 각종 군사 작전을 할 때 사용했으므로 유사한 것으로 파악하기도 하나 모양이나 용도가 달랐다. 부신의 시초는 앞서 언급했듯이 호부였다. 태조 대에는 제정만 하고 시행하지 못하다가 태종 대에 와서야 실시했다. 1403년(태종 3)에 마련한 호부는 나무쪽에다 호랑이를 새기고 '음양陰陽' 두 글자를 좌우에 새겼다.[40]

그 뒤 새로운 부신으로서 발병부發兵符를 처음 만든 임금은 세조였다. 1457년(세조 3) 세조는 발병부를 제작하여 각도 관찰사와 절제사에게 나누어 보냈다. 이 해는 세조가 문종 때 성립한 중앙군인 5사司를 오위五衛로 개편하여 중앙 군사 조직의 골간을 완비한 해였다. 발병부의 시행이 오위의 시작과 함께 첫 발을 내딛은 것이었다. 그리고 세조는 발병부의 시행으로 더 이상 사용하지 않게 된 호부를 거둬들였다.[41]

그 뒤 부신의 운용은 변화가 있었던 것 같다. 1459년에 세조가 주축이 되어 편찬한 군령서로 『병정兵政』이 있는데, 여기에 군사를 움직일 수 있는 부신으로 호부, 발병부, 발군부發軍符의 세 개가 있기 때문이다. 호부는 관찰사·도절제사·처지사에게, 발병부는 육군용으로 전국 영·진에, 발군부는 수군용으로 전국 영·진에 사용하여 군사를 동원했다.[42] 『병정』은

---

40) 『太宗實錄』 권6, 太宗 3년 7월 22일(丁酉).
41) 『世祖實錄』 권14, 世祖 4년 9월 2일(丙戌); 『世祖實錄』 권29, 世祖 8년 10월 11일(壬午).

124 | 국왕과 양반의 소통 구조

『경국대전』「병전」의 원형으로서 중앙군의 실질적인 운용법을 담은 병서이므로,[43] 부신에 대한 세조의 정책을 파악할 수 있다.

이후 세 부신 가운데 『경국대전』(1485년)에 오른 부신이 발병부다. 『경국대전』에 따르면, 발병부는 둥글고 납작하게 다듬은 나무쪽의 한 면에 '발병發兵'이라는 글자를 낙인하고, 다른 한 면에는 '어느 도道 관찰사觀察使' 또는 '어느 도 절도사節度使'라는 칭호를 새겼다. 그런 다음 한가운데를 잘라 왼편은 궐내에 보관하고, 오른편은 관찰사나 절도사에게 주었다.

발병부를 내릴 때에는 반드시 교서敎書와 함께 내렸다. 만약 임금이 군대를 징발할 일이 있으면 교서와 왼쪽 병부를 내려 보냈고, 이를 받은 관찰사나 절도사는 본인이 갖고 있는 오른쪽 병부와 맞추어 부합한 뒤라야 징병에 응했다. 그리고 일이 끝나면 왼쪽 병부를 반납했다.

교서의 내용은 대표적으로 1475년(성종 6) 성종이 황해도 도사黃海道都事 남의南檥에게 내린 전교를 통해 알 수 있다. 명明으로 가는 한명회를 호송하기 위해 황해도의 군사를 뽑아서 보내라는 병부와 교서다. 비상사태뿐만 아니라 군사를 동원하고 움직일 때에는 반드시 병부와 교서가 있어야 시행할 수 있었다.

> "요즘 평안도는 전쟁과 수비에 피곤하고 또 바야흐로 압록강변을 방수하므로, 사은사 한명회의 호송군을 황해도 군졸로 보충하게 했다. 교서가 도착하는 날에 즉시 정예로운 군사와 말 5백을 골라서 각각 양식·무기·우구雨具를 갖춰서 이달 15일에 수령이 거느리고 황주에 이르러 전하여 주게 하라. 만약 양식을 미처 준비하지 못한 자는 군자창의 쌀을 주고, 본 고을에서 떠나서부터 20일 후에는 평안도로 하여금 양식을 주게 하여, 가을을 기다려서 군졸이 사는 고을에서 상환해 바치게 하라. 이제 보내는 선전관에게 병부兵符를 가지고 가게 했으니, 맞춰보고서 시행하라."[44]

---

42) 『兵政』符驗(『兵政·兵將說·訓局總要』, 아세아문화사, 1986).
43) 윤훈표, 「조선 세조 때 병정(兵政) 편찬의 의미와 그 활용」, 『역사와 실학』 40, 2009, 17~18쪽.
44) 『成宗實錄』 권52, 成宗 6년 2월 2일(辛巳).

발병부 없이도 군사를 동원할 수 있는 예외 조항이 있었다. 군사 훈련이나 사신을 영송할 때에는 발병부를 기다리지 않고 군사를 동원할 수 있었다. 그리고 비상사태에 대한 대응, 도적 체포, 해로운 짐승들이 사람과 가축을 해칠 경우에는 발병부 없이 군사를 동원하고 사후에 보고했다.

끝으로 흥미로운 점은 관찰사와 절도사도 관할하는 각 진鎭에 발병부를 발급했다는 사실이다. 둥글고 납작한 나무쪽의 한 면에 '발병'이라는 글자를 낙인하고 다른 한 면에는 진의 명칭을 새겼다.[45]

관찰사와 절도사가 발급한 발병부 역시 두 쪽으로 나누어 왼쪽 병부는 관찰사나 절도사가 보관하고, 오른쪽 병부는 해당 진의 수령이 보관했다. 관찰사 및 절도사는 국왕으로부터 왼쪽 발병부와 교서를 받으면, 즉시 각 진들의 왼쪽 병부를 해당 진에 보내어 군사를 동원했다. 이 역시 각 진에서 군사 동원을 함부로 하지 못하게 하려는 장치였다.

이처럼 발병부는 국왕 입장에서 보면 전국의 말단까지 군사 동원에 대한 엄격한 감시와 통제를 할 수 있는 중요한 수단이었다. 하지만 문제도 있었다. 관찰사와 절도사가 발급한 발병부에 대한 통제와 감시를 국왕이 할 수 없었기 때문이다.

(2) 밀부와 유서

밀부密符는 발병부와 혼동되는 부신이다. 밀부로도 군사를 동원했기 때문이다. 밀부가 조선왕조실록에 처음 등장하는 것은 1460년(세조 6)이다. 세조는 황해도 관찰사 김수金脩에게 제24밀부와 유서諭書를 내렸다.[46]

그런데 밀부는 『경국대전』에 실리지 않았다. 『경국대전』 「병전」의 모태가 된 『병정兵政』에도 밀부에 관한 규정이 없다. 밀부가 실린 법전은 『속대전』이다. 군영대장, 관찰사 및 절도사 등이 교체되면 밀부와 명소命召를 반드시 직접 승정원에 반납하라는 규정이다.

밀부에 대한 자세한 규정이 나오는 곳은 『대전통편』과 『전율통보』로

---

45) 『경국대전』 권4, 병전 부신.
46) 『世祖實錄』 권19, 世祖 6년 1월 7일(乙酉).

서 규정이 서로 거의 같다. 『대전통편』의 규정을 보면, 모양이 둥글며, 한 면에는 '몇 번째 부'라고 쓰고 다른 한 면에는 어압御押을 했다. 그런 다음 가운데를 나누고, 왼쪽 편을 다시 두 조각으로 나누어 총 세 조각으로 만들었다.

왼편 두 조각은 궐내에 보관하고, 오른편 한 조각은 관찰사·통제사·수어사·총융사, 강화·개성 유수, 절도사, 방어사에게 내렸다. 병력을 동원하거나 비상사태에 대응할 일이 있으면 그 조각을 맞춰보고, 오로지 임금이 내린 유서諭書에 따라 거행하게 했다.[47]

밀부는 제1부에서 45부까지 있었다.[48] 밀부와 발병부의 공통점은 둘다 병력을 동원하는 데 사용한다는 점이다. 차이점은 세 가지 정도다. ①발병부가 병력 동원에 사용되었으나, 밀부는 병력 동원 이외에 비상사태에도 사용했다. ②밀부는 제한된 고위 책임자에만 내렸다. 수어청과 총융청의 대장, 관찰사, 통제사, 강화·개성의 유수, 절도사, 방어사다. 이에 비해 발병부는 제진의 수령에게까지 내렸는데, 19세기에 517곳이나 되었다. ③밀부는 유서와 함께 내리며, 발병부는 교서와 함께 내렸다.

밀부를 내릴 때에 함께 보내는 유서의 요지와 내용은 조선시대 전 시기를 통해 큰 변화가 없었다. 조선 후기의 유서가 수식어들이 붙어서 조금 더 길었을 뿐이다. 유서는 임금의 유시이므로 고관이나 하위 관원을 막론하고 길에서 유서를 만나면 말에서 내려 몸을 굽혀야 했다. 유서를 받들고 가는 사람은 말에서 내리지 않았다.[49] 아래는 1846년(헌종 12) 경기 광주부 유수留守 조학년趙鶴年에게 내린 유서의 전문이다.

자헌대부 행 광주부유수 겸 남한수어사 조학년에게 내리는 유서
경이 한 지방을 위임받았으니 그 책임이 가볍지 아니하다. 무릇 군사를 움직여 기미에 대응하고 백성을 편안히 하고 적을 제압하는 일체의 통상적

---

47) 『대전통편』 권4, 병전 符信.
48) 『증보문헌비고』 권112, 法令, 附符信, 조선, 밀부.
49) 『경국대전』 권3, 예전 朝儀.

인 일은 본래부터 옛 법이 있다. 혹 내가 경과 함께 독단으로 처리할 일이 있는데도 밀부가 아니면 시행하지 못함을 염려하고, 또 생각지도 못한 간사한 음모도 예방하지 않을 수 없다. 만일 심상치 않은 명이 있으면 부절을 합하여 의심이 없는 후에야 마땅히 명을 따라야 한다. 그러므로 착압한 제38부符를 내리니 경은 이를 받으라. 이에 유시하노라.[50]

2) 발병부의 변화

조선 후기에도 외형상 발병부의 운용은 크게 달라지지 않았다. 『경국대전』에 나오는 발병부에 대한 규정이 『대전통편』(1785년)과 『대전회통』(1865)에서도 그대로 유지되었다. 그런데 1786년(정조 10) 구윤명具允明이 완성한 『전율통보典律通補』의 규정은 『경국대전』과 달랐다.

『전율통보』에 따르면, "발병부의 좌부左符는 궁궐에 보관한다.〈관찰사의 병부는 세 조각으로 나누어 왼쪽의 두 조각은 궁궐에 보관한다. 제진諸鎭의 병부는 다섯 조각으로 나누어 왼쪽의 두 조각은 궁궐에 보관하고 두 조각은 해당 관찰사와 절도사에게 나눠준다.〉 우부右符는 관찰사·절도사 및 제진에게 나눠 준다."[51]라고 했다.

『경국대전』과 『전율통보』의 차이는 크게 두 가지다. 첫째, 조선 후기에 발병부의 조각수가 늘어나면서 궐내에 보관하는 조각수도 늘었다. 『경국대전』에서는 국왕이 관찰사나 절도사에 내려 주는 발병부를 두 조각으로 나누었다. 이와 달리 『전율통보』의 규정은 발병부를 세 조각으로 쪼개어 두 조각을 궐내에 보관하고, 한 조각을 관찰사나 절도사에게 내렸다.

둘째, 가장 중요한 변화로서 각 진에 보내는 발병부도 궐내에 보관한 점이다. 『경국대전』에서 각 진의 발병부는 그 지역을 관할하는 관찰사나 절도사의 소관이어서, 궁궐에 조각 일부를 보관하지 않았다.

50) 『수원 들목조씨 고문서』, 화성시, 2006, 315쪽.
51) 『典律通補』 卷4, 兵典 符信, "發兵符〈…〉左符. 藏於大內〈經. ○觀察節度使符. 分三隻. 左二隻. 藏大內. 諸鎭符. 分五隻. 左二隻. 藏大內. 右二隻. 分授該觀察節度使(經)(補)〉. 右符. 頒于觀察節度使及諸鎭〈(經). ○守禦摠戎使及兩廳所屬京畿各邑同. (增)(補)〉. "

그런데『전율통보』에서는 각 진의 발병부를 좌부 네 조각, 우부 한 조각으로 총 다섯 조각으로 쪼갰다. 좌부 중 두 조각은 궐내에, 두 조각은 관찰사나 절도사가 보관하고, 우부 한 조각을 해당 진에 내려 보냈다. 이로써 국왕은 말단의 발병부까지 관장하게 되었다.

『전율통보』의 규정은 19세기 이후에 작성한『발부총록發符總錄』[52]에서도 확인할 수 있다. 이 책은 발병부의 운용 원칙과 병부의 소재처를 각 도별로 기록한 책자다. 이 자료에서 귀중한 내용은 발병부의 오른쪽을 보관한 곳이 총 517곳이라는 점이다. 이 수치는 국왕이 발병부를 내린 규모로서, 발병부의 관장이 간단한 문제가 아님을 알 수 있다.

『발부총록』의 첫머리에는 '발병부 운용 규정'이 나와 있다. 이를 통해서 19세기를 비롯해 그 이전에 통용된 발병부의 운용을 파악할 수 있다. 결론부터 소개하면, 대체적으로『전율통보』의 규정을 따르고 있다.

관찰사·절도사의 발병부는 세 조각으로 나누어 왼쪽의 두 조각은 궐내에 보관하고 오른쪽의 한 조각은 관찰사·절도사에서 교부했다. 각 진의 발병부는 다섯 조각으로 나누어 왼쪽의 두 조각은 궐내에 보관하고 두 조각은 해당 관찰사와 절도사에게 교부하고, 나머지 오른쪽 한 조각은 제진에 내렸다.

다만,『발부총록』에는 예외 조항이 있다. 각 진에 나눠주는 발병부는 다섯 조각으로 쪼갰으나, 유수부 중 광주廣州·수원·강화의 판관, 강원도의 영장·수령·변장, 경기의 부평·인천·김포·교동·통진·영종, 평안도의 신도·동진에게 교부하는 발병부는 네 조각으로 나누었다. 궐내는 똑같이 두 조각이나, 감영이나 유수영에 보관하는 발병부를 2조각에서 1조각으로 줄인 것이다. 구체적으로 내용을 소개하면 다음과 같다.

---

52)『發符總錄』(서울대 규장각한국학연구원)은 1책 35장으로 필사본이다. 작성 연도나 편찬자가 누구인지 정확하지 않다. 다만 내용 중에 '摠理使'가 보이는데, 총리사는 1802년(순조 2) 장용외영의 후신으로 창설된 총리영의 대장이다. 따라서 『발부총록』을 편찬한 시기는 1802년 이후임을 알 수 있다.

- 관찰사, 유수留守, 병마절도사, 수군절도사 : 3조각
  - 왼쪽 2 : 궐내
  - 오른쪽 1 : 유수, 병마절도사, 수군절도사
- 영장營將, 수령, 판관判官, 첨사僉使, 만호萬戶 : 5조각
  - 왼쪽 4 : 궐내 2, 해당 감영·유수영·병영·수영·방어영 2
  - 오른쪽 1 : 영장, 수령, 판관, 첨사, 만호
〈예외 조항〉
- 광주廣州·수원·강화의 판관 : 4조각
  - 왼쪽 3 : 궐내 2, 유수영 1
  - 오른쪽 1 : 판관
- 강원도의 영장·수령·변장, 경기의 부평·인천·김포·교동·통진·영종, 평안도의 신도·동진 : 4조각
  - 왼쪽 3 : 궐내 2, 감영 1
  - 오른쪽 1 : 영장, 수령, 변장

3) 발병부를 이용한 직접 소통

조선시대 정치의 주체는 양반이었다. 양반이란 문반文班과 무반武班을 의미했다. 문반과 무반을 가르는 기준은 문과로 발신했는가, 무과로 발신했는가 여부였다. 외형상 문반과 무반은 관료의 두 축이었으나 조선의 통치 규범이 문치주의를 표방한 결과 붓을 든 문신이 칼을 든 무신보다 우위를 차지했다.

문치주의는 신라가 7세기 후반 삼국을 통일한 이후 중국 당으로부터 중앙집권체제를 적극 받아들이면서부터 형성되었다. 신라는 삼국의 통일 과정에서 군사력으로 당唐을 상대할 수 없다고 판단하고, 생존의 방편으로 부득이 중국화의 길을 택했다. 이후 지식인 관료가 정치 주체가 되는 중앙집권적 문치주의는 고려를 거쳐 조선 초기에 이르러 제도적으로 확립되었다.[53]

조선 사회가 지향한 문치주의는 군사 전반에도 지대한 영향을 끼쳤다.

---

53) 이성무, 「조선시대사 서설」, 『역사학보』 170, 2001, 325~326쪽.

조선은 건국 이후 병농일치兵農一致에 기반해 군사 제도를 정비했다. 이것은 중앙 집권 체제 속에서 농민을 징발·편성하여 일정 기간 동안 군대에 복무하게 하는 국민개병제의 성격을 띠었다. 군역 대상은 양반에서 양인에 이르기까지 16세 이상 60세 미만의 남자였다. 그런데 개병제에 기초한 조선의 군대는 이념상 대외 침략에 대비한 국토방위를 내세웠으나 실제로 국방군의 개념은 모호한 측면이 있었다.

조선은 농업을 위주로 한 사회이므로 평상시 큰 군대를 양성할 수 없었다. 이 때문에 조선에서 군대의 운용은 왕권 안보에 치중했고 전쟁이 일어나면 국민 총동원령을 내려 대응했다. 대외 관계에서도 전쟁보다는 문文으로 하는 외교에 치중하여 대처했다. '부전이승不戰而勝'이라 하여 싸우지 않고 이기는 것을 최선으로 보았다.

조선의 건국 후 중앙집권적 군권 확립에 눈을 돌린 국왕은 태종이었다. '왕자의 난'으로 정권을 잡은 태종 이방원은 세자로 책봉된 직후 종친과 유력한 대신들이 거느린 사병私兵을 강제로 무장 해제시켰다. 국왕 중심의 강력한 군권 없이는 왕권이 위태로울 수밖에 없기 때문이었다.

군권 장악을 위한 태종의 조치는 사병 혁파로 끝나지 않았다. 국왕의 지위에 오른 태종은 지방에서 발생할 지도 모를 쿠데타를 방지하기 위해 지방의 군권을 가진 관찰사 이하 수령들이 병권을 함부로 휘두르지 못하게 하기 위해 발병부發兵符라는 제도를 고안했다.

조카 단종을 몰아내고 왕위에 오른 세조 역시 신하들을 믿지 못했다. 왕위를 찬탈하는 과정에서 수많은 인물을 제거하고, 왕위에 오른 뒤에도 숙청을 그만둘 수 없던 세조로서는 믿을 사람이 없었을 것이다. 세조는 크고 작은 술자리를 자주 마련했으며 말년에는 정서적으로도 매우 불안한 태도를 보였다.[54]

군사 문제에 관심이 많던 세조는 발병부 제도를 손질하고 실제로 발병부를 보내 군사를 소집해 열무를 거행했다. 수군의 발병부도 마련했다.

---

54) 최승희, 「세조대 왕위의 취약성과 왕권강화책」, 『조선시대사학보』 1, 1997.

하지만 세조는 발병부도 중간에서 속일 수 있으므로 믿을 수 없다하여 폐지하고 말았다. 다음은 이 문제에 대한 예종과 김국광의 대화다.[55]

예 종 : 세조께서 발병부를 폐지하신 것은 무엇 때문인가?
김국광 : 세조께서 일찍이 말씀하시기를, '평상시 병부를 사용하여 징병하
        는 것이 좋으나, 만약에 간사한 거짓이 있게 된다면 병부도 믿을
        만한 것이 못된다.'고 하셨습니다. 징병에 대한 일은 이미 궁궐에
        서 내리는 유서諭書가 있고, 또 병조에서 감합勘合[56]한 공문서가
        있으니 이를 폐지한다 하더라도 괜찮습니다.

세조 대에 폐지된 발병부는 『경국대전』에서 다시 살아나 법제화되었고 조선시대 내내 실시되었다. 세조는 발병부를 믿지 못했으나 다른 국왕들은 발병부마저도 없다면 병권을 장악하는 것이 더 어렵다고 판단했기 때문이다.

조선의 국왕들은 발병부를 유지하는 대신에 발병부가 적신賊臣에 의해 잘못 이용되는 사태를 막기 위해 제도를 보완했다. 나무로 만든 발병부는 오랜 시간이 지나면 마모되기 십상이었다. 그래서 낡고 오래된 병부를 새로 만들어 교환했다. 1789년(정조 22)에도 황해도의 발병부를 모두 새로 만들어서 내려 보냈고 예전의 발병부는 모두 거두어서 불태웠다.[57]

또 『발부총록』에 나와 있는 대로 지방의 여러 진들의 발병부를 더 잘게 쪼개어 대궐에도 좌부 두 조각을 보관함으로써 발병부의 오용을 사전에 차단했다. 이처럼 발병부는 국왕의 군권을 상징하는 동시에 직접 군사 운용이나 기밀 작전을 지시할 수 있는 수단이었다.

이런 측면에서 발병부 제도의 변화는 국왕의 군사력 장악과 밀접한 연관이 있다. 조선 전기에 실제적으로 지방 각 진들의 군사 동원 과정에서

---

55) 『睿宗實錄』 권3, 睿宗 1년 1월 24일(己卯).
56) 勘合 : 조선시대에 공문서의 진위 여부를 확인하기 위해 공문서의 끝 부분을 原
    簿에 대고 그 위에 얼려서 찍던 도장. 도장에는 年月日과 字號가 새겨져 있음.
57) 『正祖實錄』 권50, 正祖 22년 12월 1일(庚寅).

관찰사나 절도사의 역할이 높았다면, 후기에는 궁궐에도 각 진의 좌부를 보관함으로써 국왕의 장악력을 높인 것이다. 이 변화의 밑바탕에는 국왕이 병권을 좀 더 확실히 장악하겠다는 의도가 깔려있다. 그러면서 국왕이 제진의 수령들과 직접 소통하면서 명령을 내리는 구조로 변화했다고 할 수 있다.

2. 선전관(宣傳官)의 파견과 활용

1) 선전관의 조직과 임무

국왕의 비서로서 문신 비서가 승지承旨였다면 무관 비서는 선전관宣傳官이었다. 그래서 선전관은 조선시대 최고의 서반 청요직으로 꼽혔다.

선전관의 위상은 다음의 내용에서 확연히 드러난다. 이 수교를 내린 해는 1550년(명종 5)으로 죄를 지은 사족 중에 전가사변全家徙邊을 면제받고 그 아래 단계의 율을 적용받을 수 있는 자격을 제시한 것이다. 이 가운데 눈길을 끄는 단어가 '현관顯官'이다. 현관이란 누구나 다 인정하는 높고 귀한 벼슬자리로서 자손에게 문음門蔭의 혜택을 줄 수 있었다.

> 1525년(중종 20) 승전에 '죄를 짓고 입거하도록 뽑아낸 사람 중에 문과·무과 출신 인원의 자손 및 부모의 사조四祖에 모두 현관顯官(동서반 정직 5품이상, 육조 낭관, 감찰, 수령, 부장, 선전관)이 있는 자, 본인이 생원·진사인 자는 모두 전가입거를 면제하고 그 다음 율로 정배하라'고 입법한 것이 지극이 자세하다. 밝게 펴서 거행하여 영구히 정법으로 삼아라. 〈1550년(명종 5) 승전〉[58]

위의 수교에서 보듯이 서반의 현관은 서반 정직 5품 이상과 부장部將과 선전관宣傳官이었다. 이 가운데 선전관은 국왕 측근에서 '근시지임近侍之任'을 수행하는 서반 승지로 불렸다. 그리고 부장에 비해 위상이 훨씬 높았다.

---

58) 『수교집록』 刑典 推斷.

이미 성종 대에 "선전관은 근시하는 직임이어서 부장에 비하면 크게 서로 차이가 큽니다."[59)]라고 하듯이 부장에 비해 훨씬 비중 있는 청요직에 해당했다. 광해군 대에도 "선전관은 가까이에서 모시는 직책으로서 숙위하는 임무가 중대한 만큼 부장이나 수문장에 비할 바가 아닙니다."[60)] 라고 하면서, 문관의 청요직인 한림(翰林:예문관)이나 옥당(玉堂:홍문관)에 비유되었다.

선전관청이 조선왕조실록에 처음 등장하는 시기는 1464년(세조 10)이다. 하지만 선전관청의 설립 시기는 세조가 집권하면서 선전관을 설치한 시기로 판단된다. 선전관은 왕위 찬탈을 통해 즉위한 세조가 1457년(세조 3)에 국왕의 호위와 숙위를 강화할 목적으로 설치했다. 처음에 가전훈도駕前訓導란 이름으로 국왕 시위를 담당하다가 1457년에 선전관으로 개칭했다.[61)]

선전관의 선발은 무과 출신 가운데 적합한 사람을 병조에서 의망하여 왕의 낙점을 받아 이루어졌고 서경署經을 거친 뒤에 최종적으로 임명했다. 서반직 가운데 도총부·선전관·부장만 서경을 거쳤다는 사실은 선전관의 중요성을 미루어 짐작하게 한다.[62)]

무과 출신이 아닌 경우에는 선전관의 취재를 거쳐 임용했다.[63)] 『경국대전』에 의하면 선전관 취재는 목전木箭과 강서講書로 실시했으며, 응시자가 현재 내금위內禁衛나 무예武藝에 속해있으면 기예 시험은 면제받고 강서만 시험을 보았다.[64)] 『경국대전』에서 시취를 거치는 20여개의 병종 중 시험 과목으로 강서가 있는 곳은 도총부 당하관, 선전관, 부장, 무예 뿐이어서 선전관 취재에 합격하기까지 까다로운 절차를 밟아야만 했다.

---

59) 『成宗實錄』 권80, 成宗 8년 5월 29일(乙未).
60) 『光海君日記』 권127, 光海 10년 4월 19일(丁丑).
61) 박홍갑, 『조선시대 문음제도 연구』, 탐구당, 1994, 268~269쪽.
62) 박홍갑, 위의 책, 277쪽.
63) 『燕山君日記』 권21, 燕山 3년 1월 2일(甲辰); 『中宗實錄』 권18, 中宗 8년 6월 12일(己酉).
64) 『경국대전』 권4, 병전 시취.

그런데 선전관은 서반 청요직 답지 않게 조선전기에 정식 아문으로 성립하지 못한 채 체아직遞兒職으로 운영되었다. 『경국대전』(1485년)에는 선전관청이 올라있지 않으며, 병전兵典 번차도목番次都目조에 정3품에서 종9품에 이르기까지 총 8인의 체아록遞兒祿만 규정되었을 뿐이다.

또 『경국대전』에는 규정이 없으나 『세조실록』을 비롯한 각 왕대별 조선왕조실록에 국왕이 필요에 따라 수시로 겸선전관兼宣傳官을 임명하고 있어 '겸선전관'도 선전관을 설치한 직후부터 함께 운영했음을 알 수 있다. 선전관청은 조선 전기에 정식 관청은 아니었으나 국왕의 측근에서 중요한 역할을 담당했다.

그러다가 『속대전續大典』(1746년)에 와서야 선전관청이 정3품아문으로 성립되는 변화를 맞게 되었다. 조선 후기에 선전관청이 정식 아문으로 격상된 배경에는 임진왜란과 병자호란을 거치면서 중앙군 제도가 오군영제로 바뀌고, 왕궁이 있는 수도 방위에 역점이 두어지면서 국왕의 신변보호와 궁궐 수비가 강조되었기 때문으로 판단된다. 궁궐문을 관장하는 수문장청이 선전관청과 마찬가지로 『속대전』에서 정식 관청으로 성립된 것도 비슷한 이유라 할 수 있다.

선전관청은 세조가 승하한 이후 임시변통으로 둔 관청이므로 폐지하자는 상소가 이어졌지만, 조선 후기까지 계속 증원되면서 서반 최고의 관청으로 자리 잡았다. 『속대전』에는 선전관청에 대해 "『경국대전』의 번차도목에는 단지 8인이었으나 후에 정직正職으로 하여 인원수를 늘이고 관청을 설치했다."라고 밝히고 있다. 소속 선전관도 선전관 21인에 문겸 선전관 및 무겸 선전관 55인까지 더해져 총 76인이 배속된 관청으로 성장했다.

선전관은 『대전통편』에 이르러 더 큰 변화를 맞이했다. 선전관의 임무가 구체적으로 명시되는 한편 인원도 선전관 24인과 겸선전관 52인으로 바뀌었다. 선전관의 자리가 세 자리 늘어나는 대신에 겸선전관은 세 자리가 줄었다.

선전관청의 폐지시기에 대해서는 1882년(고종 19)으로 알려져 있으나 잘못된 것이다. 선전관청은 1894년(고종 32) 갑오개혁으로 군무아문軍務

衙門에 소속되었고, 1900년(고종 37)에 우시어청右侍御廳으로 계승되었다가 1907년 무렵에 폐지되었다.

2) 선전관의 위상

조선 후기에 편찬된 『한경지략漢京識略』과 〈동궐도東闕圖〉에 따르면, 선전관청의 위치는 창덕궁의 선정문宣政門 안 왼쪽에 있었다. 이곳은 승정원의 북쪽에 해당한다. 그리고 무겸 선전관이 근무한 무겸청武兼廳은 창덕궁의 광범문光範門 안쪽에 따로 있었다.[65)]

선정문은 편전便殿인 선정전을 출입하는 문이다. 광범문은 정전正殿인 인정전의 동문이며, 이 문을 나서면 선정전으로 통하는 외행각이 왼쪽에 늘어서 있다. 위치만 보더라도 무승지武承旨 답게 선전관청과 무겸청이 편전과 정전 가까이에 자리했음을 알 수 있다.

선전관의 위상은 매우 높아 이식李植은 〈선전관청제명록서宣傳官廳題名錄序〉(1625년)에서 "선전관청의 위치가 액문掖門 밖 정방政房의 오른쪽에 있어 좌우左右 사관史官들과 함께 어깨를 나란히 하고 출입하기 때문에 시종侍從의 칭호를 지니면서 특별한 은혜를 받아 왔다."[66)]라고 하면서 궁궐 안의 일반 무관들은 감히 쳐다 볼 수도 없는 지위라고 소개했다.

1703년(숙종 29) 청淸의 칙사가 조선의 역관에게 "무직武職은 어떻게 하여 올라가고, 무과는 어떻게 합격시키고 무슨 벼슬을 합니까?"하고 묻자, 역관이 "기사騎射와 강서講書로 무과를 마련하고, 선발된 사람은 처음에 선전관이나 부장에 임명했다가 승진 발탁되어 절도사에 이릅니다."라고 답변했다.[67)]

이 대화에서 알 수 있듯이 선전관은 무과로 출사한 사람의 초사직이자 이후 청요직으로 나가는 요직이었다. 그러므로 선전관의 위상은 매우

---

65) 『漢京識略』, 昌德宮內閣司.
66) 『宣傳官廳薦案』(규장각한국학연구소 奎9758-v.1-7) 제4책, 宣傳官廳題名錄序 (李植撰, 1625).
67) 『肅宗實錄』 권38, 肅宗 29년 6월 28일(壬寅).

높았고, 선전관을 차지하기 위한 경쟁 또한 치열했다.

선전관을 서반 청요직으로 만드는 데 결정적인 기여를 한 요인은 선전관을 거친 이후의 벼슬길이었다. 선전관이 고위 무신으로 나가기 위한 필수 요건이자, 관직 진출에서 혜택을 누렸기 때문이다. 예컨대 방어사나 수군절도사에 임용되기 위해서 반드시 당상 선전관을 거쳐야 했다. 참상 선전관은 근무 일수를 채우면 품계를 올려 받았으며, 지방의 3품 수령이나 병마 우후의 이력이 있으면 바로 당상 선전관으로 승진할 수 있었다.

무겸 선전관을 포함한 참하 선전관은 24개월을 근무하면 6품으로 승진할 수 있었는데,[68] 이것이 가지는 의미는 자못 컸다. 무신으로 선전관을 거쳐 6품에 오른 사람은 훈련원이나 도총부의 관직에 임명된 뒤 3년 이내에 당상관으로 승진하거나, 영장營將이나 수령으로 나갈 수 있기 때문이다.[69]

한편 훈련원 정正은 반드시 선전관의 이력을 가진 3품 가운데 수령이나 병마 우후를 지낸 사람으로 임명했다.[70] 훈련원 부정 역시 선전관을 지낸 사람으로 임명했으며, 지벌地閥이 현저하게 높거나 공신 자손만이 이 규정에서 자유로울 뿐이었다.[71]

선전관의 높은 위상은 새로 입사한 선전관의 신고식이 혹독한 데에서도 확인할 수 있다. 신참례新參禮 또는 면신례免新禮는 신참을 면한다는 의미로 관료 세계에 진입한 신참들이 치르는 통과 의례다. 고려 말에 권문세가 자제들이 어린 나이에 관직에 진출하자 오만함을 경계하기 위해 시작되었다는 면신례는 선배 관원들이 새내기 관료들을 길들이기 위해 여러 형태로 실시되었다.[72]

면신례는 15, 16세기에 성행했다. 그러다가 17세기 중엽 이후로는 주로 관청의 기강이 강하거나 선후배 사이의 위계질서가 뚜렷한 관청을

68) 『속대전』 권4, 병전 경관직 선전관청.
69) 『肅宗實錄』 권63, 肅宗 45년 4월 3일(乙巳).
70) 『兩銓便攷』 卷2, 西銓 通淸.
71) 『典律通補』 卷4, 兵典 京官職 宣傳官廳.
72) 박홍갑, 「조선시대 免新禮 풍속과 그 성격」, 『역사민속학』 11, 2000, 237쪽.

중심으로 제한적으로 시행되었다.[73] 엘리트 집단에서 가혹한 통과 의례를 실시함으로써 남다른 독특한 전통을 세우고 결속력을 유지하는 방편으로 이런 의식을 오래 유지했기 때문이다.

선전관청도 오랫동안 면신례의 전통이 살아있는 곳 중 한 곳이었다. 선전관청의 면신례는 조정에서 종종 문제로 삼을 정도로 엄격하기로 유명했다. 면신례가 혹독하다는 것은 그만큼 해당 부서가 엘리트 집단이라는 사실을 반증한다.

17세기 초에 "선전관청에서 새로 들어온 선전관들에게 신참에서 벗어날 때에 술과 고기를 장만하도록 요구하여, 잔치에서 술을 마시면서 낭비하는 폐단이 다른 데보다 지나치다."[74]라는 기록이 있다.

『임하필기林下筆記』에도 "선전관의 신참례는 큰 담뱃대로 담배를 피우게 하니, 그 담배대가 종지보다 커서 신참들이 고통을 견디지 못했다. 이는 곧 코로 한 말의 식초를 들이마시게 하는 것과 같으니 역시 선전관청에서 내려오는 풍습이다."[75]라고 했다.

선전관청에서 실시한 신참례의 실례로서 김종철(金宗喆, 1762~1812)의 사례를 꼽을 수 있다. 1784년(정조 8)에 무과에 급제한 김종철은 48세가 되는 1806년(순조 6)에 선전관이 되었다. 무과에 급제한지 22년만이었다. 그는 선전관이 되자 면신례를 치렀는데, 당시의 문서가 남아 있어서 소개한다.[76]

> 신귀新鬼 철종김
>
> 너는 별 볼 일 없는 재주로 외람되게도 이 빛나는 관직에 올랐으니,
>
> 우선 물리쳐서 청반淸班을 깨끗이 해야 할 것이지만,
>
> 더러운 너를 받아들이는 것은 천지의 넓은 도량을 본받고,

---

73) 윤진영, 「조선후기 면신례의 관행과 선전관계회도」, 『서울학연구』 54, 2014, 179~181쪽.

74) 『宣祖實錄』 권165, 宣祖 36년 8월 13일(丙申).

75) 李裕元, 『林下筆記』 권28, 春明逸事, 宣傳官廳煙臺.

76) 『해풍 김씨 남양쌍부파 : 무신의 길, 그 오백년의 발자취』, 화성 : 화성시청 : 화성문화원, 2008, 174~175쪽.

너의 죄를 용서하는 것은 과거 성현의 큰 도량을 본받았기 때문이다.
지금까지 전해 내려오는 옛 풍속을 이제와 그만둘 수 없으니,
좋은 술과 안주를 즉각 내와서 우리에게 바치도록 하라.
선배들

위의 문서에서 김종철의 성명을 '철종김'으로 표기한 것이 눈에 띤다. '신귀'란 관직에 새로 임명된 신출내기 관리를 지칭한다. 왜 '신귀新鬼'라고 불렀는지 현재로서 알 수 없지만, 고려 말에 감찰방監察房에 새로 임명된 신진 관원을 부르는 말이었다.[77) 사관四館에서도 새로 문과에 급제하여 분관된 신출내기를 '신귀'라 했다.[78)

면신례는 도중에 사망하는 사람이 나올 정도로 의식 절차가 재미를 넘어서 매우 혹독하게 실시되었다고 한다. 면신례를 거쳐 무사히 관료 생활에 안착한 김종철은 이듬해인 1807년에 광양 현감으로 부임했다.

3) 선전관의 운용과 국왕 리더십

선전관의 가장 주요 임무는 궐내에 입직하여 국왕의 호위와 시위를 담당하는 일이었다. 이 밖에 군사에 관한 왕명 출납, 부신符信 출납 등 군사軍事와 관련한 각종 업무도 보았다. 또 도성 안팎이나 한강의 조세 창고를 순행하면서 해당 관리의 근무 상태를 살피거나, 국가에 위급한 일이 생기면 지방에 파견되어 군사 모집의 일도 수행했다.

『대전통편大典通編』에는 선전관청의 임무가 더 구체적으로 명시되었다. 형명形名(깃발이나 북 등으로 하는 군대 호령 신호법), 계라啓螺(국왕 거동 때 북이나 나팔을 치거나 불던 일), 시위侍衛, 왕명 전달, 부신符信 출납을 관장하는 관청으로 규정되었다.

1457년(세조 3) 4월, 세조는 상참常參을 받은 뒤에 임영대군, 영응대군 등 여러 종친들을 비롯하여 병조 참판, 도진무, 위장, 부장, 선전관, 승지

---

77) 『太宗實錄』 권27, 太宗 14년 1월 28일(癸卯).
78) 『明宗實錄』 권25, 明宗 14년 2월 4일(丙午).

등에게 술자리를 베풀었다. 그리고 선전관과 부장들에게 "대체로 유술儒術은 마음을 쓰고, 무사武事는 힘을 쓰는데 그대들은 무엇을 쓰겠는가?"하고 물었다. 이에 부장 등이 마음을 쓰겠다고 대답하자 세조가 탐탁하게 여기지 않았다. 이 때 선전관 고수영高壽永이 "유학자의 마음 쓰는 곳에 신은 진실로 미칠 수가 없습니다. 하지만 또한 무사武事에 마음을 다할 뿐입니다."하니 세조가 매우 흡족해했다.[79]

고수영의 대답처럼 국왕이 선전관에게 기대한 업무는 무사였다. 실제로 선전관을 두면서부터 국왕은 선전관을 수족처럼 활용하여 군사 관련 명령과 지시를 신속, 정확하게 내렸다. 결과적으로 이는 국왕이 신하들과 의사 소통을 원활하게 하는 효과를 가져왔으며, 말단 군사까지 국왕의 명령을 전달하여 리더십을 보여주는 매개체의 역할을 했다.

시위를 제외하고 국왕이 선전관을 가장 크게 활용한 측면은 군사 활동과 관련한 왕명의 지시였다. 대표적인 사례로 1514년(중종 9) 성균관의 장경각에 화재가 발생했을 때의 일을 꼽을 수 있다. 중종은 화재 진압을 위해 선전관을 시켜서 입직 부장部將에게 군사를 거느리고 가서 불을 끄라는 명령을 내렸다.

그런데 문제가 발생했다. 입직 군사들을 출동시키는 과정에서 당시 입직 군사들을 총괄하는 도총관이 이 사실을 몰랐던 것이다. 그러자 도총관 안윤덕 등이 향후 표신標信을 낼 일이 있으면 오위도총부에 먼저 알려달라고 요청했다. 그러자 중종이 화를 내면서 이들을 의금부에 가두었다.[80]

> 무릇 군령은 오로지 주장主將의 명령을 따라야 한다. 그래서 선전관이 표신을 받아서 곧장 군소軍所로 가는 것이 규례다. 군사 기밀 같은 중요한 일을 이처럼 아뢰어서 요청했으니, 사헌부를 시켜 안윤덕 등을 추고하게 하라.

중종은 국왕의 군령권을 침해하려는 도총관 등을 엄히 다스림으로써

---

79) 『世祖實錄』 권7, 世祖 3년 4월 17일(庚戌).
80) 『中宗實錄』 권21, 中宗 9년 12월 2일(庚寅), 12월 4일(壬辰).

국왕의 리더십을 분명하게 드러냈다. 이 과정에서 중종의 군령권을 발동 될 수 있도록 매개한 신하가 선전관이었던 것이다. 비록 화재 진압을 위한 군사 동원이었으나, 군사 동원은 예민한 문제였기 때문에 근시 무신 인 선전관을 활용한 것이다.

1531년(중종 26)에도 도성에 호랑이가 나타나자 착호 대장 김호가 군사를 모아 호랑이의 흔적을 찾았으나 찾지 못하고 있었다. 이때도 중종 은 선전관을 시켜서 "호랑이의 발자국을 찾지 못하면 속히 진陣을 거두는 것이 마땅하다."라는 유시를 내렸다. 김호는 이 유시를 받자마자 즉시 진을 거둬들였다.[81]

1536년(중종 31) 중종은 살곶이와 황두등黃豆等에서 군사들의 교련과 열병을 실시하였다. 이때 중종은 신하들의 반대에도 무릅쓰고 습진 뒤에 사냥을 겸했다. 그런데 우상右廂의 대장 이광식이 명을 따르지 않고 천천 히 행군했다. 중종은 선전관을 시켜서 대장의 관립을 빼앗아오게 하여 모든 군사들이 빨리 움직여야 하는 상황을 알렸다.[82] 결과적으로는 "어제 행사는 볼만한 것이 없었다."[83]로 끝나고 말았지만 선전관은 국왕의 의중 을 전하는 임무를 담당했다.

외침 때에 선전관은 더 빛을 발했다. 1555년(명종 10) 을묘왜변 때에 도 명종은 관찰사에게 선전관을 보내서 제대로 전투에 참여하지 않은 수령을 군율로 다스릴 수 있도록 했다.[84] 또 왜적에게 항복한 영암 군수 이덕견을 군율대로 참수하여 조리돌리게 하는 것도 선전관을 보내어 거 행했다.[85] 또한 경상도와 충청도에 선전관을 파견하여 관찰사 및 병마절 도사에게 유시하여 정병을 뽑아서 전라도로 가게 했다.[86]

명종은 선전관을 이준경에게 보내 왜적을 모두 섬멸하라고 하유한 뒤

81) 『中宗實錄』 권71, 中宗 26년 10월 13일(癸巳).
82) 『中宗實錄』 권82, 中宗 31년 11월 2일(甲寅).
83) 『中宗實錄』 권82, 中宗 31년 11월 4일(丙辰).
84) 『明宗實錄』 권18, 明宗 10년 5월 17일(庚戌).
85) 『明宗實錄』 권18, 明宗 10년 5월 22일(乙卯).
86) 『明宗實錄』 권18, 明宗 10년 5월 28일(辛酉).

에 각 진이 함락당한 실정과 불타버린 마을의 호수, 아군의 사상자 규모, 장수들이 저지른 군율의 경중 및 군공軍功의 등급, 민 안정책, 군량 조달 등에 대해 조목별로 자세히 보고를 올리게 했다.[87]

국왕들은 비밀 조사를 거행할 때에도 선전관을 활용했다. 세조는 진무, 내금위 등과 함께 선전관을 보내어 전국에서 거둬들인 세곡을 보관하는 도성 안팎의 강창江倉을 순행하게 했다. 또 숨어서 나쁜 짓을 하는 사람을 정탐하여 살피게 했다. 성종 대에도 내시, 사관, 선전관을 보내서 여러 관서의 비위를 적발했다. 선전관을 여러 능에 나누어 보내어 제기, 화재 및 벌목 예방 상황을 세밀하게 조사시켰다.[88]

1545년(명종 즉위년) 명종은 즉위 직후에 수비의 소홀을 염려하여 야간에 사관史官과 선전관에게 명하여 불시에 궐내 안팎 및 관원 및 군졸의 직소直所를 조사하게 했다.[89] 1539년(중종 34) 경기 지역에 철거한 사찰들이 다시 창건된다는 보고가 들어왔다. 중종은 경기 관찰사가 조사하여 보고하기 전에 일을 즉시 처리하기 위해서 내관內官과 선전관을 파견하여 일일이 적간하게 했다.[90]

이처럼 국왕들은 선전관들을 수족처럼 활용하여 군사 관련 사항을 신속하게 처리했다. 또한 국왕의 관심 사항이나 어려운 문제를 해결하고자 할 때에도 신하들에게 일일이 의견을 구하지 않고 선전관을 파견하여 국왕의 존재감을 보여줬던 것이다. 이 점은 조선 후기에도 변하지 않고 지속되었으며, 선전관청이 정식 아문으로 『속대전』에 오르는 배경이기도 하다.

---

87) 『明宗實錄』 권18, 明宗 10년 6월 2일(乙丑).
88) 『成宗實錄』 권15, 成宗 3년 2월 23일(庚寅).
89) 『明宗實錄』 권2, 明宗 즉위년 9월 2일(壬戌).
90) 『中宗實錄』 권91, 中宗 34년 6월 11일(丁未).

3. 열무(閱武)와 진법 훈련

1) 군사 훈련을 둘러싼 군신 갈등

1481년(성종 12) 성종은 열무閱武의 시행을 놓고 신하들과 옥신각신했다. 문관들이 흉년을 이유로 청계산의 사냥을 반대했기 때문이다. 그러자 성종이 이렇게 맞섰다.

> "흉년이라 해도 열무는 폐지할 수 없지 않는가? 또 하늘의 변고는 예측할 수 없는 것이다. 청계산은 서울에서 가까워서 하루 안에 갔다 올 수 있다."[91]

신하들은 무비武備를 위해 군사 훈련의 중요성을 알고 있었지만 열무를 환영하지 않았다. 민생을 이유로 반대하기 일쑤였다. 문신들은 "열무閱武라 해도 한강을 건널 필요가 있겠습니까?"라고 하거나, "열무는 비록 폐지할 수 없지만 흉년으로 군졸이 피폐할까 두렵습니다."[92]라는 이유로 반대했다.

1654년(효종 5) 효종은 열무를 거행했다. 신하들은 민간에 큰 피해를 준다는 이유로 열무를 극구 반대했다. 부교리 남용익은 오랫동안 외국에서 말 타는 일에 익숙한 임금이 답답한 구중궁궐을 벗어나기 위해 열무를 시행하려 한다는 여론까지 전하면서 반대했다. 하지만 효종은 열무가 법전에 있는 규정이라면서 강행했다.[93]

그렇다면 왜 임금들은 신하들의 반대를 무릅쓰고 군사 훈련을 중시했을까? 국왕의 입장에서 군사 훈련은 군사 통솔권을 확인할 수 있는 좋은 기회였기 때문이다. 임금으로서의 리더십을 이만큼 잘 보여주는 행사도 드물었던 것이다.

---

91) 『成宗實錄』 권134, 成宗 12년 10월 29일(庚午).
92) 『成宗實錄』 권134, 成宗 12년 10월 29일(庚午); 『成宗實錄』 권135, 成宗 12년 11월 5일(乙亥).
93) 『孝宗實錄』 권12, 孝宗 5년 2월 29일(庚寅).

조선시대에 임금이 참관하는 군사 훈련은 다양한 이름으로 실시되었다. 타위打圍, 강무講武, 대열大閱, 열무閱武, 친열親閱 등의 이름으로 국왕의 군사 사열이 거행되었다. 타위는 하루 일정의 사냥을 말한다. 강무는 국왕이 군사를 동원해 사냥한 뒤에 복귀하는 행사였다. 대열은 대규모 군사 열병이며, 열무도 군사 사열이었다. 친열은 대열이나 열무 등과 함께 사용된 용어로서 국왕이 직접 군사를 열병한다는 의미였다.

이 용어들은 각기 다른 저마다의 특징을 갖고 있으나 혼효混淆되어 사용되기도 했다. 이 가운데 열무는 조선 후기 집중적으로 등장하는데, 군사 열병의 대명사로서 임금이 군대를 사열하고 군사들의 진법 연습을 직접 참관하는 큰 행사였다.

이에 비해 조선 전기에는 열무가 특정 행사라기보다는 군사 열병이라는 일반적인 의미로 더 많이 사용되었다. 예컨대 중종은 "타위는 열무하기 위한 방도다."라고 하면서 경기와 충청도 군사들을 뽑아 올리게 했다.[94] 곧 타위가 사냥만 하는 행사가 아니라 군병 사열을 겸하므로 군사를 뽑아 올리게 한 것이다.

강무는 상비군이 없는 조선 초에 군사력을 유지하기 위한 하나의 방편이자, 국왕의 위엄을 높이려는 목적이 있었다. 강무에서 잡은 짐승을 종묘 제사에 바침으로써 왕실의 권위를 높인 것이다. 태조 대부터 시작한 강무는 태종, 세종, 세조, 성종 대에 활발히 시행했다. 태종은 재위 18년간 23회, 세종은 재위 31년간 30회, 세조는 재위 14년간 9회, 성종은 재위 25년간 6회를 실시했다.[95] 하지만 점차 강무는 군사 훈련을 빙자한 사냥이라는 의심의 눈초리를 많이 받았다. 그래서 신하들은 강무를 탐탁하게 생각하지 않았다.

1487년(성종 18) 성종은 강무를 20일 정도 시행하려다가 반대에 부딪혔다. 신하들은 열무를 하는 것인데 그렇게 오래 진행할 이유가 없다면서 중지를 건의했다.[96] 중종 연간에도 사정은 비슷했다. 중종은 "내가 사냥

---

94) 『中宗實錄』 권40, 中宗 15년 9월 14일(戊辰).
95) 이현수, 「조선초기 강무 시행사례와 군사적 기능」, 『군사』 45, 2002, 239~248쪽.

하기를 좋아하는 것이 아니다. 위로는 사로잡은 짐승을 조상께 바치기 위함이고, 아래로는 열무하는 것이다."[97]라고 하면서 강무의 의의를 강조했다.

또 중종은 근래 군정軍政이 해이해져서 군사의 위엄이 없다면서 열무의 필요성을 강조했다. 중종은 "자주 열무를 실시하여 사졸들로 하여금 훈련 동작의 절차를 알게 하려는 것이다. 하지만 눈과 비가 이처럼 내렸으니 도로를 닦아야 하는 폐단도 헤아리지 않을 수 없으므로 모화관에서 열무해야 하겠다."[98]라고 하면서 모화관에서 열무를 강행했다.

이처럼 열무가 신하들과 논쟁이 자주 일으킨 것은 국왕 입장에서 열무는 군사권을 확인하면서 본인의 존재를 각인시킬 수 있는 좋은 기회였기 때문이다. 성종의 행장에 "달마다 두 번 열무하고 해마다 강무를 하여 무비를 엄하게 했습니다."라는 기록이 있다. 곧 열무는 국왕의 권위와 리더십과 밀접한 관련이 있었다.

하지만 조선 후기에는 강무라는 용어 대신에 열무로 통일되면서 국왕이 주로 능행을 전후하여 군사 사열 및 시사試射, 시재試才 등과 함께 열린 경우가 많았다. 이제 조선 후기가 되면 국왕이 사냥하는 일은 가능하지 않은 시대가 되었다. 그 대신에 주로 능행을 전후하여 군사 사열을 시행할 수 있었다.

2) 대열과 국왕 리더십

대열大閲은 대규모 군사 사열로서 도성 밖에서 9월이나 10월에 거행했다. 1426년(세종 8)에 세종이 한 차례에 실시한 이후로 세조가 3회, 성종이 4회, 연산군이 1회를 실시했으며, 정조가 두 차례 실시한 뒤로 중단되었다.[99]

---

96) 『成宗實錄』 권206, 成宗 18년 8월 3일(庚午).
97) 『中宗實錄』 권16, 中宗 7년 9월 9일(庚辰).
98) 『中宗實錄』 권41, 中宗 15년 11월 14일(戊辰).
99) 백기인, 「조선후기 국왕의 열무 시행과 그 성격」, 『한국정치외교사논총』 27집

대열을 본격적으로 실시한 국왕은 세조였다. 세조가 대열을 실시할 수 있던 토대는 문종 대에 마련한『(오위)진법五衛陣法』이었다.『(오위)진법』은 조선 전기 중앙군 조직인 오위의 부대 편성과 군사 훈련법을 밝힌 병서다. 조선 전기는 아직 화약 병기가 전면적으로 활용되지 않은 시대이므로 진법陣法이 중요했다.

진법은 전투대형을 갖추는 법을 뜻한다. 곧 전쟁에 승리하기 위해 군사를 편제하고 훈련시키는 방법을 말한다. 더 구체적으로 말하면 전쟁에 승리하기 위해 군사를 편제하고 훈련시키는 방법까지 포괄한다.

『(오위)진법』의 특징은 대규모 부대를 수용할 수 있는 지휘체제를 정착시켰다는 점이다. 문종이『(오위)진법』을 지은 뒤 바로 다음 달에 중앙군 조직을 5사로 개편한 것도 대규모 부대를 편성할 수 있는 이『(오위)진법』이 있기에 가능했다. 또『(오위)진법』은 대규모 부대 편성에만 머물지 않고 부대 규모를 융통성 있게 짜도록 하여 국지전에 대비한 소규모 부대 운용도 가능토록 했다.

또한『(오위)진법』은 대규모 부대를 운용하기 위해 각종 기치와 금金·고鼓 등을 전면에 내세운 진법서였다. 이 시기뿐만 아니라 조선 후기에도 진법 훈련에서 기치와 금·고는 군대를 지휘하고 명령하는 도구로서 대단히 중요한 비중을 차지하는데 그 발판을『(오위)진법』에서 찾을 수 있다.

이『(오위)진법』의 부록으로「대열의주大閱儀注」가 들어 있다. 국왕이 대규모 사열이 가능할 수 있는 것은『(오위)진법』에서 이미 대규모 부대를 운용할 수 있는 지휘체제를 만들어놓았기 때문이다. 그래서 부록으로 대열이 들어갈 수 있었다.

대열은 오늘날 '국군의 날'(10월 1일)에 열리는 열병식과 유사한 행사로서 국왕이 참석한 가운데 열병하는 절차와 방식을 규정했다. 임금이 탄 어가가 교련장에 도착하면 큰 나팔을 불고 대장大將이 오위장을 불러 힘써 시행하도록 독려한다. 오위장들은 각각 자기 위로 돌아가 군령을

2호, 2006, 42쪽.

전한 후 대가 앞에서 진형을 결성해 '용겁勇怯' 또는 '승패勝敗'의 형세를 지어 보인다.

'용겁'의 형세는 군사를 아군과 적군으로 나누어 공격과 방어, 퇴각과 추격 등 한쪽에서 용맹을 과시하면 다른 쪽에서는 겁을 내는 방식으로 싸움을 연습하는 것이다. '승패'의 형세는 좌군左軍·우군右軍이 결진해 대치한 다음 교전을 벌이다가 각각 한 차례씩 승패하는 식으로 모의 작전을 짜서 훈련하는 것이다.

문종이 기초를 마련한 대열은 세조 대에 더 정교해지면서 국왕의 군령 軍令 안에 포괄되었다. 1459년(세조 5) 세조는 『병정兵政』을 편찬했다. 『병정』에 나오는 군령들은 대부분 이후 1485년(성종16)에 완성되는 조선왕조의 큰 법전인 『경국대전經國大典』 「병전兵典」의 모태가 되었다. 그만큼 세조가 완성한 『병정』은 조선시대 군령의 근간이 되었다.

『병정』은 총 12개 항목으로 구성되었다. 그 가운데 하나가 「대열」이다. 세조는 대열의 거행을 위해 군사들을 중위(의흥위)·좌위(용양위)·우위(호분위)·전위(충좌위)·후위(충무위)로 나누어 각도의 정병·잡색군雜色軍·별군別軍·수전패受田牌·순작패巡綽牌 및 서울과 지방의 시파치[100]·제원[101]·반당[102] 등의 동원 체제와 군령 계통을 일목요연하게 명시했다.

세조는 1453년(단종 1)에 계유정난을 일으켜 김종서·황보인을 비롯한 많은 정적을 제거하고 권력을 장악했다. 자신의 최대 정적인 친동생 안평대군安平大君마저 강화도로 유배 보냈다가 독약을 내려 죽게 했다. 2년이 지난 뒤에는 단종에게 왕위를 물려받는 '선위禪位'라는 형식을 빌려 국왕이 되었다. 세조는 즉위 후 1457년 6월에 단종 복위를 주도한 친동생 금성대군에게 사약을 내리고, 그 해 10월에는 단종에게도 사약을 내려

---

100) 시파치[時波赤] : 鷹房에서 매를 기르던 사람의 칭호. 고려 충렬왕 때에 생겼다. 시바우치(sibauchi).

101) 제원(諸員) : 병조에 소속된 아전으로 사복시·승문원·상의원·전설사 등 서울에 있는 관청에 배속되었다.

102) 반당(伴倘) : 조선시대에 종친·공신 및 정3품 당상관 이상의 고급관료들에게 지급한 개인 호위병. 15세기 후반 이후에는 농장관리인이나 경영인으로 변질되어 갔다.

반란의 불씨를 모두 제거했다.

어려운 과정을 거쳐 왕위에 오른 세조는 자연스럽게 군사 문제에 깊은 관심을 나타냈다. 군사 방면에 관심을 쏟던 세조는 1457년에 문종 때 성립된 중앙의 군사조직인 5사司를 오위五衛로 개편하여 군사 조직의 골간을 완비했다.

세조가 『병정』에 대열에 관한 사항을 포함시킨 것은 리더십의 발휘였다. 이미 『병정』을 편찬하기 전부터 대열을 실시해온 세조는 『병정』에 그 결과물들을 담아놓았다. 전국 군사를 한양 도성에 모이게 하여 거행하는 대규모 군사 사열은 국왕 본인의 군사 통솔권을 만방에 각인시키는 동시에 국왕으로서의 위엄과 권위를 보여주는 행사였다. 1458년(세조 4) 세조는 대열이 훌륭하게 거행되자 기뻐하면서 상을 내렸다.

> "대열을 할 때 제위諸衛의 군사들이 한 사람도 참여하지 않는 자가 없었고, 또 각기 그 장수를 알고 항오를 잃지 아니하였으니, 내가 매우 기쁘다. 〈이들 군사들에게〉 내년의 각종 잡역을 면제하여 주어라."[103]

3) 군사 훈련을 통한 소통

> "나라의 큰일은 제사와 군사軍事에 있다. 이제 내가 선왕들께 제사를 올리고 군대를 사열하기에 적당한 계절이다. 경 등은 모름지기 실컷 마시고 즐거움을 다하라."[104]

1462년(세조 8) 5월 5일, 세조는 이날 모화관 앞의 산꼭대기에 거둥하여, 우찬성 구치관具致寬을 좌상 대장左廂大將으로 삼고, 이조 판서 이극배李克培를 우상 대장右廂大將으로 삼아 열무를 거행했다. 위의 내용은 세조가 열무를 마친 뒤에 의정부 관원과 종친들에게 잔치를 베풀면서 한 말이다.

이처럼 국왕들은 군사 훈련 뒤에는 잔치를 베풀거나 상을 내려 여기에

---

103) 『世祖實錄』 世祖 4년 10월 3일(丁巳).
104) 『世祖實錄』 世祖 8년 5월 5일(己亥).

참여한 사람들을 위로했다. 이와 반대로 군령을 어기거나 성적이 좋지 못하면 반드시 벌을 내렸다. 곧 상벌은 소통의 한 방식으로 군사훈련을 거행하면서 상벌을 명확히 하여 임금의 의중과 지향성을 분명히 보여준 것이다.

1451년(문종 1) 문종은 살곶이벌[箭串坪]에서 군사를 친히 열무했다. 이때 문종은 새로 편찬한 『(오위)진법』대로 좌상左廂과 우상右廂이 서로 공격해 싸워 이기고 지는 형상을 지었다. 그런 다음에 어김없이 군사들에게 술을 내렸다.[105]

1473년(성종 4) 성종은 모화관에서 열무를 마친 후에 무사들의 격구와 기사騎射를 보고서 많이 맞힌 자에게 활과 화살을 내려주었다.[106] 이와 반대로 1489년(성종 20)에는 대열을 앞둔 시점에서 군령을 어기면 반드시 벌을 내리겠다고 하면서 "병조는 나의 지극한 뜻을 잘 알아듣고 장수와 군졸들을 잘 깨우쳐 각기 그 마음을 경계하게 하라."[107]고 명했다.

그럼에도 군사 훈련이 끝나면 주로 실시한 것은 군사들을 위로하기 위한 상이었다. 그것은 국왕이 군졸들과 소통하는 방편이었다. 조선 전기에는 주로 활이나 화살, 어린 말 등을 내렸다. 조선 후기에는 군사훈련 후에 실시한 시재試才에서 수석을 차지한 사람에게 숙마나 아마를 내리거나 품계를 제수하고, 직부전시直赴殿試의 특전을 부여했다. 무과의 전시는 마지막 단계로서 순위를 정하는 시험이었다. 그러므로 직부전시는 무과 급제를 내린 것이나 다름없었다.

1693년(숙종 19) 숙종은 목릉에서 환궁하는 길에 내돌곶이에 이르러 금군으로 하여금 훈련도감군들을 공격하게 했다. 이에 훈련도감군들이 총을 쏘아 금군을 적절하게 방어하자 숙종이 훈련대장에게 말 1필을 상으로 내렸다. 1727년(영조 3) 영조는 살곶이에서 열무한 후 군영대장, 세 명에게 내구마를 하사했다.[108]

---

105) 『文宗實錄』 권9, 文宗 1년 8월 28일(癸巳).
106) 『成宗實錄』 권28, 成宗 4년 3월 2일(壬辰).
107) 『成宗實錄』 권232, 成宗 20년 9월 25일(庚辰).

군사 훈련 이후에 내리는 상은 문관들의 반대에 부딪쳤다. 1475년(성종 6) 대사간 정괄鄭佸 등은 "봄·가을의 열무는 국가에서 으레 시행하는 일인데, 반드시 상을 더하면 뒤에 큰 공훈과 노고가 있을 때 장차 무엇을 더하겠습니까? 이것은 포상의 법이 도리어 예사가 되니, 권장을 보이는 이치가 아닙니다."[109]하면서 상을 거둘 것을 건의했다.

대사헌 윤계겸尹繼謙도 "이제 열무閱武한 장사將士는 겨우 착오錯誤를 면하였을 뿐인데, 무슨 공로가 있어서 바로 말[馬]을 내려 주고 작위를 더하기에 이르렀습니까?"[110]하고 부당함을 지적할 정도였다. 숙종 대에 남구만도 군량 소비의 증대를 가져올 뿐만 아니라 요행에 의한 점수라며 논상이 부당하다고 건의했다.

그럼에도 국왕은 열무를 통해 상벌을 분명히 했다. 그것은 열무를 통해 군율을 엄격하게 하는 동시에 국왕의 의도대로 좋은 성적을 거둔 사람에게 상을 내림으로써 국왕의 통수권을 확립하고자 했다.[111] 곧 열무를 통해 군사권이 누구에게 있는지를 분명히 알림으로써 군사 지휘권을 확립하고, 제한적으로나마 국왕이 군졸들과 만나 소통할 수 있는 기회를 얻을 수 있었다. 이 과정에서 국왕의 리더십을 강하게 보여줄 수 있었다.

열무와 리더십의 관계를 잘 보여주는 흥미로운 사례가 있다. 1743년(영조 19) 영조는 정릉貞陵에서 돌아오는 길에 사리평沙里坪에 이르러 열무를 거행했다. 이때 영조는 부총관 윤광신尹光莘을 불렀다. 영조는 "평소 너의 용력勇力을 알고 있었는데, 내가 한 번 시험하고자 한다. 네가 훈련도감의 진영으로 돌입하여 영전令箭을 뽑아 오라."고 명했다.

윤광신이 명을 받고서 훈련도감 진영으로 돌입하려고 했으나 뜻대로 되지 않았다. 훈련도감군이 굳게 막아서고, 마병과 별무사別武士가 좌우의 문 날개에서 공격하는 바람에 포위되고 만 것이다. 영조는 이장오李章吾에

---

108) 『英祖實錄』 권11, 英祖 3년 2월 2일(己未).
109) 『成宗實錄』 권60, 成宗 6년 10월 17일(癸巳).
110) 『成宗實錄』 권60, 成宗 6년 10월 17일(癸巳).
111) 백기인, 앞의 논문, 54쪽.

게 도와주게 했다.

조금 뒤에 윤광신이 영전 56개와 철타자鐵打子 1개를 빼앗아 갖고 왔고, 이장오도 철타자 1개를 빼앗아 왔다. 영조는 여러 차례 칭찬을 아끼지 않았으며, 윤광신에게 태복마太僕馬를 내려주고 이장오에게는 표피豹皮를 내려 주었다.[112]

이장오는 영조 연간에 훈련대장을 두 번이나 역임한 인물이다. 영조는 평소 무재가 있다고 들은 무신들의 실력을 열무 때에 시험해보면서 이 인물들이 장차 크게 쓸 수 있는지 여부를 가늠했다. 이장오를 투입해 임무를 완수하게 한 영조는 상을 내려서 격려하는 일을 잊지 않았다. 국왕은 열무라는 군사 훈련 과정을 통해 군사훈련에서 그치지 않고 장차 인재로 쓸 사람을 시험하는 장으로 활용했다. 국왕의 리더십이 열무라는 행사를 통해 인재 발탁으로까지 이어지고 있던 것이다.

요컨대, 조선후기 열무는 무신과 국왕이 세밀하게 소통하면서 군사 지휘권의 장악을 각인시키는 리더십의 발현이었다. 이 과정에서 상벌을 분명히 하여 군사지휘권이 왕에게 있음을 각인시켰다. 이런 과정을 통해 말단의 병사에게까지 국왕의 의사와 의지를 전달할 수 있었다. 이런 측면 에서 열무는 국왕과 무신의 소통의 장이자 군사지휘권을 통한 리더십을 발휘하는 장이었다.

---

112) 『英祖實錄』 권58, 英祖 19년 8월 20일(庚午).

Ⅲ

격려와 시험을 통한 소통 구조

1. 호궤

1) 국왕의 마음을 표현하다

호궤는 윗사람이 아랫사람에게 음식을 제공해 위로하는 행위를 말한다. 음식 대신에 음식 값에 상응하는 쌀이나 포布를 지급하기도 했다.

호궤는 주로 국왕이 신하나 군졸을 대상으로 했는데 군졸에 대한 호궤가 더 빈번했다. 국왕이 관료에게 선온宣醞을 내려 아끼는 마음을 표현했다면, 군졸에게는 호궤를 내려 늘 잊지 않고 있다는 마음을 표현한 것이다.

보통 군졸에 대한 호궤는 시대와 상관없이 늘 거행한 행사처럼 생각하기 쉽다. 하지만 흥미롭게도 조선왕조실록에 국왕이 군졸을 대상으로 한 호궤가 본격적으로 등장하는 시기는 광해군 대다. 이것은 훈련도감의 창설과 궤를 같이했다.

훈련도감은 임진왜란 중에 탄생한 군영이다. 그만큼 국가와 사회의 기대도 컸다. 국가나 사회에서 기대한 훈련도감군은 조총과 활을 잘 쏘고, 장창·낭선·검 등의 근접전 무예까지 겸비한 일당백一當百의 정예병이었다. 그래서 훈련도감군들은 급료와 함께 옷감도 지급받았다. 그야말로 다른 군영의 군사들에 비해 초특급 대우를 받았다.

1612년(광해 4) 광해군은 훈련도감 군사들의 용맹과 재주를 시험한 뒤에 호궤하고 무예를 권장하게 했다.[113] 1618년 비변사 당상 이시언李時彦은 훈련도감 포수들이 번番 서는 일 이외에도 조총을 만들고 염초를 굽는 등 잡역에 동원되는 일이 많아 휴식하는 날이 적다면서 호궤를 요청했다.

이시언은 "간혹 호궤하여 마음을 위로해 줘도 안 될 것이 없는데, 요즘 조용히 조섭하시는 중이어서 오래도록 이 일을 못하고 있으니, 삼가 원하옵건대 이에 대해 관심을 가져 주소서."[114]하고 요청했다.

훈련도감의 창설과 함께 호궤가 빈번해진 것은 이전 시기와 확연히 달라진 풍경이다. 이는 정예군을 기르는 일에 호궤가 임금의 각별한 마음을 적극적으로 표현하는 권장책으로 활용되었음을 의미한다. 훈련도감군은 상비병으로서 직업 군인인 셈이어서 상번군처럼 자주 교체되지 않았다. 그러므로 훈련도감군의 마음을 다독이는 일은 장기적으로 충성스러운 정예군을 양성하는 일과 무관하지 않았다.

이시언이 "군사를 호궤하여 그들의 마음을 위로해주는 일 역시 그만둘 수 없는데, 이는 특명과 관계된 일이어서 아래에서 감히 마음대로 처리하지 못하겠습니다."라고 말했듯이 호궤는 임금의 특명으로만 시행했다. 다시 말해서 호궤는 국왕만이 거행할 수 있는 행사로서 임금과 군졸을 연결하는 끈이자 귀중한 소통 행위였다.

2) 공감과 소통의 리더십

호궤는 국왕이 직접 호궤를 지시하거나 신하들의 요청으로 이뤄졌다. 조선 후기 국왕이 군사들을 위해 직접 호궤를 명한 경우는 ①각종 군사훈련을 동반한 호궤 ②어가를 호위한 금군이나 군병의 호궤 ③새해맞이 호궤가 대표적이다. 이밖에 군사들을 위로할 특수한 상황이 발생했을 때도 호궤가 이뤄졌다.

그런데 호궤가 국왕 호위 및 궁궐 숙위 등 국왕과 밀접한 관련이 있는

---

113) 『光海君日記』 권61, 光海 4년 12월 14일(癸卯).
114) 『光海君日記』 권129, 光海 10년 6월 4일(辛酉).

선전관이나 별군직, 금군, 군졸에게 집중되었다는 점에 주목할 필요가 있다. 이것은 호궤가 군졸의 수고를 위로하는 동시에 친위군과의 친밀도와 공감을 높이려는 국왕의 의지로 이해할 수 있다.

이런 측면에서 호궤를 통해 공감의 리더십을 보여준 임금으로 정조를 꼽을 수 있다. 1775년(영조 51)부터 세손으로 있으면서 척족의 위협을 경험한 정조는 즉위 초부터 신변 보호 및 왕권 강화를 위해 군사 분야에 큰 관심을 보였다. 친위 부대인 장용영壯勇營의 창설이 대표적인 예다.

1785년(정조 9) 정조는 눈이 내리는 와중에 춘당대에서 선전관 등을 대상으로 강서講書와 활쏘기를 거행한 뒤에 호궤를 내렸다. 정조는 "늘 날씨가 추운 때에 자주 꿩을 구워 별군직과 선전관에게 호궤한 것은 대체로 초楚 장왕莊王이 군사를 위로하니 군사가 솜옷을 입은 듯하고, 송 태종이 초구貂裘를 내린 뜻과 같다."라면서 병조 판서와 금위대장에게 눈이 내린데다가 시사까지 거행했으니 각 영문營門에서 술과 안주를 갖춰오라고 명했다.[115]

장전帳前에서 꿩을 굽고 금위대장에서부터 별군직·선전관에 이르기까지 각자 뾰족한 꼬챙이를 갖고 구은 고기를 꿰서 잘라서 먹거나, 술을 따라서 마시게 하라고 명했다. 이어서 각 영의 장수와 군졸들을 대臺 앞으로 불러서 각 영의 술과 안주를 각각 먹으라고 명했다.

정조는 근시 무관이나 군졸과 유대감을 높이기 위해 열무閱武 뒤에 직접 호궤에 참여하여 거행한 적도 있다. 1778년(정조 2) 정조는 직접 호궤를 베풀기 위해 〈친림호궤시출환궁의親臨犒饋時出還宮儀〉[116]까지 마련했으며, 각 영에서 실시할 호궤의 내용물을 직접 살피기 위해 차림상을 들어오게 했다.[117]

---

115) 『正祖實錄』 권20, 正祖 9년 11월 18일(甲子).
116) 『儀註謄錄』(장서각 K2-4794). 호궤에 납실 때에 출궁과 환궁하는 절차다.
117) 『일성록』 정조 2년 9월 3일.

1790년(정조 14) 병조에서 현륭원의 행차 뒤에 호궤를 중지하자고 건의했다. 그러자 정조는 "봄과 가을에 한 차례 호궤하는 것 이외에는 비록 거행한 전례가 없기는 하다."라고 말하면서도, 1백 여리 노정을 5, 6일간이나 수고롭게 왕래한 장교와 군졸들에게 왜 호궤를 해야 하는지를 피력했다.

정조는 고달파하고 피로해하는 장교와 군졸들을 볼 때마다 "마치 내가 고달프고 피로한 듯했다. 그래서 길에서나 숙참宿站에서 한 번 바람이 불고 한 번 비가 올 때마다 그들을 위해 관심을 기울이지 않은 적이 없었다."라고 했다. 그러니 무사히 돌아온 뒤에 마른 음식으로 하는 호궤마저 거행하지 않는다면 무엇으로 장교와 군졸들을 위하는 마음을 나타낼 수 있겠느냐고 반문했다.[118]

무관 노상추盧尙樞(1746~1829)는 1780년(정조 4) 35세의 나이로 무과에 급제했다. 그는 1793년 9월 25일에 당상 선전관으로 근무하고 있었다. 그날 정조는 춘당대의 영화당暎花堂에 전좌하여 초계문신과 선전관들에게 시험을 실시한 뒤 우등자에게 각각 상을 내린 다음에 호궤를 거행했다. 노상추가 쓴 일기에는 무관들이 호궤에 어떤 감동을 받았는지가 소상하다.

> 신시(오후 3~5시)가 되자 전殿 위에 번철燔鐵을 설치해서 초계문신 및 승지, 시종신을 불러서 술과 고기를 하사하여 먹게 하고, 뜰 아래에도 큰 번철을 설치해서 선전관에게 채소와 고기를 내리면서 구워 먹도록 명하셨는데, 이것은 은혜로운 대접이다. 시위 각 반열의 하례下隸 모두에게 홍시를 내리셨는데 한사람도 빠뜨리지 말도록 거듭거듭 하교하시고 빠뜨린 사람이 있는지 물으시니, 임금의 배려가 미치지 않은 곳이 없었다.
>
> (『노상추일기』 1793년 9월 25일)

정조는 문관과 똑같이 선전관들을 불러서 마당에서 고기 굽는 철판을 설치해 채소와 고기를 구워먹게 했다. '은혜로운 음식'이라는 노상추의

---

118) 『일성록』 정조 14년 2월 13일.

표현처럼 선전관들이 받은 감동은 매우 컸다. 노상추는 군졸들에게까지 홍시를 빠짐없이 내리자 아랫사람에게까지 미친 임금의 자상한 마음에 "배려가 미치지 않은 곳이 없었다."라면서 감동했다.

정조는 호궤를 통해 무관과 군졸들을 위로하면서 그들의 노고에 공감하는 마음을 보여주었고, 그 과정에서 감동의 리더십을 선사했다. 무관과 군졸들의 감동은 감동으로 끝나지 않고 임금에 대한 충성심의 발로로 이어졌을 것이다.

3) 새해맞이 호궤와 리더십의 강화

조선시대에 궁궐 숙위 장교와 군졸들을 대상으로 한 세수歲首 호궤가 본격적으로 등장한 때는 영조의 집권 중반을 훌쩍 넘긴 시점이었다. 세수 호궤는 정월 초하루에 거행하는 새해맞이 기념 호궤다.

1764년(영조 40) 영조는 "한 해가 시작되는 처음에 호궤하는 것은 상례다."[119]라고 하면서 세수 호궤를 실시했다. 이후 세수 호궤는 『은대조례銀臺條例』(1870년)에 오를 만큼 하나의 행사로 자리 잡았다. 다음은 『은대조례』에 나오는 관련 조문이다.

> ○ 연초의 신번新番 군병軍兵과 구번舊番 군병軍兵 및 대열大閱을 행한 뒤의 군병에게 호궤한다.〈어가를 수행한 군병, 궐 안을 순찰한 군병, 입직入直한 군병 등에게 호궤하기도 한다.〉 ○ 직접 참석하겠다는 임금의 명이 있으면 장소를 어디로 정할지에 대해 임금에게 여쭈고, 복장은 융복戎服으로 마련하며, 시위는 입직 군병이 시행한다.〈임금이 경유할 궐문과 군병이 출입하는 절차 등은 전좌殿座할 때의 규정과 동일하다. ○ 대내에서 전좌할 때 승지와 사관은 입시하라는 명이 있으면 복장은 흑단령黑團領으로 마련한다.〉 (『은대조례』 병고兵攷 호궤)

세수 호궤의 대상은 궐내에 입직하는 신번新番·구번舊番의 금군과 군병

119) 『英祖實錄』 권103, 英祖 40년 1월 2일(甲寅).

들이었다. 조선왕조실록에는 "임금이 경현문景賢門에 나아가 궐내의 신구번新舊番 금군 및 군병을 호궤하는 데에 직접 참여하셨다."[120]는 기록이 자주 나온다.

영조가 궁궐 숙위 장교와 군사들을 대상으로 세수 호궤를 적극적으로 실시한 이유는 무엇이었을까? 사실 영조는 세수 호궤 이외에도 '이인좌李麟佐의 난' 이후로 군병들에 대한 호궤를 종종 실시했다.

1728년(영조4)에 발생한 '이인좌의 난'은 소론과 남인 일부가 영조를 내쫓고 밀풍군 이탄(李坦:소현세자 증손)을 추대한다는 명분으로 일으킨 사건이다. 비록 난을 진압했지만 국왕 교체를 명분으로 내세웠다는 점에서 영조에게 남긴 상처는 컸다. 무엇보다도 국왕 시위군인 금군禁軍의 일부가 반군과 내응한 사실이 영조에게 충격적이었다.

영조는 숙종 말에 살얼음판 같은 정치 무대에서 어렵게 즉위한 국왕이었다. 영조의 지지 기반이 얼마나 취약했는지를 보여주는 대표적인 사건이 '신임옥사'였다. 1721년(경종 1) 12월에 경종의 즉위를 지지한 소론은 왕세제(영조)의 대리청정에 앞장선 노론 4대신(김창집·이건명·조태채·이이명)을 탄핵시켜 귀양 보내고, 노론 50~60명을 처벌했다. 영조 입장에서는 근신들이 잘려나가는 아픔을 그냥 보고만 있어야했다.

이듬해인 1722년(임인년) 3월에는 남인 목호룡睦虎龍이 노론 명문가 자제들이 경종을 시해하려 한다고 고발하여, 노론 4대신이 죽임을 당하고 170여 명의 노론계 인사들이 가혹한 형벌을 받는 사건이 일어났다. 특히 이 사건으로 왕세제(영조)의 처조카 및 몇몇 인척들이 연루되어 처형당했고, 왕세제(영조)의 이름이 수없이 거론되면서 왕세제가 역모에 가담했다는 혐의를 받았다. 왕세제 입장에서는 정통성에 대한 치명적인 하자가 아닐 수 없었다.[121]

1724년에 31세의 나이로 즉위한 영조는 노론에 의해 선택된 군주라는 오명을 스스로 씻어내야 했고 국왕의 권위를 보여주는 리더십이 필요해

---

120) 『英祖實錄』 권99, 英祖 38년 1월 2일(丙申).
121) 이성무, 『조선왕조사』, 동방미디어, 1998, 763~766쪽.

졌다. 영조는 1741년(영조 17) 정치적으로 자신의 발목을 잡던 신임옥사가 조작에 의한 무옥임을 밝히고, 연루자들에 대한 복권을 단행했다.(경신대처분)

이제 영조는 정권의 안녕을 위해 자신의 존재감을 드러내는 행보들을 과감하게 이어나갔다. 이듬해인 1742년에 『병장도설兵將圖說』을 편찬하여 조선 전기 오위五衛 제도의 부활을 타진했다. 독립적인 5개의 군영을 오위 체제처럼 국왕을 정점으로 한 일원적인 체제로 만들어보려는 의도였다.

그것은 곧 각기 체제가 다른 오군영을 하나로 합쳐 국왕 중심의 군사 지휘 체계를 확립하려는 시도였고, 1749년에 『속병장도설續兵將圖說』을 간행하면서 실천에 옮겼다. 국왕 중심의 일원적인 군사 지휘 체계를 타진한 영조는 1743년(영조 19)에 신하들의 반대에도 무릅쓰고 대사례大射禮도 거행했다.[122]

1755년(영조 31) 영조는 금군청을 용호영龍虎營으로 개칭했다. 그리고 1761년(영조 37) 정월에 숭현문에서 입직한 내금위장과 금군들에게 호궤했다.[123] 영조는 이 해를 기점으로 매년 세수 호궤를 거행했다. 세수 호궤도 영조가 국왕으로서 리더십을 발휘하면서 국정에 임한 재위 후반에 상례적으로 거행한 것이다.

1765년 정월에 영조는 건명문建明門에서 궐내에 입직한 군병들에게 직접 세수호궤를 거행했다. 이 때 영조는 군졸들에게 내린 국을 가져오라고 하여 직접 맛도 보았다. 곧 그것은 "군졸들과 달고 쓴 것을 함께 하겠다는 임금의 뜻"[124]이었다.

정조는 할아버지 영조의 뜻을 이어 세수 호궤를 지속했다. 1782년(정조 6) 정월에 정조는 여輿를 타고 청양문에 도착해 군병들에게 "한 사람도 빠지는 폐단이 없이 모두 취하도록 마시고 배불리 먹었는가?"[125]하고

---

122) 신병주, 「영조대 대사례의 실시와 대사례의궤」, 『한국학보』 28, 2002 참조.
123) 『英祖實錄』 권97, 英祖 37년 1월 3일(癸卯).
124) 『英祖實錄』 권105, 英祖 41년 1월 11일(丁巳).
125) 『일성록』 정조 6년 1월 2일.

묻기까지 했다.

2. 활쏘기 시험

1) 활쏘기의 의미

한반도에 활이 처음 등장한 시기는 기원전 5천년 경 무렵으로 알려져 있다. 예로부터 중국 왕조에서 우리 민족을 '동이족東夷族'이라 불렀듯이 활은 고대로부터 우리 민족의 생존과 직결된 무기였다.

전통시대에 활쏘기란 단순히 무예만을 의미하지 않으며 무인만의 전유물도 아니었다. 『예기禮記』에 "활쏘기는 인仁의 길이다. 활쏘기는 바르게 되는 것을 몸에서 구한다."고 하였다. 활쏘기는 중국 주周 대로부터 중요 교과목으로 꼽힌 육예六藝: 禮·樂·御·書·數·射의 하나였다. 그래서 수신의 방편으로 활쏘기를 중시했다.

조선 초에 태종이 세자 양녕대군에게 활쏘기를 익히게 하자 신하들이 학업에 힘써야 한다면서 만류했다. 그러자 태종은 "옛사람이 이르기를, '활 쏘는 것으로 덕을 알아본다.'라고 했고, '그 재주를 겨루는 것이 군자의 길이다.'라고 했으니 활쏘기를 그만두게 할 수 없다."라고 하면서 강행했다.

이렇듯 활쏘기가 선비에게 덕을 측정하는 지표였다면, 무관에게 적용될 때에는 실력을 측정하는 지표였다. 화살을 장전하고 활을 당기는 것은 무관이라면 필수적으로 갖춰야 할 능력이자 자긍심의 원천이었다. 무관을 선발하는 과거 시험인 무과武科는 고려 예종 및 공양왕 대에 시행된 적이 있다가 조선시대에 정착되었다. 1402년(태종 2) 처음 실시한 무과는 시험 과목으로 실기와 이론이 있었다.

식년시를 기준으로 실기 과목을 꼽아보면 목전, 철전, 편전, 기사騎射, 기창騎槍, 격구가 있다. 여섯 과목 중 목전, 철전, 편전, 기사가 활쏘기 과목이었다. 임진왜란 이후로는 실기 과목이 목전, 철전, 편전, 기추騎芻, 관혁, 기창, 유엽전, 조총, 편추鞭芻로 바뀌었다. 임진왜란에 대한 뼈아픈

자각으로 조총이 포함되었으나, 관혁과 유엽전이 신설되는 등 여전히 활쏘기 비중이 높은 편이었다. 그만큼 조선시대에 무관이 되려면 활쏘기 기량이 필수임을 보여준다.

활쏘기는 조선시대 내내 많은 사람들의 사랑을 받았다. 궁궐에서는 국왕과 신하들이 모여 활솜씨를 겨루었다. 지역에서는 향사례鄕射禮라 하여 마을의 풍속을 바로 잡기 위한 모임으로서 활쏘기를 했다.

또 공동체를 엮어주는 체육활동으로서 내기하면서 즐기기도 했다. 다산 정약용은 〈송단호시松壇瓠矢〉라는 시에서 "내기 활쏘기에 사방 이웃이 온통 비었네四隣賭射巷全空"하고 읊었다. 미국 학자 스튜어트 컬린(Stewart Culin, 1858~1929)은 『한국의 놀이』에서 활쏘기를 '편사하기'(편을 짜서 활쏘기)라는 이름으로 소개했다.

2) 활쏘기 시험을 이용한 소통 방식

조선시대 무예 시험은 크게 무과이외에 취재取才와 시재試才가 더 있었다. 취재는 각 관서에서 직급에 필요한 사람을 뽑는 일종의 취직 시험으로, 서반직에서는 무예 시험을 실시했다.

시재는 중앙 군영이나 지방의 병영兵營, 감영監營에서 군사들에게 무예 권장을 위해 실시한 시험이었다. 무과나 취재와 달리 위로는 무관으로부터 아래로는 군병을 대상으로 광범위하게 실시하면서 국왕이 무관 및 군사들을 격려하고 소통하는 방편으로 적극 활용했다. 시재에서 우수한 성적을 거둔 사람에게 특전을 내려서 아끼는 뜻을 보여줬기 때문이다.

조선 후기에 실시한 시재로는 대표적으로 시사試射, 내시사內試射, 별시사別試射, 중일中日, 중순中旬, 삭시사朔試射, 도시都試 등이 있었다. 시사는 매년 봄가을에 병조 판서와 별장 등이 금군과 표하군에게 보이는 시험이었다. 내시사는 시사의 일종으로 궐내에서 임금이 참관한 가운데 특별히 실시한 활쏘기 시험이었다. 별시사는 호위 대장과 별장別將이 군관에게 보이는 시험이었다. 중일은 궐내의 입직 군사를 대상으로 실시한 시험이었다. 중순은 오군영의 대장이 중군 이하의 장교나 군병에게 보이는 시험이었다. 도시는 가장 보편적으로 시행한 정기 무예시험으로 중앙과 지방에서 무관과 군졸을 대상으로 무예를 권장하기 위해 실시했다.[126]

시재에서 중요한 점은 전체 1등을 하거나 한 과목에서 만점을 받으면 무관이나 군졸 중 무과 급제자는 품계 승급의 상을 받을 수 있다는 점이었다. 이 밖에 변장邊將 제수의 특전도 있었으며, 베나 말[馬] 등의 상품을 받는 경우도 있었다. 한량이면 직부 전시의 특전을 받았다. 직부 전시는 무과의 최종 단계인 전시殿試에 바로 응시할 수 있는 자격을 주는 것이므로 무과 급제와 마찬가지였다.

1661년(현종 2) 현종은 아버지 효종이 묻힌 영릉寧陵을 참배하고 돌아오는 길에 돌곶[石串]에 이르러 금군에게 활쏘기를 시험하고, 조총을 신호로 삼아 말을 달리며 활을 쏘게 했다. 그리고 두 개의 화살을 적중시킨 7명에게 직부 전시를 내리고, 한 개의 화살을 맞힌 89명에게 면포를 하사했다.

당시 대신과 대사간, 옥당 등은 삼년상을 막 마치고 성묘하는 길에 이런 행사를 갑자기 해서는 안 된다는 이유로 중지를 요청했으나 현종은 따르지 않았다.[127] 현종이 본인을 수행한 금군과 함께 한 이 돌발 행사는 신하들에게 놀이라는 비난을 받았지만, 임금의 입장에서는 리더십과 군사력을 확인하는 과정이었다.

1681년(숙종 12) 숙종은 강화도에 시재 어사를 파견해 지역민을 대상으로 무예를 치르고, 과목별로 점수에 따라 상으로 직부전시 및 면천첩까지 내려주었다. 그러자 강화 유수가 시재 어사와 함께 연명으로 소를 올려 상이 너무 지나치다고 반대했다. 이미 숙종은 1679년 5월에 강화도에 돈대 48개의 축조를 완료하면서 이 지역의 방비에 대한 관심을 증대시켜 나갔다.[128] 이런 상황에서 숙종이 명을 거둘 리가 만무했다. 숙종은

---

126) 이상의 시험에 관한 자세한 내용은 『典律通補』 卷4, 兵典 諸科 참조.
127) 『顯宗實錄』 권4, 顯宗 2년 8월 28일(甲戌).
128) 배성수, 「숙종초 강화도 돈대의 축조와 그 의의」, 『조선시대사학보』 27, 2003, 147~148쪽.

"도성을 보호하는 백성을 위로하며 기쁘게 하려는 의도"[129]라고 하면서 상 지급을 강행했다.

한편, 내시사는 시재 중에서도 임금이 특별하게 취급한 시험이었다. 선전관, 별군직, 금군을 비롯해 특별하게 대우할 무관이나 무인들을 대상으로 실시한 시험이었기 때문이다. 임금은 내시사를 통해서 무관이나 무인들의 성명과 얼굴을 익히고 그들의 집안 내력을 파악할 수 있었다.[130]

1733년(영조 9) 영조는 내시사에 직접 참관하여 권무군관 김성응에게 직부 전시를 내렸다. 김성응은 청풍부원군 김우명의 증손이자 판서 김석연의 손자였다. 영조는 그를 특별히 권무군관에 추천했다가 내시사를 통해 무과에 급제시킨 것이었다.[131] 영조가 내시사를 이용해 믿을 만한 무관을 등용시키는 통로로 활용한 사례라 할 수 있다.

1777년(정조 1) 정조는 경희궁의 북문인 무덕문 안 영추정에서 훈련대장, 금위대장, 어영대장을 소견한 뒤에 팔장사八壯士의 자손들에게 직접 무예시험을 치렀다. 이곳은 예전에 내시사를 하던 곳이었다. 정조는 무예를 치른 뒤에 각기 활과 화살을 내려 잊지 않았다는 뜻을 보이라고 명했다.[132]

이처럼 활쏘기를 바탕으로 한 시재는 국왕이 평소 무관이나 군졸들을 위로하고 소통하는 중요한 방식이었다. 국왕의 각별한 배려를 표현하는 데에 시재만한 것이 없었기 때문이다. 한편으론 시재는 국왕이 무관이나 군사 개개인의 신상과 실력을 파악하는 자리가 되기도 했다. 또한 국왕이 내리는 후한 포상과 승진의 기회는 경쟁자들이 서로 우위를 차지하기 위해 경쟁하는 동력이 되었다. 그러므로 국왕의 입장에서 무관과 군사들을 대상으로 한 시재는 소통과 충성심을 이끌어내는 효율적인 방편이라 할 수 있다.

---

129) 『肅宗實錄』 권12, 肅宗 7년 10월 27일(丙午).
130) 『英祖實錄』 권16, 英祖 4년 3월 17일(丁卯).
131) 『英祖實錄』 권35, 英祖 9년 7월 22일(辛丑).
132) 『正祖實錄』 권4, 正祖 1년 7월 18일(辛巳).

3부

국왕과 공신의 소통 구조

I

국왕과 훈봉공신의 소통 구조

1. 공신의 개념과 종류

조선시대에는 개국 이외에도 반정 또는 군사반란 진압, 역모사건 평정 등 커다란 정치적, 군사적 사태 이후에 의례적으로 공신이 책봉되었다. 이 결과 조선왕조 5백년간 총 28차례의 공신이 책봉되었다. 공신책봉을 야기한 28차례의 정치적, 군사적 사태는 모두가 당대를 뒤 흔들던 대사건들이었다. 조선시대에 공신들이 자주 책봉되면서 공신과 관련된 각종 제도들이 정밀하게 마련되었다.

조선시대에 정치적, 군사적 사태를 해결하면서 큰 공훈을 세운 공신들을 책봉하였는데, 그들을 훈봉공신勳封功臣이라고 하였다. 훈봉공신에는 정공신正功臣과 원종공신原從功臣이 있었다. 정공신은 정식으로 공신호를 받고 공신등급을 받은 공신이었고 원종공신은 정공신 이외에 원종공신이라는 공신호를 받은 공신들이었다. 훈봉공신 이외에 종묘배향공신과 문묘배향공신도 공신으로 불렀다. 공신은 훈봉공신이든, 원종공신이든 경제적, 사회적으로 막대한 특권을 누렸다.

조선시대 공신에게 막대한 특권을 준 이유는 그들이 국가에 큰 공훈을 세웠기 때문이기도 하지만, 그와 동시에 그들이 당시의 국가를 떠받치는 핵심 세력이기 때문이기도 하였다. 따라서 국왕과 공신 사이에 대립이 격화되거나 의견조율이 되지 않으면 이는 왕실의 위기가 되기도 하고 나아가 국가의 위기가 되기도 하였다. 이에 조선시대에는 국왕과 공신 사이에 다양한 소통 구조를 정립함으로써 왕권의 안정은 물론 국정의 안정을 도모하고자 하였다.

그런데 공훈을 세운 사람들에게 국가에서 막대한 특권을 줌으로써 그들을 우대하고 나아가 최고 권력자와 공신 사이에 다양한 소통 구조를 정립함으로써 권력의 안정은 물론 국정의 안정을 도모하기 시작한 것은 아마도 청동기 시대 국가가 형성되기 시작하면서부터일 것이다. 그와 관련하여 『주례』의 사훈司勳은 중국에서 왕권 국가가 형성될 즈음 국가가 공신들을 어떻게 구분하고 그들에게 어떤 국가적 특권을 주었는지 나아가 최고 권력자와 공신 사이에 어떤 소통 구조를 정립하였는지에 대하여 많은 시사점을 주고 있다.

『주례』에 의하면 공신의 공훈은 여섯 등급으로 구분되었다. 첫째는 왕공王功인데, 이는 왕을 보좌하여 왕업을 성취한 공훈으로 왕공은 훈勳이라 불렸고, 주나라의 주공周公 같은 사람이 이에 해당되었다.[1] 둘째는 국공國功인데, 이는 국가를 보전한 공훈으로 국공은 공功이라 불렸고, 이윤伊尹같은 사람이 여기에 해당되었다.[2] 셋째는 민공民功으로, 이는 백성들에게 법을 시행한 공훈으로, 민공은 용庸으로 불렸고, 후직后稷같은 사람이 여기에 해당되었다.[3] 넷째는 사공事功인데, 이는 수고로써 나라를 안정시킨 공훈으로, 사공은 로勞로 불렸고 우禹같은 사람이 여기에 해당되었다.[4] 다섯째는 치공治功인데, 이는 예법으로 정치를 이룩한 공훈으로, 치공은 력力으로 불렸고, 구요咎繇같은 사람이 여기에 해당되었다.[5] 마지막으로 여섯째는 전공戰功인데, 이는 신묘한 전략으로 적을 이긴 공훈으로, 전공은 다多로 불렸고, 한신韓信 같은 사람이 여기에 해당되었다.[6]

---

1) 『周禮注疏』 「秋官·司勳·鄭玄注」. "王功曰勳〈輔成王業子者 若周公〉."
2) 『周禮注疏』 「秋官·司勳·鄭玄注」. "國功曰功〈保全國家者 若伊尹〉."
3) 『周禮注疏』 「秋官·司勳·鄭玄注」. "民功曰庸〈法施於民 若后稷〉."
4) 『周禮注疏』 「秋官·司勳·鄭玄注」. "事功曰勞〈以勞定國 若禹〉."
5) 『周禮注疏』 「秋官·司勳·鄭玄注」. "治功曰力〈禮法成治 若咎繇〉."

〈표 1〉『주례』의 공훈 종류

등급	공훈명칭	공훈내용	대상자
1등급	왕공(王功)/훈(勳)	왕을 보좌하여 왕업을 성취한 공훈	주공
2등급	국공(國功)/공(功)	국가를 보전한 공훈	이윤
3등급	민공(民功)/용(庸)	백성들에게 법을 시행한 공훈	후직
4등급	사공(事功)/로(勞)	수고로써 나라를 안정시킨 공훈	우
5등급	치공(治功)/력(力)	예법으로 정치를 이룩한 공훈	구요
6등급	전공(戰功)/다(多)	신묘한 전략으로 적을 이긴 공훈	한신

한편 『주례』에 의하면 이 같은 여섯 등급의 공신은 살아 있었을 때는 왕의 대상大常에 그 이름을 기록하고, 죽었을 때는 대증大烝 때 제사를 받았다.7) 이렇게 대상에 그 이름이 기록된 공신은 이른바 팔벽八辟 즉 팔의八議가 되었다.

팔의란 이 법의 적용을 받는 대상이 여덟 가지이기에 그렇게 명명된 것인데, 이의 구체적인 내용이 『주례』에 "팔벽八辟"으로 표현되고 있다. 『주례』의 "이팔벽 려방법 부형벌以八辟麗邦法附刑罰"이라는 구절에 대해 정현鄭玄은 벽을 법法으로 려를 부附로 보아 "팔벽"을 "팔법八法"으로 파악하였다.8) 가공언賈恭彦은 이 구절을 『예기』의 "형불상대부刑不上大夫"와 관련시켜 "이 팔벽의 대상자들은 형서刑書에 해당되지 않으므로 이들이 범죄하는 일이 있으면 의논해야 한다. 의논해서 그 범죄사실을 파악한 다음에 방법邦法과 형벌刑罰에 붙인다."9)고 해설하였다. 즉 "팔벽"은 팔의에 해당하는 대상자 여덟 가지에 해당하는 법으로서 『주례주소周禮注疏』에 나타난

---

6) 『周禮注疏』「秋官·司勳·鄭玄注」. "戰功曰多〈剋敵出奇 若韓新〉."
7) 『周禮注疏』「秋官·司勳」. "凡有功者 銘書於王之大常 祭於大烝"
8) 『周禮注疏』「秋官·小司寇條·鄭玄注」. "辟法也 杜子春讀麗爲羅 玄謂麗附也"-鄭玄注-(『周禮注疏』秋官, 小司寇條).
9) 『周禮注疏』「秋官·小司寇條·賈公彦疏」. "案曲禮云 刑不上大夫 鄭注云 其犯法 則在八議 輕重不在刑書 若然 此八辟爲不在刑書 若有罪 當議 議得其罪 乃附邦法 而附刑罰也."

그 내용 및 범위는 다음과 같다.

가) 의친지벽議親之辟 : 친은 왕의 친족으로 오복친五服親 및 외친유복자外親有服者가 이에 해당함[10]

나) 의고지벽議故之辟 : 고는 왕의 오랜 친구임[11]

다) 의현지벽議賢之辟 : 현은 덕행이 있는 사람임[12]

라) 의능지벽議能之辟 : 능은 도예道藝가 있는 사람임[13]

마) 의공지벽議功之辟 : 공은 훈공을 세운 사람임[14]

바) 의귀지벽議貴之辟 : 귀는 주의 대부 이상 및 한의 흑수黑綬인 현령 600석 이상임[15]

사) 의근지벽議勤之辟 : 근은 온 힘을 다해 국가를 섬기는 사람임[16]

아) 의빈지벽議賓之辟 : 빈은 전왕조前王朝의 제사를 받드는 후손으로 제후에 봉해진 사람임[17]

가공언은 위의 팔벽 중 '가'의 의친에서부터 '사'의 의근까지는 제후국에서도 시행할 수 있고, '아'인 의빈은 오직 천자국에서만 시행할 수 있다고 소를 달고 있다.[18] 그러나 조선조의 경우에는 신라와 고려의 봉사후손들을 의빈으로 대우하여 팔의 전체를 포괄하였다. 위에서 살펴본

---

10) 『周禮注疏』「秋官·小司寇條·賈公彦疏」. "一曰 議親之辟"-經文-"親謂五屬之內及外親有服者 皆是議限親"

11) 『周禮注疏』「秋官·小司寇條·鄭玄注」. "二曰 議故之辟"-經文-"故謂舊知也."

12) 『周禮注疏』「秋官·小司寇條·鄭玄注」. "三曰 議賢之辟"-經文-"玄謂 賢有德行者."

13) 『周禮注疏』「秋官·小司寇條·鄭玄注」. "四曰 議能之辟"-經文-"能謂 有道藝者."

14) 『周禮注疏』「秋官·小司寇條·鄭玄注」. "五曰 議功之辟"-經文-"謂有大勳力立功者."

15) 『周禮注疏』「秋官·小司寇條·賈公彦疏」. "六曰 議貴之辟"-經文-"先鄭推引 漢法 黑綬爲貴 據周 大夫以上皆貴也 黑綬者 漢法 丞相中二千石金印紫綬 御史大夫二千石銀印黃綬 縣令六百石銅印黑綬 是也."

16) 『周禮注疏』「秋官·小司寇條·鄭玄注」. "七曰 議勤之辟"-經文-"謂憔悴以事國."

17) 『周禮注疏』「秋官·小司寇條·鄭玄注」. "八曰 議賓之辟"-經文-"謂所不臣者 三恪二代之後."

18) 『周禮注疏』「秋官·小司寇條·賈公彦疏」. "自此以上(七曰 議勤之辟 以上-筆者) 七者 雖以王爲主 諸侯一國之尊 賞罰自制 亦應有此議法."

바와 같이 팔의에 해당되는 사람들은 왕족, 공신, 고급관료 및 관료제도의 운영에 크게 기여하는 사람들로서 이들이 바로 왕조체제의 핵심세력들이었으며, 이들과의 소통은 왕조체제에 직결되었다고 할 수 있다.

이 같은 팔벽이 팔의로 명칭이 바뀌어 위진남북조시대에 정식으로 입법되기에 이르렀고, 이어서 『당률』과 『대명률』에도 계승되었다. 『대명률』에서 팔의조항은 이 법전의 총칙에 해당하는 명례名例에 실려 있다. 이 중에서 의공은 국가에 지대한 공이 있어서 그 훈공이 공식적으로 등록된 사람을 의미하며, 『대명률』에 나타나는 의공의 내용은 대체로 전쟁에서 공을 세우는 것과 관련되어 있다.[19]

『대명률』은 우왕 14년(1388)에 이성계가 위화도 회군으로 정권을 장악하면서 고려의 실용 법전으로 이용되기 시작하였다. 이성계를 비롯한 신진사대부들은 친명 정책을 내걸고 있었기 때문이었다.[20] 조선이 건국된 이후에는 『대명률』이 공식적인 형법서로 이용되었고[21] 그 결과 『경국대전』 형전 맨 앞의 '용율조用律條'에 "용대명률用大明律"이라는 규정이 들어가게 되었다. 이처럼 『대명률』이 조선의 형법으로 이용됨에 따라 『대명률』에 규정된 팔의 조항들이 공식적으로 적용, 이용될 수 있었다.

중국에서는 주나라 이후 명에 이르기까지 팔의는 형사상, 의례상 다양한 특권을 받았다. 사실상 주나라 시대 왕국과 제후국의 안전 또는 불안은 이들이 얼마나 잘 소통하고 화합하는가에 달려 있었다.

『주례』의 추관, 사맹司盟 의 조항에는 '방국유의회맹邦國有疑會盟'이라는 구절이 있다.[22] 이는 왕국과 제후국 사이에 또는 왕국 내부와 제후국 내부가 불협不協할 때[23] 회맹한다는 의미인데, 이렇게 불협 한다는 것은

---

19) 『大明律』 1, 「名例·八議條」. "三日議功:謂能斬將奪旗 推鋒萬里 或率衆來歸 寧濟一時 或開拓疆宇 有大勳勞 銘功太常者."

20) 李成茂, 「『經國大典』의 編纂과 『大明律』」, 『朝鮮兩班社會硏究』, 일조각, 1995, 295-297쪽.

21) 『太祖實錄』 권1, 太祖 1년 7월 28일(丁未). "自今 京外刑決官 凡公私罪犯 必該大明律追奪宣勅者 乃收謝貼 該資産沒官者 乃沒家産 其附過還職收贖解任等事 一依律文科斷 毋踏前弊."

22) 『周禮注疏』 「秋官·司盟·鄭玄 注」. "凡邦國有疑會盟."

결국 왕과 제후 그리고 공신, 고관대작들이 불협 한다는 의미라고 하겠다. 이들의 불협은 곧 그들 사이에 소통이 잘 되지 않았기에 나타난 결과라고 할 수 있는데, 그 같은 불협을 해소하기 위해 왕, 제후, 공신, 고관대작들이 모두 모여 맹서의식을 거행함으로써 그들 사이의 반목과 불신을 해소하고 새로 화합하고자 하였던 것이다. 이는 주나라의 공신을 의공으로 등록하는 제도 및 회맹 제도 등이 근본적으로 왕과 공신 사이의 화합을 도모하기 위한 소통 제도 또는 소통 구조임을 알려주고 있다. 이 같은 제도는 주나라를 거쳐 청나라까지 중국에 군주제가 유지되던 시기에 면면히 이어져 왔다. 이처럼 중국에서 공신들의 공훈을 구분하여 그들에게 다양한 특권을 부여하고 나아가 최고 권력자와 공신들이 회맹제 등을 통해 소통하고자 한 것은 최고 권력의 안정과 국정의 안정을 이루기 위해서라고 할 것이다.

이와 같은 중국의 제도를 본떠서 조선시대에도 공신책봉, 공신회맹제, 공신연功臣宴, 맹족盟簇, 공신교서, 공신초상화와 같은 다양한 제도가 마련되었다. 이 같은 제도들의 목적도 궁극적으로는 왕과 공신의 소통을 통해 최고 권력의 안정과 국정의 안정을 이루기 위함이라고 할 수 있다. 이 글에서는 조선시대 공신에 관련된 제도 중에서도 국왕과 공신의 소통 구조라는 측면에 초점을 맞추었다.

2. 훈봉공신의 책봉

1) 훈봉공신의 책봉절차

조선시대에는 총 28차례에 걸쳐 훈봉공신이 책봉되었다. 28차례의 훈봉공신은 다음과 같은 과정을 거쳐 책봉되었다. 국가나 왕실을 위협하던 정치적, 군사적 사태가 일단락되면 먼저 국왕이 공신책봉을 명령했다. 특별히 공신을 책봉할 것도 없는데 국왕이 공신책봉을 명령할 경우에는

---

23) 『周禮注疏』「秋官·司盟·賈恭彦 疏」. "有疑 不協也."

대신이나 삼사三司에서 반대하여 취소시키기도 했다. 그러나 국왕이 강력하게 공신책봉을 추진하면 그대로 시행되곤 했다. 공신을 책봉하기 위해서는 공신의 등급과 공신의 명칭을 결정해야 했다. 공신의 등급은 왕이 지명하는 원훈元勳과 대신이 모여서 결정했다. 원훈은 국가나 왕실을 위협하던 정치적, 군사적 사태를 수습한 최대 공로자로서 누가 어떤 공훈을 세웠는지 가장 잘 아는 사람이었다. 대신은 영의정이나 좌의정 그리고 우의정의 3정승이었다.

원훈과 대신은 함께 모여서 공신 대상자 및 공신 등급을 의논하여 결정했다. 등급을 감정한 결과는 감훈단자勘勳單子에 기록하여 왕에게 보고하였다. 공신이 보통 3등으로 구분되었기에 감훈단자에는 1등공신, 2등공신, 3등공신의 대상자를 구별하여 기록했다. 하지만 공신이 4등으로 구분되면 4등공신의 대상자를 구별하여 기록한 감훈단자를 작성해야 했다.

감훈단자를 접수한 국왕은 단자에 기록된 각 공신의 구체적인 공훈 내용을 기록해 올리게 했다. 즉 공적조서를 올리게 하는 것이었다. 원훈이나 대신이 공훈도 없는 사람을 사적인 연유로 공신에 추천할 우려가 있기 때문이었다. 국왕은 감훈단자와 공적 조서를 비교, 검토한 후에 책봉을 허락했다. 만약 공적 조서의 내용이 책봉에 적합하지 않은 사람은 누락시키거나 등급을 변경시키기도 하였다.

공신 등급이 결정되면 이어서 공신의 명칭을 결정했다. 공신의 명칭은 공훈의 내용을 적절히 표현하는 글자로 정했는데, 보통 대제학이 조사해서 보고했다. 대제학은 공신의 명칭으로서 3가지를 추천해 올리는데, 국왕이 이 중에서 하나를 선택했다. 공신의 명칭은 긴 경우에는 12자, 짧은 경우에는 8자로 되었는데 대부분 10자였으며, 이 중에서 맨 뒤의 두 글자를 대표로 하여 공신명칭이 약칭되었다.

예컨대 인조대 심기원의 역모를 평정한 후 공신을 책봉했을 때, 대제학 이식은 공신의 명칭으로서 '효충분위병기결책영국공신效忠奮威炳幾決策寧國功臣, 병충소의결기분무제난공신秉忠昭義決幾奮武濟難功臣, 병위분충협책익운광사공신秉威奮忠協策翊運匡社功臣'의 세 가지를 추천했다. 이 중에서 인조는 첫 번째를 낙점했는데, 이 공신이 이른바 '영국공신'이었다. 영국공신의 전체 이름은 '효충분위병기결책영국공신'의 10글자이지만, 이 중에서 마지막 두 글자인 '영국'을 대표로 하여 '영국공신'이라고 하였다. 영국공신의 전체 의미는 '충성을 바치고 위엄을 떨치며 기미를 살피고 대책을 결정함으로써 국가를 편안하게 한 공신'이라는 뜻이었다.

마지막 두 글자로 대표되는 공신의 명칭은 1등공신, 2등공신, 3등공신, 4등공신이 모두 동일하지만 전체 이름에서는 차등을 두었다. 즉 등급이 내려갈수록 사용할 수 있는 글자의 수를 줄였다. 예컨대 세조가 단종을 몰아내고 왕위에 오른 후 책봉한 좌익공신의 경우 1등공신은 '수충위사동덕좌익輸忠衛社同德佐翼'의 8글자였지만 2등공신은 '수충경절좌익輸忠勁節佐翼'의 6자, 3등공신은 '추충좌익推忠佐翼'의 4글자를 사용할 수 있었다.

공신등급과 공신명칭이 결정된 이후에는 공신회맹제와 공신연功臣宴의 시행 그리고 맹족盟簇, 공신교서, 공신초상화와 같은 공신징표의 수여 등을 거행했다. 이런 업무를 관장하기 위해 보통 녹훈도감이라고 하는 임시 기구를 설치했는데, 이를 공신도감이라고도 하였다. 녹훈도감은 책임자인 당상관과 실무인 낭청 그리고 공신징표의 제작을 감독할 감조관監造官 및 공신징표를 직접 제작하는 장인과 화가들로 구성되었다. 공신회맹제가 끝난 뒤 국왕은 공신들을 불러 함께 잔치를 베풀고 이 자리에서 징표를 나누어 주었다. 이 공신징표는 녹훈도감의 장인들이 제작한 것인데 맹족, 공신교서, 공신초상화 등이었다.

2) 조선시대의 28공신

조선시대 총 28차례에 걸쳐 훈봉공신이 책봉되었지만 이들 모두가 조선시대 내내 온전하게 보존된 것은 아니었다. 28번의 공신 중에서 6번의 공신은 아예 삭제되었다. 즉 명종 대에 을사사화를 일으키고 공신이 되었던 위사공신, 광해군 대에 책봉되었던 위성공신·정운공신·익사공신·형난공신 전부, 그리고 경종대에 책봉되었던 부사공신은 왕이 바뀐 직후에 모두 삭제되었다. 숙종 대에 복선군과 허견의 역모를 평정하고 책봉되었던 보사공신은 삭제되었다가 다시 녹훈되는 곡절을 겪기도 하였다. 이외에 공신에 책봉되었다가 역모사건 등에 연루되어 삭제된 사람들도 적지 않았다. 공신에서 삭제된 사람들은 공신이 누리는 모든 포상과 특권도 박탈당했다.

반면 온전히 보전된 공신들은 조선시대 최고의 포상과 특권을 부여받았다. 국가나 왕실의 위기를 구한 공신은 국가와 영원히 생사고락을 함께 하기에 공신들이 튼튼해야 한다고 생각했다. 조선시대 공신의 특권은 공신 자신이 받는 각종 특권과 그 특권이 자손에게 상속되는 세습특권으로 이루어졌다. 공신이 받는 포상과 특권은 보통 공신교서에 명문화되었는데, 공신 등급에 따라 약간의 차등이 두어졌으며 그 내용은 명예적 측면, 경제적 측면, 행정적 측면, 형사적 측면 그리고 세습적 측면 등 다양했다.

〈표 2〉 **조선시대 공신 일람**[24]

공신명칭	책봉연대와 공훈내용	공신등급			
		1등	2등	3등	4등
개국공신	1392년(태조 즉위) 조선개국의 공	이방의 외 16명	윤호 외 11명	안경공 외 15명	
정사공신	1398년(정종 즉위) 1차 왕자의 난	이화 외 11명	이량우 외 17명		
좌명공신	1401년(태종 1) 제2차 왕자의 난	이저 외 8명	이래 외 2명	성석린 외 11명	조온 외 22명
정난공신	1453년(단종 1) 계유정난	수양대군 (세조)외 11명	신숙주 외 10명	이흥상 외 19명	
좌익공신	1455년(세조 1) 세조 즉위	이증 외 6명	정린지 외 11명	이징석 외 25명	
적개공신	1467년(세조 13) 이시애의 난 평정	이준 외 9명	김국광 외 23명	이부 외 11명	

---

24) 한국학중앙연구원, 『한국민족문화대백과사전』, 공신.

공신명칭	책봉연대와 공훈내용	공신등급			
		1등	2등	3등	4등
익대공신	1468년(예종 즉위) 강순, 남이의 옥사	유자광 외 4명	이침 외 9명	정인지 외 22명	
좌리공신	1471년(성종 2) 성종 즉위	신숙주 외 8명	이상 외 11명	성봉조 외 17명	김수온 외 35명
정국공신	1506년(중종 1) 중종반정	박원종 외 7명	이효성 외 12명	고수겸 외 30명	변준 외 65명
정난공신	1507년(중종 2) 이과의 옥사	노영손 외 4명	민효증 외 4명	설맹손 외 11명	
보익공신 위사공신	1545년(명종 즉위) 명종 즉위	정순붕 외 3명	홍언필 외 7명	이언적 외 16명	
평난공신	1590년(선조 23) 정여립 옥사	박충간 외 2명	민인백 외 11명	이헌국 외 6명	
광국공신	1590년(선조 23) 종계변무	윤근수 외 2명	홍성민외 6명	김주 외 8명	
호성공신	1604년(선조 37) 임란 시 국왕 호종	이항복 외 1명	이후 외 30명	정탁 외 85명	
선무공신	1604년(선조 37) 임진왜란극복	이순신 외 2명	신점 외 4명	정기원 외 9명	
청난공신	1604년(선조 37) 이몽학 반란 평정	홍가신	이명현외 1명	신경행 외 1명	
위성공신	1613년(광해군 5) 임진 시 광해군 호종	최흥원 외 9명	17명	53명	
익사공신	1613년(광해군 5) 임해군 옥사	허성 외 4명	15명	28명	
정운공신	1613년(광해군 5) 유영경 옥사	2명	5명	4명	
형난공신	1613년(광해군 5) 김직재 무사	2명	12명	10명	
정사공신	1623년(인조 1) 인조반정	김류 외 9명	이괄 외 14명	박유명 외 27명	
진무공신	1624년(인조 2) 이괄의 난 평정	장만 외 2명	이수일 외 8명	신경원 외 15명	
소무공신	1627년(인조 5) 이인거의 반란 평정	홍보	이탁남 외 1명	이윤남 외 2명	

공신명칭	책봉연대와 공훈내용	공신등급			
		1등	2등	3등	4등
영사공신	1628년(인조 6) 유효립의 모반 평정	허적	홍서봉 외 3명	김득성 외 4명	
녕국공신	1644년(인조 22) 심기원 역모 평정	구인후 외 1명	황령 외 1명		
보사공신	1680년(숙종 6) 경신대출척	김석주 외 1명	이립신	남두북 외 2명	
부사공신	1722년(경종 2) 신임사화	이삼	신익하	목호룡	
분무공신	1728년(영조 4) 이인좌의 난 평정	오명항	박찬신 외 6명	이익필 외 6명	

위의 〈표 2〉에 나타나듯이, 조선시대 28차례에 걸쳐 책봉된 훈봉공신 중 정공신은 대부분 10-50명 정도의 적은 수에 불과했다. 이에 따라 공신책봉에서 제외된 무수한 유공자들을 포상하기 위해 원종공신을 또 책봉했다. 원종공신은 정공신에서 빠진 모든 유공자를 대상으로 했으므로 수 천 명씩 책봉되곤 했다. 개국공신이 책봉되었을 때의 원종공신은 1천 6백명이 넘었으며 선무공신의 경우에는 9천여 명의 원종공신이 양산되기도 하였다.

원종공신을 중국에서는 '원종元從'이라고 하였는데 처음부터 수종한 공신이라는 의미였다. 이에 비해 조선에서는 '원종原從'을 사용하였는데 이는 명나라 태조의 이름이 원元이므로 이를 피하기 위해서였다. 원종공신은 정공신보다 격이 떨어지기에 책봉방법이나 포상도 정공신보다 격이 떨어지기는 하였지만 공신은 공신이기에 정공신에 준하여 책봉이 이루어졌다. 원종공신의 선정은 녹훈도감에서 주관했으며, 명칭은 정공신의 대표명칭 다음에 원종이라는 이름을 붙였다. 예컨대 정공신이 소무공신이라면 원종공신은 소무원종공신이라고 하였다. 원종공신의 등급도 정공신의 예에 따라 1등원종공신, 2등원종공신, 3등원종공신으로 구별했다. 원종공신에 대한 포상은 원종공신의 증명서라 할 수 있는 녹권錄券에 규정되었다. 왕명을 받아 승지가 작성한 녹권은 녹훈도감 또는 공신도감에서 해당자에게 발급했다.

3) 공신도감

조선건국 직후 처음 설치된 공신도감은 개국공신을 책봉하기 위한 필요에서 설치된 개국공신도감이었다. 개국공신도감은 대장도감大藏都監·공부상정도감貢賦詳定都監과 함께 3도감이라고 불렸다. 개국공신도감은 후에 충훈부로 바뀌어 공신에 관한 일반사무를 관장하였지만, 공신이 책봉될 때마다 공신도감 또는 녹훈도감이 설치되어 관련 업무를 관장하였다.

공신회맹제가 끝나면 공신책봉에 관련된 업무는 사실상 완료되었다. 따라서 조선 후기 경을 보면 공신회맹제가 끝난 이후 공신도감은 폐지되는 것이 관행이었다. 하지만 태조 이성계는 공신회맹제 이후에도 개국공신도감을 폐지하지 않고 그대로 존속시켰다. 개국공신과 관련하여 추가 선정 및 포상 등 관련업무가 많았는데 이런 업무를 담당할 관서가 없었기 때문이었다.

태조 이성계는 1392년(태조 1) 윤12월 13일에 개국공신도감에 판관判官 2명과 녹사錄事 2명을 배치했다. 개국공신도감에 전임 관료를 둔 것이었다. 이에 따라 개국공신도감은 도감이라는 명칭에도 불구하고 상설기구화 되기에 이르렀다.

제1차 왕자의 난과 제2차 왕자의 난을 일으키고 왕위에 오른 태종은 기왕의 개국공신도감을 다시 공신도감으로 환원시켰다. 제1차 왕자의 난 이후 정사공신이 책봉되었고, 제2차 왕자의 난 이후에는 좌명공신이 책봉되었는데, 정사공신과 좌명공신도 기왕의 개국공신도감에서 관장함에 따라 명실이 맞지 않았기 때문이었다. 세종은 공신도감을 명실상부한 상설기구로 만들기 위해 충훈사忠勳司로 변경하고 이곳에 4품의 지사知事와 5품의 도사都事를 배속시켰다. 1454년(단종 2) 1월 15일에 충훈사를 충훈부로 승격시켰는데, 이는 공신들이 부원군府院君인데 비해 관사의 명칭은 충훈사여서 명실이 맞지 않는다고 하여 1품아문으로 승격시킨 것이었다. 이 충훈부가 『경국대전』에 거의 그대로 수록되었다. 충훈부의 직무에 대하여 『경국대전』에서는 '여러 공신의 관부이다.'라고 규정하였다. 충훈부에는 공신 이외에 행정사무를 담당하는 종4품의 경력經歷 1명과 종5품의 도사都事 1명이 배속되었다.

충훈부에서 여러 공신에 관한 일반사무를 관장하기는 하였지만 새로 공신이 책봉될 때에는 별도로 공신도감이 설치되곤 했다. 공신이 책봉됨에 따라 공신회맹제와 공신연功臣宴의 시행 그리고 맹족盟簇, 공신교서功臣敎書, 공신초상화와 같은 공신징표의 제작 등 여러 사무가 새로 발생하기 때문이었다. 공신도감은 녹훈도감錄勳都監이라고도 하였는데, 책임자인 당상관과 실무자인 낭청郎廳 그리고 공신징표의 제작을 감독할 감조관監造官 및 공신징표를 직접 제작하는 장인과 화가들로 구성되었다.

공신도감은 업무를 효율적으로 수행하기 위해 3방三房으로 나뉘었으며 이 3방을 총괄하기 위해 도청都廳을 두었다. 공신도감의 책임자인 당상관은 도청에서 근무하며 관련 업무를 총괄하였는데 대부분의 경우 당상관은 3명 내외였다. 낭청은 4명으로서 1명은 도청都廳의 업무를 관장하고 나머지 3명이 3방三房을 분장하였다. 감조관도 4명으로서 1명은 별공작別工作을 관장하고 나머지 3명은 3방을 분장하였다. 공신도감을 설치하라는 국왕의 명령이 내리면, 이조에서 당상관과 낭청을 추천함으로써 공신도감이 구성되었다. 공신도감이 구성되면 우선 도감의 업무지침인 도감응행사목都監應行事目을 작성하여 왕의 허락을 받았다. 이후 도감의 업무는 이 사목에 근거하여 이루어졌으며, 필요한 경비와 기술자 및 화가 등은 해당관서에서 차출하여 충당했다.

공신도감에서 작성한 맹족, 공신교서, 공신초상화 등은 공신회맹제가 끝난 직후에 왕이 공신들을 불러 함께 잔치를 베푼 이후에 나눠 주었다. 맹족은 국왕과 공신들이 회맹제에서 사용한 것과 동일한 맹서문을 족자 형식으로 기록한 문서였다. 회맹제에서 쓴 맹서문은 희생물과 함께 회맹 단 뒤의 구덩이에 파묻었기에 맹족을 따로 만들었던 것이다. 맹족의 수는 공신의 수만큼 제작해야 했으므로 많은 수를 만들어야 했다. 맹족에는 국왕과 공신들이 모두 자신의 성명을 직접 서명하여 그 권위를 높였다.

공신교서는 국왕이 공신에게 내리는 문서로서 비단 바탕의 두루마리로 만들었다. 공신교서도 공신마다 일일이 나누어주어야 했으므로 많은 수가 제작되었다. 공신교서는 공훈의 내용, 포상의 내용 및 훈계의 내용으로 이루어졌다. 공신초상화는 비단 바탕에 그린 채색의 초상화였다. 공신의 충절을 영원히 기리며 기억하기 위해 초상화를 그렸다. 특히 공신초상화는 당대의 도화서 화가들이 그렸으므로 화풍 연구에 필수적인 자료이며 아울러 당시의 복식을 연구하는 데도 매우 유용한 자료로 이용되고 있다. 수십 명 공신들의 초상화를 모두 그리기 위해서 수많은 인력과 물자가 동원되었다. 그림에 들어가는 물감이 부족하면 중국에서 수입하기도 하였다.

공신회맹제 이후 공신징표를 나누어주면 공신도감은 해체되었다. 공신도감은 존속하던 기간 중 처리했던 각종 업무의 내용을 모아서 공신도감의궤 또는 녹훈도감의궤를 작성하여 후일에 참고하도록 하였다.

공신도감이 해체된 이후 공신들에 관한 일반 사무는 다시 충훈부에서 관장하였다. 충훈부는 공신도감에서 제작한 의궤 및 맹족, 교서, 공신초상화 등을 모두 넘겨받았다. 공신교서와 공신초상화는 기본적으로 같은 것이 2부씩 제작되었기 때문이다. 왜냐하면 1부는 당사자에게 주지만 다른 1부는 후일의 증거물로 삼기 위해 충훈부에서 보관하기 위해서였다. 아울러 충훈부는 공신책봉 과정에서 처리한 관련업무를 등록謄錄으로 따로 작성하여 참고자료로 삼았다. 충훈부는 기공각紀功閣이라는 건물을 세우고 이곳에 맹족, 공신교서, 공신초상화 등을 보관했다. 만약 공신에서 삭제되면 해당자의 공신교서와 공신초상화를 내다가 불태워버렸다. 물론 맹족에서도 해당자의 이름을 지워버렸다. 공신에게 하사했던 교서 그리고 초상화는 회수하여 불태웠다.

공신이 직접 받은 교서와 초상화는 자신의 집에 별도의 건물을 지어 보관했다. 친공신이 사망한 후 그는 가문을 대표하는 인물로 후손들에게 존중되었다. 그러므로 조선시대 내내 공신교서와 공신초상화는 각각의 가문에서 소중히 보관하는 보물로 전해 내려왔다. 공신은 당대의 핵심 지배세력이었을 뿐만 아니라 그들을 기리기 위한 교서나 초상화 등을 통해 당대의 예술문화까지도 대변했는데, 이들에 관한 사무를 관장하던 곳이 공신도감 또는 충훈부였던 것이다.

조선시대 도감都監은 국가 또는 왕실과 관련된 특정 업무를 관장하기 위해 임시로 설치하던 한시적 기구를 지칭하는 용어였다. 예컨대 국왕의 혼인을 담당하기 위해 설치되던 가례도감嘉禮都監, 왕릉을 조성하기 위해 설치되던 산릉도감山陵都監 등이 그것이었다. 따라서 조선시대의 공신도감도 특정한 공신이 책봉될 때 그에 관련된 사무를 관장하기 위해 일시적으로 설치되던 한시적 기구였다.

공신도감이 해체된 후 공신에 관한 일상적인 업무는 충훈부忠勳府에서 관장하였다. 충훈부는 공신으로서 봉군封君된 당사자에 대한 인적 사항과 행정적 사항을 관리했으며 공신이 사망한 후 공신호의 승습 등에 관한 업무도 관장하였다.

3. 회맹제와 회맹연

앞에서 살펴본 것처럼 조선왕조 500년간 총 28회에 걸쳐 훈봉공신이 책봉되었다. 조선창업의 주역인 개국공신부터 영조대 이인좌의 난을 진압한 이후 책봉된 분무공신에 이르기까지 훈봉공신이 책봉될 때마다 커다란 정치, 사회, 경제적 변화가 수반되었다. 훈봉공신이 이와 같이 중요하기에 이미 각각의 공신집단구성원의 정치·사회적 특성, 공신들의 특권, 공신문서의 특성 등 공신의 정치, 경제, 사회적 측면에 관한 연구가 상당히 축적되어 있는 실정이다.

그런데 정작 공신이 책봉될 때마다 거행된 공신회맹제와 회맹연에 관해서는 선행연구가 거의 없는 실정이다. 공신회맹제는 정공신 뿐만 아니라 원종공신, 공신적장功臣嫡長들도 거행한 중요한 국가전례였다. 이중에서 왕이 정공신들과 함께 거행한 공신회맹제는 국왕이 참여하는 최고의 국가전례라고 할 수 있다. 왕과 정공신들의 회맹제는 원종공신과 공신적 장이 거행하는 회맹제의 모델이기도 하였다.

전통시대 동양의 공신은 국가나 왕실의 위기를 극복한 사람들을 대상으로 하였다. 공신이 책봉되었다는 것은 그만큼 위기상황이라는 의미였다. 비록 상황이 수습되어도 공신들 내부의 배신과 반목으로 다시 악화될 가능성이 늘 있었다.

왕이나 공신들이나 다 같은 사람인데, 변덕스런 사람 사이의 배신을 어떻게 막을 것인가? 영원한 신뢰를 어떻게 확보할 것인가? 그 대답이 바로 공신회맹제였고, 그 원형은 『주례』의 회맹會盟이었다.

공신회맹제는 천지신명 앞에서 배신하지 않겠다고 맹서하는 의식이었다. 배신한다면 천지신명이 내리는 천벌을 감수하겠다는 의미였다. 알 수 없는 사람의 일이라 신령한 존재에게 영원한 믿음을 의지하는 것이었다.

공신회맹제는 왕이 공신들을 거느리고 시행하는 것이 원칙이었다. 부득이한 사정으로 왕세자가 대신하는 경우도 없지 않았으나, 대부분은 왕이 직접 참여하였다. 공신회맹제는 공신이 책봉된 직후에 거행하였다.

공신회맹제는 왕이 참여하는 최고의 국가전례임에도 불구하고 『국조오례의』 등의 국가 전례서에 수록되어 있지 않다. 그것은 공신책봉이 비상한 상황에서나 있는 일이기에 정상적인 국가전례로 규정하기에는 문제가 있었기 때문일 것이다.

비록 공신회맹제가 국가전례로 명문화되지는 않았지만, 공신회맹제는 조선시대를 이해하는 중요한 열쇠라 할 수 있다. 공신회맹제는 그 자체가 왕이 참여하는 최고의 국가전례일 뿐만 아니라 왕과 공신집단의 결속을 확보하려는 당시인들의 절박한 노력을 명확하게 보여주기 때문이다. 즉 조선시대의 예치禮治 및 조선시대 사람들의 정신구조가 공신회맹제를 통해 잘 드러난다고 할 수 있다.

1) 회맹제의 날자 및 장소

공신이 결정된 후 공신회맹제를 거행하기 위한 첫 단계는 날자 및 장소의 결정이었다. 특히 공신회맹제의 날짜는 조선시대의 여타 국가행사 때와 마찬가지로 길일을 골라서 잡았다. 그런데 조선시대 공신회맹제를 거행하기 위해서는 관련된 여러 부서들로부터 협조를 받아야 했으며 필요한 준비를 갖추어야 했다. 그것은 공신회맹제가 중요한 국가전례로서 공신교서 및 공신 초상화 등을 준비해야할 뿐만 아니라 국가전례에 관련되는 부서 자체가 많았기 때문이었다. 예컨대 조선시대 국가전례를 거행할 때는 예조를 위시하여 관상감, 통례원, 봉상시 등 전례 자체와 관련된 부서뿐만 아니라 경비와 관련한 호조, 병조 등의 협조를 받아야 했다.

공신회맹제에는 새로 공신에 책봉된 사람들뿐만 아니라 이전의 공신들 그리고 공신들의 적장자들까지도 참석하였다. 그러므로 공신회맹제를 거행하기 위해서는 우선 신공신新功臣들을 관장하는 공신도감과 함께 구공신舊功臣들을 관장하는 충훈부의 협조가 필요했다.

공신회맹제의 날자 결정은 공신도감이 왕에게 요청하는 것부터 시작되었다. 즉 공신회맹제에 필요한 준비가 완료된 후 공신도감이 회맹제의 날자를 왕에게 요청하는 것이었다. 이를 인조 24년 9월 3일 거행된 영국 공신 때의 회맹제 사례를 통해 살펴보면 다음과 같다.

인조 22년 3월 부사직 황익과 오국별장五局別將 이원로 등은 전 정승 심기원이 역모를 도모했다는 고변을 올렸다.[25] 이 결과 심기원을 체포하여 처단하고 공신을 책봉하게 되었으며 7월 25일에 공신도감이 설치되었다. 이후 약 3개월간에 걸쳐 공신교서, 공신초상화 등을 준비한 공신도감은 10월 11일에 회맹제 날자를 언제 정할지 왕에게 품의하였다.[26] 인조는 다음 봄에 공신회맹제를 거행하도록 명령하였다.[27] 이 같은 결정이

---

25) 沈器遠 역모에 관한 내용은 『錄勳都監儀軌』(장서각 도서분류 2-2857)에 의거함.
26) 『錄勳都監儀軌』(장서각 도서분류 2-2857). "都監啓曰 都監諸俱幾盡垂畢 而在外諸勳臣及嫡長子知委遠方之際 日子似遠 初冬寒已迫 會盟祭日期推擇事 何以爲之."
27) 『錄勳都監儀軌』(장서각 도서분류 2-2857). "會盟祭 明春退定."

있고 나서 한 달 뒤에 예조는 다음과 같은 보고를 올렸다.

"녹훈도감에서 회맹제를 언제 거행할 지에 대하여 품의한 것에 대하여 내년 봄에 물려서 거행하라는 명령을 내리셨습니다. 회맹제의 길일을 일관으로 하여금 고르게 하였더니 다음달 24일이 길하고, 4월 12일은 보통이라고 하였습니다. 이 두 가지 이외에 길일이 없다고 하니 어떻게 할까요?"[28]

위의 내용을 보면 공신회맹제의 날자는 공신도감에서 회맹제의 준비를 완료한 후 회맹제의 날자를 요청하고, 왕이 대략적인 시기를 지정하면 예조에서 이를 받아 관상감의 일관으로 하여금 길일을 고르게 하고 이 중에서 왕이 최종 날자를 결정하는 것임을 알 수 있다. 요컨대 공신회맹제의 날자를 결정하기 위해서 공신도감, 예조, 관상감이 서로 협조하고 있는 것이다.

공신회맹제의 날짜와 함께 장소도 결정되어야 했다. 그런데 날자는 길일을 고르기 위해 복잡한 과정을 거쳤음에 비해 장소는 비교적 간단했다. 그것은 조선시대의 공신회맹제가 거행된 장소는 경복궁 북쪽의 북단 北壇으로 고정되어 있었기 때문이었다. 조선건국 이후 거행된 최초의 공신 회맹제는 태조 1년 9월 29일의 개국공신회맹제였다. 이 회맹제는 한양으로 천도하기 이전이었으므로 개경의 왕륜동王輪洞에서 행해졌다.[29]

그러나 한양으로 천도한 이후의 공신회맹제는 모두가 경복궁의 북쪽에 위치한 북단에서 거행되었다. 실록에 의하면 정공신, 원종공신, 공신적장의 회맹제는 모두 북단에서 행해졌다. 북단의 위치는 자료에 따라 대청관 大淸觀 북쪽[30], 경복궁 북쪽[31], 신무문 밖[32], 경복궁 북동北洞[33], 백악산

---

28) 『錄勳都監儀軌』(장서각 도서분류 2-2857). "禮曹啓曰 以錄勳都監啓辭 會盟祭日 期推擇 何以爲之事 傳曰 會盟祭 明春退定事 傳敎矣 會盟祭吉日 令日官推擇 則來 月二十四日爲吉 四月十二日平 此兩日外 無吉日 何以爲之."
29) 『太祖實錄』 권2, 太祖 1년 9월 28일(丙午).
30) 『太宗實錄』 권8, 太宗 4년 11월 16일(甲寅).
31) 『太宗實錄』 권22, 太宗 11년 11월 3일(庚申).
32) 『英祖實錄』 권18, 英祖 4년 7월 17일(丙寅).

아래[34], 북악 아래[35] 등으로 다양하게 표현되고 있다. 그러나 이런 표현의 차이는 모두가 동일한 북단을 지칭하는 것이었다. 즉 북단은 경복궁의 북쪽문인 신무문 바깥이며 동시에 백악산의 아래에 위치하였던 것이었다.

2) 회맹단과 천지신명의 신주

공신회맹제는 근본적으로 천지신명 앞에서 공신들이 맹서하는 의식이었다. 그러므로 공신회맹제를 거행하기 위해서는 천지신명을 모신 제단을 쌓아야 했는데, 이것이 이른바 회맹단會盟壇이었다. 회맹단은 터를 평평하게 고른 다음에 정사각형의 단을 쌓은 제단이었다. 경복궁 북쪽에 있었던 북단이 바로 회맹단이었다. 이 회맹단 위에 천지신명을 상징하는 신주를 모시는 것이었다.

조선시대 회맹단 및 천지신명의 신주에 대하여는 구체적으로 기록에 남은 것이 없다. 그 이유는 공신회맹제가 중요한 국가전례임에도 불구하고 정규적인 국가전례에는 포함되지 않았기 때문이었다. 이 결과 『국조오례의』를 비롯한 국가전례서나 실록에는 회맹제의 규정이 명문화되지 않았다.

다만 당시의 상황으로 보아 회맹단과 천지신명의 신주는 『주례』의 내용과 유사했을 것으로 생각된다. 그것은 조선시대의 주요 국가전례뿐만 아니라 공신과 관련된 다양한 제도들이 『주례』의 내용을 참조했으므로 회맹의식 및 그 준비물들도 그에 준했을 것이라 생각하기 때문이다.

『주례』에 의하면 맹서의식을 관장하는 사람은 추관秋官의 사맹司盟이었다.[36] 사맹이 관장하는 회맹의식도 기본적으로 천지신명 앞에서 맹서하

---

33) 『太宗實錄』 권33, 太宗 17년 4월 11일(丁卯).
34) 『光海君日記』 권64, 光海 5년 3월 12일(庚午).
35) 『仁祖實錄』 권19, 仁祖 6년 월 13일(庚午).
36) 『周禮注疏』 「秋官·司盟」. "凡邦國有疑會同 則掌其盟約之載及其禮儀 北面詔明神 旣盟則貳之."

는 의식이었다. 즉 『주례』의 "사맹은 무릇 나라에 의심이 있어서 회동하게 되면 맹약의 글 및 그 의례를 관장한다. 북면하여 명신明神에게 아뢴다."[37]는 내용 중에서 명신이 바로 천지신명이며 이 명신은 단에 모시는 것이었다.[38]

사맹이 관장하는 회맹의 단은 사방 12심(尋, 96척, 약 20미터), 높이 4척(약 1미터)의 크기였다.[39] 또한 조선시대의 회맹의식에 의하면 회맹단의 앞쪽에는 동쪽 계단과 서쪽 계단 그리고 가운데 계단 등 3개의 계단이 있었다.[40] 따라서 조선시대 공신회맹제 때 이용된 백악산 아래의 북단은 앞쪽에 동쪽과 서쪽 그리고 중간에 계단이 있는 사방 90여 척, 높이 4척 정도의 제단이었을 것으로 여겨진다.

이 북단은 공신회맹이 있을 때에만 사용되었으므로 평상시에는 그냥 빈터로 있었다. 다만 북단은 왕이 참여하여 제사 드리는 곳이므로 사람들의 접근을 금지하였던 것으로 보인다.[41]

조선시대 북단에 모시는 천지신명의 신주는 나무로 만들었다고 생각된다. 왜냐하면 『주례』에서 천지신명을 상징하는 신주는 나무로 만든 주사위 모양으로서 사방 4尺(약 1미터)의 크기였기 때문이다.[42] 신주의 위아래는 천지를 상징하는 검은색과 황색을 칠하고, 사방에는 방향에 따라 동쪽에는 청색, 서쪽에는 흰색, 남쪽에는 붉은색, 북쪽에는 흑색을 칠하였다. 이 색깔들이 천지사방의 신령들을 상징하는 것이었다.[43]

---

37) 『周禮注疏』 「秋官·司盟」. "凡邦國有疑會同 則掌其盟約之載及其禮儀 北面詔明神."
38) 『周禮注疏』 「秋官·司盟·鄭玄注」. "明神 神之明察者 謂日月山川也 觀禮 加方明于壇上 所以依之也."
39) 『周禮注疏』 「秋官·司盟」. "觀禮云 諸侯觀于天子 壇十有二尋 深四尺 加方明于其上."
40) 『世祖實錄』 권44, 世祖 13년 10월 27일(己未).
41) 『肅宗實錄』 권37, 肅宗 28년 10월 27일(甲辰). "憲府啓日 景福宮神武門外 有會盟時殿座之壇 自前禁武夫之聚射."
42) 『周禮注疏』 「秋官·司盟·賈公彦疏」. "觀禮云 方明者 方四尺 設六色."
43) 『周禮注疏』 「秋官·司盟」. "方明者 木也 方四尺 設六色 東方青南方赤西方白北方黑 上玄下黃."

조선시대 공신회맹제에 사용된 북단과 천지신명의 신주는 평상시 충훈부에서 관리하였을 것으로 보인다. 그것은 충훈부가 공신을 관장하는 관서이기 때문이다. 그렇지만 천지신명의 신주는 기왕의 것을 계속 사용하였는지, 아니면 공신회맹제가 있을 때마다 새로운 것을 제작했는지는 분명하지 않다. 다만『녹훈도감의궤』등의 자료를 볼 때 천지신명의 신주를 새로 제작하는 내용이 없는 것으로 보아서는 아마도 기왕의 것을 계속 사용하였을 가능성이 높은 것으로 생각된다.

3) 맹서문의 작성

맹서문은 회맹제에 참여하는 왕과 공신들이 천지신명 앞에 맹서하는 글이었다. 그러므로 맹서문의 내용은 사실 회맹의식의 핵심이라고 할 수 있었다. 이 맹서문은 참여자들을 대표하여 왕이 천지신명에게 고하는 형식으로 되어있었다.[44]

조선왕조실록에는 공신회맹제에 사용된 맹서문의 사례가 풍부하게 실려 있으며, 공신가문에 전해오는 실물 맹서문도 적지 않다. 그러나 맹서문을 구체적으로 어떻게 작성하는 지에 관한 규정은 보이지 않는다. 맹서문의 작성에 관해서도『주례』의 관련내용이 참조된다.

『주례』의하면 맹서문도 사맹이 담당하였다.[45] 회맹시에 사용되는 맹서문에 대하여 정현은 "맹서하는 자들이 맹서문을 책에 쓰고, 희생을 잡아 피를 취하고, 그 희생을 땅에 묻고, 희생 위에 글을 더하고 묻는다. 그러므로 맹서문을 재서載書라고 한다."[46]는 해설을 붙이고 있다. 실제로 조선왕조실록에는 맹서문을 재서로[47] 표현하기도 하였다.

---

44) 기존의 공신 盟誓文에 관한 연구로는 정승모, 「會盟誓文 : 조선 태종 4년(1404) 11월 공신회맹제 때 작성한 誓文의 板刻本」,『역사민속학』3, 1993이 참조된다.

45)『周禮注疏』「秋官·司盟」. "司盟掌盟載之法."

46)『周禮注疏』「秋官·司盟·鄭玄注」. "盟者書其辭於策 殺牲取血 坎其牲加書於上而 埋之 謂之載書."

47)『太宗實錄』권33, 太宗 17년 4월 11일(丁卯). "功臣嫡長會盟于景福宮北洞 載書 曰."

조선시대 회맹제의 맹서문은 홍문관에서 지어서 올렸다.[48] 이 맹서문에는 왕이 직접 서압署押을 하였다.[49] 회맹제 때에 이용되는 맹서문은 회맹제 직후에 곧바로 희생물과 함께 땅에 묻었다. 그러므로 이 맹서문에는 오직 왕의 서압만이 있었을 것으로 보인다. 공신들에게는 회맹제가 끝난 이후 동일한 필사본을 작성하여 배부하였는데, 이때 공신들이 모여서 연대서명을 하였다.[50]

맹서문의 내용은 회맹제에 참여하는 공신들의 공훈내용을 적고 서로 협력하여 국가에 충성할 것을 천지신명에게 맹서하는 것이었다. 예컨대 성종이 즉위한 후 좌리공신을 책봉하고 북단에서 거행했던 공신회맹제 때의 맹서문 사례를 보면 다음과 같았다.

"국왕 신臣 휘諱(이름)는 감히 천지·종묘사직·산천의 신령들 앞에 밝게 고합니다. 예로부터 왕자가 천명을 받아 왕위에 오를 때에는, 반드시 일세에 이름난 영웅이 그를 위하여 협력한 이후라야 성공할 수 있었습니다. 우리 태조께서 운수에 부응하여 일어난 이후로 뛰어난 영웅들이 때에 맞게 일어나, 혹은 능히 의리를 분발하여 나라를 세웠고, 혹은 능히 간신들을 제거하여 종묘사직을 평정하였으며, 혹은 능히 국왕의 위기를 구출하였고, 혹은 능히 난국을 평정하였으며, 혹은 능히 협력하여 왕을 보필하였고, 혹은 능히 임금을 위하여 충성을 다하여 적들과 대결하였으며, 혹은 능히 위험한 기미를 포착하여 난국을 평정하였습니다. 오늘에 이르러서도 영웅들이 좌우에서 도우며 보좌한 공이 적지 않아 왕과 대신들이 이미 일심동체가 되었습니다. 영원히 변치 않을 공훈도 시작이 있으면 끝이 있어야 합니다. 이에 저는 8공신과 그 자손들을 거느리고 동맹의식을 거행하니 저의 뜻을 밝게 보살피소서.

무릇 저와 동맹한 사람들은 영원히 마음에 새기고 국가의 일을 할 때는

---

48) 『宣祖實錄』 권171, 宣祖 37년 2월 22일(癸卯). "會盟祭文 依前例 令弘文館製述入啓."

49) 『太宗實錄』 권8, 太宗 4년 11월 16일(甲寅). "上押其誓文."

50) 예컨대 태종 4년 11월 16일에 개국, 정사, 좌명 3공신이 회맹제를 올렸는데, 이로부터 9개월이 지난 태종 5년 8월 29일에 삼공신들이 의정부에 모여 맹서문에 서명을 하였다.(『太宗實錄』 권10, 5년 8월 29일(壬辰)).

집안의 일을 잊고, 공적인 일에는 사적인 일을 잊으며 상황이 바뀐다고 해도 변치 않겠습니다. 저도 또한 참소와 이간으로 의심을 품지 않을 것이며, 자손만세토록 이 마음을 잊지 않을 것입니다. 진실로 이 맹약을 어기는 자가 있으면 신령은 그를 벌하소서."[51]

4) 천막과 제물 등의 설치

회맹제를 거행하기 전에 회맹단 및 천지신명의 신주, 그리고 맹서문 등이 준비되면 이어서 회맹단 주변에 천막이나 자리 등의 준비물들을 미리 설치했다. 이 같은 준비는 미리 마련된 절차에 따라 이루어졌다.

실록에는 회맹단에서 이루어지는 준비절차에 관한 회맹의가 세 번 등장한다. 단종, 세조, 경종 때의 회맹의가 그것인데 내용은 대동소이하다. 이는 공신회맹제의 준비내용이 일정한 절차에 의해 이루어졌음을 의미한다. 이 중에서 가장 자세한 내용은 세조 13년에 이시애의 군사반란을 진압하고 적개공신을 책봉했을 때의 회맹의인데, 이에 의하면 준비절차는 다음과 같았다.

공신회맹제에 참여하는 왕세자와 공신들 그리고 행사 진행자들은 회맹일 7일 전부터 재계하기 시작했다. 구체적으로는 4일을 산재散齋하고 3일을 치재致齋하였다.[52] 당시 세조는 왕세자를 대신 참여하게 하였으므로 왕세자가 7일간 재계한 것이었다. 비록 이 때의 공신회맹제에는 왕세자가 참여하였지만 왕이 참여할 때와 동일한 의식절차였다.[53] 왕과 공신들이 회맹제 이전에 7일간 재계하는 것은 신을 만나기 위한 정화의식이라고 할 수 있다.

회맹일 2일 전에는 전설사典設司에서 회맹제에 참여하는 사람들이 회맹제 중에 대기할 천막 및 제사음식을 보관할 찬만饌幔을 설치했다. 왕세자

---

51) 『成宗實錄』 권10, 成宗 2년 4월 6일(戊申).
52) 『世祖實錄』 권44, 世祖 13년 10월 27일(己未). "王世子散齋四日致齋三日 諸功臣執事官及侍從官應從升者 並散齋四日致齋三日."
53) 이하 회맹제의 서술내용은 왕세자가 시행한 것이지만, 내용상으로는 왕과 동일하다. 그러므로 서술은 왕을 기준으로 하였다.

의 천막은 회맹단의 남쪽에서 동쪽에 가까운 곳에 만들었는데, 서향하도록 하였다.[54] 이에 비해 공신들의 천막은 회맹단의 동남쪽에 북향하도록 설치했다.[55] 왕세자의 천막을 서향하도록 한 것은 『주례』에서 왕이 제후들과 함께 북면할 수 없으므로 서향하게 한 예를[56] 따른 것이었다. 음식을 보관할 찬만은 회맹단의 동쪽에 위치했다.[57]

회맹일 1일 전에는 회맹제 참여자들의 위치에 따라 각각의 자리를 설치했다. 왕의 자리는 회맹단의 아래 길 동쪽으로 남쪽 가까이 설치했는데 북향이었다. 공신들의 자리는 회맹단 남쪽에 겹줄로 북향하도록 설치했다. 이때 서쪽이 상위가 되도록 하였다.[58] 기타 행사 진행자들의 자리도 적당하게 설치했다.

회맹일 1일 전에는 제사고기로 사용할 짐승 및 회맹제의 피를 취할 희생제물을 회맹단으로 끌고 왔다. 이날 제사고기에 쓸 짐승을 잡았다. 제사고기용 짐승은 소, 양, 돼지인데 재인宰人이 잡았으며, 피를 취할 희생제물은 소, 닭, 돼지였다. 아울러 희생제물을 묻을 구덩이를 팠는데 회맹단의 북서쪽에 네모 형태로 팠다. 회맹단의 앞 서쪽에는 희생제물의 피를 담은 그릇을 얹어 놓을 혈반안血盤案을 설치했다.[59]

이 같은 준비가 완료되면 회맹단의 북서쪽에는 희생물을 묻을 구덩이, 동쪽에는 제사음식을 보관할 천막, 동남쪽 방향에는 공신들의 천막 그리고 남쪽에는 왕의 천막이 들어서게 된다. 아울러 회맹단 아래 동쪽에는 왕의 자리, 남쪽에는 공신들의 자리가 있으며 회맹단 아래 서쪽에는 희생제물의 피를 담은 그릇을 놓을 혈반안이 설치되는 것이었다.

---

54) 『世祖實錄』 권44, 世祖 13년 10월 27일(己未). "前二日 典設司設王世子次於壇外之南近東西向."
55) 『世祖實錄』 권44, 世祖 13년 10월 27일(己未). "設諸功臣次於壇外東南北向."
56) 『周禮正義』 「秋官·司盟」. "司盟與同盟諸侯皆在壇上北面 唯王西面也."
57) 『世祖實錄』 권44, 世祖 13년 10월 27일(己未). "設饌幔於壇東."
58) 『世祖實錄』 권44, 世祖 13년 10월 27일(己未). "前一日 典儀設王世子版位於壇下道東近南北向 贊者設諸功臣位於壇南重行北向西上."
59) 『世祖實錄』 권44, 世祖 13년 10월 27일(己未) "掌牲令牽大小牢及盟牲〈牡雞豕〉詣誓所 典祀官率人割大小牢如常 設盟牲坎於壇北壬地方深取足容物 設血盤案於壇下之西."

5) 공신교서와 공신초상화의 제작

공신회맹제가 끝난 직후 공신들에게는 공신징표를 수여했는데, 맹서문과 공신교서 그리고 공신초상화가 그것이었다. 그러므로 공신교서와 공신초상화도 맹서문과 마찬가지로 회맹제 이전에 미리 준비해야 했다.

공신교서와 공신초상화는 공신도감에서 제작하였다. 공신도감은 녹훈도감이라고도 하였는데, 책임자인 당상관, 실무자인 낭청 그리고 공신징표의 제작을 감독할 감조관監造官 및 공신징표를 직접 제작하는 장인과 화가들로 구성되었다.

예컨대 인조대 심기원의 역모를 평정하고 영국공신을 책봉했을 때의 녹훈도감에는 당상관으로서 구인후와 김류, 낭청으로서 김익희, 김수익, 이시만, 유시정 등을, 감조관으로서 홍흥지, 황락 등을 임명하였다.[60] 이들이 장인과 화가들을 감독하여 공신교서 및 공신초상화를 제작하는 것이었다.

공신교서는 국왕이 공신에게 내리는 문서로서 비단바탕의 두루마기에 만들었다. 공신교서는 공신마다 일일이 나누어주어야 했으므로 많은 수가 제작되었다. 공신교서는 공훈의 내용, 포상의 내용 및 훈계의 내용으로 이루어졌다.[61] 예컨대 단종 대에 안평대군과 김종서 등을 제거하고 정난공신에 책봉된 수양대군의 공신교서는 다음과 같았다.

> "하늘은 사직을 위하여 어진 이를 내니 운수에 관계되는 것이고, 국왕은 작위와 토지로 책봉하니 실제로 훈공을 포상하는 것이다. 이에 옛 글을 상고하여 밝게 포상을 내린다.

---

60) 『錄勳都監儀軌』 장서각 도서분류 2-2857.
61) 고려, 조선시대의 功臣敎書 및 功臣錄券에 관한 기존의 연구로는 千惠鳳, 「義安伯李和 開國功臣錄券에 관한 硏究」, 『書誌學硏究』 3, 1988; 辛大奉, 「巨濟 宣武功臣錄」, 『경남향토사논총』 3, 1994; 南權熙·呂恩暎, 「忠烈王代 武臣 鄭仁卿의 政案과 功臣錄券硏究」, 『古文書硏究』 7, 1995; 盧明鎬, 「高麗後期의 功臣錄券과 功臣敎書」, 『古文書硏究』 13, 1998 등이 참조된다.

숙부는 하늘과 땅의 정기를 타고 태어났으며 뜻과 기개는 굳고 엄숙하였다. 효성과 우애는 천성에 근본하였고 충성과 의리는 지성에서 나왔다. 숙부는 호걸의 재주와 성현의 학문을 가졌으며, 기운은 한 세상을 뒤덮고 용맹은 삼군에 으뜸이었다. 덕망은 종친에서 높고 중하며 풍채는 조정에서 모범이 되었다.(중략)

이때에 안평대군 이용이 가까운 친척으로서 윗사람을 무시하는 마음을 가졌다. 과인더러 어려서 임금 노릇을 못한다하면서 왕위를 엿보았다. 사사로이 후한 은혜를 베풀어 사람들에게 명예를 구하니 소인들이 다투어 몰려들어 사당을 지었다. 대역부도한 마음으로 틈을 엿보며 간신 황보인, 김종서, 조극관 등과 함께 반역을 꾀하였다.(중략)

숙부는 영단과 규율을 세워 의로운 용기를 분발하였다. 숙부는 충의로운 장사들을 거느리고 저 흉하고 더러운 무리들을 섬멸하니 한 시간도 지나지 않아서 한 번에 싹 쓸어버렸다. 이에 조정이 서로 경하하고 거리에서도 환호하였다. 나라가 거의 흔들리려다가 다시 편안하게 되고 왕위도 장차 기울어지려다가 다시 안정되었다. 이것은 대개 숙부의 장한 계획과 깊은 마음으로 이루어진 것이다.(중략)

이에 공훈을 책정하여 정난일등공신을 삼아 분충장의광국보조정책정난奮忠仗義匡國輔祚定策靖難의 칭호와 식읍食邑 1천호, 식실봉食實封 5백호, 세별봉歲別俸 6백석, 노비 6백명, 토지 500결結, 황금 25냥, 백은 1백냥, 안장을 갖춘 말 4필, 옷감 10단, 비단 10필, 옷 1벌, 물소뿔로 만든 허리띠 1개, 모자, 신발 등을 주노라.

경의 공은 많은데, 내 상은 적으니 경이야 아무렇지 않겠지만 나는 혐의스럽다. 바라건대 지극한 회포를 생각하여 그대로 받으라.

아아! 경은 주공의 훌륭한 재질이 있고, 또 주공의 큰 공훈을 겸하였는데, 나는 성왕처럼 어린 나이로 성왕과 같은 어려움을 만났다. 이에 성왕이 주공에게 부탁한 것으로 숙부에게 부탁하였으니, 마땅히 주공이 성왕을 돕던 것으로 과인을 도우라. 위와 아래가 함께 노력하면 무슨 근심을 구제하지 못하랴? 그대의 충성과 공렬을 돌아보니 의지함이 실로 깊도다."[62]

공신초상화는 비단바탕에 그린 채색의 초상화였다. 공신의 충절을 영

---

62) 『端宗實錄』卷13, 端宗 3년 1월 24일(경오).

원히 기리며 기억하기 위해 초상화를 그렸다. 특히 공신초상화는 당대의 도화서 화가들이 그렸으므로 화풍 연구에 필수적인 자료이며 아울러 당시의 복식을 연구하는데도 매우 유용한 자료로 이용되고 있다.[63] 수십 명 공신들의 초상화를 모두 그리기 위해서 수많은 인력과 물자가 동원되었다. 그림에 들어가는 물감이 부족하면 중국에서 수입하기도 하였다.

6) 회맹제의 거행

조선시대 공신회맹제는 밤 12시가 지난 이후에 거행되었다. 실록에서 회맹제가 거행된 시각을 찾아보면 5경 1점點[64], 밤 4경[65] 등이었다. 이 시간을 맞추기 위해 왕은 3경 쯤 궁궐을 출발하여 회맹단이 있는 곳으로 갔다. 따라서 회맹제는 새벽 1시에서 새벽 5시 사이에 거행되었다고 하겠다. 이처럼 새벽에 회맹제를 거행한 이유는 陰의 존재인 천지신명이 활동하는 시간이 밤이기 때문이었을 것이다.

왕이나 공신들이 회맹단에 도착하기 전에 회맹제를 거행하기 위한 마지막 준비를 했다. 그것은 천지신명의 신주 및 맹서문을 제단 위에 올려다 놓고 아울러 제물과 제기 등을 배치하는 등의 일이었다.

천지신명의 신주는 제단 위에 남향으로 설치하는데, 왕골자리를 깔았다. 맹서문은 받침대에 올려서 천지신명의 신주 오른쪽에 설치하였다.[66]

천지신명의 신주 앞에는 향로, 향합 및 촉을 설치했다. 그 앞에는 하루 전에 도살한 제사용 고기를 담은 그릇들을 설치했다. 순서는 서쪽을 기준으로 하였는데 소, 양, 돼지의 차례였으며 모두 왕골자리를 깔았다.[67]

---

63) 趙善美, 『韓國肖像畫研究』, 悅話堂, 1994; 아울러 공신초상화를 그리기 위하여 사용된 재료 등의 내용이 『錄勳都監儀軌』(장서각 도서분류 2-2857) 등을 비롯한 자료에 보이고 있다.
64) 『宣祖實錄』 권180, 宣祖 37년 10월 28일(甲戌).
65) 『景宗實錄』 권11, 景宗 3년 3월 11일(庚寅).
66) 『世祖實錄』 권44, 世祖 13년 10월 27일(己未). "其日 未行事前 典祀官設神位於 壇上南向 席以莞 奠誓文於神位之右〈有坫〉."
67) 『世祖實錄』 권44, 世祖 13년 10월 27일(己未). "設香爐香盒並燭於神位前 次設 牲匣 以西爲上〈先牛次羊次豕 並藉以莞席〉."

제사고기 그릇 앞에는 술잔을 하나 설치했는데, 받침대 위에 놓았다.[68] 제단 위의 동남쪽 모퉁이에는 북향으로 술통 하나를 설치했다. 술통에는 술을 뜰 수 있는 국자와 먼지를 막기 위한 보자기를 함께 두었다.[69]

제단으로 올라가는 동쪽 계단의 동남쪽에는 북향으로 세숫대 두 개를 설치했다. 두 개의 세숫대 중에서 동쪽의 세숫대는 손을 씻기 위한 것이고 서쪽의 세숫대는 술잔을 씻기 위한 것이었다.[70] 세숫대 동쪽에는 물통과 표주박을 배치했으며,[71] 세수대의 서남쪽에는 수건을 담은 광주리를 설치했다.[72]

회맹제가 시작되기 3각 전 즉 약 45분 전에는 희생물인 소, 닭, 돼지를 잡아서 모래가 담긴 그릇에 피를 받았다.[73] 피가 담긴 그릇 즉 혈반血槃은 하루 전에 회맹단의 앞 서쪽에 설치한 혈반안血槃案의 위에 두었다.[74] 이상의 배치가 완료되면 회맹제를 거행할 일만 남게 되었다.

회맹의식이 거행되기 5각 전에는 왕이 의장을 갖추고 궁궐을 나와 회맹단 앞에 설치한 천막으로 들어갔다.[75] 5각이면 대략 지금의 시간으로 1시간 15분 정도이다. 왕 또는 왕세자가 궁궐을 떠나 북단에 도착하려면 이 정도의 여유시간이 필요했을 것이므로 5각 전에 궁궐을 떠났다고 할 수 있다.

행사에 참여할 공신 및 행사 진행자들은 이전에 각각의 천막에서 대기하였다. 그러다가 행사시작 2각 전에 공신 및 행사 진행자들은 제복으로 옷을 갈아입었다.[76]

---

68) 『世祖實錄』 권44, 世祖 13년 10월 27일(己未). "爵一在牲匣前〈有坫〉."
69) 『世祖實錄』 권44, 世祖 13년 10월 27일(己未). "設尊於壇上東南隅北向 加勺羃."
70) 『世祖實錄』 권44, 世祖 13년 10월 27일(己未). "設洗於東階東南北向〈盥洗在東 爵洗在西〉."
71) 『世祖實錄』 권44, 世祖 13년 10월 27일(己未). "罍在洗東 加勺."
72) 『世祖實錄』 권44, 世祖 13년 10월 27일(己未). "篚在洗西南肆實以巾."
73) 『世祖實錄』 권44, 世祖 13년 10월 27일(己未). "前三刻 典祀官帥宰人 割盟牲 執事官以槃〈沙槃〉取血."
74) 『世祖實錄』 권44, 世祖 13년 10월 27일(己未). "置於案."
75) 『世祖實錄』 권44, 世祖 13년 10월 27일(己未). "誓前五刻 王世子出宮如常儀 入次."

1각 전에 행사 진행자들이 먼저 회맹단의 남쪽으로 나가서 네 번의 절을 올리고 각자의 자리로 갔다. 이어서 공신들도 회맹단 앞에 설치한 각자의 자리로 갔다.[77] 이렇게 되면 왕을 제외하고는 회맹제의 모든 준비가 완료된 것이었다.

행사 진행자는 왕이 머무는 천막으로 와서 밖의 준비가 완료되었으니 행사를 거행할 것을 요청하였다. 왕은 최고의 예복인 면류관冕旒冠에 구장복九章服의 복장을 하고 천막 밖으로 나왔다.[78] 면류관에 구장복은 조선시대 왕이 착용하는 최고의 예복이었다. 왕은 중국칙사를 영접하거나 종묘에 제사를 지낼 때 또는 혼인을 할 때와 같은 최고의식에서만 이 복장을 하였다. 공신회맹제는 천지신명에게 올리는 최고의 제사이므로 왕이 최고의 예복을 입는 것이었다.

천막에서 나온 왕은 행사 진행자의 인도를 받아 회맹단 아래 길 동쪽에 설치한 자신의 자리로 나갔다.[79] 왕까지 자리에 입장하게 되면 회맹제의 모든 준비가 마친 상태이므로 곧바로 회맹제를 거행하기 시작하였다.

행사시간이 되면 곧바로 맹서의식을 거행하는데, 맹서의식은 절을 하는 것으로부터 시작되었다. 행사 진행자의 구령에 따라 왕과 공신들은 회맹단 위 천지신명의 신주를 향해 네 번의 절을 올렸다.[80] 조선시대 왕이 절을 하는 대상은 중국의 천자와 종묘의 조상신 그리고 성균관의 공자 등이었다. 공신회맹제의 대상인 천지신명의 신주도 왕에게 네 번의 절을 받는 최고의 신이었던 것이다.

절을 마친 왕은 회맹단의 동쪽 계단 아래에 배치한 세숫대로 가서 손을

---

76) 『世祖實錄』 권44, 世祖 13년 10월 27일(己未). "前二刻 諸功臣及侍從官執事者 各服祭服."
77) 『世祖實錄』 권44, 世祖 13년 10월 27일(己未). "前一刻 典儀贊者贊引 先就壇南 拜位(중략) 贊引引諸功臣入就位."
78) 『世祖實錄』 권44, 世祖 13년 10월 27일(己未). "奉禮詣王世子次前 俯伏跪 贊請 行事 王世子具冕服."
79) 『世祖實錄』 권44, 世祖 13년 10월 27일(己未), "奉禮引王世子至版位."
80) 『世祖實錄』 권44, 世祖 13년 10월 27일(己未). "典儀曰四拜 贊者唱鞠躬四拜興平 身 王世子及諸功臣鞠躬四拜興平身."

씻었다.[81] 물로 손을 씻는 의식은 물론 정화의식일 것이다. 몸과 마음에 붙어있을 불결한 것들을 씻어내는 것이 바로 이 반세盥洗 의식이라고 할 수 있다. 손을 씻고 난 뒤에 왕은 동쪽 계단을 통해 회맹단 위로 올라갔다. 왕은 회맹단의 동남쪽에 배치한 술통이 있는 곳으로 가서 서쪽의 천지신명의 신주를 향해 섰다.[82]

행사 진행자가 술통에서 술 한 잔을 따라서 받으면 왕은 천지신명의 신주 앞으로 가서 꿇어앉았다. 왕은 행사 진행자의 도움을 받아 천지신명의 신주에 세 번 향불을 피워 올렸다. 이어서 조금 전에 술통에서 술을 따라 가져온 술잔을 천지신명의 신주 앞에 올렸다. 세 번의 향불과 한잔의 술잔을 올린 왕은 천지신명의 신주를 향해 한 번의 절을 하고는 다시 회맹단 아래의 제자리로 돌아갔다.[83]

구령에 따라 왕과 공신들이 함께 꿇어앉으면 행사 진행자가 희생물의 피를 담은 그릇을 가져왔다. 왕을 필두로 공신들은 차례로 피를 마시는 의식 즉 삽혈歃血을 행하였다. 이때 삽혈은 실제 피를 마시는 것이 아니라 입 주위에 피를 발라 마시는 시늉만 하는 것이었다.[84] 삽혈을 하고 난 왕과 공신들은 홀笏을 꺼내들고 꿇어앉아서 맹서문을 읽기를 기다렸다.[85]

맹서문은 독서문관讀誓文官이라는 행사 진행자가 읽었다. 독서문관은 회맹단 위 천지신명의 신주 오른쪽에 모셔놓은 맹서문을 취하여 북향하고 꿇어앉아서 맹서문을 읽었다.[86] 물론 천지신명의 신주를 향하여 맹서문

---

81) 『世祖實錄』 권44, 世祖 13년 10월 27일(己未). "奉禮引王世子 詣盥洗位北向立."
82) 『世祖實錄』 권44, 世祖 13년 10월 27일(己未). "奉禮贊請執笏 引王世子 升自東 階 詣尊所西向立."
83) 『世祖實錄』 권44, 世祖 13년 10월 27일(己未). "執事者一人酌酒 一人受酒 奉禮 引王世子詣神位前北向立 贊跪 執事者一人奉香爐 一人奉香盒 贊三上香 執事者奠 爐 執事者以爵跪進 王世子執爵獻爵 以爵授執事者 奠于神位前 奉禮贊俯伏興平身 引降復位."
84) 『世祖實錄』 권44, 世祖 13년 10월 27일(己未). "贊者唱跪 王世子及諸功臣跪 撰 者唱搢笏 王世子及諸功臣搢笏 執事者以血槃進王世子 王世子歃血〈以血㳻口傍〉 諸功臣以次歃血."
85) 『世祖實錄』 권44, 世祖 13년 10월 27일(己未) "贊者唱出笏 王世子及諸功臣出笏."
86) 『世祖實錄』 권44, 世祖 13년 10월 27일(己未) "讀誓文官進神位之右 取誓文北向 跪讀."

을 읽는 것이었다. 이것이 이른바 왕이 공신들과 함께 피를 마시고 천지신명 앞에게 맹서하는 삽혈 동맹의식의 핵심이었다.

맹서문을 읽고 나면 왕과 공신들은 천지신명의 신주를 향해 한 번의 절을 올렸다.[87] 여기까지 거행하면 맹서의식의 핵심은 끝난 것이었다. 왕과 공신들은 마지막으로 천지신명의 신주를 향해 네 번의 절을 올린 뒤 퇴장하기 시작했다.[88] 먼저 왕이 천막으로 돌아가고 이어서 공신들이 나갔다.[89]

회맹제에 참여했던 행사 진행자들은 퇴장하기에 앞서 회맹제의 뒷마무리를 하였다. 맹서문은 회맹단 북서쪽에 파놓았던 구덩이에 희생물과 함께 묻었다.[90] 맹서문과 희생물을 파묻고 나면 회맹제의 행사 진행자들도 네 번의 절을 하고 퇴장하였다.

마지막으로 회맹제에 사용했던 제물, 제기 등을 거두게 되면 공신회맹제는 완전히 끝이 난 것이었다. 모든 의식이 끝나면 왕은 천막을 나와 다시 궁궐로 환궁하였다.[91]

공신회맹제 이후에 왕은 다시 날을 정해 공신들을 만나 잔치를 하였다. 이때 공신들에게 공신교서 및 공신초상화 등을 나누어주었다. 공신들이 공신교서와 공신초상화까지 받음으로써 공신회맹제는 완전히 종료된다고 할 수 있다.

그런데 조선시대 공신연에는 회맹연과 진연의 두 가지가 있었다. 회맹연은 공신회맹제 후 날을 정해 국왕과 공신이 함께 하는 잔치로서 이때 공신들에게 공신교서 및 공신초상화 등을 나누어주었다.

반면 진연은 왕이나 왕비 또는 대비 등에게 경사가 있을 때 군신들이

---

87) 『世祖實錄』 권44, 世祖 13년 10월 27일(己未). "訖 贊者唱俯伏興平身 王世子及諸功臣俯伏興平身興."

88) 『世祖實錄』 권44, 世祖 13년 10월 27일(己未). "典儀曰四拜 贊者唱鞠躬四拜興平身 王世子及諸功臣鞠躬四拜興平身 贊者唱禮畢."

89) 『世祖實錄』 권44, 世祖 13년 10월 27일(己未). "奉禮引王世子出還次 贊引引諸功臣出."

90) 『世祖實錄』 권44, 世祖 13년 10월 27일(己未). "取誓文加於牲上 瘞於坎實土."

91) 『世祖實錄』 권44, 世祖 13년 10월 27일(己未). "典祀官撤退 王世子還宮."

올리는 잔치로서 충훈부와 충익부에서 올리는 진연이 공신연이었다. 충훈부는 친공신 및 승습 적장들이 소속된 관부로서 매년 2월, 5월, 8월, 11월 등 4계절의 중간 달에 진연하였으므로 중삭연이라고도 하였다. 원종공신들이 소속된 충익부에서는 1년에 한번만 진연하였다. 회맹연과 중삭연 그리고 충익부의 진연 중에서 명실상부한 공신연은 친공신들의 잔치인 회맹연과 중삭연이었다. 그런데 회맹연과는 달리 중삭연은 규정대로 매년 4번씩 시행되지는 않았다. 중삭연이 충훈부 내에서 공신들끼리 자체적으로 하는 잔치가 아니라 왕에게 올리는 진연이었기 때문이었다. 국왕은 정치적인 이유 또는 행정적인 이유로 중삭연을 받지 않으려 했다. 정치적인 이유는 국왕이 공신연을 자주 열 경우 공신연에서 소외된 수많은 양반관료들의 불만이 높아질까 염려해서였다. 행정적인 이유는 공신연을 베풀면 생존한 친공신과 적장 승습들은 비록 죄를 받아 처벌을 받는 중이라도 의례 참여하였는데, 참여한 공신에게는 수많은 시상이 뒤따름으로써 자연스럽게 사면되는 효과가 있으므로 법질서가 문란해질 우려가 있었다. 그렇지만 공신연을 아주 열지 않을 경우 국왕과 공신 사이가 지나치게 소원해질 염려도 있었다. 그러므로 몇 년에 한 번씩 특별히 공신연을 베풀곤 했다.

II
국왕과 배향공신의 소통 구조

1. 종묘와 문묘의 제향

1) 조선시대 종묘

조선시대에는 종묘를 위시하여 문묘文廟, 무묘武廟, 가묘家廟 등 다양한 묘廟가 있었다. 『설문해자說文解字』에 의하면 '묘'의 의미는 기본적으로 '모皃'인데 이는 모습 또는 얼굴이라는 뜻이었고 이 뜻이 확장되어 신의 모습이나 얼굴을 모신 사당을 '묘'라고 하게 되었다. 따라서 문신文神을 모신 사당은 문묘가 되었고, 무신武神을 모신 사당은 무묘가 되었으며, 가신家神을 모신 사당은 가묘가 되었다.

그렇다면 종묘는 무엇일까? 『설문해자』에 의하면 종宗은 기본적으로 '존尊' 즉 '존귀하다'는 뜻이었다. 따라서 종묘는 '묘 중에서도 존귀한 묘'라는 뜻을 함축하고 있었던 것이다. 고대 중국에서 발달한 유교는 조상신을 최고의 신으로 모셨기에, 유교 문화권에서는 조상신을 모신 사당이 종묘라고 불리게 되었다.

중국에서는 은나라 이래로 친족편제 원리였던 종법宗法을 국가로 확대하여 이른바 종법 봉건제도를 시행했는데, 적장자인 종자宗子가 아버지의 지위와 권한 및 제사권을 상속받아 친족들을 통제하는 제도가 종법 봉건

제도였다. 종법 봉건제도 하에서 종자가 제사권을 행사하여 조상신에게 제사를 올리는 곳이 바로 종묘였다.

그런데 고대 중국의 종묘제도는 천자, 제후, 대부, 사, 일반인에 따라 각각 달랐다. 즉 천자의 경우는 7묘七廟, 제후는 5묘五廟, 대부는 3묘三廟, 사는 1묘一廟였으며 일반인은 묘廟 없이 살림집에서 제사를 올렸다. 7묘에는 태조와 6대까지의 7위位 조상신이, 5묘에는 태조와 4대까지의 5위 조상신이, 3묘에는 시조와 2대까지의 3위 조상신이 그리고 1묘에는 1대의 1위 조상신 모셔졌다. 그렇다면 천자 7묘에 모셔지는 태조와 제후 5묘에 모셔지는 태조란 어떤 존재였을까?

고대 중국의 종묘제도에서 천자 7묘 중 태조의 묘는 최초로 천명을 받아 왕조를 개창한 창업군주의 묘였으며, 제후 5묘 중 태조의 묘는 최초로 제후에 봉건 된 군주의 묘였다. 이 같은 태조의 묘는 태묘太廟라 불렸으며 변동 없이 존속했다. 반면 나머지 조상들의 묘는 조묘桃廟라고 하였는데 대수가 바뀔 때마다 변동했다. 예컨대 현재의 종자가 세상을 떠나고 그의 적장자가 대를 이어 종자가 되면 기왕의 1대 조상은 2대 조상이 되고, 2대 조상은 3대 조상이 되는 등 연쇄적으로 대수가 바뀌었기에, 대수가 바뀐 조상의 신위는 당연히 해당 대수에 맞게 옮겨서 모셨는데 이런 묘를 조묘라고 하였던 것이다.

반면 대수에 관계없이 존속하는 태조의 신위는 불천위不遷位 또는 부조위不祧位라고 하였다. 천자와 제후의 종묘에 태묘라고 하는 불천위를 둔 이유는 바로 태묘에 대한 제사권을 행사하는 종자에게 천자 또는 제후의 자리를 세습시키기 위해서였다.

한편 고대 중국의 종묘제도에서 7묘, 5묘, 3묘, 1묘는 각각 별개의 묘라는 특징이 있었다. 예컨대 천자 7묘의 경우 태조묘와 6대까지의 묘가 각각 별개였기에 총 7개의 묘로 구성되었다. 구체적으로 살펴보면 남향하는 태조묘를 중심으로 하여 좌측에 6대, 4대, 2대의 3개 묘가 차례로 자리했고 우측에 5대, 3대, 1대의 3개 묘가 차례로 자리했다. 5묘의 경우는 중앙의 태조묘를 중심으로 좌측에 4대, 2대의 2개 묘 그리고 우측에

3대, 1대의 2개 묘가 자리했다.

이처럼 고대 중국의 종묘제도는 각각의 조상신마다 별개의 묘를 가짐으로써 건축비용도 많이 들었을 뿐만 아니라 건축부지도 많이 필요했다. 이런 문제를 극복하기 위해 후한 때부터 하나의 건물에 조상신을 함께 모시는 제도가 등장했다. 이때 태조묘를 서쪽에 놓고 상위로 삼았는데 이를 서상제西上制라고 하였다. 이 같은 서상제는 중국 유교가 퍼지면서 동아시아 각국으로 전파되었다.

우리나라는 고대로부터 중국과 교류하며 유교문화와 종묘제도를 수용하였는데 제후국 체제의 5묘 제도는 통일신라시대인 신문왕 7년(687)에 처음 확인된다. 이때 종묘에 모셔진 신위는 태조(太祖, 味鄒王)를 위시하여 신문왕의 직계 4대인 진지왕, 문흥대왕(文興大王, 김용춘), 태종대왕, 문무대왕이었다. 당시 신라는 삼국통일을 달성하고 당나라의 문물을 대거 수용하면서 중국식 종묘제도 역시 수용하였던 것이다. 고려시대에는 성종 때 종묘가 건축되었으며 이때의 묘제 역시 5묘제였다. 명나라에 대하여 제후국을 자처한 조선왕조에서도 5묘의 종묘제도를 시행하였다.

14세기에 접어들면서 고려, 원, 카마쿠라 막부 등 동아시아 3국은 격심한 혼란에 빠져들었다. 이런 상황에서 고려후기에 주자학을 습득한 신진사대부들은 공민왕 대부터 주자학에 입각한 국가, 사회 개혁을 추진하기 시작했다. 이들 신진사대부들이 중심이 되어 조선이 건국된 후 주자학에 입각한 국가, 사회 개혁은 더욱 적극적으로 추진되었다. 이에 따라 조선 사회 전반이 유교화 되기 시작했다.

조선사회의 유교화는 문화적인 측면에서 두드러졌다. 지난 1천 년간의 주류 문화가 불교에 기초해 있었기에 주자학에 입각한 국가, 사회 개혁이 그만큼 커다란 변동을 초래했다. 문화면에서 드러나는 조선사회의 유교화는 특히 국가의례와 가정의례에서 현저했다. 국가의례와 가정의례는 조선사회의 주도세력인 왕실과 양반의 의례였다. 당연히 조선사회의 유교화는 왕실과 양반에 의해 주도되었다. 조선의 국가의례는 『국조오례의』를 기준으로 하였고 가정의례는 『주자가례』를 기준으로 하였다. 『국조오

례의』와 『주자가례』에 규정된 의례는 근본적으로 유교이념에 기반 했다
는 점에서 서로 유사하였다.

그런데 조선건국 이후 국가와 사회가 유교화 되면서 가장 극적으로
바뀐 부분이 길례吉禮였다. 그것은 무엇보다도 조선건국 직후 반포된 태조
이성계의 즉위교서를 통해 명백하게 드러났다. 1392년 7월 17일, 개경
의 수창궁에서 백관의 추대를 받아 왕위에 오른 태조 이성계는 즉위한
지 11일 후인 7월 28일에 즉위교서를 선포했다. 이 즉위교서에서 태조
이성계는 신왕조의 국가의례와 관련한 대원칙으로서 '의장법제는 모두
고려의 고사古事에 의거한다.'고 하여 큰 변화는 없을 것으로 공언하였다.
하지만 길례와 관련해서는 '천자는 7묘를 세우고 제후는 5묘를 세우며,
궁궐의 왼쪽에는 종묘를 세우고 오른쪽에는 사직을 세우는 것이 옛날의
예법인데, 고려의 종묘제도는 예경禮經에 맞지 않을 뿐만 아니라 성 밖에
있고, 사직은 비록 궁궐의 오른쪽에 있으나 그 제도에는 옛 제도와 어긋나
는 것이 있으니, 예조에 의뢰하여 상세히 규명하고 의논하게 하여 일정한
제도로 하겠다.'고 천명함으로써 길례는 유교의례에 입각해 대대적으로
정비할 것임을 분명히 했다.

이에 따라 태조 이성계가 즉위한 직후부터 예조에서는 길례와 관련된
국가의례를 대폭 정비하였다. 예컨대 즉위교서가 선포된 지 10여일 후인
8월 11일에, 예조전서 조박 등은 종묘, 사직을 비롯한 각종 길례에 관하
여 상서하였는데, 그 내용은 고려 이래의 길례를 유교 예제와 명나라
예제에 의거하여 대폭 정비하겠다는 내용이었다. 이처럼 태조 이성계의
즉위 직후부터 대대적으로 정비되기 시작한 길례는 세종 대에 거의 완비
되었다. 이렇게 정비된 길례는 『世宗實錄』오례의 길례 항목에 정리되었
다. 이에 의하면 길례는 중요도에 따라 대사, 중사, 소사의 세 가지로
구분되었는데, 대사에는 사직제와 종묘제의 두 가지가 포함되었고 이는
『국조오례의』에 그대로 계승되었다.

그런데 조선을 건국한 태조 이성계는 고려를 뒤엎은 혁명 군주였다.
이에 태조 이성계는 왕위에 오른 후 곧바로 고려의 종묘를 부수고 바로

그 자리에 조선의 종묘를 새로 지었다. 조선의 종묘는 제후 5묘 제도에 근거하여 건설되었다.

그러나 개성에서 건설되던 조선의 종묘는 완성되지 못했다. 공사 도중에 한양으로의 천도가 본격화되었기 때문이다. 태조 이성계는 동왕 3년(1394) 10월에 개경에서 한양으로 천도했다. 이에 앞서 태조 3년 9월 9일에 종묘, 사직, 궁궐 자리 등이 결정되었다. 그리고 동년 12월 4일부터 한양의 종묘 공사가 시작되었다. 종묘 공사와 신궐 공사는 태조 4년(1395) 9월에 마무리되었다. 한 달 후인 윤9월 1일에는 종묘 이안도감移安都監이 설치되었다. 당시의 종묘 이안은 개경의 종묘에 있던 신주들을 한양의 종묘로 옮겨와 모시는 역사적인 행사였다. 이에 따라 태조는 윤9월 26일에 각사各司에서 1인을 차출해 개경에 보내 4대 신주를 모셔오게 하였다. 태조 자신은 윤9월 27일부터 신궐에서 재계하기 시작했다. 윤9월 28일에 신주가 한양에 도착하여 이날로 종묘 이안 제사를 거행하였다. 다만 이때의 이안 제사는 태조 이성계가 직접 거행하지 않고 판문하부사 권중화로 하여금 섭행하게 하였다. 이유는 바로 며칠 후에 태조가 종묘에서 친제할 예정이었기 때문이다.

태조 4년(1395) 10월 4일에 태조는 강사포에 원유관의 차림으로 종묘에 행차했다. 이어서 다음날인 10월 5일에 태조 이성계는 면복 차림으로 종묘제사를 거행하였다. 이때의 종묘제사에 필요한 의례, 아악 등은 조준과 정도전이 주도하여 마련했는데 주로 정도전이 마련하였다. 태조 4년 10월 5일에 태조가 직접 거행한 종묘 제사는 여러 측면에서 중요했다. 무엇보다도 한양으로 천도한 후 태조가 새로 건설된 종묘에서 직접 거행한 첫 번째 제사였다는 점에서 중요했다. 다음으로 정도전 등 성리학자들이 유교 예제에 입각해 새로 마련한 종묘 의례, 종묘 아악 등에 의거해 거행되었다는 점에서도 중요했다. 따라서 이때의 종묘 제례는 장차 조선조 종묘제례의 전범으로 기능할 수 있었다.

조선시대의 종묘제도는 서상제西上制에 따라 태조 이성계의 신위를 서쪽에 놓고 그 이하의 왕들을 동쪽으로 차례로 놓는 일자형을 취하였다.

태조 이성계의 경우, 그는 나라를 세우고 자신의 4대 조상을 추존하여 왕으로 삼았다. 이들 추존 4왕은 태조 때에 건립된 종묘에 봉안되었다. 창건 당시의 종묘 정전은 7칸 건물로서 그 안에 석실 5칸을 마련하여 추존 4대 조상을 모셨고, 좌우에 2칸씩의 협실을 두었다.

그런데 태종조에 태조 이성계가 사망하자 종묘의 석실 5칸은 가득 차게 되었다. 이런 상황에서 세종조에 정종이 사망하자 정종의 신주가 종묘에 들어갈 경우에는 누군가의 신주를 종묘에서 대신 옮겨야 하는 문제에 봉착하게 되었다.

이에 따라 추존 4왕의 첫 번째인 목조의 신주를 옮기고, 그 신주를 모실 별묘別廟를 세우자는 쪽으로 논의가 전개되었다. 이 결과 종묘의 서쪽에 종묘에서 옮겨온 신주를 모실 별묘로서 영녕전이 세워지게 되었다. 이처럼 종묘에서 옮겨온 신주를 모시는 영녕전이 바로 조묘祧廟였는데, 영녕전이란 조상과 자손들이 모두 영원토록 편안하자는 의미였다.

조선은 제후의 종묘제도인 5묘 제도를 시행했으므로 종묘에는 5명의 왕만을 모실 수 있었고 나머지는 모두 영녕전으로 옮겨야 했다. 그러나 종묘에는 태조 이외에도 공덕이 뛰어나다는 명분으로 불천위가 된 왕들이 여럿 있었다. 예컨대 태종, 세종, 세조 등이 불천위였다. 이처럼 불천위가 늘어남에 따라 종묘 건물을 중축해야 했는데 그 결과 창건 당시 7칸이었던 종묘 정전은 현재 19칸까지 늘어나 기다란 일ㅡ 자 형태를 갖추게 되었다.

2) 종묘의 배향공신과 칠사

종묘에는 선왕과 선후의 신주만 모시는 것이 아니라 배향공신과 칠사七祀의 신주도 함께 모셨는데, 각각 공신당과 칠사당에 모셨다. 칠사는 조선 시대에 국가적으로 일곱 귀신에게 드리던 제사를 말하는데, 이들은 왕의 운명과 직결된 신들이었다. 칠사의 신은 사명지신司命之神, 사호지신司戶之神, 사조지신司竈之神, 중류지신中霤之神, 국문지신國門之神, 공려지신公厲之神, 국행지신國行之神이었다. 사명지신은 인간의 운명을 관장하는 신이고, 사호지신은 인간이 거주하는 집의 문을 관장하는 신이었다. 사조지신은 부엌의 아궁이를 관장하는 신이며, 중류지신은 지붕의 신이었다. 국문지신은 나라의 문 즉 성문을 관장하는 신이었고, 공려지신은 사형을, 국행지신은 여행을 관장하는 신이었다. 칠사의 신들은 집, 음식, 여행, 죽음, 운명 등을 관장함으로써 작게는 왕의 개인적 운명을 지배하고 크게는 나라 사람들의 운명을 좌우하였다. 이렇게 인간의 운명을 좌우하는 칠사의 신들을 종묘에 함께 모시고 제사를 드림으로써 왕실의 운명을 복되게 하려는 것이었다.

종묘의 핵심 건물인 정전은 북쪽에서 남향하는데, 여기에는 선왕과 선후의 신주가 봉안되었다. 그리고 동쪽의 공신당에는 배향공신의 신주가, 서쪽의 칠사당에는 칠사의 신주가 모셔졌다. 이렇게 북쪽, 동쪽, 서쪽에 정전, 공신당, 칠사당이 배치된 종묘는 전체적으로 品品자형의 구조를 이루었다.

북쪽 건물에 모셔진 선왕과 선후의 신주는 당연히 남향이었다. 살아생전 남면하는 지존이었으므로 조상신이 되어서도 남향하였던 것이다. 이에 비해 동쪽에 모셔진 배향공신의 신주는 서향하였고, 서쪽에 모셔진 칠사의 신주는 동향하였다.

배향공신은 왕대별로 모셨는데 각각 줄을 세웠다. 서열은 품계석과 마찬가지로 북쪽에 있는 신위가 상위였다. 따라서 맨 앞줄에 태조의 배향공신, 둘째 줄에 정종의 배향공신, 셋째 줄에 태종의 배향공신 등의 순서로 모셨다. 칠사의 신주도 북쪽을 상위로 하여 줄을 세웠는데 사명지신, 사호지신, 국문지신, 사조지신, 중류지신, 공려지신, 국행지신의 순서였다.

조선시대 종묘는 종묘서宗廟署에서 관리하였다. 『경국대전』에 의하면 종묘서는 종5품아문으로서 업무는 '침묘寢廟의 수위를 관장한다.'로 되어 있는데, '침묘'는 선왕과 선후의 신주를 모신 종묘와 영녕전을 지칭하였다. 종묘서에는 겸임 관료로 도제도 1명, 제조 1명이 있었으며, 전임 관료로 종5품의 영令 1명을 위시하여, 종7품의 직장直長 1명, 종8품의 봉사奉事 1명, 정9품의 부봉사副奉事 1명이 있었다. 종묘서는 갑오경장 때 사직서, 각능전各陵殿, 전생서, 봉상시와 함께 종백부에 통합될 때까지 종묘 관리 업무를 계속했다.

조선시대 종묘서는 업무를 수행하면서 수많은 기록물들을 생산했다. 예컨대 『종묘의궤宗廟儀軌』, 『종묘등록宗廟謄錄』, 『종묘등록서宗廟謄錄序』, 『종묘서일기책宗廟署日記冊』 등이 그런 예들이었다. 이런 자료들을 통해 조선시대 종묘의 관리실태, 구조, 변천 등을 자세히 확인할 수 있다.

종묘는 임진왜란 때 궁궐과 함께 불탔지만 신주는 온전하였다. 선조가 피난을 가면서도 종묘 신주는 가지고 갔기 때문이다. 임진왜란이 끝난 후에는 곧바로 종묘를 다시 짓고 신주를 봉안하였다. 조선시대에는 종묘를 관리하기 위해 국가적인 노력을 기울여 임진왜란 때를 제외하고는 종묘 전체가 불타는 일이 없었다. 그러나 임진왜란 이후 수백 년 세월이 지나면서 종묘도 자연적으로 노화되었고, 벼락이나 폭풍으로 인해 건물 일부가 훼손되기도 하였다. 그래서 종묘의 보수를 담당하는 종묘수리도감, 종묘영녕전중수도감 등이 여러 차례 설치되었으며, 늘어나는 신주를 모시기 위해 중축 공사도 몇 차례 있었다.

3) 종묘와 문묘의 배향공신

한국사에서 종묘와 문묘에 공신을 배향하는 제도는 고려시대부터 시작되었으며 조선시대에 들어와 더욱 발전하였다. 종묘에 배향된 공신이 종묘배향공신이었고 문묘에 배향된 공신이 문묘배향공신이었다. 종묘배향공신과 문묘배향공신은 당대의 정치와 유학을 대표하는 공신들이었다. 종묘배향공신은 국왕을 가장 잘 보필하여 왕도정치를 구현하게 한 공로로 책봉되었는데, 이들은 당대를 대표하는 관료였다. 문묘배향공신은 유학의 발전에 크나큰 공로를 세운 유학자들이었다.

종묘에 공신을 배향하는 제도는 중국 당나라에서 시작되었다. 한국사에서는 고려 성종 때에 종묘를 오묘제五廟制로 정비하면서 공신을 배향한 것이 배향공신의 시초였다. 994년(성종 13)에 태조 왕건을 위시하여 혜종·정종·광종·경종을 종묘에 모시고 태조실에는 배현경·홍유·복지겸·신숭겸·유금필 등 5명을 배향하였고 혜종실에는 박술희·김견술 등 2명, 정종실에는 왕식렴 1명, 광종실에는 유신성·서필 등 2명, 경종실에는 최지몽 1명 등 총 11명을 배향하였다. 이후 공민왕에 이르기까지 종묘에 모셔진 고려의 역대 왕들에게도 공신이 배향되었으며 이 전통이 조선시대에도 계속되었다. 다만 추존되거나 복위된 왕 또는 축출된 왕들에게는 공신이 배향되지 않았다. 예컨대 조선시대의 추존 왕인 덕종·원종·진종·장조莊祖(사도세자)·문조文祖(익종)·단종 등에게는 배향공신이 없었다. 그러나 고종 대에 장조와 문조에게도 공신이 배향됨으로써 이런 전통이 깨졌다. 이는 왕실의 권위를 높이려던 흥선대원군이 강행한 것이었다. 그러므로 본래의 종묘배향공신은 살아생전 국왕으로 군림하다가 사후에 종묘에 모셔지는 왕에게만 배향되는 공신이었다. 종묘배향공신은 조선왕조의 마지막 왕인 순종의 배향공신을 끝으로 사라졌다.

문묘에 공신을 배향하는 제도 역시 중국에서 시작되었다. 한국사에서는 고려 현종 11년인 1020년에 최치원을 문묘에 배향한 것이 문묘배향공신제도의 시작이었다. 통일신라시대의 사람이었던 최치원은 당나라에 유학 가 유교 실력으로 이름을 떨친 공로로 문묘에 배향되었다. 그로부터 2년 후인 1022년(현종 13)에는 신라의 설총이 문묘에 배향되었다. 설총은 불교가 성행하던 신라에서 유교를 학습하고 실천한 공로로 문묘에 배향되었다. 이 전통이 조선시대까지 이어져 이른바 동방 18현으로 불리는 18명의 한국인이 문묘에 배향되었다.

종묘와 문묘는 근본적으로 유교문화의 산물이었다. 종묘배향공신제도와 문묘배향공신제도는 한국사회가 유교화 될수록 중요시되었다. 따라서 종묘배향공신제도와 문묘배향공신제도는 비록 고려시대에 시작되었지만 유교적 왕도 정치가 추구된 조선시대에 최고 수준으로 정비되었다.

종묘배향공신은 조선시대 양반관료들에게 꿈과 같은 존재였다. 양반관료의 최대 이상인 왕도정치 구현에 기여했다는 평가는 무엇과도 바꿀 수 없는 영예였기 때문이었다. 게다가 종묘배향공신을 배출한 가문은 최고의 가문으로 존중되었으며 그 후손들은 국가로부터 각종 특혜를 받았다.

조선시대의 종묘배향공신은 보통 국왕의 삼년상이 끝나고 그 왕의 신주를 종묘에 봉안하기 보름이나 한 달 전쯤 결정되었다. 배향 대상자는 선왕이 살아 있었을 때 보좌하다가 이미 세상을 떠난 관료들이었다. 만약 꼭 배향해야 할 사람인데도 선왕보다 오래 살 경우에는 사후에 논의하여 배향하기도 하였다. 예컨대 효종과 함께 북벌을 상징하던 송시열의 경우, 효종보다 훨씬 오래 살다가 숙종 대에 세상을 떠났다. 이에 따라 송시열은 숙종 대부터 배향 논의가 일기 시작하다가 결국에는 정조 대에 효종의 배향공신으로 결정되었다.

조선 초기에는 왕과 신하들이 함께 모여서 배향 대상자를 논의해서 뽑았는데, 조선 후기에는 방법이 바뀌었다. 즉 배향 후보자의 명단을 작성하고, 신하들은 자신이 선택한 사람의 이름 아래에 동그라미를 치게 하는 방법이었다. 이렇게 하여 많은 동그라미를 얻은 사람을 종묘배향공신으로 선정했는데, 그 수는 적게는 1명부터 많게는 7명에 이르렀다.

종묘배향공신으로 결정되면 별도의 신주를 봉상시奉常寺에서 미리 제작했다. 다만 신주에는 해당자의 이름을 쓰지 않은 상태였다. 국왕의 삼년상 이후 왕의 신주를 종묘에 모실 시기가 가까워지면 봉상시는 미리 제작했던 신주를 공신가의 사당에 보내 제사를 지냈다. 종묘배향공신의 신주를 모시고 공신가의 사당으로 갈 때는 의장을 갖추었다. 신주는 어깨에 메는 가마에 실어 갔는데, 국왕의 교서教書, 제사에 쓸 제문 등이 행렬에 포함되었다. 공신가의 사당에 도착하면 먼저 국왕의 교서를 읽었다. 교서는 배향공신으로 선정된 사실 및 그의 공덕을 찬양하는 내용으로서 예문관에서 작성했다. 교서를 읽은 후에는 가지고 온 신주에 직함과 성명을 썼다. 이어서 사당에서 제사를 지내고 제문을 읽은 후 직함과 성명을 쓴 배향신주를 모시고 돌아갔다. 배향신주는 국왕의 신주를 종묘에 모시는 날까지 궁궐 안의 적당한 곳에 모셔두었다. 그러다가 국왕의 신주가 종묘에 들어가는 날 배향신주를 종묘의 공신당功臣堂에 모셨다. 종묘배향 공신은 자신이 보좌한 국왕의 신주가 종묘에서 나가면 같이 나가야 하는 운명이었다. 왕의 신주는 영녕전으로 갔지만, 배향공신의 신주는 후손에 게 주어져 불태우도록 했다. 다만 종묘에 모셔진 국왕이 불후의 공덕이 있는 불천위不遷位가 되면 배향공신의 신주 역시 옮기지 않았다.

최종적으로 고려시대의 종묘에 배향된 공신은 태조실에 배현경·홍유· 복지겸·신숭겸·유금필·최응, 혜종실에 박술희·김견술, 정종실에 왕식 렴, 광종실에 유신성·서필, 경종실에 박양유·최지몽, 성종실에 최량·최 승로·이몽유·서희·이지백, 목종실에 한언공·최숙·김승조, 현종실에 강 감찬·최항·최사위·왕가도, 덕종실에 유소, 정종실에 서눌·황주량·최충· 김원충, 문종실에 최제안·이자연·왕총지·최유선, 순종실에 이정공, 선종 실에 문정·유공·김상기, 숙종실에 소태보·왕국모·최사취·유인저, 예종 실에 윤관·김인존·위계정, 인종실에 김부식·최사전, 의종실에 최윤의· 유필·문공원, 명종실에 윤인첨·문극겸, 신종실에 조영인, 희종실에 최 선·임유, 강종실에 정극온, 고종실에 조충·이항·김취려, 원종실에 이세 재·채정, 충렬왕실에 허공·설공검, 충선왕실에 홍자번·정가신, 충혜왕실 에 한악·이규, 충정왕실에 이암·이인복, 공민왕실에 왕조·이제현·이공 수·조익청·유숙 등 74명이었다.

조선시대의 종묘에 배향된 공신은 태조실에 조준·이화·남재·이제·이 지란·남은·조인옥, 정종실에 이방의, 태종실에 하륜·조영무·정탁·이천 우·이래, 세종실에 황희·최윤덕·허조·신개·이제·이보, 문종실에 하연, 세조실에 권람·한확·한명회, 예종실에 박원형, 성종실에 신숙주·정창 손·홍응, 중종실에 박원종·성희안·유순정·정광필, 인종실에 홍언필·김 안국, 명종실에 심연원·이언적, 선조실에 이준경·이황·이이, 인조실에 이원익·신흠·김류·이귀·신경진·이서·이보, 효종실에 김상헌·김집·송 시열·이준·민정중·민유중, 현종실에 정태화·김좌명·김수항·김만기, 숙 종실에 남구만·박세채·윤지완·최석정·김석주·김만중, 경종실에 이수·

민진후, 영조실에 김창집·최규서·민진원·조문명·김재로, 장조실에 이종성·민백상, 정조실에 김종수·유언호·김조순, 순조실에 이시수·김재찬·김이교·조득영·이구·조만영, 익종실에 남공철·김로·조병구, 헌종실에 이상황·조인영, 철종실에 이헌구·이희·김수근, 고종실에 박규수·신응조·이돈우·민영환, 순종실에 송근수·김병시·이경직·서정순 등 95명이었다.

왕도정치를 추구한 조선시대의 양반관료들은 기본적으로 유학을 신봉하던 학자들이었다. 이들은 중국의 춘추시대에 공자가 집대성하고 남송대의 주희가 재정리한 유학 즉 주자학을 종교적 정열로 신봉했다. 조선시대의 양반관료들은 주자학을 교육하기 위해 성균관과 향교를 세웠다. 성균관과 향교에서 공자를 모신 건물을 문묘文廟라고 했는데, 이는 공자로 상징되는 유교가 중국문화권에서 문文을 대표했기 때문이었다. 성균관과 향교의 문묘에 배향된 유학자들이 이른바 문묘배향공신이었다. 조선시대 문묘배향공신을 배출한 가문은 최고의 유학자 가문으로 존경받았으며, 국가에서는 기회가 되는 대로 그 후손들을 특채했다.

조선시대의 문묘는 공자를 모신 중앙의 대성전과 그 앞의 좌우에 세운 동무東廡와 서무西廡로 이루어졌다. 중앙의 대성전에는 공자를 위시해 안자·증자·자사·맹자 등 대표적인 중국 유학자들을 모셨다. 동무와 서무에는 그 외의 중국 유학자들과 우리나라 출신 유학자들을 모셨다. 고려시대에 시작된 문묘배향공신의 지위와 영향력은 조선시대에 들어 획기적으로 높아졌다.

조선시대에 최초로 문묘에 배향된 공신은 정몽주였다. 조선개국 이후 정몽주·권근 등을 문묘에 배향하자는 요구가 줄기차게 있었지만, 결국은 정몽주가 1517년(중종 12) 9월 17일에 문묘에 배향되었다. 정몽주의 신위는 문묘에서 최치원의 신위 다음에 자리했다. 임진왜란 이후에는 당쟁이 격화되면서 문묘배향공신도 당쟁의 대상이 되어 당파가 바뀔 때 문묘배향공신까지 바뀌는 일도 있었다. 문묘배향공신은 학문적 업적을 정치적, 군사적 업적 못지않게 중시한 조선시대 문치주의의 결과였다.

최종적으로 문묘에 배향된 설총·최치원·안향·정몽주·김굉필·정여창·조광조·이언적·이황·김인후·이이·성혼·김장생·조헌·김집·송시열·송준길·박세채 등 18명은 한국의 유학사를 대표하는 인물들이었다.

유교적 왕도정치를 추구한 조선시대에는 국가와 왕실의 위기를 극복한 공신들 이외에 정치와 학문발전에 기여한 공로자들도 공신이라고 불렀다. 종묘배향공신과 문묘배향공신이 그들이었다. 종묘배향공신은 왕과 함께 종묘에 모셔지는 공신들이었으며, 문묘배향공신은 유교의 교주 공자를 모신 성균관과 향교에 모셔지는 공신들이었다. 종묘배향공신과 문묘배향공신 제도는 고려 이래로 시행되었는데, 조선시대에 들어와서 더욱 발전하였다.

종묘배향공신과 문묘배향공신은 조선시대 정치와 학문을 대표하는 공신들이었다. 종묘배향공신은 국왕을 가장 잘 보필하여 왕도정치를 구현하게 한 공로로 책봉되는데, 이들은 당대를 대표하는 관료였다. 문묘배향공신은 조선사회에서 절대적인 영향력을 행사한 유학의 발전에 크나큰 공로를 세운 공로가 인정되는 학자들이었다. 정공신이나 원종공신이 위기상황에서 책봉되는 것에 비해, 종묘배향공신과 문묘배향공신은 평화시에 책봉된다는 점에서 달랐다.

종묘배향공신은 조선시대 관료들의 꿈과 같은 존재였다. 양반관료의 최대 이상인 왕도정치 구현에 기여했다는 평가는 무엇과도 바꿀 수 없는 영예였기 때문이었다. 게다가 종묘배향공신을 배출한 가문은 최고의 가문으로 존중되었으며 그 후손들은 국가로부터 각종 특혜를 받았다.

종묘배향공신은 보통 국왕의 3년 상이 끝나고 그 왕의 신주를 종묘에 봉안하기 보름이나 한 달 전쯤에 결정되었다. 배향대상자는 선왕이 살아 있을 때 보좌하다가 이미 세상을 떠난 관료들이었다. 예컨대 조선의 건국 시조 태조 이성계의 신주는 태종 10년(1410) 7월 26일에 종묘에 모셔졌는데, 태조의 배향공신인 이화, 조준, 이지란, 조인옥 등 4명은 약 보름 전인 7월 12일에 결정되었다. 태조 이성계의 핵심 참모로서 조선건국에 절대적인 공훈을 세웠던 정도전은 태종이 일으켰던 1차 왕자의 난에서 역적으로 몰려 죽었으므로 거론되지도 않았다.

그런데 태종은 약 10년 후에 남은, 남재, 이제 등 3명을 태조의 배향공신으로 추가하게 하였다. 이유는 고려 태조 왕건의 배향공신이 배현경, 홍유, 복지겸, 신숭겸, 유금필, 최응 등 6명이므로 이보다 더 많게 하기 위해서였다. 이 결과 조선시대 국왕의 배향공신은 7명을 넘어가지 못하였다.

만약 꼭 배향해야 할 사람인데도 선왕보다 오래 살 경우에는 사후에 논의하여 배향하기도 하였다. 예컨대 효종과 함께 북벌을 상징하던 송시열의 경우, 효종보다 훨씬 오래 살다가 숙종대에 세상을 떠났다. 이에 따라 송시열은 숙종대부터 배향논의가 일기 시작하다가 결국에는 정조 때에 효종의 배향공신으로 결정되기도 하였다.

조선초기에는 왕과 신하들이 함께 모여서 배향대상자를 논의해서 뽑았는데, 조선후기에는 방법이 바뀌었다. 즉 배향후보자의 명단을 작성하고, 신하들은 자신이 선택한 사람의 이름 아래에 동그라미를 치게 하는 것이었다. 이렇게 하여 많은 동그라미를 얻은 사람을 종묘배향공신으로 선정하였는데, 그 수는 적게는 1명부터 시작하여 많아도 7명을 넘지 않았다. 그것은 태조 이성계의 배향공신이 7명이었기 때문에 이보다 많게 하지 않았기 때문이었다.

실제 왕 노릇을 하지 않았는데 나중에 추존된 왕이나 복위된 왕에게는 원래 배향공신이 없었다. 예컨대 조선시대의 추존 왕인 덕종, 원종, 진종, 장조(사도세자), 문조(익종) 그리고 복위된 단종 등이 그들이었다. 그런데 고종 대에 장조와 문조에게도 배향공신을 정해서 올렸는데, 이는 왕실의 권위를 높이려던 흥선대원군이 강행한 것으로서 조선건국 이래의 전통은 아니었다. 흥선대원군은 추존 왕의 배향공신뿐만 아니라 수많은 종친과 관료들을 배향공신으로 선정하기도 하였다.

실제 왕노릇을 했지만 축출된 왕, 예컨대 연산군이나 광해군은 당연히 배향공신이 없었다. 왜냐하면 연산군이나 광해군은 아예 종묘에 들어가지 못했기 때문이었다. 그러므로 본래의 종묘배향공신은 살아생전 국왕

으로 군림하다가 사후에 종묘에 모셔지는 왕에게만 해당하는 공신이라고
할 수 있었다.

망국의 왕인 고종과 순종에게도 배향공신이 있었다. 비록 일제시대이
기는 하지만 고종이나 순종도 종묘에 모셔졌으며, 국왕으로 재위한 사실
이 있었기 때문이었다. 고종의 배향공신은 박규수, 신응조, 이돈우, 민영
환 이렇게 4명이었다.

순종도 고종과 마찬가지로 4명이 배향공신으로 선정되었다. 처음에
순종의 배향공신으로 추천된 사람은 9명이었다. 즉 일제시대에 이왕가李
王家를 관장하던 이왕직李王職에서 추천한 배향공신 후보자는 이유원, 서당
보, 송근수, 김병시, 정범조, 송병선, 이경직, 이완용, 서정순이었다. 이들
을 대상으로 이왕직 장관 한창수, 후작 박영효, 자작 윤덕영, 남작 한규설
등 20명이 창덕궁에 모여 각자 추천하고 싶은 사람의 이름 아래에 동그라
미를 쳤다. 그 결과 송근수, 김병시, 이경직, 서정순 4명이 배향공신으로
선정된 것이었다. 매국노로 지탄받던 이완용은 동그라미 1개만을 받아서
탈락되었다. 이렇게 하여 태조부터 순종까지 조선시대 종묘배향공신으로
선발된 사람은 총 92명에 달하였다.

배향공신으로 결정되면, 별도의 신주를 봉상시奉常寺라고 하는 관청에
서 미리 제작하였다. 다만 신주에는 해당자의 이름을 쓰지 않은 상태였
다. 봉상시는 조선시대 제사 및 시호諡號에 관한 업무를 관장하던 부서였
다. 국왕의 3년상 이후 왕의 신주를 종묘에 모실 시기가 가까워지면 봉상
시는 제작했던 신주를 공신가의 사당에 보내 제사를 지냈다. 왜냐하면
배향공신으로 선정된 사람은 이미 세상을 떠난 뒤였으므로, 그의 후손이
사당에서 신주를 모시고 있기 때문이었다.

배향공신의 신주를 모시고 사당으로 갈 때는 의장을 갖추었다. 공신의
신주는 어깨에 메는 가마에 넣어서 가지고 갔는데, 국왕의 교서, 제사에
쓸 제문 및 이름이 써 있지 않은 신주 등도 행렬에 포함되었다.

공신의 사당에 도착하면, 먼저 국왕의 교서를 읽었다. 이 교서는 배향
공신으로 선정된 사실을 알리며 아울러 그의 공덕을 찬양하는 글로서

예문관에서 작성했다. 예컨대 효종의 배향공신으로 선정되었던 김상헌과 김집 중에서, 김상헌에게 내린 교서는 다음과 같았다.

"큰 슬픔 속에 삼년상을 마치고 종묘에 선왕의 신주를 모시는 예를 거행하게 되었는데, 선왕께서 큰 덕을 지닌 신하를 두셨기에 배향하는 반열에 올리게 되었다. 이에 여망에 따라 성대한 예를 치르게 되었다.

경은 바탕이 남달리 고결했으며, 덕은 곧고 방정하면서도 컸다. 천지 사이의 지극히 강한 기운을 받아 철석같은 심장을 가졌고, 만세에 우뚝 설 만한 옥과 같은 풍채를 지녔다. 강직한 성품은 광해군 이전에 이미 드러났고, 소나무와 같이 변치 않는 절개는 난세가 된 뒤에야 알 수 있게 되었다. 인조대왕이 반정을 한 뒤 벼슬에 나아가게 되었는데, 자주 좋은 말을 아뢰니 모두들 사간원의 장으로 추대하였고, 홀로 강직함을 보존하여 올바른 의논의 중심이 되었다. 위태로운 남한산성에서 피를 뿌렸으니 그 절개는 조선 땅에 해와 달처럼 밝았고 산야에 은둔하니 지극한 정성은 끝없는 강과도 같았다.(중략)

군신간의 정의가 한창 깊어져 갔는데, 어찌하여 이렇게 빨리 세상을 뜨게 되었는가? 선왕께서는 국가의 원로가 세상을 떠난 것에 대하여 탄식하여 슬피 울며 애통해 하셨고, 나 또한 견딜 수 없는 수많은 어려움 때문에 깊은 밤 근심이 깊었다. 선왕께서 돌아가신 뒤 세월은 꽤 흘렀지만 부모에 대한 슬픈 생각이야 어찌 다함이 있겠는가? 무덤가의 백양나무는 황량한데 이제는 다시 잘 보필할 분을 찾을 수 없게 되었다.

이에 선왕을 종묘에 모시는 예를 행할 때에 경을 종묘에 배향하게 되었다. 제사에 대한 예문을 상고해 보건대, 크게 보답하는 것이 이에 있으니, 주나라의 소공을 무왕에게 배향한 전례를 따를 수 있게 되었다. 함께 제사를 모시니 참으로 군신이 일체가 되었고, 저승과 이승의 사이가 없어 마치 바람과 구름이 다시 만난 듯하다. 어질고 공이 많은 신하들 중에서 배향할 신하를 찾아보았지만 경과 같이 큰 공덕이 있는 사람을 찾기 어려웠다. 이에 경을 효종 대왕의 묘정에 배향하게 되었다.

제사와 장례지내는 일 중에서 종묘에 배향하는 것보다 중한 일이 없는데, 더구나 빼어난 신령이 엄숙하게 곁에서 모시고 있는 듯함에랴? 고금을 생각함에 감회가 깊어지며, 제사지내는 것을 보니 아무 잘못이 없도다. 이에 전고에 없던 아름다운 풍채와 절개를 기쁘게 여기며 길이 종묘에서 배향하게 하니, 하늘에 계시는 우리 선왕께서 오르내리시는 것을 잘 인도하여 자손과 백성들을 잘 보호하도록 하라."[92]

교서를 읽은 다음에는 가지고 온 신주에다 직함과 성명을 썼다. 교서를 읽거나 신주를 쓰는 것은 모두 봉상시의 관원과 함께 온 관리의 몫이었다. 이어서 사당에서 제사를 지내고 제문을 읽은 후 직함과 성명을 쓴 배향신주를 모시고 돌아갔다. 배향신주는 국왕의 신주를 종묘에 모시는 날까지 궁궐 안의 적당한 곳에 모셔두었다. 그러다가 국왕의 신주가 종묘에 들어가는 날 배향신주를 종묘의 공신당功臣堂에 모셨다.

종묘는 기본적으로 왕과 왕비의 신주를 모시는 정전正殿과 그 앞의 좌우에 있는 공신당功臣堂 그리고 칠사당七祀堂으로 이루어졌다. 정전은 살아생전의 국왕과 마찬가지로 북쪽에서 남쪽을 향하였다. 이에 비해 공신당은 좌측 즉 왼쪽에 있으며, 칠사당은 우측 즉 오른쪽에 위치하였다. 마치 왕의 좌우에서 모시는 동반과 서반처럼 세상을 떠난 왕과 왕비의 혼령을 공신당과 칠사당의 영령들이 모시는 것이었다.

종묘배향공신은 자신이 보좌한 국왕의 신주가 종묘에서 나가면 같이 나가야 하는 운명이었다. 그것도 왕의 신주는 영녕전으로 갔지만, 배향공신의 신주는 후손에게 주어서 불태우도록 했다.

조선시대의 종묘제도는 제후의 체제에 입각한 5묘제 즉 다섯 명의 왕만 모시는 제도였다. 즉 태조 이성계와 현왕의 직계 4대까지만 모시고 여기에서 벗어나는 왕의 신주는 영녕전으로 옮기는 것이었다. 태조 이성계가 종묘를 건설했을 때에 다섯칸의 정전을 지은 것은 바로 다섯 왕을 모시기 위한 5묘제의 종묘제도 때문이었다. 그러므로 종묘정전 앞의 공신당에는 태조 이성계 및 현왕의 4대까지 다섯 왕의 배향공신만이 있을수 있었다. 최초의 공신당이 3칸이었던 것은 그것만으로도 다섯 왕의 배향공신을 모시기에 충분했기 때문이었다.

---

92) 『顯宗改修實錄』 권6, 顯宗 2년 7월 8일(乙卯).

그러나 종묘에 모셔진 국왕이 불후의 공덕이 있을 경우에는 종묘에서 옮겨지지 않았다. 이런 국왕의 신주를 불천위不遷位라고 하였다. 종묘배향 공신이 영원히 종묘에 머무르려면, 자신이 보좌한 국왕이 불천위가 되어야 가능했다. 즉 자신이 국왕을 잘 보좌하여 불후의 공덕을 이루도록 해야 하는 것이었다.

현재 종묘정전은 19위의 왕을 모시는 19칸인데, 이는 최초의 5칸보다 몇 배나 늘어난 규모이다. 이는 5왕을 제외한 14위의 왕이 불천위가 된 결과였다. 따라서 19위의 왕을 모시는 배향공신도 늘어날 수밖에 없었다. 이 결과 최초 3칸이었던 공신당은 현재 16칸으로 늘어나 있다.

조선시대의 종묘배향공신제도는 국왕을 잘 보좌한 관료를 위한 최고의 포상제도이며 동시에 국왕을 잘 보좌하게 하기 위한 최고의 동기부여 정책이기도 하였다.

〈표 3〉 종묘배향공신 총 92명

왕별	명수	성명
태조	7명	조준, 이화, 남재, 이제, 이지란, 남은, 조인옥
정종	1명	익안대군, 이방의
태종	5명	하륜, 조영무, 정탁, 이천우, 이래
세종	7명	황희, 최윤덕, 허조, 신개, 양녕대군 이제, 효령대군 이보
문종	1명	하연
세조	3명	권람, 한확, 한명회
예종	1명	박원형
성종	3명	신숙주, 정창손, 홍응
중종	4명	박원종, 성희안, 유순정, 정광필
인종	2명	홍언필, 김안국
명종	2명	심연원, 이언적
선조	3명	이준경, 이황, 이이
인조	7명	이원익, 신흠, 김류, 이귀, 신경진, 이서, 능원대군 이보

왕별	명수	성명
효종	6명	김상헌, 김집, 송시열, 인평대군 이준, 민정중, 민유중
현종	4명	정태화, 김좌명, 김수항, 김만기
숙종	6명	남구만, 박세채, 윤지완, 최석정, 김석주, 김만중
경종	2명	이수, 민진후
영조	5명	김창집, 최규서, 민진원, 조문명, 김재로
장조	2명	이종성, 민백상
정조	3명	김종수, 유언호, 김조순
순조	6명	이시수, 김재찬, 김이교, 조득영, 남연군 이구, 조만영
익종	3명	남공철, 김로, 조병구
헌종	2명	이상황, 조인영
철종	3명	이헌구, 익평군 이희, 김수근
고종	4명	박규수, 신응조, 이돈우, 민영환
순종	4명	송근수, 김병시, 이경직, 서정순

한편 조선시대를 주도한 양반관료들은 기본적으로 유학을 신봉하던 학자들이었다. 이들은 중국의 춘추시대에 공자가 집대성하고, 남송 대의 주희가 재정리한 유학 즉 주자학을 종교적 정열로 신봉하였다. 가정과 사회 그리고 국가의 문화를 유지 발전시키는 원동력이 주자학이라는 확신을 가졌다.

성균관이나 향교에서 공자를 모신 건물을 문묘文廟라고 하였는데, 이는 공자로 상징되는 유교가 중국문화권에서 문文을 대표했기 때문이었다. 중국에서 문의 대표자는 공자였고 무武의 대표자는 관우였다. 관우를 모신 건물은 문묘에 대응하여 무묘武廟라고 하였다.

문치주의 하에서의 조선에서는 한양의 성균관과 지방의 향교에 반드시 문묘를 설치하였지만, 무묘는 설치하지 않았다. 무묘는 임란 시에 명나라 병사들이 건설한 이후 관왕묘關王廟란 이름으로 몇몇 세워졌지만, 문묘에 비한다면 상대가 되지 않았다. 이는 문치주의로 불릴 정도로 조선시대 유학자들이 주자학을 편향적으로 숭상했기 때문이었다.

조선시대 한양의 성균관과 지방의 향교에 건설된 문묘에는 유학의 발전에 기여한 중국과 한국의 유명학자들을 모시고 제사를 지내면서 학생들의 사표로 삼았다. 나아가 성균관과 향교에 모셔지는 학자들을 문묘배향공신이라고 불러 최고의 영예와 권위를 부여하였다. 조선시대 문묘배향공신을 배출한 가문은 최고의 학자가문으로 존경을 받았으며, 국가에서는 기회가 되는대로 그 후손들을 특채하였다.

조선시대의 문묘는 공자를 모신 중앙의 대성전大成殿과 그 앞의 좌우에 세운 동무東廡와 서무西廡로 이루어졌다. 중앙의 대성전에는 공자를 위시하여 안자, 증자, 자사, 맹자 등 중국의 유학을 상징하는 총 21명의 학자들을 모셨다. 동무와 서무에는 그 외의 중국학자들과 우리나라 출신의 유학자들을 모셨다.

한국의 역사에서 최초로 한국 사람을 문묘에 배향한 것은 고려 현종 11년(1020) 8월이었다. 당시 최치원을 문묘에 배향하였는데, 신라 사람인 최치원이 당나라에 유학을 가서 유교실력으로 이름을 떨친 공로를 인정했기 때문이었다. 2년 후인 현종 13년(1023) 1월에는 신라의 설총을 문묘에 배향하였다. 불교가 성행하던 신라에서 유교를 학습하고 실천한 설총의 공로가 인정된 것이었다. 이로써 최치원과 설총은 한국의 유교역사에서 태두의 위치를 차지하게 되었다. 고려 말인 충숙왕 6년(1319)에는 안향이 문묘에 배향되었는데, 주자학을 학습하고 국학을 진흥시킨 공로가 평가된 것이었다. 고려시대 문묘에 배향된 최치원, 설총, 안향은 사실상 신라와 고려시대의 유학을 대표하기도 하였다.

문묘배향공신의 지위와 영향력은 조선시대에 들어서면서 획기적으로 높아졌다. 조선사회가 유교화 될수록 유교를 대표하는 문묘배향공신의 중요성이 급속도로 증대했기 때문이었다.

조선시대에 최초로 문묘에 배향된 공신은 정몽주였다. 조선개국 이후 정몽주, 권근 등을 문묘에 배향하자는 요구가 줄기차게 있었지만, 결국은 정몽주가 중종 12년(1517) 9월 17일에 배향된 것이었다. 정몽주의 신위는 문묘에서 최치원의 신위 다음에 자리하였다.

중종 당시 조광조로 대표되던 사림세력은 조선건국의 주체세력이었던 권근보다는 고려왕조에 절개를 지키고 목숨을 바친 정몽주가 조선유교의 태두라고 존경해 마지않았다. 정몽주가 문묘에 배향됨으로써, 조선시대의 유교는 권근 계열의 실용적 유교보다는 정몽주 계열의 도학과 의리를 중시하는 유교가 주류로 자리 잡게 되었다. 그 결과 조선시대에 문묘에 배향된 유학자들은 모두가 정몽주를 연원으로 내세우는 도학자들이었다. 예컨대 광해군 2년(1610) 7월 16일에 문묘배향공신으로 결정된 이른바 5현인 김굉필, 정여창, 조광조, 이언적, 이황은 자타가 공인하는 도학자이며 의리학자들이었다.

임란 이후 당쟁이 격화되면서 문묘배향공신도 당쟁의 대상이 되었다. 즉 서인과 남인, 노론과 소론 등의 당파는 경쟁적으로 자신들에게 유리한 인물을 문묘에 배향시키고자 하였다. 이 결과 당파가 바뀔 때는 문묘배향 공신까지 바뀌는 일도 있었다. 예컨대 서인의 연원으로 상징되는 이이와 성혼은 경신대출척으로 서인이 중앙권력을 장악한 후 문묘배향공신이 되었지만, 기사환국으로 서인이 실세하자 문묘에서 축출되었다. 이이와 성혼은 갑술환국에서 서인이 남인을 축출한 이후 다시 문묘에 배향될 수 있었다.

숙종대 이후의 문묘배향공신은 박세체를 제외하면 모두가 노론계 인물들이었다. 이는 숙종대 이후 노론이 당쟁에서 최종 승리를 거두었기 때문이었다. 박세채의 경우는 탕평을 모색하던 숙종이 일찍이 탕평론을 주장한 박세채를 높이 평가하여 문묘에 배향될 수 있었다. 그를 제외한 인물들, 즉 김인후, 김장생, 조헌, 김집, 송시열, 송준길은 노론계열의 학문적, 정치적 연원을 상징하는 사람들이었다.

문묘배향공신은 학문적 업적을 정치, 군사적 업적 못지않게 중시한 조선시대 문치주의의 결과였다. 문묘배향공신은 한국의 유학사 및 학문사에서 빼놓을 수 없는 존재들로서 정공신이나 종묘배향공신보다도 더 높은 명예를 누렸다. 학문과 문화를 중시한 조선시대의 특징이 문묘배향공신제도에서 극명하게 드러난다고 할 수 있다.

〈표 4〉 문묘에 배향된 18명의 한국출신 공신들

설총, 최치원, 안향, 정몽주, 김굉필, 정여창, 조광조, 이언적, 이황, 김인후, 이이, 성혼, 김장생, 조헌, 김집, 송시열, 송준길, 박세채

2. 불천위와 치제(致祭)

불천위不遷位는 일정한 대수代數가 지나도 사당에서 옮겨지지 않고 계속 모셔지는 신주로서 부조위不祧位라고도 하였다. 이런 점에서 불천위는 사당의 역사 및 유교 예제와 밀접한 관련을 갖고 있다. 조선시대 불천위는 그 대상이 대체로 공신과 왕족이었다. 따라서 불천위는 조선사회의 유교화와 더불어 유교사회에서 국왕과 공신의 소통 구조를 살펴볼 수 있는 중요한 주제가 된다.

조선 창업의 이념과 통치방법은 유교 지식인들에 의해 제시되었다. 그들은 유교에 입각하여 국가와 사회를 조직하고 운영하려 하였다. 이는 유교예제에 의한 국가와 사회질서의 재편 및 표출이라 할 것이며, 그 과정에는 왕과 공신의 소통 문제도 포함되어 있다.

조선시대에 각 가문마다 사당을 설립하도록 한 것은 유교이념과 유교예제의 확산에 주요한 기능을 하였다. 왕실의 종묘를 위시하여 유수한 양반가문의 가묘는 유교 예제가 시행되는 의례의 중심장소가 되었다. 이는 조선 이전에 종교의례의 이념과 장소를 제공해 주던 불교와 사찰을 대체하는 것으로 불교사회에서 유교사회로의 전환을 나타내는 것이라 할 수 있다.

종묘 또는 가묘에서 최고로 존숭되던 조상신이 바로 불천위로서 조선시대의 불천위는 반드시 국가의 공인을 받아야 했다. 불천위가 아닌 조상신은 일정한 대수가 지나면 사당에서 옮겨지지만 불천위는 그렇지 않았다. 불천위는 영원히 후손들의 제사를 받을 뿐만 아니라 그 가문의 정치적, 사회적 위상을 보장해주는 기능을 하였다.

따라서 조선시대에는 왕실을 포함하여 각 가문에서는 경쟁적으로 불천위를 모시려 하였다. 불천위가 많은 가문은 훌륭한 조상을 둔 명문으로 공인되었기 때문이다. 이 같은 불천위는 직접적으로 공신과 관련되었다. 공신은 자동으로 불천위가 되었기 때문이다. 따라서 조선시대 국왕과 공신의 소통문제를 보다 깊이 다루기 위해서는 불천위의 배경, 의미 등을 파악하고 나아가 공신을 불천위로 대우한 국가적 의도 등을 파악할 필요가 있다.

1) 불천위의 배경과 원리

불천위란 중국 종묘제도의 산물이므로 먼저 중국의 종묘제도를 알아볼 필요가 있다. 중국의 종묘제도와 불천위를 이해하기 위해서는 유교의 여러 경전과 함께 중국 역대의 문물제도를 수록한 『문헌통고』가 유용한 자료가 된다. 이 중에서도 『예기』의 '왕제王制' 편과 '제법祭法' 편은 이 부분에 대한 기본적인 정보를 주고 있다. 즉 『예기』의 '왕제' 편에는 다음과 같은 내용이 있다.

> "천자는 7묘廟로서 3소 3목三昭三穆 그리고 태조묘와 더불어 7묘가 된다. 제후는 5묘로서 2소 2목 그리고 태조묘와 더불어 5묘가 된다. 대부는 3묘인데 1소 1목 그리고 태조묘와 더불어 3묘가 된다. 사는 1묘이다. 서인은 침寢에서 제사한다."[93]

위에 의하면 천자, 제후, 대부, 사, 서인의 묘제가 차등적으로 나타난다. 그런데 천자, 제후, 대부의 묘제 중에 '태조묘'가 보이고 있는데, 이 묘가 바로 불천위이다.

---

93) 『禮記注疏』「王制」. "天子七廟 三昭三穆 與太祖之廟而七 諸侯五廟 二昭二穆 與太祖之廟而五 大夫三廟 一昭一穆 與太祖之廟而三 士一廟 庶人祭於寢."

정현은 『예기』 '왕제' 편에 나타난 묘제를 주나라의 종묘제도로 보았다. 이에 따라 천자의 태조는 주나라의 시봉자始封者인 후직后稷으로, 제후의 태조는 '시봉지군始封之君'으로, 그리고 대부의 태조는 '별자시작자別子始爵者'로 파악하였다.[94] 이에 대해 공영달은 후직의 묘는 『주례』를 근거로 하여 불천위라고 해설하였다.[95] 또한 제후의 태조인 '시봉지군'은 바로 천자의 자제로서 처음으로 제후에 봉해진 사람이고, 이 사람을 모신 묘도 불천위라고 하였다. 아울러 대부의 태조인 '별자시작자'는 제후의 아들 중에 처음으로 경대부가 된 사람이고, 이 묘도 불천위가 된다고 해석하고 있다. 이는 결국 최초로 토지를 분봉 받은 제후가 불천위가 된다는 의미이다. 따라서 불천위 분봉제와의 관계 속에서 파악할 때 그 의미가 더욱 명백해 질 것이다.

유교 경전을 통해 볼 때 중국에서는 삼대 이전부터 분봉제가 시행되고 있었던 것으로 나타난다. 그러나 정작 언제부터 분봉제가 시행되었는지도 분명하지 않으며, 그 실상도 정확하지 않은 실정이다. 다만 분봉의 대상이 된 사람들은 왕족과 공신들로서 이들이 왕실의 번병이 되어 천자를 보호하는 것으로 이해되고 있다.

삼대에 시행되었다는 분봉제의 내용이 유교 경전에 잡다하게 산견되고 있는데 비해 『주례』에는 주나라 때에 시행되었다고 판단되는 분봉제가 질서정연하게 묘사되고 있다. 이를 좀 더 살펴보면 다음과 같다. 천자의 삼공은 8명이고 경은 6명이며 대부는 4명인데, 이들이 출봉出封의 대상이 되었다. 이들이 출봉하는 경우에는 1명이 더해져서, 삼공은 9명이 백伯에 봉작되었고, 경은 7명의 후백侯伯에 봉작되었으며, 대부는 5명의 자남子男에 봉작되어, 작위의 등급에 따라 차등적으로 토지를 분봉 받았다. 즉 공은 사방 5백리, 후는 사방 4백리, 백은 사방 3백리, 자는 사방 2백리 그리고 남은 사방 1백리 등으로 작의 등위에 따라 분봉되는 토지가 결정되

---

94) 『禮記注疏』 「王制・鄭玄 注」. "此 周制 (중략) 太祖 后稷 (중략) 太祖 始封之君 (중략) 太祖 別子始爵者."
95) 『禮記注疏』 「王制・孔穎達 疏」. "按周禮 惟存后稷之廟 不毀."

었다. 이들 공, 후, 백, 자, 남이 이른바 외제후外諸侯로서 최초로 출봉出封되는 사람이 '시봉지군'이고 그가 바로 불천위가 되었던 것이다. 그러면 최초로 토지를 분봉 받은 사람을 불천위로 하는 현실적인 필요성 또는 의미는 어디에 있었을까?

분봉제에서 최초로 토지를 분봉 받은 사람은 공이 있다거나 덕이 크다는 등의 개인적 능력이 강조되었다. 그런데 분봉제에서는 한번 분봉된 제후의 작위와 봉토封土는 그의 후손에게 대대로 세습되었다. 따라서 분봉의 실시 및 분봉이 세습을 정당화하기 위해서는 당연히 개인의 능력주의와 함께 세습주의의 결합을 요구하는데, 바로 불천위의 현실적 필요성이 여기에 있었다. 『예기』'왕제' 편의 "외제후사야外諸侯嗣也"라는 기사에 대해 정현은 "유공내봉지有功乃封之 사지세야使之世也"라는 해설을 붙였다. 이는 공이 있는 사람을 제후로 봉하고 세습시킨다는 의미인데 여기에서 무엇을 근거로 세습시키는가 하는 것이 문제가 된다. 즉 최초로 분봉되는 사람은 자신이 공이 있어서 제후에 봉해진다고 하더라고 왜 그 자손에게 세습시키는지에 대한 설명이 필요한 것이다. 이는 제후의 자손이 반드시 공덕이 탁월하다고 보장할 수 없다는 사실에서 더욱 문제가 된다고 하겠다. 따라서 이에 대한 난점을 해결해야 하는데 불천위는 이와 관련하여 중요한 역할을 했다.

이와 관련해서 『의례儀禮』'사관례士冠禮' 편의 "계세이립제후繼世以立諸侯 상현야尙賢也"라는 기록은 중요한 시사점을 주고 있다. 정현의 주에 따르면 위의 구절은 "자손이 능히 선조의 현명함을 본받기 때문에 대대로 세습시킨다."는 의미이다. 이는 바로 세습의 정당성을 후손이 선조의 현명함을 이어받았다는 사실에서 찾고 있는 것이다. 따라서 후손이 선조의 현명함을 이어받은 증거가 무엇인가 하는 것이 문제가 된다. 이에 대해 가공언은 '시봉지군'을 이어받은 후세자손이 시조묘를 헐지 않고 불천위로 두고 있다는 사실, 그것이 바로 선조의 현명함을 본받는 것이라고 해설하였다. 즉 후세가손이 태조묘를 불천위로 하는 것은 태조의 공덕을 본받기 위한 것이고 그렇기 때문에 태조의 공덕을 이어받은 후세자손이 태조를 이어 세습한다는 논리가 되는 것이다. 요컨대 불천위는 중국 분봉제의 산물로서 분봉 및 그것의 세습을 정당화시키는 현실적인 필요성에 부응하고 있었다고 하겠다.

2) 유교의 조공종덕(祖功宗德)과 조선시대 불천위

유교의 논리에 의하면 태조 이외에도 공덕이 탁월한 사람들은 태조와 마찬가지로 불천위가 되었다. 이의 대표적인 인물이 주나라의 문왕과 무왕이었다. 공덕이 탁월한 사람을 불천위로 하는 것과 관련하여서는 보통 『상서』 '상서尚書' 편의 "칠세지모 가이관덕七世之廟 可以觀德"이라는 구절이 인용되었다. 이 구절을 공안국은 "천자는 7묘를 세운다. 덕이 탁월한 왕은 조종祖宗이 되어 그 묘를 헐지 않는다. 그러므로 그 왕의 덕을 볼 수 있다."고 해설하였다. 또한 공영달은 "예에 왕의 경우, 조는 공이 있는 것이고, 종은 덕이 있는 것이다. 그러므로 조종의 경우에는 7세 이외에도 그 묘를 헐지 않는다."라 하고, 아울러 "문왕과 무왕이 조종이 된다."고 하였다. 따라서 공이 높은 사람은 조가 되고 덕이 높은 사람은 종이 되는데 이들의 공덕이 문왕과 무왕에 필적할 경우 불천위가 되는 것이었다. 이는 조공종덕의 불천위가 유교문화에서는 최고의 영예였음을 나타낸다. 따라서 천자, 제후 또는 경, 대부들은 가능하면 그들의 직계조상을 조공종덕의 불천위로 만들고자 노력하였으리라는 점과 억지로 불천위로 삼을 경우 큰 반발을 야기했으리라는 점을 상정할 수 있다.

이처럼 불천위는 중국 분봉제의 산물로서 신분세습을 정당화 또는 강화하는 역할을 하였다. 이에 비해 한국의 역사에서 실제로 분봉제가 시행된 적은 없었다. 그럼에도 불구하고 분봉제 및 불천위 제도는 한국의 역사에 커다란 영향을 끼쳤다고 할 수 있다.

그것은 우선 불천위 제도가 한국 고대사에서의 왕위 세습제와 밀접한 관련을 가지기 때문이다. 또한 왕의 종친이나 공신과 같은 기득권 세력을 관료제 안으로 포섭할 때 분봉제를 참조한 갖가지 제도가 적용되었기 때문이다.

한국사에서 불천위의 역사는 종묘의 건립과 함께 시작되었을 것으로 보인다. 삼국시대 고구려, 백제, 신라는 각각 시조묘를 세우고 제사를 지냈는데, 이들 묘의 신위는 불천위였을 것으로 추측된다. 기록에 의하면 한국의 역사에서는 신라 36대왕인 혜공왕 대에 이르려 제후의 묘제인 5묘제가 정비된 것으로 나타난다. 이 5묘는 미추왕묘, 태종대왕묘, 문무대왕묘 그리고 혜공왕의 친묘인 부, 조의 묘로 이루어졌다. 이 중 미추왕묘는 김씨 왕실 시조의 묘였으므로 당연히 불천위기 되었고, 태종대왕과 문무대왕은 삼국통일의 대공덕으로 조공종덕의 불천위가 되었다.

신라와 고려시대에도 왕실 이외의 유교식 사당이 있었을 가능성이 없는 것은 아니지만 실제로 확인되지는 않고 있다. 이에 비해 조선조의 경우에는 왕실의 종묘를 위시하여 전국의 양반 사대부들도 사당을 건립하기에 이르렀다. 이는 조선조에 이르러 유교 예제가 확산되면서 사당의 건립이 국가적인 시책으로 추진되었기 때문이다. 이에 따라 왕실 종묘 이외에도 품계에 따른 사당의 묘제가 『경국대전』에 규정되었다. 이에 따르면 문, 무 6품 이상은 3대를 제사하게 하고, 7품 이하는 2대를 제사하게 하며, 서인은 부모만을 제사하게 하였다. 이는 조선이 제후의 묘제인 5묘제를 기준으로 하여 풍계에 따라 사당의 묘제를 3묘, 2묘, 1묘로 차등을 두었음을 의미한다. 개인 가문에서 사당을 건립하게 되자 종묘 이외에 사가의 가묘에도 불천위가 나타나게 되었다.

3) 공신 봉군제와 치제(致祭)

조선시대에는 개국공신을 위시하여 정치적 격변기나 국난을 겪을 때마다 책봉된 무수한 공신들이 있었다. 이들은 군에 봉해지기 때문에 조선시대의 공신 봉작제를 봉군제라고도 하였다. 이들은 모두 공신으로서의 갖가지 특전과 함께 불천위가 되는 영광을 누렸다. 조선시대 공신에 봉해지는 것은 이념적으로 토지를 분봉 받고 작위를 받는 것에 비유되었다.

조선의 실정으로는 사실상 토지의 분봉이 행해지지 않았지만 이념적으로 그렇게 간주되었다. 따라서 공신에게는 토지의 분봉 대신에 그에 상응하는 사패지賜牌地나 사패노비 등 경제적 특혜가 주어졌다. 이에 덧붙여 불천위라는 영예를 주었던 것이다. 조선시대의 공신에는 정공신과 원종공신이 있었다. 이중에서 불천위의 특전은 정공신에게만 있었다.

조선시대의 불천위는 공신 봉작제와 관계없이 조공종덕의 측연에서 받는 경우도 많이 있었다. 즉 조선사회의 이념과 이상에 가장 크게 기여한 사람들을 대상으로 그들의 공덕을 기려 불천위로 존중해주는 것이었다. 조선시대의 국가이념은 당연히 유교였으며 정치적으로는 왕도정치를 추구하였다. 따라서 왕도정치의 실현과 유교의 발전에 기여한 사람들이 불천위로 되었다. 이들은 세실왕世室王, 종묘배향공신, 문묘배향공신 및 충절과 학덕이 뛰어난 사람들로 구별되었다.

세실왕은 종묘에서 불천위가 된 왕들이다. 조선시대의 종묘제도는 제후국의 체제를 따라 5묘제를 따랐다. 따라서 이념적으로는 현재 왕의 4대를 넘어서는 왕의 신위는 종묘에서 옮겨져야 했다. 이에 비해 공덕이 뛰어난 왕은 공덕에 의해 친진親盡이 되어도 종묘에서 그대로 모셔졌다. 공덕이 뛰어난 왕이란 유교국가 조선을 굳건히 하는데 탁월한 업적이 있다는 의미이다. 예컨대 태종, 세종, 세조 등이 그들이라 하겠다.

이념적으로만 본다면 종묘에 봉안된 왕의 신주는 친진이 되어야 옮겨진다. 따라서 왕의 신주를 옮길지 말지를 결정하는 시점은 특정 왕이 죽은 후 5대 후에 해당한다. 즉 사망한 왕의 5대 후손이 왕위에 오르고 즉위한 왕의 아버지 신주를 종묘에 모실 시점이 되면 제후의 5묘제에 따라 친진이 된 왕의 신주를 옮겨야 하는 것이다. 따라서 이때 해당 신주를 종묘에서 옮길지 세실로 삼을 지를 의논해야 한다.

특정 왕의 신주를 세실로 할지 말지는 보통 공론에 의해 결정되었다. 대체로 예조나 신료들이 해당 왕의 공덕을 찬양하며 불천위로 할 것을 왕에게 요청한다. 그러면 왕은 이 문제를 가지고 대신들이나 백관들과 상의한다. 대신과 백관들이 모두 동의하면 세실로 결정되는 것이 예사였다. 반대로 왕이 먼저 불천위로 결정할 의사를 갖고 신료들의 의견을 타진하는 경우도 많았다. 조선후기에 이르러서 왕의 신주를 세실로 하는 것은 의례적인 행사가 되어갔다. 즉위한 후계 왕이 즉위 직후에 자신의 아버지나 할아버지에 해당하는 왕의 신위를 조기에 불천위로 결정해버리는 것이었다. 이는 일종의 효도심의 발로 및 신료들의 아부가 맞아 성사되는 것이겠으나 일면 불천위가 그만큼 형식화되어갔음을 의미한다고 하겠다.

묘정배향신은 왕을 보좌하여 왕도정치를 실현하게 한 공덕을 인정받아 불천위가 되었다. 조선조의 경우 왕이 죽으면 후계 왕과 조정대신들이 선왕을 가장 잘 보필한 신하를 선정하여 선왕의 묘정에 배향시켰다. 본래 중국에서 공신을 왕의 사당에 배향한 것은 이들이 살아있을 때 왕을 모시고 연회하던 것을 상징한 것이었다. 그 목적은 배향된 신하들의 공덕을 칭송하고 그 힘으로써 후세의 신하들을 권면하기 위한 것이었다.

조선조의 경우 묘정배향공신은 배향공신으로 불렸으며, 이들의 후손은 훈봉공신의 후손에 준하는 특진을 받았다. 따라서 묘정배향공신을 불천위로 한 것은 이들이 왕을 잘 보필하여 정치를 잘하게 한 공덕을 기리는 의미가 있다고 하겠다.

문묘에 배향된 사람들을 불천위로 한 것은 조선조의 유교지향과 문치주의를 극명하게 보여주는 것이라고 할 수 있다. 문묘에 배향된 사람들은 유교와 치도에 지대한 공이 있는 것으로 간주되어 문묘에 매향되었다. 실제로 문묘에 배향된 정몽주 등 이른바 동방 18현은 모두 당대의 학문과 정계를 주름잡던 사람들이다. 그리고 이들은 문묘뿐만 아니라 전국에 건립된 향교에도 배향되었다. 따라서 문묘배향신은 살아있을 때뿐만 아니라 죽은 후에도 조선조의 정치와 사상계에 막대한 영향력을 행사하였다. 이외에 종묘나 문묘에 배향되지는 못했지만 국가에 충성하고 유교발전에 기여한 충신과 학자들을 왕의 판단이나 신료 또는 사림들의 청원에 의해 불천위로 만들어주는 경우도 조공종덕의 논리로 정당화되었다.

조선시대 불천위에게 수반되는 현실적 이익은 대략 다음과 같았다.

우선 불천위 자신의 관작이 세습되는 것이다. 왕족이나 공신으로서 불천위가 된 사람들은 앞에서 살펴본 것처럼 '초유봉작자'에 해당한다. 이들의 관작은 사후에 적장자에게 승습되었다. 이른바 조선시대의 종친승습과 공신승습이 그것이라 할 것이며, 그 규정이 『경국대전』의 종친부와 충훈부 조항에 나타난다.

뿐만 아니라 불천위의 후손들은 조상의 공덕에 의해 관직에 나갈 수 있었다. 공신들의 후손을 대상으로 한 음서제가 바로 그것이었다. 이외에 문묘배향 공신과 공신의 적장은 과거 없이도 아무 문제없이 등용하도록 하였다. 실제로 조선시대에는 문묘배향공신, 학덕과 충절이 뛰어난 사람 등의 불천위의 후손들이 왕의 특명에 의해 무수하게 녹용錄用의 혜택을 입었는데 이런 조치는 불천위의 공덕에 보답한다는 것으로 정당화되었다.

따라서 조선시대의 불천위를 배출한 가문들은 양반 관료 국가의 중심 세력으로서 계속 관료를 공급하였으며, 이를 통해 지역사회나 학파 또는 당파의 핵심 역할을 수행할 수 있었다. 이들 가문들이 유교 윤리 및 이념의 전파자 역할을 앞장서서 수행한 것도 물론이다. 불천위 후손들에게는 관직상의 우대뿐만 아니라 경제적, 사법적, 의례적 측면에서도 특혜가 주어졌다. 불천위가 되면 국가에서는 그의 제사에 소용되는 경비를 충당하도록 하기 위해 토지와 노비를 지급해주었다. 예컨대 왕족이나 공신들에게 지급되던 토지나 노비가 그와 같은 기능을 하였다. 아울러 불천위 본인 및 그의 후손들은 이른바 팔의八議로 간주되어 십악대죄를 저지르지 않는 한 감형되는 특권을 누리기도 하였다. 또한 불천위를 모신 가문에는 국가에서 관료를 파견하여 제사를 지내주고 식물과 의복 등을 하사하기도 하는 등의 예우도 해 주었다.

전통시대 동양의 공신은 명분상 국가나 왕실의 위기를 극복한 사람들을 대상으로 책봉되었다. 공신이 책봉되었다는 것은 그만큼 위기상황이라는 의미였다. 비록 상황이 수습되어도 공신들 내부의 배신과 반목으로 다시 악화될 가능성이 늘 있었다. 따라서 국왕과 이들 사이의 소통은 국가의 안정과 직결되었다.

조선시대 국왕과 공신의 소통 구조는 대체로 『주례』를 모범으로 하였다. 『주례』에는 중국에서 왕권 국가가 형성될 즈음 국가가 공신들을 어떻게 구분하고 그들에게 어떤 국가적 특권을 주었는지 나아가 최고 권력자와 공신 사이에 어떤 소통 구조를 정립하였는지에 대하여 정밀하게 제시되어 있기 때문이다.

『주례』에 의하면 공신의 공훈은 여섯 등급으로 구분되었다. 첫째는 왕공王功인데, 이는 왕을 보좌하여 왕업을 성취한 공훈으로 왕공은 훈勳이라 불렸고, 주나라의 주공周公 같은 사람이 이에 해당되었다. 둘째는 국공國功인데, 이는 국가를 보전한 공훈으로 국공은 공功이라 불렸고, 이윤伊尹 같은 사람이 여기에 해당되었다. 셋째는 민공民功으로, 이는 백성들에게 법을 시행한 공훈으로, 민공은 용庸으로 불렸고, 후직后稷같은 사람이 여기에 해당되었다. 넷째는 사공事功인데, 이는 수고로써 나라를 안정시킨 공훈으로, 사공은 로勞로 불렸고 우禹같은 사람이 여기에 해당되었다. 다섯째는 치공治功인데, 이는 예법으로 정치를 이룩한 공훈으로, 치공은 력力으로 불렸고, 구요咎繇같은 사람이 여기에 해당되었다. 마지막으로 여섯째는 전공戰功인데, 이는 신묘한 전략으로 적을 이긴 공훈으로, 전공은 다多로 불렸고, 한신韓信 같은 사람이 여기에 해당되었다.

이 같은 공신이나 왕은 다 같은 사람이며, 변덕스런 존재였다. 그들이 비록 한때 협력하여 나라를 세우거나 권력을 잡았다고 해도 그들 사이의 협력과 신뢰가 그대로 지속될 수는 없었다. 이에 『주례』에서는 왕과 공신 사이의 협력과 신뢰를 확보하기 위한 다양한 장치가 제시되었다. 예컨대 공신책봉, 회맹제 등이 그것인데, 조선에서는 이런 것을 참조하여 왕과 공신 사이의 소통 구조를 확립하였다.

공신회맹제는 천지신명 앞에서 배신하지 않겠다고 맹서하는 의식이었다. 배신한다면 천지신명이 내리는 천벌을 감수하겠다는 의미였다. 알 수 없는 사람의 일이라 신령한 존재에게 영원한 믿음을 의지하는 것이라 할 수 있다.

공신회맹제는 왕이 공신들을 거느리고 시행하는 것이 원칙이었다. 부득이한 사정으로 왕세자가 대신하는 경우도 없지 않았으나, 대부분은 왕이 직접 참여하였다. 공신회맹제는 공신이 책봉된 직후에 거행하였다.

조선시대의 공신회맹제는 경복궁의 북문인 신무문 밖에서 거행되었다. 이른바 북단이라고 하는 곳이 이곳이었다. 공신회맹제의 날자는 관상감에서 길일을 골라 왕의 결재를 받아 결정되었다. 아울러 공신회맹제를 거행하기 위해서 천지신명을 상징하는 신주 그리고 맹서문 및 각종 준비물들을 마련했다.

조선시대 공신회맹제에 사용된 회맹단, 천지신명을 상징하는 신주, 맹서문 등은 기본적으로 『주례』의 사맹을 참조하여 마련되었다. 공신회맹제가 『국조오례의』와 같은 국가전서에 규정되지 않았으므로 중국의 예법을 참조한 결과라고 할 수 있다.

조선시대 공신회맹제는 비록 국가전례로 명문화되지는 않지만 왕이 참여하는 최고의 국가전례였다. 왕은 최고 예복인 면류관에 구장복 차림으로 회맹제에 임했다. 공신들도 제복을 입었다. 이는 공신회맹제가 조선시대 大祀에 준하는 국가 전례였음을 의미한다. 아울러 공신회맹제는 최고의 격식을 갖추어 천지신명에게 맹서함으로써 왕과 공신사이에 영원한 결속을 확보할 수 있다고 기대했던 당시 사람들의 심리적 믿음을 보여주는 것이라 할 수 있다.

이처럼 조선시대 왕과 공신 사이에 다양한 소통 구조가 마련된 이유는 그들이 국가에 큰 공훈을 세웠기 때문이기도 하지만, 그와 동시에 그들이 당시의 국가를 떠받치는 핵심 세력이기 때문이기도 하였다. 따라서 국왕과 공신 사이에 대립이 격화되거나 의견 조율이 되지 않으면 이는 왕실의 위기가 되기도 하고 나아가 국가의 위기가 되기도 하였다. 이에 조선시대에는 국왕과 공신 사이에 다양한 소통 구조를 정립함으로써 왕권의 안정은 물론 국정의 안정을 도모하고자 하였다.

한편 조선개국과 함께 유교가 국가이념으로 강조되면서 전국의 양반 가문에도 가묘의 설치가 적극 권장되었다. 가묘에는 조상신이 모셔지고 이곳에서 관혼상제를 비롯한 유교 예제가 시행됨으로써 유교 윤리 및 가치관이 전국으로 확산되기 시작하였다. 이와 함께 국가에서는 왕족과 공신 그리고 학덕과 충절이 뛰어난 사람들을 불천위로 공인해 줌으로써 왕조의 최고 지배세력에게 유교사회 최고의 명예를 부여해주었다.

불천위의 이론적 배경은 중국의 분봉제였다. 중국 분봉제에서 왕조를 창업하거나 처음으로 제후에 봉해진 사람들은 탁월한 공덕이 있는 것으로 간주되어 불천위의 특전을 입었다. 이는 동시에 신분 세습제를 정당화하는 기능을 하였다. 조선시대에는 비록 분봉제가 시행되지는 않았지만, 이의 영향을 받은 봉작제가 시행되었다. 이에 따라 왕족을 대상으로 하는 왕실 봉작제와 공신을 대상으로 하는 공신 봉군제가 시행되었는데, 이들이 '시유작자'로서 불천위가 되었다.

이외에 유교국가 조선의 이념과 가치를 실현하는 사람들 예컨대 종묘의 세실왕, 종묘배향공신과 문묘배향공신, 그리고 학덕과 충절이 뛰어난 사람들이 불천위가 되었다. 이들은 종묘 또는 가묘에서 영원한 제향을 받음으로써 유교사회 최고의 존숭과 영예를 독차지하였다. 이는 마치 기독교사회에서 기독교에 탁월한 공덕이 있는 사람들을 성인으로 존숭하는 것과 같다고 할 것이다. 이외에 조선시대의 불천위에게는 최고의 영예에 수반되는 현실적인 이익들이 있었다. 국가가 불천위의 후손들에게 관작을 승습시키거나 토지와 노비를 주는 일 또는 그 가문의 잡역을 면제해주는 일 등의 갖가지 특혜가 그것이었다.

이념적으로 조선시대의 불천위는 유교사회의 성인이었다. 이들 본인 및 그 후손들은 유교사회 조선의 가치와 이념 및 그 질서를 전파하고 유지하는 첨병의 역할을 하였다. 국가에서 이들에게 최고의 영예와 갖가지 현실적 이익을 보장할 뿐만 아니라 공신과 국왕 사이에 다양한 소통 구조를 마련한 것은 조선의 효과적인 유교화와 더불어 정치적 안정을 위해서라고 할 수 있다.

4부

국왕과 친인척의 소통 구조

I

국왕과 종친의 소통 구조

1. 국왕과 종친의 관계

인간의 평생 파트너 중에서 제일 친근한 존재는 아마도 자신自身, 그리고 부모와 형제일 것이다. 그 다음은 배우자와 그 가계家系이며, 그 이외에는 지역 및 사회적 테두리 안에서 자연적이거나 인위적으로 만들어진 인간관계라고 생각된다. 그 중에서 부계와 모계인 친인척은 어떤 인간관계보다도 개인의 가장 지밀至密한 사이일 것이다. 인류사의 전환점이 되는 사건과 드라마틱한 서사적 장면이 흐르는 포인트마다 자주 등장하는 것이 개인과 가족 간의 회합 혹은 갈등구조였다는 것에서도 잘 알 수 있다.

동서고금을 막론하고 제왕의 측근 중에도 친인척이 중요하지 않았던 경우는 찾기 어렵다. 제왕의 지위와 생명을 위협한 세력 중에 친인척이 늘 존재하기도 했지만, 제왕을 보호하고 그 적들을 제거하는데 선봉에서 활약한 것도 친인척들이었다. 제왕의 친인척은 '계륵鷄肋'이상의 존재였다. 인간이 가장 기초적인 사회화 과정을 가家에서 거친다면, 그 과정 속에서 일상적으로 대면하던 최초의 갈등요소일 것이다. 그런 까닭에 유교를 지향하는 사회에서 제가齊家를 강조했다고 볼 수 있다.[1]

---

[1] 『中宗實錄』 권92, 中宗 34년 10월 20일(甲申).

이점은 조선왕조에도 동일하게 나타난다. 전주이씨라는 사적私的인 가문의 안정과 화합이 곧 왕권의 기초적 토대이며 원천이 될 수 있기 때문이다. 예컨대 조선왕조의 사회구조와 친족관계에서 나타나는 특징 중의 하나가 상호부조相互扶助 가족 네트워크라고 생각된다. 조선왕조의 전 기간 동안 부계와 모계의 기록이 족보에서 사라지지 않았다는 것에서도 알 수 있다. 조선 전기의 족보에 모계의 이성異姓 자손과 외손들이 다수를 차지하였고, 조선 후기 족보에는 부계가 다수를 차지하기는 하지만 배우자의 성관姓貫과 처부妻父 및 그 가계의 정보가 기재되었다. 혼인관계로 맺어진 외척의 기록이 다양하게 나타나고 있는 것이다.[2] 왕실의 종친은 물론 외척의 중요성이 시대가 변화되더라도 그대로 유지되었음을 알 수 있다.

조선왕조에서 정치적 영향력이 강한 친인척은 국왕의 정치적 동반자면서 동시에 정적政敵으로 돌변할 수 있는 아킬레스건이었다. 태종이 왕자의 난과 집권 과정을 통해 주력한 것이 왕실 친인척의 제약이었던 것에서도 잘 나타난다. 또한 '군친무장君親無將'이라는 말에서도 왕실 친인척에 대한 경계가 보인다. 군친무장은『춘추』공양전公羊傳 장공莊公 32년조의 "군친무장 장이필주君親無將 將而必誅"에서 유래한 것으로 군친은 장이 되지 않아야 하며 장이면 반드시 죽여야 한다는 말이다. 이때 군친은 국왕의 친인척이며, 장은 난亂을 일으켜 시역弑逆을 기도한 불충不忠한 자를 의미한다.[3] 이외에도 조선왕조 역모사건의 대부분에 왕실 가족 내부 인물들이 연루된 것에서도 확인된다. 특히 인조반정 이후 적장자 계승이 더욱 어려워지면서 종친들이 정적 관계로 변하는 일이 발생하였다. 그러므로 국왕은 왕실 친인척의 화목과 단속을 동시에 추진해야 왕실의 안정은 물론 정국의 주도권을 확보할 수 있었다. 왕실에서는 종법의 진흥을 위해 화목해야

---

[2] 한상우,『朝鮮後期 兩班層의 親族 네트워크』성균관대학교 박사학위논문, 2014, 34~36쪽.
[3]『正祖實錄』권6, 正祖 2년 8월 7일(甲子); 김윤주, 「조선 초기 국왕 친인척의 정치 참여와 군친무장 원칙」,『향토서울』87, 2014.

하며, 모든 근척近戚 집안과 돈서敦敍의 의리를 극진하게 하고, 종친의 죄를 처벌할 때는 매우 신중하게 접근하도록 했다. 심지어 정조대에는 죄를 범한 종친이라도 문안을 할 수 있도록 하자는 말이 있을 정도였다. 또한 내명부에서도 친척을 근엄하게 대해야 한다는 것을 늘 강조하였다.[4]

한편 국왕이 왕실 친인척을 효율적으로 선도하고 유도하는 방법에는 수신修身이 강조되었지만, 그와 함께 왕실 친인척들이 자발적으로 왕실 가족이라는 정체성과 자부심을 가지게 하는 동기가 필요했다. 제도를 통한 권위와 지위를 확보하는 방안이 구축되었고, 전례를 강조하는 전통을 만들어 소속감과 결속력을 유지시켰다. 예컨대 조선왕조의 전장典章에는『시경』의 "불건불망 솔유구장不愆不忘 率由舊章"이라는 말이 자주 인용되었다.[5] 이 말은 선왕이 만들어 놓은 것은 그대로 지키고 거행해야 한다는 의미로 고례古例의 준수를 강조한 것이다.

그런데 막스 베버가 말했듯이, 전통적 지배는 옛날부터 통용되어 오는 전통의 신성성과 그 전통에 따라 권위가 부여된 자의 정당성에 대한 평소의 신앙에서 기인하는 것이다.[6] 모든 정치행위가 국왕에서 시작되고 국왕에게 귀결되는 왕조정치의 특성상 국왕의 리더십, 왕실 구성원의 소통은 왕권 안정의 핵심요소였다. 따라서 국왕과 왕실 친인척 관계는 왕조의 개창부터 그 운명을 같이 했다고 볼 수 있다.

그럼에도 불구하고 조선왕조에서 왕실과 종친 간에는 개국 초부터 서로 해결하기 어려운 혈투가 있었던 것도 소통을 위해 우선적으로 해결해야할 과제였다. 그 모든 혈투의 주인공인 태종은 1407년(태종 7) 가뭄에 농사를 망칠까 애태우는 백성들을 위하여 기우제를 올리면서 종친 사이의 소통이 무너진 원인을 다음과 같이 하나하나 열거하였다.

의정부사議政府事 성석린成石璘을 보내어 원단圓壇에 비를 빌었다. 그 제문에

---

4) 문재윤, 「조선조 왕실의 제가齊家론과 그 정치적 함의」, 『영남학』 12, 2007, 219쪽.
5)『中宗實錄』권2, 中宗 2년 2월 12일(丙戌).
6) 막스베버, 이상률역, 『관료제』, 문예출판사, 2018.

이르기를, (중략) 내가 덕이 없는 몸으로 천지의 보우保佑를 받고 조종祖宗께서 쌓으신 덕에 힘입어서, 한 나라에 군림君臨한 지가 이제 여러 해가 되었는데, 한재旱災와 수재水災가 해마다 없는 때가 없으니, 이것은 모두 어질지 못한 내가 덕의德義를 그르쳐서 부른 것이니 천견天譴을 당함이 마땅합니다. 어찌 감히 스스로 책하여 상천上天에 허물을 사죄하지 않겠습니까? 무인년에 태상太上이 편치 못하시매, 권신權臣이 어린아이를 끼고 종지宗支를 해하기를 도모하여, 화변禍變이 심히 급박하였습니다. 이에 한두 의사義士와 더불어 성명性命을 보존하고자 하여 군사를 들어 난을 제거하였는데, 그 창양搶攘한 즈음에 해害가 동기同氣에게 미쳐서, 태상太上을 경동驚動시켜 그 마음을 상하게 하였으니, 대개 죽기를 두려워한 나머지 부득이한 데서 나온 것이요, 다른 마음이 있었던 것은 아니나, 이것이 내 죄의 한 가지입니다. 적자이고 장자인 때문에 상왕을 추대하매, 종사宗社가 안정되고 중외中外가 편안해졌는데, 간신이 또 회안懷安을 협박하여 군사를 믿고 난을 일으켜서 우리 형제를 이간하였습니다. 다행히 의려義旅에 힘을 입어 곧 평정하였으나, 회안이 이것으로 말미암아 외방에 귀양가 있어서, 위로는 태상의 사랑을 받지 못하고, 아래로는 종친의 존영尊榮을 누리지 못하고, 구류되고 울억鬱抑하여 죄수와 같으니, 이것은 공의公義에 있는 것이요, 내가 감히 사사로이 할 바 아니나, 상우象憂의 마음에 있어 어찌 순덕舜德의 부끄러움이 없겠습니까? 내 죄의 두 가지입니다. 상왕이 아들이 없어, 내가 동모제同母弟이고, 또 개국開國·정사定社에 공렬功烈이 있다 하여, 나를 세자로 삼아 대통大統을 잇게 하려 하였는데, 전위傳位할 때에 미쳐서는 늙은 것도 아니요 병든 것도 아닌데 하루아침에 갑자기 중기重器를 내놓았으니, 과연 상왕의 진실한 마음에서 나온 것인지, 군정群情이 둘러싸고 핍박하는 데 부대껴서 그런 것인지, 내 마음속에 지금까지 그 까닭을 알지 못하여, 또한 감히 스스로 편안하지 못하니, 내 죄의 세 가지입니다. 상당上黨 부자는 나의 훈구勳舊요, 또한 나의 인친姻親인데, 말로써 좌죄坐罪 되어 외방에 귀양가 있어, 친속親屬이 서로 떨어져서 편안히 살지 못한 것이 이미 여러 해가 되었으니, 동맹同盟한 뜻은 내가 비록 잊지 않으나, 저 사람의 울억한 것은 어찌 이루 말할 수 있겠습니까? 내 죄의 네 가지입니다. 이 네 가지 죄는 부자·형제·군신·훈구 사이에 있어서 모두 그 도를 잃어 잘 처리하지 못한 것입니다. 이것은 진실로 나의 부덕한 소치이니, 하늘에 죄를 얻어 재앙과 허물을 부른 것이 참으로

마땅한 것입니다. 어찌 감히 탓하겠습니까?"(후략).[7]

위의 제문에서 태종은 1398년 1차 왕자의 난 때 동기를 죽인 것, 1400
년 2차 왕자의 난 때 형제인 회안대군을 귀양보낸 것, 늙지 않은 정종의
보위를 이어 받은 것, 1404년 이거이李居易 부자를 추방한 것 등의 크게
4가지를 자신의 죄로 고백하고 있다. 그 중 회안대군은 종친 중의 종친이
며, 이거이의 큰 아들은 경신궁주慶愼宮主와 결혼한 태조의 맏사위이며,
둘째아들은 정신궁주定愼宮主와 결혼한 태종의 사위로 대표적인 의빈儀賓이
다. 따라서 태종이 왕실과 친인척간의 갈등요소를 먼저 해소시켜 국정을
안정화시키려는 의도에서 위와 같은 제문을 작성했다고 본다.

물론 정치적인 정당성을 확보하면서 재해를 돌파하기 위한 국정 개척
의 한 수단으로 평가할 수도 있겠지만, 굳이 제왕의 가족 내 트라우마를
위와 같이 나열하면서까지 할 필요는 없었다고 생각된다. 태종의 고백은
정치적 레토릭이 아니라 자신의 재위 이후 왕실 친인척 사이에 더 이상의
살육이 없기를 바라는 반성의 차원에서 나타났다고 보는 것이 자연스럽
다고 본다. 이점은 세조가 단종을 제거한 뒤 죽을 때 까지 갈등한 것이나,
광해군을 무력으로 몰아낸 뒤 보위를 차지한 인조가 며느리와 손자들을
죽음으로 몰아넣은 것과, 영조가 사도세자를 죽인 이후 보인 정신적 갈등
과 공황 속에서도 알 수 있을 것이다. 왕실 친인척 간의 암투 나아가
살육은 육친의 정, 그 이상으로 인간을 병들게 하기 때문일 것이다.

조선시대 국왕의 친인척은 동성 친족인 종친, 대비와 왕비 및 세자빈을
왕실에 보낸 외척, 공주를 비롯한 왕실 여성과 혼인한 부마 및 그 일족으
로 구분된다. 왕실 친족들의 신분은 국왕의 지친으로 지배집단의 특혜를
누렸다. 종친부, 돈녕부, 의빈부에서 그들의 지위와 특권을 유지하였다.
전근대 왕조사회에서 왕실 친족이 누릴 수 있는 가장 큰 특혜인 관직
진출을 신분적 특권으로 성취한 것이다.

---

7) 『太宗實錄』 권13, 太宗 7년 6월 28일(庚戌).

다만 태조부터 태종대까지는 정치적 격변기이며 각종 제도가 정비되어 가는 과정이었으므로 왕실의 친인척에 대한 규제는 물론 혜택도 정비되지 않았다. 또한 태종이 태조의 직계를 다수 제거 한 뒤 정종의 후손은 서자라는 것과 정치역학상 활동하기 어려운 상황에서 태종의 직계만이 주로 활약하였다. 다음의 〈표 1〉은 『경국대전』의 내명부, 외명부, 종친부의 왕실 친인척을 정리한 것이다.

〈표 1〉 법전의 품계에 따른 왕실 친인척 분류

품계	내명부		외명부[8]	종친부[9]	의빈부
	대전	세자궁			
무품	국왕, 왕비	세자		대군(大君), 군(君)	
정1	빈(嬪)		부부인(府夫人)[10], 공주, 옹주, 군부인(郡夫人)	군(君)	위(尉)
종1	귀인(貴人)		봉보부인(奉保夫人), 군부인	군(君)[11]	위[12]
정2	소의(昭儀)		군주(郡主)[13], 현부인(縣夫人)	군(君)[14]	위
종2	숙의(淑儀)	양제(良娣)	현주(縣主)[15], 현부인	군(君)[16]	위[17]
정3	소용(昭容)		신부인(愼夫人), 신인(愼人)	도정(都正), 정(正)[18]	부위(副尉)[19]
종3	숙용(淑容)	양원(良媛)	신인	부정(副正)[20]	첨위(僉尉)[21]
정4	소원(昭媛)		혜인(惠人)	수(守)[22]	
종4	숙원(淑媛)	승휘(承徽)	혜인	부수(副守)	
정5			온인(溫人)	령(令), 전부(典簿), 조관(朝官)	
종5			온인	부령(副令)	
정6			순인(順人)	감(監)	
종6					

---

8) 2품 이상 종친의 부인은 자기 본향 읍호를 작위에 붙인다.

사실 왕실친족은 문무 관직에 진출할 수 있었다. 태종대 돈녕부의 설치는 왕실의 일정 범위 내의 친족들이 제도적으로 관직에 나갈 수 있는 합법적인 통로를 확보한 것이다. 돈녕부는 직사職事가 없는 1품 예우 아문으로 어느 관청에도 속하지 않았다. 돈녕부에는 태조의 직계를 제외한 왕족들이 속했다. 물론 법제적으로 국왕의 동성 친족인 종친은 정치에 참여할 수 없었다. 반면 외척은 제도적으로 관직에 진출하여 정치 참여를 할 수 있었다. 돈녕부의 20여개 관직은 왕실의 친족만이 공식적으로 관직에 나가는 코스였다. 왕실 친족들은 15세가 되면 관직에 나갈 수 있게 되어 일반 사족들이 문음을 통해 관직에 나가는 것이 18세 이후임을 감안하면 파격적인 우대조처였다.[23]

그런데 조선후기로 갈수록 국왕과 왕실 친족의 관계는 파국적인 경우가 자주 등장하였다. 대부분 왕위 계승과 환국이라는 정국의 소용돌이 속에서 나타났다. 특히 왕위 계승의 경쟁자 혹은 역모의 주모자로 지목되어 종친들이 제거되는 과정 속에서 외척 세력이 급성장하는 것이 특징이라고 할 수 있다. 이른바 세도정치기의 등장이 한 사례이다. 다음의 〈표

---

9) 3품 이하의 종친은 읍호를 사용하였다.
10) 대군의 부인이다.
11) 대군의 뒤를 잇는 적장자의 첫 벼슬이다.
12) 공주에게 장가 든 사람의 첫 벼슬이다.
13) 세자의 적녀이다.
14) 세자의 여러 아들, 대군의 뒤를 잇는 적장손, 왕자군의 뒤를 잇는 적장자의 첫 벼슬이다.
15) 세자의 서녀이다.
16) 세자의 여러 손자, 대군의 여러 아들과 뒤를 잇는 큰 집의 맏증손, 왕자군의 뒤를 잇는 적장손의 첫 벼슬이다.
17) 옹주에게 장가 든 사람의 첫 벼슬이다.
18) 세자의 여러 증손, 대군의 여러 손자, 왕자군의 여러 아들과 뒤를 잇는 큰 집의 맏증손의 첫 벼슬이다.
19) 군주에게 장가든 사람의 첫 벼슬이다.
20) 대군의 여러 증손, 왕자군의 여러 손자의 첫 벼슬이다.
21) 현주에게 장가든 사람의 첫 벼슬이다.
22) 왕자군의 여러 증손의 첫 벼슬이다.
23) 최이돈, 「조선초기 왕실 친족의 신분적 성격-관직 진출을 중심으로-」, 『진단학보』 117, 2013, 37~40쪽.

2)를 보면 조선후기로 갈수록 절대적으로 감소하는 종친의 수를 확인할 수 있다.

〈표 2〉 조선시대 종친 인원수[24]

구분	태조	정종	태종	세종	세조	덕종	예종	성종	중종	선조	원종	인조	숙종	장조	고종	합계
아들	6	15	11	16	2	1	2	15	7	13	3	5	1	3	2	102
손자	9	43	41	33	11	1		41	17	23	1	6	1	3		230
증손	19	126	117	78	33	3		98	48	64	4	8	1	4		603
현손	52	307	292	192	77	3		250	146	138	3	17	4	3		1,484
총계	86	491	461	319	123	8	2	404	218	238	11	36	7	13	2	2,419

그럼에도 불구하고 국왕과 왕실친족은 조선전기부터 구축하였던 다양한 소통 구조를 이용하여 쌍방간의 관계를 지속하였다. 그 대표적인 것으로는 봉작封爵, 시위侍衛, 연향宴饗, 문후問候, 하례賀禮, 공상供上 등 왕실과 국가의 시스템을 이용하여 정례화한 의례적 장치들이었다.

2. 봉작(封爵)

1) 봉작(封爵)

왕실 친인척을 차등적으로 분별하여 소통 구조를 만든 토대는 봉작제였다. 조선 왕조의 개창기에는 왕실의 친족들이 공신들과 같이 건국의 중요한 두 축이었다. 이 두 축은 건국 초기에는 협력관계였으나 곧 긴장관계로 변하였다. 조선 건국 초기 태조는 적자와 서자의 구별없이 아들들에

---

24) 한희숙, 「조선 종친부의 체제 및 기능과 변천」, 『사학연구』 114, 2014, 57쪽 재인용.

게 동일하게 봉군封君하였다.[25] 그런데 태종 이방원이 주도한 왕자의 난은 왕실 친족과 공신 간에 벌어진 전형적인 권력 다툼이며, 봉군에 대한 불만이었다. 이후 태종은 자신을 지지한 친족과 신료들에게 공후백公侯伯의 작위를 나누어 주어 포상하였다.[26] 국왕이 왕실 친족에게 봉작을 한 것은 상호간의 정치적 소통과 가족 간의 유대감을 증대시키는 방안이었다.

봉작제는 중국 주나라의 오등작제五等爵制를 기원으로 청대까지 시행되었던 긴 역사를 가지고 있다. 한국에서는 고려시대에 당나라의 봉작제가 도입되었다. 고려는 종실의 친존자親尊者를 봉하여 공公과 후候 라고 했고, 소원한 자는 백伯, 공후백의 아들은 사도司徒와 사공司空이라고 했으며 이들을 제왕諸王이라고 했다.[27]

조선 왕조의 봉작은 종친과 내외명부, 의빈, 공신 등에게 시행되었다. 특히 조선초기부터 왕실 친인척을 위한 종친부와 돈녕부 등의 각종 예우 아문이 확립되면서 봉작도 공식적으로 진행되었다.[28] 종친부는 중국 역대 왕조처럼 국왕의 친왕자 개개인에게 관서[王府]를 설치해주는 대신 친왕자 이하 모든 종친을 하나로 관리하려고 만든 곳이다.

종친의 봉작 체계에서 국왕의 적자는 대군大君, 서자는 군君으로 모두 무품無品이었다. 정1품과 종1품은 군인데, 종1품은 대군을 승습承襲할 적장자에게 주는 것이다. 정2품의 군은 왕세자의 중자衆子, 대군을 승습할 적장손, 왕자군王子君을 승습할 적장자에게 처음 주는 것이다. 종2품의 군은 왕세자의 중손衆孫, 대군의 중자, 대군을 승습할 적장증손嫡長曾孫, 왕자군을 승습할 적장손에게 처음 주는 것이다. 정3품 당상堂上은 도정都正, 정3품 당하堂下는 정正으로서 왕세자의 중증손衆曾孫, 대군의 중손, 왕자군의 중자, 왕자군을 승습할 적장증손에게 처음 주는 것이다. 종3품 부정副

---

25) 강제훈, 「조선초기 종친직제의 정비와 운영」, 『한국사연구』 151, 2010, 70쪽.
26) 『太祖實錄』 권15, 太祖 7년 9월 1일(癸酉).
27) 『고려사』 권90, 列傳, 권3 宗室列傳序.
28) 남지대, 「조선초기 禮遇衙門의 성립과 정비」, 『동양학』 24, 1994, 136~138쪽.

正은 대군의 증증손, 왕자군의 증손에게 처음 주는 것이다. 정4품 수守는 왕자군의 증증손에게 처음 주는 것이다. 종4품은 부수副守, 정5품은 영令, 종5품은 부령副令, 정6품은 감監이다.[29) 적자嫡子·서자庶子의 봉작법封爵法은 1417년 9월에 정해졌다. 당시 예조는 봉작에 대해 다음과 같이 말했다.

> 예조에서 아뢰었다. "영락永樂 10년(1412) 5월에 의정부에서 수교受敎 하신
> 것에 '즉위한 임금의 궁인宮人의 소생은 정윤正尹이 되는 것을 허락한다' 하였
> 고, 영락 12년 1월에 수교하신 것에 '즉위한 임금의 빈잉嬪媵의 아들은 군君을
> 봉하고, 궁인의 아들은 원윤元尹을 삼고, 친자親子 및 친형제의 적실嫡室의
> 여러 아들은 군君을 봉하고, 양첩良妾의 장자長子는 원윤元尹을 삼고, 중자衆子
> 는 부원윤副元尹을 삼아 작품爵品을 한계를 정하여 수교하라.'고 하셨는데,
> 지금 예전 제도를 상고하면 주周나라로부터 송宋나라에 미쳐 전조前朝에 이
> 르기까지 즉위한 임금이 빈잉과 궁인의 아들을 봉작하고 그 품品을 제한하
> 지 않았으며, 친자 및 친형제의 적서嫡庶 여러 아들도 또한 공후작公侯爵의
> 차등差等으로 봉작하고, 그 품을 제한하지 않았습니다. 전에 수교한 것은
> 예전 제도를 상고하지 않은 것이니, 이제부터 즉위한 임금의 빈잉 및 궁인의
> 아들을 봉작하는 것과 친자 및 친형제의 적서 자손은 한결같이 예전 제도에
> 의하여 그 품직을 제한하지 말고, 친형제의 천첩 자손 및 여손女孫은 한결같
> 이 전에 수교한 것에 의하여 정正·종從 4품으로 삼을 것을 허락하소서."[30)

『경국대전』을 통해 보면, 군君으로 봉封하는 봉군封君은 왕비의 아버지 및 2품 이상의 종친·공신功臣·공신 승습功臣承襲에게 행해졌다. 이들 및 3품 이하의 종친은 모두 읍호邑號를 쓰도록 하였다. 승습자의 경우에는 아버지 가 사망하면 봉군하였다. 의빈儀賓도 동일하였다. 공신의 봉군은 정1품부 터 종2품까지이며, 친공신과 왕비의 아버지는 부원군府院君이라 하였다. 의빈의 봉작은 공주에게 장가든 부마에게 처음 종1품의 위尉에 봉하며, 옹주에게 장가든 부마에게는 종2품의 위에 봉하였다. 군주의 부마에게는

---

29) 『經國大典』 내명부, 종친부.
30) 『太宗實錄』 권34, 太宗 17년 9월 2일(甲寅).

정3품 당상의 부위副尉, 현주의 부마에게는 종3품 첨위僉尉에 봉하였다. 정3품 당하도 첨위이다. 국왕과 세자의 후궁에게도 작위가 내려졌는데, 후궁은 내명부에 속해 있었다. 왕의 후궁은 정1품부터 종4품까지이며, 작명은 빈嬪, 귀인貴人, 소의昭儀, 숙의淑儀, 소용昭容, 숙용淑容, 소원昭媛, 숙원淑媛이다. 세자궁에는 종2품부터 종5품까지 종품만이 있는데, 양제良娣, 양원良媛, 승휘承徽, 소훈昭訓이었다. 외명부外命婦의 봉작은 남편의 관직을 따르도록 되어 있다. 서얼庶孼이나 재가再嫁한 자는 봉작하지 않으며, 기왕에 봉작을 받은 자로서 개가改嫁한 자는 그 봉작을 추탈追奪하였다. 그리고 왕비의 어머니, 세자의 딸 및 종친으로서 2품 이상인 자의 처는 모두 읍호를 쓰도록 하였다. 왕비의 어머니는 정1품 부부인府夫人으로 봉해졌다. 왕녀王女는 적녀嫡女가 공주公主, 서녀가 옹주翁主이며, 왕세자의 딸은 적녀가 정2품 군주郡主, 서녀가 정3품 현주縣主이다. 종친의 처는 정1품 부부인府夫人, 대군大君의 처는 군부인郡夫人, 종1품 군부인, 정2품 현부인縣夫人, 종2품 현부인, 정3품 당상관堂上官 신부인愼夫人, 정3품 당하관堂下官 신인愼人, 종3품 신인, 정·종4품 혜인惠人, 정·종5품 온인溫人, 정6품 순인順人이다.

왕비는 고려 공양왕 3년에 왕의 정배正配를 비妃라 칭하고 세자의 정배를 빈嬪이라 칭하도록 한 것에서 유래하였다. 그런데 '비'자 앞에는 미호美號 한 글자를 붙여 칭호로 삼던 것을 1432년(세종 14)에 '왕비'로만 칭하고, 빈도 왕세자빈이라고만 칭하도록 하였다. 왕비가 살아 있을 때 세자가 왕으로 즉위하면 대비로 칭해지고, 대를 거듭하면서 왕대비·대왕대비로 개명되었다. 그리고 왕녀는 궁주宮主라고 일컫던 것을 공주로 칭하도록 하였다.[31]

외명부의 종실과 공신의 처는 1417년(태종 17)에 봉작법이 제정되었다. 당시 이조에서 봉작에 대해 다음과 같이 말했다.

---

31) 『世宗實錄』 권55, 世宗 14년 1월 18일(戊寅).

명부命婦의 봉작하는 법식을 정하였다. 이조에서 아뢰었다. "종실 정1품 대광 보국 대군大匡輔國大君의 처는 삼한국 대부인三韓國大夫人이고, 보국 부원군輔國府院君의 처는 모 한국 대부인某韓國大夫人이고, 종1품 숭록 제군崇祿諸君의 처는 모 한국 부인某韓國夫人이고, 정2품 정헌 제군正憲諸君·종2품 가정 제군嘉靖諸君의 처는 이자호 택주二字號宅主이고, 정3품 통정 원윤通政元尹·종3품 중직 정윤中直正尹의 처는 신인愼人이고, 정4품 봉정 부원윤奉正副元尹·종4품 조산 부정윤朝散副正尹의 처는 혜인惠人이고, 공신功臣 정1품 좌·우의정 부원군府院君의 처는 모 한국 대부인某韓國大夫人이고 제부원군諸府院君의 처는 모 한국 부인某韓國夫人이고, 종1품 및 정2품 제군·종2품 제군의 처는 이자호 택주二字號宅主로 하여, 이상은 모두 하비下批하며, 문무文武 정1품·종1품의 처로서 전에 있어서의 군부인郡夫人은 정숙 부인貞淑夫人으로 고치고, 문무 정2품·종2품의 처로서 전에 있어서의 현부인縣夫人은 정부인貞夫人으로 고쳐서, 이상은 이조에서 전례에 의하여 여러 사람이 의논하여 직접職牒을 주소서." 라고 하니 국왕이 그대로 따랐다.[32]

이조에서 봉작에 대해 보고한 것은 외명부의 종실과 공신의 처에 대한 봉작이 이전부터 시행되던 것을 법제화한 것이다.

왕의 친형제와 왕자 및 종친의 봉작도 많은 변화를 겪었다. 고려에서는 공·후·백의 작위가 사용되다가 충렬왕 이후에는 대군·원군·군·원윤·정윤의 작위가 부여되었다. 조선은 건국 직후에 공·후·백 칭호와 군 칭호를 부여하는 봉작제를 병행하여 시행하였다. 태조는 즉위 직후에 안종원安宗源을 성산백星山伯, 종친의 일원인 이성계의 서제 이화李和를 의안백義安伯으로 봉하면서, 정도전은 봉화군奉化君으로 제수하였다. 1392년(태조 1) 8월에 이방우李芳雨를 진안군鎭安君이라 하고, 이방과李芳果는 영안군永安君이라 하여 의흥친군위 절제사義興親軍衛節制使로 삼고, 이방의李芳毅는 익안군益安君이라 하고, 이방간李芳幹은 회안군懷安君이라 하고, 이방원李芳遠은 정안군靖安君이라 하고, 서자庶子 이방번李芳蕃은 무안군撫安君이라 하여 의흥친군위 절제사義興親軍衛節制使로 삼고, 부마駙馬 이제李濟는 흥안군興安君이라 하여 의

32) 『太宗實錄』 권34, 太宗 17년 9월 12일(甲子).

홍친군위 절제사로 삼고, 서형庶兄 이원계李元桂의 아들 이양우李良祐는 영안
군寧安君이라 하였다.[33]

이러한 공·후·백의 작호는 1401년(태종 1)에 폐지되었으며, 봉작 규정
은 1412년(태종 12)에 법제화되었다. 이때 적서嫡庶의 구별이 이루어졌는
데, 서자는 어머니를 빈잉嬪媵과 궁인宮人으로 구분하였다. 그리하여 적비
의 아들은 정1품 대군大君, 빈잉의 아들은 종1품 군君, 궁인의 아들은 종3
품 정윤正尹과 정4품 부정윤副正尹으로 규정하였다. 그리고 왕의 친형제는
대군으로 봉하고, 친형제의 적실嫡室의 장자長子는 군, 중자衆子는 종2품
원윤元尹으로 봉하도록 하였다. 친형제와 친자親子의 양첩良妾의 아들은 종2
품 원윤과 정4품 부원윤副元尹으로 삼도록 하였다.

1412년 5월에 변경된 봉작 규정의 내용을 보면 다음과 같다.

> 태조의 후손이 아니면서 재내 제군在內諸君·원윤元尹·정윤正尹으로 봉하거
> 나 외척을 군君으로 봉한 것을 파하고, 삼군三軍의 도총제都摠制·총제摠制·
> 동지총제同知摠制·첨총제僉摠制 각각 1명, 영공안부사令恭安府事 1명, 판인녕
> 부사判仁寧府事 2명, 판경승부사判敬承府事 1명, 인녕부仁寧府·경승부敬承府 윤
> 尹각각 1명을 더 두었다. 재내 제군在內諸君 순녕군順寧君 이지李枝를 영공안부
> 사로 삼고, 완성군完城君 이지숭李之崇을 판인녕부사로 삼고, 원윤 이백온李伯
> 溫을 중군 도총제로, 이굉李宏을 좌군 총제로, 이징李澄을 우군 총제로, 이담李
> 湛을 중군 총제로, 이교李皎를 우군 동지 총제로 정윤 이흥제李興濟를 경승부
> 윤으로, 이흥발李興發을 좌군 동지총제로, 이흥로李興露를 중군 첨총제로, 이
> 회李淮를 좌군 첨총제로, 이점李漸을 우군 첨총제로 삼고, 외척 제군外戚諸君
> 안천군安川君 한검韓劒을 판인녕부사로, 영가군永嘉君 권흥權弘을 판경승부사
> 로, 광산군光山君 김한로金漢老를 중군 도총제로, 여원군驪原君 민무휼閔無恤을
> 좌군 도총제로, 안원군安原君 한장수韓長壽를 중군 총제로, 여산군驪山君 민무
> 회閔無悔를 인녕부 윤으로 삼았다. 오직 영안군寧安君 이양우李良祐는 공신이
> 기 때문에 완원 부원군完原府院君으로 고쳐 봉하였다.[34]

---

33) 『太祖實錄』 권1, 太祖 1년 8월 7일(丙辰).
34) 『太宗實錄』 권23, 太宗 12년 5월 3일(丙戌).

태종 집권 초기부터 봉작제는 그 후 여러 차례에 걸쳐 개편되었다. 1414년(태종 14)에는 궁인의 소생을 상향 조정하여 원윤으로 봉하도록 하였다. 그 외의 특징은 적서와 양천의 구별을 강화하였다는 점이다. 친형제의 적실의 장자와 중자에 대한 차별적인 대우는 적자로서의 지위를 강화하여 모두 군으로 봉하도록 하였다. 반면에 첩의 자식은 양천을 구별하여, 친자와 친형제의 양첩 장자는 원윤, 중자는 부원윤, 천첩 장자는 정윤, 중자는 부정윤으로 봉하도록 하였다. 천첩 소생을 봉작 체계 내에 편입시키는 대신, 첩의 소생은 품계를 하향 조정하여 정윤은 정4품, 부정윤은 종4품으로 삼았다. 그 후 태종은 대군이나 원윤이나 모두 자신의 아들이기 때문에 작위를 제한하지 않아야 한다고 하여, 궁인 소생들의 작위를 원윤에서 군으로 높여 주었다. 궁인의 소생도 잠재적인 왕위 계승 자임을 인정한 것이다.[35] 당시의 종친 적서의 구별에 대한 논의를 보면 다음과 같다.

"가만히 생각해보건대, 주공周公이 문왕文王의 덕德을 기술하기를 '문왕의 자손은 본지本支가 백세百世하고, 그 본종本宗의 자손과 지서支庶의 자손이 된 자가 함께 백세 영원토록 복록福祿을 누릴 것이다.'고 하였습니다. 공경히 생각건대, 우리 태조 대왕이 천운天運에 응하여 개국하고, 이제 우리 주상 전하가 큰 대통을 이어받으니, 종사宗斯의 성盛함과 인지麟趾의 경사慶事가 마땅히 주나라 왕실과 더불어 나란히 빛날 것입니다. 그 적서嫡庶의 품질品秩은 마땅히 정해진 분수分數가 있는데, 본부本府에서 일찍이 받은 교지敎旨에도 또한 미비한 점이 있습니다. 빌건대, 즉위한 군주의 적비嫡妃의 여러 아들을 대군으로 봉하고, 빈잉嬪媵의 아들을 군君으로 봉하고, 궁인宮人의 아들을 원윤元尹으로 봉하고, 친 아들과 친 형제의 적실嫡室의 여러 아들을 군으로 봉하고, 양첩良妾의 장자長子를 원윤元尹으로 삼고, 여러 아들을 부원윤副元尹으로 삼고, 천첩賤妾의 장자를 정윤正尹으로 삼고, 여러 아들을 부정윤으로 삼되, 원윤 이상은 옛날 그대로 하고, 정윤은 정 4품으로, 부정윤은 종 4품으로 하고, 천첩의 여손女孫도 또한 4품의 직을 주는 것으로써 정식定式으로

---

35) 강제훈, 위의 논문, 70~81쪽.

삼으소서." 라고 하니 국왕이 그대로 따랐다.[36]

그 후 1443년(세종 25)에 또 종친의 봉작 규정이 개정되었다. 중궁의 아들은 대군을 봉하고 측실의 아들은 군을 봉하는데, 모두 정1품이고 자급이 없다고 한 것이다. 적서의 명분상의 구별을 없앨 수는 없으나 적서 간의 품계 차별을 철폐한 것이 주요 골자이다. 이러한 원칙은 『경국대전』에서도 그대로 유지되어 왕자의 작위는 무품계로 규정하였다. 그리고 왕손으로서 승습자에 대한 보다 세분화된 봉작 규정이 마련되었다. 왕손으로서 승습 예정자는 종2품, 중손은 정4품이었다. 증손으로 승습 예정자는 정3품, 중증손은 종4품이다. 현손으로 승습 예정자는 종3품, 중현손은 정5품이다. 승습 예정자는 친부 사망 후 승습하는데, 왕손은 종1품, 증손은 정2품, 현손은 종2품이 되었다. 제손諸孫으로 양첩 소생은 1등을 내리고 천첩 소생은 또 1등을 내렸다. 2품 이상은 윤尹, 3품은 정正, 4품은 영令, 5품은 감監, 6품은 장長이라 일컬어 부곡部曲·향鄕·리里의 호號로 봉하고 장차 승습할 자는 2품에 이르면 군을 봉하도록 하였다. 1457년(세조 3)에는 1품의 경卿이 신설되고, 정·종을 구분하였다. 종3품 부정副正, 종4품 부령副令, 종5품 부감副監이 새로 제정된 것이다. 『경국대전』은 기본적으로 1457년의 종친 직제를 계승하였으나, 1품의 경과 2품의 윤을 없애고 직명을 개정하여 수록하였다[37]. 당시 자급資級에 대한 논의를 보면 중국 한나라와 당나라의 사례를 도입하여 적용하려던 것을 알 수 있다.

이조에 하교하기를, "≪문헌통고文獻通考≫를 보면 한나라 광무는 아들 10명을 모두 봉왕封王하였으되, 적자適子와 적손適孫은 모두 승습承襲하여 왕으로 봉하게 하고, 중손衆孫과 중증손衆曾孫은 혹 열후列侯에, 혹은 향후鄕侯·정후亭侯에 봉하게 하였으며, 서진西晉에서는 황가皇家가 아니면 왕이 되지 못하

---

36) 『太宗實錄』 권27, 太宗 14년 1월 16일(辛卯).
37) 『經國大典』 吏典, 宗親府.

게 하되, 여러 왕의 지자支子·서자庶子는 모두 황가의 근속近屬이요, 지친至親이지만 또한 각각 땅으로 은혜를 미루어 비로소 왕의 지자支子를 봉하여 공승公丞을 삼고, 왕의 지자를 봉하여 후계승을 삼으며, 왕의 지자를 봉하여 백伯을 삼았다. 당나라는 황형제皇兄弟와 황자皇子만 왕이 되게 하고, 여러 왕의 적자는 군왕郡王을 봉하여, 중지衆子는 군공郡公을 봉하였는데, 당나라 고조高祖가 수선受禪하매 천하가 정하여지지 않았으므로, 널리 종실을 봉하여 천하에 위엄을 보이니, 황종제皇從弟와 나이 어린 조카들 수십 명도 모두 봉하여 군왕郡王을 삼게 하였다. 당나라 태종이 즉위하자 속적屬籍을 들어 시신侍臣에게 묻기를, '종자宗子를 천하에 봉하는 것이 편한가.' 하니, 봉덕이封德彝가 대답하기를, '불편합니다. 예전에 봉왕한 것을 살펴보아도 오늘날이 가장 많습니다. 서한西漢·동한東漢 이래로 오직 황제의 아들과 친형제만 봉하고, 종실과 소원한 자는 큰 공이 있는 자가 아니면 모두 지나치게 명기名器를 받지 못하였으므로, 친소親疏를 구별한 것입니다. 선조先祖 때에 구족九族이 돈목하여 일체로 봉왕하여 작명爵命이 이미 높아지매 많은 역역力役을 주었으니, 대개 천하를 가지고 사사로운 물건으로 삼은 것이므로 지극히 공정하게 물건을 다루는 도道가 아닙니다.'라고 하자, 태종이 말하기를, '그렇다. 짐이 천하를 다스리는 것은 본래 백성을 위한 것이요, 백성을 수고롭게 하여 자기 친속을 기르고자 하는 것이 아니다.' 하고, 이에 소원한 친속은 작爵을 강등하고 오직 공이 있는 두어 사람만 왕이 되게 하되, 나머지는 봉하여 현공縣公을 삼았으며, 송나라에서는 황자로서 왕이 된 자는 봉작이 겨우 자신에 그치게 하고, 자손은 적서를 막론하고 문음門蔭을 이어 받아 입사入仕 하여 환위관環衛官이 되는 데에 불과하고, 차례로 옮기어 반드시 직임을 거친 것이 여러 해가 되어 덕망과 연치가 좀 높아져야만 특별히 왕작王爵으로 봉하되, 그 조祖·부父가 받은 작爵은 승습하지 못하게 하였었다. 예禮에 말하기를, '제후의 별자別子가 할아버지의 계승이 되면 따로 종宗이 되고, 아버지를 이은 자는 소종小宗이 된다.' 하였고, 또 말하기를, '4세世에 시마緦麻를 입으면 복복의 다한 것이요, 5세에 단문袒免하면 동성同姓에서 강쇄되는 것이요, 6세에 친속이 다한 것이다.'라고 하였으니, 대개 친親이 다하면 복복이 궁窮하고, 복이 궁하면 은혜와 예도도 따라서 강쇄 되는 것이다. 지금 종실의 작질을 옛 제도와 예경禮經을 참작하여 마땅히 오복五服을 들어 정하여, 왕자 중에 중궁中宮의 아들은 대군大君을 봉하고, 측실側室의 아들은 군君을 봉하여 모두 정1품으로 하되, 자資는 없게 하며, 왕손으로 장차 승습할 자는 종2품, 중손衆孫은 정4품으로 하고, 증손으로 장차 승습할 자는 정3품, 중증손衆曾孫은 종4품으로 하고, 현손玄孫으로 장차 승습할 자는 정3품, 중현손衆玄孫은 정5품으로 하고, 마땅히 승습할 자가 아버지가 죽어 승습한 뒤에는 왕손은 종1품, 증손은 정2품, 현손은 종2품으로 하고, 장차 승습할 자가 아버지가 아직 승습하기 전에는 지자支子의 예에 의하고, 여러 손자 내에 양첩良妾의 소생은 각각 한 등을 버리고, 천첩賤妾의 소생은 또 각각 한 등을 내리게 하라. 전에 매등 마다 한 자資로 한 것은 타당하지 못하니, 마땅히 문무관의 예에 의하여 두 자資를 써서 정1품은 현록대부顯祿大夫・흥록대부興祿大夫로, 종1품은 소덕대부昭德大夫・가덕대부嘉德大夫로, 정2품은 숭헌대부崇憲大夫・승헌대부承憲大夫로, 종2품은 중의대부中義大夫・정의대부正義大夫로, 정3품은 명선대부明善大夫・창선대부彰善大夫로, 종3품은 보신대부保信大夫・자신대부資信大夫로, 정4품은 선휘대부宣徽大夫・광휘대부廣徽大夫로, 종4품은 봉성대부奉成大夫・광성대부光成大夫로, 정5품은 통직랑通直郎・병직랑秉直郎으로, 종5품은 근절랑謹節郎・신절랑愼節郎으로, 정6품은 집순랑執順郎・종순랑從順郎으로 하라. 사람됨이 근실하고 양순하면 특지로 가자하고, 또 예전 열후列侯・향후鄕侯의 제도에 의하여 2품 이상은 윤尹이라 일컫고, 3품은 정正이라 일컫게 하며, 4품은 영令이라 일컫고, 5품은 감監이라 일컫게 하며, 6품은 장長이라 일컬어 부곡部曲・향리鄕里의 호號로 봉하고, 장차 승습할 자는 2품에 이르면 군을 봉하고, 단문친袒免親은 이성異姓・유복친有服親의 예에 의하여 서용하되, 친친親이 다하면 사진仕進하여 문무관의 예에 의하여 시행하게 하라."하였다.[38]

위의 내용에서 세종대에 개정된 종친 봉작의 기준이 중국 한나라와 당나라의 사례를 참작하여 조정된 것임을 보여준다. 이후 종친의 봉작은 1869년(고종 6)에 개정되었다. 이때에는 연령 제한을 신설하였는데, 대군과 왕자군은 7세에 봉작하고 적왕손과 왕손은 10세에 봉작한다고 하였다. 공주와 옹주는 7세, 군주와 현주는 10세로 정하였다.[39]

38) 『世宗實錄』 권102, 世宗 25년 12월 9일(丁卯).
39) 『高宗實錄』 권6, 高宗 6년 1월 24일(丙申).

이와 같은 봉군封君은 종친 외에, 고려의 제도를 계승하여 공신과 부마駙馬에게도 행해졌다. 이성제군부異姓諸君府가 설치되어 여기에 소속된 공신과 부마는 군으로 봉해졌다. 그런데 군으로 봉작된 사람이 모두 공신이었기 때문에, 이성제군부를 공신제군부로 개칭하였다가 1418년(세종 즉위년)에 그 명칭을 환원하였다. 부마로서 군에 봉작된 사람은 공신이 아니므로 이름과 실지가 맞지 않는다는 이유에서였다. 이후 1444년(세종 26)에 이성제군부를 부마부駙馬府로 개칭하고 봉군을 허용하지 않으며 산관散官을 주도록 하였다. 이것을 1450년(문종 즉위년)에 산관만 주면 칭호가 혼동되어 분별이 어렵다면서 모위某尉의 칭호를 추가하였다.[40] 당시의 봉작 논의를 보면 다음과 같다.

이조에 전지하기를, "봉작은 존비尊卑를 분별하고 명분을 정하는 것으로서 문란하게 할 수 없는 것이다. 고려 때의 봉군封君은 종실로부터 서성庶姓에까지 이르고, 그것을 과람過濫히 함에 있어서는 아래로 환관까지도 모두 봉군을 얻게 되니 당세當世에 웃음거리가 되었던 것이다. 아조我朝에서는 개국 초에 그러한 폐단을 제거하기 시작하여 태종조에 이르러서 다 개혁하였지만, 홀로 부마와 공신 및 중궁의 부친을 봉군하는 제도는 오히려 예전 그대로 인순因循하여 지금에 이르고 있다. 역대의 일을 상고하여 보면, 오직 종실만을 봉왕封王하였고 비록 황후의 아버지라도 다만 열후列侯에 봉할 수 있을 뿐이었다. 그러므로 지금부터는 일체 옛 제도에 의거하여 종실 이외의 서성庶姓에게 봉군하는 것은 모두 폐지할 것이며, 부마의 칭호에 대하여는 고전을 상고하여 보고하라."고 하니, 이조에서 아뢰기를, "삼가 《직림職林》을 상고하여 보니, 봉거奉車·부마駙馬·기삼도위騎三都尉는 다 한나라의 무제가 처음 설치한 것으로서 종실이나 외척으로 임명하여 봉조청奉朝請으로 삼았으며, 진晉나라에서도 봉거와 기삼도위는 폐지하고 오직 부마도위駙馬都尉만을 남겨두어 공주에게 장가든 자에게 시켰던 것입니다. 또 송宋·제齊·양梁·진陳·후위後魏에서는 모두 공주에게 장가든 사람의 벼슬로 하였으며, 공주에게 장가든 사람에게 시켰고, 송나라의 제도에서는 공주의 배우자로

---

40) 한희숙, 「조선 종친부의 체제 및 기능과 변천」, 『사학연구』 114, 2014, 43~48쪽.

뽑힌 사람은 즉시 부마도위로 임명하였으며, 지금 중국의 조정에서도 이 제도를 준용遵用하고 있습니다. 바라옵건대, 역대와 중국의 제도에 의거하여 여러 부마에게는 봉군封君을 허용하지 말 것이며, 따로 산관散官인 정1품 수록대부綏祿大夫・성록대부成祿大夫, 종1품 광덕대부光德大夫・숭덕대부崇德大夫, 정2품 봉헌대부奉憲大夫・통헌대부通憲大夫, 종2품 자의대부資義大夫・순의대부順義大夫의 제도를 세워서 제배除拜하게 하고, 그들의 녹봉과 좌목座目 등의 일은 전례에 따르게 하소서. 이성제군부는 부마부駙馬府로 개칭改稱하여 아문衙門으로 만들고, 그곳의 경력經歷과 도사都事는 한가한 관직에 있는 사람을 구전口傳으로 임명하여 부중府中의 서무를 맡게 하고, 이성제군부에서 관장하던 일들은 충훈사忠勳司에 이속移屬시키도록 하소서."라고 하니 국왕이 그대로 따랐다.41)

위의 논의에서 주요점은 종친과 외친의 경계는 물론 차별적인 봉군으로 종실의 권위를 방사선형으로 만들고 있는 점이다. 왕실의 안위를 위해 종친과 외친을 예우하면서 그들 간에 연합이나 세력 형성을 제어하기 위해 차서를 두어 관리하고자 하는 것이다. 의빈에 대해서는 1466년(세조 12)의 관제 개편 때 부마부駙馬府가 의빈부儀賓府로 개칭되면서, 정・종1품 의빈, 정・종2품 승빈承賓, 정3품 부빈副賓, 정・종3품 첨빈僉賓을 두었다. 이것이 1484년(성종 15)에 이르러 2품 이상은 위尉, 3품 당상堂上은 부위, 당하堂下부터 4품까지는 첨위로 하였다. 성종대의 논의를 보면 다음과 같다.

의빈儀賓 홍상洪常이 상소하기를, "옛 제왕帝王이 관직을 나누어 설치해서 대대로 증손增損함이 있었는데, 그 뜻은 명망으로써 명하고 기국器局으로서 분별하여 서로 문란하지 않도록 한 데에 지나지 않을 따름입니다. 신 등이 삼가 살펴보건대, 국초 이래로 의빈부의 명호名號가 한결같지 않아서 혹은 이성제군부異姓諸君府라고 일컫고, 혹은 부마부駙馬府라고 일컫었으며, 그 직위는 향관鄕貫으로써 이름하여 군君이라고 일컫다가 뒤에 위尉로 고쳐서 내

41) 『世宗實錄』 권105, 世宗 26년 7월 1일(戊申).

려온 지 오래 되었습니다. 세조 병술년 사이에 관제를 개혁하여 비로소 의빈儀賓 · 승빈承賓의 칭호를 두어, 이로 말미암아 상시常時에 낭리郎吏의 호 號를 신 등은 반드시 말하기를, '모의빈某儀賓 · 모승빈某承賓'이라 하여 그 성 을 아울러서 일컫습니다. 이것은 의빈의 호는 하나이지만 의빈이 된 자는 한 사람 뿐만이 아니니, 만약 장래에 의빈 · 승빈이 되는 자가 많게 되면 그 가운데에 성이 같은 자가 반드시 많을 것입니다. 그렇다면 비록 그 성을 아울러서 부르더라도 혼동할 것입니다. 신 등은 깊이 생각하건대, 관제 내 에 장원서 장원掌苑署掌苑 · 사포서 사포司圃署司圃 · 사축서 사축司畜署司畜 등 과 같은 직호職號 또한 의빈부 의빈儀賓府儀賓의 호와 다름이 없습니다. 대개 장원서 등은 6품의 소아문小衙門이고, 의빈부는 정1품의 아문인데, 6품의 관호官號와 서로 섞이는 것은 진실로 적당하지 못합니다. 그러나 저도 1원員 이니 비록 장원이라고 일컫더라도 본래 의빈 몇 명과 동일한 호는 아닙니다. 위로 삼공三公 · 육경六卿으로부터 아래로 제사諸司의 소국小局에 이르기까지 관호와 직함 또한 다르니, 그 성을 겸하여서 그 직함을 부르는 이가 있지 않은데, 의빈부에서만 성으로 직함을 일컬으므로, 다른 데에 어긋남이 있을 뿐만 아니라 그 사체事體에도 적당하지 못한 것 같습니다. 신 등은 외람되게 폐부지말肺腑之末에 의탁依託되어, 벼슬이 높고 녹봉도 후하니, 어찌 감히 다름을 바라겠습니까? 이제 비록 관호를 고친다 하더라도 신 등에게는 보태 거나 줄어드는 것이 있지 않으며, 관호도 옛날과 같고 녹봉도 더하지 않는다 면 국가에도 휴손虧損됨이 없을 것입니다. 삼가 듣건대, 이제 《대전》을 교정하여 법제에 조금이라도 적당하지 못한 것이 있으면 한결같이 모두 쇄신한다고 한 까닭으로, 감히 하의下意를 진달합니다. 바라건대, 구제舊制 를 따라서 분별하면 그 관직의 명호名號에도 뒤섞이지 않고 일은 의거함이 있으니, 옛 제왕이 관직을 나누어 설치해서 명망으로써 명한 뜻에 매우 합당하게 하소서."하였다. 감교청勘校廳에 회부하니, 감교청에서 아뢰기를, "조종조祖宗朝로부터 부마를 군君이나 위尉라 일컬어, 《대전》을 상정詳定할 때에 의빈 · 승빈 등의 이름으로 정하였으니, 만약 한때에 부마의 성이 같은 자가 있으면 진실로 상서上書에 말한 바와 같이 분별하기가 어렵습니다. 그러나 이는 소직小職과 같지 않으니, 《대전》을 상정할 때에 반드시 상세 하게 의논할 것이지 지금 경솔하게 고칠 수는 없습니다."라고 하자, 전교하 기를, "부마를 군君이라고 일컬은 것은 어느 때에 비롯되었는가? 그것을 상고하여서 아뢰라. 또 내 생각에도 동성자同姓者가 많으면 일컫기가 실로 어려울 듯하니, 상서上書한 대로 따르는 것이 무방한 줄로 안다.”하였다. 감교청에서 아뢰기를, “태종조로부터 세종 중년中年까지는 군君이라 일컬었고, 세종 말년으로부터 《대전》을 상정하기 이전까지는 위尉라고 일컬었습니다. 만약 2품 이상이라면 비록 군이라고 일컬어도 무방하나, 《대전》내에 부빈副賓 · 첨빈僉賓 등의 칭호가 실려 있는데 이것도 4품이니, 아울러 군으로써 일컬을 수는 없으며, 또 한 벼슬 안에 별칭別稱할 수는 없습니다.” 하니, 전교하기를, “2품 이상은 군이라고 일컫고, 부빈 · 첨빈은 종친의 모수某守 · 모부수某副守의 사례에 의함이 어떠한가? 다시 감교청에 문의하라.”하였다.[42)]

위의 논의는 부마의 군위君尉 부여를 세분화하여 진행하고자 한 논의이다. 논의의 중점은 군위를 호칭할 수 있는 범주의 한계를 엄격하게 하려는 시도이다. 왕실 족친이 충분해야 왕실 호위에 유리하기는 하지만, 왕실 족친이라는 계층이 광범위하게 존재하면 특권층의 탄생이 되므로 그것을 방지하려는 논의라고 할 수 있다. 무엇보다 법전을 중심으로 논의한 것을 보면, 성종대『경국대전』체제를 갖추면서 부마는 물론 왕실 친인척에 있어서도 법제적인 정비가 완료되었음을 보여주는 논의이다.

2) 서용(敍用)

세종은 종친의 관직 진출에 적극적이었다. 특히 태조와 태종의 유복지친有服之親이 함흥 땅에 많이 사는데도 개국초기의 여러 사건들의 처리로 인해 세종대에 이르기까지 벼슬을 내리기 어려웠음을 미안해했다. 세종은 태조·태종의 유복지친에게도 모두 벼슬을 주고 전토도 내려주려고 하였다. 세종은 종친으로 그 반열에 두기에 마땅하지 못한 사람을 다 알지 못하여, 혹 임명해 쓸 때에 누락했으므로 충의위忠義衛 등에 두는 것도 고려할 정도로 종친의 사용에 많은 관심을 기울였다. 반면 관료들의

---

42)『成宗實錄』권163, 成宗 15년 2월 23일(庚辰).

입장은 온도차가 있었다. 관료들은 국왕이 종친을 친목함은 천리天理와 인정에 합하는 지극한 도리이니, 만일 재능이 있으면 다른 사람과 같이 서용하고, 진실로 그 재주가 없으면 작爵을 준 뒤에 시골에 한가롭게 물러가 살게 하는 것이 옳다고 했다. 또한 함흥의 진황전지陳荒田地를 한 사람마다 3~4결結 혹은 4~5결을 주고 전조田租를 없애어 특별한 은혜를 내리는 것도 동의하였다. 다만 무엇보다도 재능의 여부에 따라 서용할 것을 주장하였다.[43]

그런데 세종은 조정에 왕실 족속을 전적으로 맡아서 서용하는 관사官司가 없기 때문에 가까운 친속이나 먼 친속을 논하지 않고 모두 관작을 제수하는 것은 외람되다고 하였다. 또한 종친 중에서 직함을 받은 지 여러 해가 되는 자도 있고, 혹은 전연 관직에 제수되지 못한 자도 있어서, 고르지 못한 문제도 있음을 지적하였다. 이런 이유로 세종은 왕실의 친속을 서용할 때에는 돈녕부에서 주로 맡아서 마련하되, 파계派系가 진실한가 거짓인가와 친척으로서 가까운가 먼가를 종부시에 이문移文하고, 한산閑散으로 된 지가 오래인가 가까운가와 직함을 받은 연월年月을 이조와 병조에 이문하여 계문하고서 제수하도록 하였다. 특히 돈녕부에는 반드시 유복지친을 차임할 것이며, 무복지친은 이조와 병조에서 그 사람의 재능에 따라서 다른 조사朝士의 예대로 서용하도록 하였다. 1443년(세종 25)에 세종이 왕실 친족의 서용에 대해 지시한 내용을 보면 그 의도를 알 수 있다.

> 승정원에 전지하기를, "≪요전堯典≫에, '구족九族과 친밀해야 한다.'라는 말이 있고, 해석하는 자는, '구족은 고조高祖에서 현손玄孫까지를 말하는 것으로서, 가까운 데서 들춰내어 먼 데에 이르게 되는 것이니, 오복五服에 이성異姓 친척도 또한 그 중에 있다.' 하였다. 또 ≪예기禮記≫에는, '4대가 되면 시마복緦麻服을 입는 것은 복의 마지막이 되며, 5대가 되어 단문袒免만 하는 것은 같은 성이라도 복이 줄어드는 것인데, 6대가 되어 친속이 끝나게 되면

---

43) 『世宗實錄』 권59, 世宗 15년, 2월 26일(庚戌).

친척 관계도 끝나고 복도 없어진다.' 하였다. 이것이 예제의 떳떳한 법이다. 우리 조정에서는 왕실 족속을 전적으로 맡아서 서용하는 관사官司가 없는 까닭에, 가까운 친속이나 먼 친속이나를 논하지 않고 모두 관작을 제수하는 데 실로 외람된 것이다. 혹은 직함을 받은 지 여러 해가 되는 자도 있고, 전연 관직에 제수되지 못한 자도 있어서, 고르지 못하다는 탄식이 있게 되었다. 이제부터는 왕실의 친속을 서용할 때에는 돈녕부에서 주로 맡아서 마련하되, 파계派系가 진실한가 거짓인가와 친척으로서 가까운가 먼가를 종부시에 이문하고, 한산閑散으로 된 지가 오래인가 가까운가와 직함을 받은 연월을 이조와 병조에 이문하여 계문하고서 제수하도록 하라. 돈녕부에 는 반드시 유복지친을 차임할 것이며, 무복지친은 이조와 병조에서 그 사람 의 재능에 따라서 다른 조사朝士의 예대로 서용하라."하였다.[44]

나아가 세종은 세조를 종부시 제조로 삼아 종친의 서용을 운영하도록 하였다. 세종은 효령대군孝寧大君이 질병이 있고 몸도 약해서 종부시를 영 솔할 수 없으므로 진양대군晉陽大君으로 대신하려고 하였다. 다만 본래 벼 슬이 높고 덕망이 있는 자로 종친을 대표하여 영솔하게 하려고 했으나 마땅한 사람이 없고 진양대군이 젊기는 하지만 수신守身의 법을 알고 있다 고 하면서 임명하였다. 또한 세종은 세조를 제조로 삼은 뒤에 "예로부터 종실들은 방위하는 것이 매우 급무였다. 이제 방종하고 태만하여 종친의 복종僕從까지도 이에 인연하여 백성을 침해하는 자가 많다. 너를 서용하여 제조로 삼는 것은 또한 너로 하여금 이직吏職에 종사하게 하여 국법을 배우도록 하려는 것이다."라고 하였다.[45]

이런 세종의 기대 때문인지 아니면 보위를 무력으로 차지해서인지의 여부를 분명하게 말하기는 어려우나 세조가 집권 초기에 종친의 봉록과 서용에 대한 규정을 새롭게 하였다. 이때의 규정은 양녕대군讓寧大君의 건 의에 따른 것이다. 1457년(세조 3) 1월 20일 양녕대군이 건의한 주요 내용은 종친에게 내리는 품계와 서용을 중국 역대 왕조의 전례에 따라

---

44) 『世宗實錄』 권100, 世宗 25년 5월 14일(戊辰).
45) 『世祖實錄』 권1, 총서.

시행하는 것으로 그 세부 내용은 다음과 같다.

이조에서 양녕대군 이제李禔 등의 상언上言에 의거하여 아뢰기를, "(전략) 대개 친친親이 다하면 복복服도 다하고, 복이 다하면 은례恩禮도 따라 감해지게 됩니다. 지금 종실의 작질爵秩은 고제古制 및 예경禮經을 참작한다면 마땅히 오복五服에 의거하여 정해야 하겠습니다. 왕자 중에서도 중궁中宮의 아들은 대군大君으로 봉하고, 측실側室의 아들은 군君으로 봉하여 모두 정1품으로 삼고, 자급資級이 없는 왕손王孫으로서 장차 승습承襲할 사람은 종2품으로 삼고, 중손衆孫은 정4품으로 삼고, 증손으로써 장차 승습할 사람은 정3품으로 삼고, 중증손衆曾孫은 종4품으로 삼고, 현손玄孫으로서 장차 승습할 사람은 종3품으로 삼고, 중현손衆玄孫은 정5품으로 삼고, 마땅히 승습할 사람이 아버지가 죽고 승습한 후의 왕손은 종1품으로 삼고, 증손은 정2품으로 삼고, 현손은 종2품으로 삼고, 장차 승습할 사람이 아버지가 승습하기 전에는 지자支子의 사례에 의거하고, 제손諸孫 안에서 양첩良妾에서 난 사람은 각기 1등을 강등시키고, 전에 매 1등마다 1자급이 있었던 것은 옳지 못하니, 마땅히 문관·무관의 예에 의하여 2자급을 서용해야 할 것입니다. 정1품은 현록대부顯祿大夫와 흥록대부興祿大夫로 하고, 종1품은 소덕대부昭德大夫와 가덕대부嘉德大夫로 하며, 정2품은 숭헌대부崇憲大夫와 승헌대부承憲大夫로 하고, 종2품은 중의대부中義大夫와 정의대부正義大夫로 하며, 정3품은 명선대부明善大夫와 창선대부彰善大夫로 하고, 종3품은 보신대부保信大夫와 자신대부資信大夫로 하며 정4품은 선휘대부宣徽大夫와 광휘대부廣徽大夫로 하고, 종4품은 봉성대부奉成大夫와 광성대부光成大夫로 하며, 정5품은 통직랑通直郎과 병직랑秉直郎으로 하고, 종5품은 근절랑謹節郎과 신절랑愼節郎으로 하며, 정6품은 집순랑執順郎과 종순랑從順郎으로 하고, 사람됨이 어질고 부지런한 사람은 특지特旨로 가자加資하게 할 것입니다. 또 옛날의 열후列侯·향후鄕侯의 제도에 의거하여 1품은 경卿이라 일컫고, 2품은 윤尹이라 일컫고, 3품은 정正이라 일컫고, 4품은 영令이라 일컫고, 5품은 감監이라 일컫고, 6품은 장長이라 일컬어 부곡部曲과 향리鄕里의 칭호로써 이를 봉하고, 장차 승습承襲할 사람은 2품에 이르면 군君으로 봉하고, 단문친袒免親은 이성유복친異姓有服親의 예에 의거하여 서용하고, 친친親이 다하면 입사入仕하기를 문관·무관의 예에 따라 해야 할 것입니다. 지금 만약 종친을 예에 따라 가자한다면 종친은 행직行職이 없었기 때문에 자급에 따라 봉록俸祿을 주는 것이 어렵게 되니, 예전 교지에 의거하여 종친의 아들을 제외하고 대신으로 여서女壻 1명을 추가시켜 자원自願에 따라 가자하여 서용하도록 하고, 또 동반東班·서반西班의 각 품급 및 구전口傳한 전함인前銜人 안에서 임기가 30개월이 찬 사람은 모두 자급을 뛰어 올려 무공랑務功郞으로 삼고, 이미 15개월이 찬 사람은 선무랑宣務郞으로 삼고, 그 다음에 해당되는 사람은 자급을 뛰어 올려 선교랑宣敎郞으로 가자하고, 종친 및 통정대부 이상의 족친에게는 대신 산관직散官職을 더하고, 나이 16세 이상이 된 사람은 통훈대부通訓大夫 이하의 관직을 제수하되 대신 임명되기를 자원하는 사람은 또한 당상관의 예에 의거하여 5품에 한정하여 그치게 하소서."하니, 그대로 따랐다.[46]

위의 기사처럼 종친을 대표하는 양녕대군의 의지가 반영되어 종친의 서용과 대우가 증진되기도 하였으나, 종친의 서용은 국왕의 의지가 우선적으로 반영되어 진행되었다. 세조는 왕권과 중앙집권을 강화하는 방안으로 종친과 공신을 중용하여 사용하였다. 세조대의 종친은 상참常參, 시사視事, 국왕 탄신연, 정조회례연正朝會禮宴, 공신회맹연, 강무, 관사觀射, 격구 등의 궁궐 내외의 다양한 공식 행사에 참여하였다. 격구와 활쏘기에서는 직접 참여하기도 하였다. 또한 세조의 명령을 전달하는 왕명출납王命出納, 궁궐 직숙直宿을 맡기도 하였다. 특히 이시애의 난 때는 종친을 선전관으로 임명하여 매일 교대로 직숙하게 하였고 왕명출납도 더욱 확대하였다. 동시에 영의정 등의 관직을 제수하여 종친을 근신으로 삼는 행태를 보였다.[47]

세조의 유지는 후대에도 이어졌다. 1469년(예종 1) 예종은 세조가 남긴 전교라면서 경혜공주敬惠公主의 아들이 난신亂臣의 아들이지만 종친의 사례로 서용해야 한다고 지시하였다. 경혜공주는 문종의 딸로서 남편은 영양위寧陽尉 정종鄭悰이었다. 이때 한명회韓明澮 및 승지 등은 "종사宗社에

46) 『世祖實錄』 권6, 世祖 3년 1월 20일(乙酉).
47) 한충희, 「조선세조대(1455~1468) 종친연구」, 『한국학논집』 22, 1987, 192~200쪽.

관계된 죄를 지은 자의 아들은 목숨을 보존한 것도 다행이라면서 서용을 반대하였다. 그러나 예종은 "내가 친히 세조의 명을 받았으니, 서용하지 않을 수 없다."라고 하면서 이조와 병조에 전지傳旨를 내려 서용하도록 했다.[48] 경혜공주의 아들은 정미수鄭眉壽였다. 정미수에 대한 서용 및 대우는 성종대에도 이어졌다.

1476년(성종 7) 중부참봉中部參奉이던 정미수가 문과 시험에 응시하고자 상언上言하였다. 성종은 승정원에서 조사한 세조와 예종대에 정미수 집안에 대해 논한 것과 서용하게 하라고 했던 선대왕들의 전교까지 확인하였다. 성종은 선대왕들의 유지를 받들어 정미수의 문과 시험 응시를 허락하고자 했다. 반면 이때에도 성균관成均館·예문관藝文館·승문원承文院·교서관校書館 등의 4관에서는 정미수가 난신의 아들이기 때문에 반대했다. 그러나 성종의 전교로 정미수를 문과에 부시赴試하도록 허락하였다.[49]

성종은 즉위 초에도 종친·의빈·공신의 아들·사위·아우를 도승지가 매번 정사에 계달啓達하여 서용하도록 하였다.[50] 따라서 성종의 정미수에 대한 판결은 당연한 결과였다. 그런데 여기서 주의할 점은 성종의 즉위 초는 세조의 비인 정희왕후의 수렴청정기라는 점이다. 성종의 의지가 반영되었다기보다는 대비전을 비롯한 왕실 인척들의 의중이 직접 작동한 것이라고 해야 할 것이다.

이외에도 성종대에는 간관들이 종친에 대한 예우를 지적하는 사례가 증가하는 추세를 보이는 것도 주목된다. 예컨대 1485년(성종 16) 4월 7일의 경연에서 간관들이 주장한 내용을 보면 다음과 같다.

> 경연에 나아갔다. 강하기를 마치자, 집의執義 박치朴緇가 아뢰기를, "종친들에게 지나친 상작賞爵은 옳지 못합니다."하고, 동지사同知事 김종직金宗直이 아뢰기를, "종친들의 출입체번出入遞番이 모두 합하여 3년이니, 한 사람이

---

48) 『睿宗實錄』 권5, 睿宗 1년 4월 12일(乙丑).
49) 『成宗實錄』 권65, 成宗 7년 3월 11일(甲寅).
50) 『成宗實錄』 권4, 成宗 1년 4월 7일(乙卯).

수릉守陵하는 날이 겨우 3~4삭 뿐인데, 지금 곧 일시에 다섯 사람에게 모두 1품의 관작官爵은 외람猥濫하기가 막심합니다. 그러므로 신 등이 전일에 아뢴 것입니다. 지금 대간臺諫의 말도 역시 이 때문입니다."하니, 국왕이 말하기를, "나는 능침을 위하여 마음에 어쩔 수 없다."하였다. 김종직이 또 아뢰기를, "지금 관직의 과궐窠闕이 부족하여, 별좌別坐가 8년이 되도록 등용되지 못한 자가 있고, 부장部將이 10년이 되어도 등용되지 못한 자가 있는데, 전지傳旨로 서용하는 자가 매우 많아서 그들은 즉시 서용하지 못합니다.(후략)[51]

성종대 이전에는 간관들이 이처럼 종친들의 서용을 정면으로 부정하지는 못했다. 더구나 경연에서 종친들의 문제를 거론한 것도 실록상에서 처음으로 보인다. 특히 종친의 문제를 지적한 사람 중에 김종직이 포진하고 있는 것도 사림의 진출로 인해 종친에 대한 압박이 시작된 것으로 짐작되는 부분이기도 하다. 실제로 중종대에 이르면 종친 서용을 정면에서 반대하는 간관들의 주장이 나타난다.

1518년(중종 13) 조강에서 지평 임권任權이 말하기를 "이른바 상참관 전대常參官轉對라고 하는 것은 곧 지금의 윤대輪對입니다. 지금 종친의 숫자가 거의 500명이나 되는데 그 가운데 어찌 회포를 말하고자 하는 이가 없겠으며, 또 어찌 국가에 유익함이 없겠습니까? 그래서 지난번 경연에서 종친의 윤대에 관한 일을 아뢰었던 것인데, 다만 조종조의 구례舊例가 아닌 까닭에 어렵게 생각하여 행하지 않았었습니다. 그리고 요즈음 천거를 받고 올라온 사람들이 진실로 하나둘이 아닌데, 기왕 분부를 내려 불러온 것이니 불시에 소대召對하는 것이 옳습니다. 그들의 회포도 들어 보고 언어 동작도 대강 훑어볼 수가 있을 것인데 상께서는 어찌 인견引見하고자 하지 않으십니까? 이렇게 하면 초야草野에서 애써 수신修身하면서 품고 있던 생각을 숨김없이 피력하려 할 것이니, 인재를 길러 내고 흥기興起하는 데 있어 어찌 아름다운 일이 아니겠습니까? 단지 백집사百執事의 반열에만 끼어두고 그의 회포를 아뢸 길이 없게 한다면 그 마음이 진실로 쾌하지

51) 『成宗實錄』 권117, 成宗 16년 4월 7일(戊午).

못할 것이니, 당초에 천거하게 한 본의가 어디에 있겠습니까?"라고 하였다. 임권은 종친의 수가 무척 많아서 자신들이 천거하거나 추천해 관직에 오른 자들을 중종이 만나기 어렵다고 주장한 것이다.[52]

결국 관료들의 종친 서용에 대한 견제는 명종대에 이르러 관료들의 승리로 끝난다. 명종대인 1566년(명종 21)에는 종친의 서용을 활발하게 하기 위해 종친에게 가르칠 선생들을 선발하려고까지 하였다. 결국 시행하지는 못했다. 이것은 더 이상 종친들을 관료들과 경쟁시켜 관직에 서용하는 것이 한계에 이르렀음을 시사해주는 일이다. 당시 명종이 내린 전교는 다음과 같다.

> 전교하였다. "내 일찍이 종친이 못 배운 것을 한탄해 왔기 때문에 어제 사부를 가려서 가르치도록 하라는 명을 내렸는데 다시 깊이 생각해 보니 이제 새로운 사례를 만드는 것이 옳지 못하다. 다만 6조條를 구비한 사람을 해조에서 가려 재량대로 쓰도록 하여 인재가 흥기興起되도록 권장하라."[53]

명종대 외척 서용에 대한 견제가 나타나기는 했지만, 조선후기에도 외척의 서용은 이어졌다. 예컨대 1784년(정조 8) 정조는 홍수영洪守榮을 서용하고자 했는데, 그 이유가 자전慈殿의 본가에 근래 사적仕籍에 통하여 기거起居하는 사람이 없어서 매우 슬프다는 것이었다. 또한 정순왕후 집안인 김한기金漢耆를 서용한 것에서도 외척 서용이라는 근거로 시행하였다. 이와 동시에 동지정사의 차출에 종친 의빈儀賓 2품 이상을 의망하여 들이는 것을 정식으로 삼으라고 지시하였다.[54] 고종대는 금릉위 박영효가 정1품 종친의 예로 서용[55]되어서 왕실 외척에 대한 예우가 조선 왕조 말기까지 지속되었음을 알 수 있다.

---

52) 『中宗實錄』 권33, 中宗 13년, 5월 12일(庚戌).
53) 『明宗實錄』 권32, 明宗 21년, 5월 23일(癸丑).
54) 『국역비변사등록』 203책, 純祖 13년, 9월 5일(戊辰).
55) 『高宗實錄』 권48, 高宗 44년, 6월 23일(丙申).

3. 왕실 시위(侍衛)

왕실의 시위는 종친을 비롯한 왕실 친인척이 담당하는 것이 왕조 국가에서 당연한 일이었다. 물론 그 중에서 왕위를 위협할 종친은 제외되었지만, 일반적으로는 국왕과 왕실 친인척 사이에는 서로를 보호하는 관계가 유지되었다. 심지어 왕실 여성도 왕비가 편찮을 때 궁궐에 들어와서 입시하는 것이 일반적이었다.[56]

1) 궁궐 내외 시위

국왕과 왕실 친족이 소통하고 있다는 모습은 궁궐 내외의 시위에서 나타난다. 의빈이 국왕을 시위했듯이 종친도 국왕의 근친에서 시위를 담당했다. 의빈은 조선초기에 국왕의 숙위를 담당하기도 했고 오위진무소에서 시위군을 지휘하는 일을 맡기도 했으며, 강무 등의 군사 활동에서 국왕의 호위를 담당하는 대장으로 활동하기도 했다.[57]

종친은 국왕의 시위가 의무에 속했다. 예컨대 궁궐의 비상령인 취각령 吹角令이 선포되면 무장을 갖추고 국왕의 시위에 임해야 했다. 왕실 친족이 소속된 시위군의 하나인 충의위忠義衛의 사례를 통해 시위를 살펴보도록 하겠다.

충의위는 1418년(세종 즉위년) 11월에 개국開國·정사定社·좌명佐命 등 3공신 자손들이 소속하도록 만들어진 병종兵種이다. 근무연한은 18세 이상 60세까지였으나 자신들이 원하면 더 근무할 수 있었다.[58] 이들은 주로 국왕의 측근에서 시위·호종하는 업무에만 종사했으며, 다른 관직을 겸대兼帶하기도 했다. 충의위의 가장 큰 특혜는 과거와 입사로에 있었다. 성균관의 생원·진사들은 원점原點 300점을 받아야 문과 초시인 관시館試에 응시할 수 있었는데, 충의위에 입속한 생원·진사들은 100~150점만 따

56) 『成宗實錄』 권294, 成宗 25년 9월 11일(丙申).
57) 한충희, 「朝鮮初期 儀賓研究」, 『조선사연구』 5, 1996, 25~29쪽.
58) 『世宗實錄』 권2, 世宗 즉위년 11월 3일(己酉); 世宗 5년 6월 10일(己未).

면 가능했다. 문과에 합격하는 것보다 충의위를 통하는 것이 출세가 신속
했으므로 생원·진사들이 몰리는 것은 당연하였다. 재능에 따라 거관去官
후에 정3품까지 오를 수 있었는데, 관직이 부족했기 때문에 성종 이후부
터는 수문장守門將·능참봉陵參奉 등으로 진출하기도 하였다.[59] 『경국대전』에
의하면 충의위는 충찬위忠贊衛·파적위破敵衛와 함께 5위五衛 가운데 충좌위忠
佐衛에 속했다. 충의위는 장번長番으로서 체아직遞兒職은 종4품부터 종9품
까지 53과窠가 설치되어 있었다.[60]

충의위에 대한 예우는 국왕의 관심에서부터 나타났다. 세종이 즉위했
을 때 태종은 세종이 왕위에 오른 초기에 마땅히 충의위와 더불어 동맹同
盟해야 한다고 할 정도로 충의위의 존재를 중요시 하였다.[61] 또한 1431년
(세종 13)에는 대전大殿 및 세자궁의 산선차비繖扇差備를 충의위에서 담당하
도록 하였다.[62] 충의위가 국왕의 의장儀仗을 담당하는 것은 물론 최측근에
서 신변의 안전을 맡게 된 것이다.

충의위에는 18세 이상의 공신 자손이면 누구나 무시험으로 입속入屬할
수 있었다. 그러나 처음에 공신 자손의 충의위 입속 규정을 둘러싸고
논란이 있었다. 그 중에서도 공신 첩자손妾子孫의 충의위 입속 여부가 가장
큰 문제로 대두되었다. 이 문제를 둘러싸고 1430년(세종 12) 2월 한
달 동안 왕과 신료들 간에 격렬한 논쟁이 벌어졌다. 세종은 공신의 적처嫡
妻에 아들이 없을 경우에는 비록 천첩자賤妾子라도 충의위에 입속시켜야
한다고 주장했고, 신료들은 그렇게 되면 족속이 섞이고 존비尊卑가 문란하
게 되므로 불가하다는 주장이었다.[63] 세종과 신료들 간의 논란 끝에 공신
적실嫡室에 아들이 없을 경우에는 양첩자良妾子가, 양첩자도 없을 경우에는
천첩자승중자賤妾子承重者가 충의위에 입속할 수 있도록 결정되었다. 동시
에 태조와 태종의 유복지친有服之親도 충의위에 많이 입속되었다. 1433년

---

59) 『成宗實錄』, 권11, 成宗 2년 8월 19일(己未); 권86, 成宗 8년 11월 18일(辛巳).
60) 『經國大典』, 병전, 번차도목, 충의위.
61) 『世宗實錄』 권2, 世宗 즉위년 11월 29일(乙亥).
62) 『世宗實錄』 권52, 世宗 13년 6월 24일(丙辰).
63) 『世宗實錄』 권47, 世宗 12년 2월 9일(庚辰).

(세종 15) 세종과 신료 간의 충의위 입속 논의를 보면 다음과 같다.

국왕이 안숭선으로 하여금 세 의정에게 밀의密議시키기를, "태조와 태종의 유복지친이 함흥 땅에 많이 사는데, 태조께서 개국하자 변고를 많이 당하여 생각이 여기에 미치지 못하였고, 태종께서도 겸양하셔서 벼슬을 주지 않았으니, 과인에 이르러서도 복복服을 다한 친족에게 벼슬을 다 주기 어려웠다. 당나라 고조는 동성同姓을 널리 봉하자 봉덕이封德彝가 그르다고 하였고, 송나라 신종神宗은 은혜가 단문袒免의 친족에게 미쳐서 이름을 주고 벼슬을 제수하자, 사람들이 그 아름다움을 일컬었으니, 지금 태조·태종의 유복지친에게도 모두 벼슬을 주고 또 전토를 줌이 어떠한가. 또 한장수韓昌壽의 아우 융전隆田은 바로 신의왕후神懿王后의 동생인데, 첨설 사재 부정添設司宰副正으로서 함흥에 물러가서 늙었고, 그 형 검한성윤檢漢城尹 금강金剛은 내가 미처 알지 못하여 죽은 뒤에 추증하였으니, 지금 융전에게 동지돈녕同知敦寧을 주고자 하는데 어떠한가. 옛날 환조桓祖의 후손이 종친의 반열에 있었는데, 하륜이 태종조 때에 말하기를, '태조의 후손으로부터 종친의 반열에 두어 원근과 친소親疎를 분별하소서.' 하여, 태종께서 드디어 법을 세워 분별하였으나, 지금 생각하면, 종친으로 종친의 반열에 두기에 마땅하지 못한 사람을 내가 다 알지 못하여, 혹 임명해 쓸 때에 빠뜨렸으므로 충의위에 붙이고자 하나, 만일 불가하다면, 별도로 붙일 곳을 설립하는 것이 어떠한가."하니, 황희·권진 등이 아뢰기를, "역대歷代를 상고하건대, 혹은 종척宗戚을 중히 하여 일과 권세를 전임하고, 혹은 친한 연고를 혐의하여 벼슬을 주지 않았습니다. 신 등은 생각하기를, 종친을 친목함은 천리天理와 인정에 합하는 지극한 도리입니다. 만일 재능이 있으면 다른 사람과 같이 서용하고, 진실로 그 재주가 없으면 작爵을 준 뒤에 시골에 한가롭게 물러가 살게 함이 옳습니다. 또 함흥의 진황 전지를 1명마다 3~4결 혹은 4~5결을 주고 전조田租를 없애어 특별한 은혜를 주십시오. 융전에게 벼슬을 주는 일은 전하의 사의私意가 아니고, 실은 종척을 돈목敦睦하는 공의公義이니, 마땅히 벼슬을 더하여 은의恩義를 보일 것입니다. 충의위는 오로지 공신의 후손을 위하여 설치한 것입니다. 또 별도로 붙일 곳을 설립하면 다른 날에 자손이 많아서 후폐後弊가 생길까 두려우니 예전대로 재능이 있는 자를 골라서 쓰는 것이 옳습니다."하니, 임금이 그 말을 모두 좇고, 태조·태종의 유복지친을 기록해 아뢰도록 하였다. 숭선이 아뢰기를, "밖에 있는 사람을 잊을까 두려우니, 함길도 감사에게 비밀히 물어서 아뢰게 하십시오."하였다. 국왕 이 말하기를, "조말생이 배사拜辭할 때에 직접 전교하겠다."하고, 그 뒤에 또 내전內傳하기를, "태조와 태종의 유복지친이 지위가 낮고 미약하다는 말 을 들으니 중심으로 미안스럽다. 전일의 친교親敎에 의하여 당자로 하여금 알지 못하게 하고, 재능과 고하를 비밀히 알아서 아뢰라."하였다.[64]

위에서 언급한 충의위는 체아직을 받는 군인이므로 국왕의 시위와 호 종扈從 등 도성의 중앙군으로서 일정한 임무를 수행해야만 하였다. 그러나 충의위를 설치한 것은 군사를 위한 것이 아니라 공신의 후손을 비호하는 것이 목적이었다. 따라서 충의위는 공신에 대한 보공報功을 위하여 설치된 병종이었으므로 어려운 군무軍務는 맡지 않았고, 국왕 측근에서 시위하는 영예로운 업무에만 종사하였다.[65] 또한 충의위는 다른 관직을 겸대하기 도 하고, 국가에서는 이들의 편의를 고려하여 시위·호종의 임무마저 면제 해주기도 하였다. 즉 충의위는 공신 자손이라는 이유로 여러 가지 특전을 공식적으로 부여받았던 것이다. 공신 자손들은 충의위에 들어가 시위 업무에 종사하여 자급을 올려 받고 이것을 근거로 과거에 합격하거나 다른 관직으로 옮겨 갈 때는 거기서부터 직급을 올려 받을 수 있었다.

조선초기부터 국왕들이 충의위에 주었던 특전은 조선후기의 대표적인 사회 문제가 되었다. 군역 제도의 모순 속에서 충의위로 들어오려는 자들 이 폭증하였기 때문이다. 문서를 위조하고 신분을 속여 충의위로 들어오 는 모속冒屬이 대거 발생하여 사회의 고질적 병폐로 자리잡았다. 이에 따 라 1686년(숙종 12)에 숙종은 "공신 봉사손奉祀孫 외의 중자衆子로 충의위 에 있는 자는 5대를 한도로 하여 구전口傳으로 제수케 하라."라는 왕명을 내렸다.[66] 봉사손 외에는 공신의 5대손에 한하여 충의위 입속을 허락한 다는 것이다. 조선초기 3공신의 5대손은 이 무렵이면 거의 남아있지 않았

---

64) 『世宗實錄』 권59, 世宗 15년 2월 26일(庚戌).
65) 『世宗實錄』 권47, 世宗 12년 1월 22일(癸亥).
66) 『肅宗實錄』 권17, 肅宗 12년 6월 3일(乙卯).

다. 숙종의 지시대로 한다면 충의위는 축소될 수 있었다. 이 규정은 영조 대에 들어와 조금 완화되었다. 1729년(영조 5)의 충의위에 대한 논의를 보면 다음과 같다.

비변사에서 아뢰기를, "종부시의 계목啓目에 의하면 '대왕의 적파嫡派인 종성宗姓 후손은 대수代數를 한정하여 정역定役시키게 한 것은 조종조의 정제定制가 아니니, 묘당에서 품처하게 하소서.' 하였습니다. 기사년에 적서嫡庶를 물론하고 대수를 제한하지 않게 한 다음 모두 족친위에 넣도록 구전口傳한 것에 의해 정탈定奪하였습니다. 병자년에 또 《선원록璿源錄》에 입록入錄된 것으로 한정하고 대수는 9대로 한정하여 천역賤役에 정역시키지 말 것을 전교하였습니다. 정유년에는 묘당의 계문에 의거하여 10대 이하는 적서를 막론하고 천역 이외의 군역은 감면시키지 말게 하였고, 대군·왕자의 적장손嫡長孫은 공신의 적장손의 사례에 따라 대수를 제한하지 말고 충의위에 넣도록 구전한 것에 의거하여 정탈하였습니다. 그런데 이필흥李必興이 상언하여 억울하다고 일컫고 종부시에서 변통시킬 것을 계청한 것은 꽤 근거할 바가 없습니다. 단지 공신들의 충의위 때문에 대수를 일찍이 9대로 가정加定한 일은 있습니다. 대왕의 자손들은 공신의 자손에게 견줄 수가 없기 때문에 이런 말이 있게 된 것인데, 공신의 충의위도 병인년에 적장嫡長으로서 세습하는 사람 이외의 지손支孫은 5대로 한정하도록 정탈하였고 따라서 법을 속이고 충의위에 예속된 사람은 일체 아울러 사태査汰했습니다. 임인년에 충훈부에서 공신 자손의 호소를 따라 공신의 자손으로서 충의위에 예속되는 것은 9대로 가정加定하여 한정하고 원종공신原從功臣의 자손은 3대로 한정하고 충익위·충찬위에 예속되는 자들은 5대로 가정할 것을 묘당에서 의논도 하지 않은 채 멋대로 복계覆啓하였습니다만, 갑진년에 호서 관찰사 송인명宋寅明의 장계로 인하여 복계해서 다시 5대로 회복시켰습니다. 그런데 병오년에 충훈부에서 또 9대로 가정했습니다. 수년 사이에 조정의 명령이 세 번이나 바뀌었으므로 종성宗姓의 후손들이 이 점을 구실로 삼아 속적屬籍된 이외의 사람이 군역을 면하려고 하고 있습니다. 종부시의 계문에 들어 있는 적서에 대한 이야기도 그렇지 않은 점이 있습니다. 9대 이전은 비록 천첩賤妾의 아들이라도 입록되어 있고 9대 이후는 대군·왕자의 적장으로 세습하는 이외의 지손支孫은 구전을 허락하지 않았는데, 지금 어떻게 한외限

外의 지손 가운데에서 다시 적서를 나눌 수 있단 말입니까? 당초의 정식定式 가운데는 대왕의 자손은 9대로 한정하고 공신의 자손은 5대로 한정하며 족친위도 5대로 한정하였고 원종공신의 자손은 충익위와 충찬위에 예속시 키되 3대로 한정하여 분한分限과 등급이 매우 명백하였습니다. 그런데 중간 에 연신筵臣들의 진백陳白으로 인하여 족친위를 9대로 가정함으로써 드디어 공신 자손들에게 요행을 바라고 외람되이 속이려는 마음을 품게 하는 길을 열어놓았습니다. 개국공신 조반은 태조께서 친필로 내리신 교지에 영세永世 토록 사유赦宥를 받게 하라는 말이 있다는 것으로 신축년에 충훈부에서 아 뢴 것에 의해 그 자손들은 모두 군역에서 면제시킬 것을 허락했습니다. 태조의 자손도 9대로 한정했는데 조반의 후손을 어떻게 대수에 한정이 없이 다 면제시켜 줄 이치가 있단 말입니까? 청컨대 종성宗姓을 충의위에 예속시 키는 것은 한결같이 병자년과 정유년의 수교受教에 의거하여 9대를 한정하 고 10대 이후의 적서를 논하지 말며 천역 이외에 군역은 면제할 수 없게 하소서. 공신의 자손을 충의위에 예속시키는 것은 한결같이 병인년의 수교 에 의거하여 5대를 한정하고 임인년·병오년 이후 법을 속이고 예속된 자는 일제 사태시켜 군역에 충정充定하게 하소서. 원종공신의 자손을 충익위·충 찬위에 예속시키는 것은 3대로 한정하고 족친위는 5대로 한정하며 법을 속이고 예속된 자는 아울러 사태시키고 군역에 충정시키소서. 조반의 자손 은 적장손을 제외하고 역시 사태시켜 군역에 충정시키소서. 그리고 종성과 훈신勳臣 자손의 상언은 일제 시행하지 말고 비록 해사該司에서 복계하더라 도 반드시 묘당의 관유關由를 거치도록 분부하소서."하니, 윤허하였다. 이어 전교하기를, "조정에서 이미 대수代數를 한정했는데, 대수가 다한 뒤에는 종성은 거개가 피폐되어 도리어 여염閭閻의 사람이 족당族黨 가운데 벼슬하 는 사람이 있을 경우 그를 의지하여 중히 여김을 받는 것만도 못하게 된다. 따라서 10대 후손이라도 조금이나마 양반의 모양을 갖춘 경우에는 군역에 강제로 충정시키지 말 것으로 신칙하는 것이 마땅하겠다."하였다.[67]

위에서 논의한 대로 1742년(영조 18)에는 충의위 입속 공신 자손의 범위를 9대로 변경하였다.[68] 태조의 유훈이라고는 하지만, 국왕의 위엄

---

67) 『英祖實錄』 권22, 英祖 5년 5월 5일(己酉).
68) 『英祖實錄』 권56, 英祖 18년 11월 23일(戊寅).

에 저촉되는 경우에는 조반趙胖과 같은 개국공신이라도 예외가 없다는 것을 보여주는 사례이다. 다만 대수가 지나더라도 양반인 경우에는 군영에 충원하는 것을 면제시키고 있다. 조반이 국초에 명나라와의 외교문제를 잘 처리한 것을 감안한다면 충분히 배려할 부분이다. 19세기 이후에도 충의위는 존속하다가 갑오개혁 무렵 없어지게 된다.

2) 관사례(觀射禮) 배종(陪從)

국왕과 종친의 관계는 국가의 의례적 행사에서도 이어졌다. 관혼상제 등의 왕실 가족 내의 의례적 생활에서도 자연스런 만남이 이루어졌지만, 국가의 의례적 행사에서도 공식적인 만남이 있었다. 그 중에서도 군사의례의 하나인 사례射禮, 즉 활쏘기를 통해서 국왕과 종친이 만나는 자리가 있다. 국왕이 활쏘기에 임하게 되면 종친들이 배종하였기 때문이다. 조선 초기부터 말기까지 국왕의 활쏘기 같은 군례軍禮에 종친의 배종은 이어졌다. 특히 궁궐 내부에서의 관사는 성종대까지 사관이나 간관들이 입시를 할 수 없는 행사로 국왕과 종친이 관료들의 견제 없이 소통할 수 있는 장소였다.[69]

조선 건국 초에 활쏘기는 국가적으로 장려되었다. 태조가 즉위교서에서 문무 양과의 편폐偏廢를 지적[70]하며 상무尙武를 강조한 이후 활쏘기는 후대 국왕들에 의해 지속적으로 진행되었다. 국왕별로 다소 편차가 보이고 시대별로 제도의 상이함도 나타나지만, 기본적으로 활쏘기를 권장하던 사회적 분위기는 계속 되었다고 볼 수 있다. 세계사적인 군사사의 견해에서 보더라도 궁술, 즉 활쏘기는 동서양 전쟁에서 화약병기를 사용하기 이전은 물론 근대 초기까지도 사용되던 개인 무예였다. 더욱이 활은 도검과 같이 개인의 군사적 자질과 무예의 역량을 표현하던 상징적인 군기였으므로 더욱 중요한 의미를 가지고 있었다. 이점은 태조가 궁술로

---

69) 『成宗實錄』 권115, 成宗 11년 3월 8일(戊子).
70) 『太祖實錄』 권1, 太祖 1년 7월 28일(丁未).

왜구를 단절시키고 영웅시되던 이야기인 황산대첩에서도 확인할 수 있는 부분일 것이다.

활쏘기는 국초부터 당연시되던 무예의 하나이면서도 고대 유학에서 중시하던 육례六禮의 하나에 포함되었으므로 국왕은 물론 문무 관료, 양반 사대부에 이르기까지 모두 습득해야할 기본 교양이었다. 특히 사단의射壇儀는 고려조에는 보이지 않는 새로운 군례로 조선 개국과 연관된 의례라고 할 수 있다. 다만 왕자의 난 이후 혼란한 정국 상황에서 활쏘기를 군례로 정립할 기회가 없었으므로 세종대에 이르러서야 의례화 되었다고 보아야 할 것이다. 국왕의 활쏘기 관심과 적극적인 참여는 태조부터 나타났다.

태조는 1395년(태조 4) 4월 반송정盤松亭에서 활쏘는 것을 사열하였다.[71] 이후 실록에는 국왕의 활쏘기와 참여는 태조대에 다시 나타나지 않는다. 그러나 북방의 무인 출신이며, 활쏘기의 달인이었던 태조가 재위 기간 활쏘기를 더 이상 하지 않았다는 것은 무리일 것이다. 조선 개국 후에도 태조는 사냥을 즐긴 것은 물론 온천 휴양차 수시로 궁궐 밖을 행행해서 활쏘기를 하였기 때문이다. 예컨대 1394년 서교西郊,[72] 1396년 안성의 홍경천弘慶川 북교北郊,[73] 1397년 동교東郊와 평주 천신산天神山, 개성[74] 등에서 사냥한 것을 보면 모두 활을 쏘거나 관사觀射했다고 파악할 수 있다. 더욱이 1394년 태조는 사재소감司宰少監 송득사宋得師가 "무예는 강습하지 않을 수 없으니 중외中外에서 매년 봄·가을에 강습하게 하고, 백성들이 농한기에 활쏘기를 익히도록 하자"는 의견에 찬성하여 활쏘기를 장려하는 모습을 보였다.[75] 따라서 태조의 재위기 동안 사단의가 정비되지는 않았으나 그 기초적 작업인 활쏘기의 정식화가 진행되었다고 볼 수 있다.

---

71) 『太祖實錄』 권7, 太祖 4년 4월 22일(己酉).
72) 『太祖實錄』 권6, 太祖 3년 10월 3일(己巳).
73) 『太祖實錄』 권9, 太祖 5년 3월 13일(庚午).
74) 『太祖實錄』 권11, 太祖 6년 2월 6일(己丑); 3월 20일(癸酉); 3월 28일(辛巳).
75) 『太祖實錄』 권5, 太祖 3년 4월 3일(壬申).

태조대 권장되던 활쏘기는 태종대에도 이어진다. 태종도 고려말 우왕대에 태조를 쫓아 이두란 등과 함경도에서 외적을 공격할 때 사격射擊으로 적을 제압하던 명사수였다. 태종은 1402년 무과를 설치하여 활쏘기를 시험과목으로 할 정도로 활쏘기를 중요시했다. 국가의 공적 영역에서 활쏘기를 제도화 한 배경에서인지 태종대는 활쏘기를 즐기는 횟수가 증가했고 그 규모도 확대되었다. 태종은 사냥 이외에 활쏘기 그 자체를 궁궐 내외와 도성 내외에서 시행하고 관람하였다. 태종은 1402년부터 종친과 근신들을 대동하고 청화정淸和亭, 냉청凉廳, 관연루廣延樓, 해온정解慍亭 등에서 활쏘기를 거행하였고 행사를 마친 뒤에는 잔치를 베풀어 위무하기도 했다.[76]

태종은 고려조에서 문과를 거친 문신 관료이기도 했지만, 무인 가문 출신으로 상무적 기질을 지니고 있었다. 태종도 태조처럼 자주 사냥을 나갔으며 그때마다 궁시를 지참하고 활쏘기를 하였다. 예컨대 즉위초인 1401년 3월, 우박이 내리던 날씨에도 무신을 거느리고 마이천 남쪽에서 사냥하였는데, 활과 화살을 차고 말을 달리고 매[鷹]를 놓는 대규모 사냥이었다.[77] 국왕이 말을 타면서 활을 쏘는 전형적인 기마 무사의 모습이었다. 세종에게 보위를 물려주고 상왕으로 재위하던 1420년 전후 봄철에는 매일 매사냥을 나갈 정도로 사냥에 열중하는 모습이었다.

태종대 습사習射 장려는 세종대에도 지속되었다. 일반적으로 세종이 문치文治에 치중한 국왕으로 활쏘기 같은 무예에 별다른 관심이 없었을 것으로 생각할 수 있으나, 선왕인 태종과 같이 사냥을 즐기고 활쏘기도 적극 참여하였다. 특히 세종 즉위 초에는 정종과 태종의 두 상왕이 수시로 경외에 사냥을 다녔으며, 함께 동행하는 일도 많았다. 또한 세종은 재위 기간 내내 강무講武를 통해 사냥을 하였던 제왕으로 태조부터 전해지던

<hr>

76) 『太宗實錄』 권3, 太宗 2년 3월 27일(庚戌); 『太宗實錄』 권9, 太宗 5년 4월 4일(己巳); 『太宗實錄』 권9, 太宗 5년 4월 12일(丁丑); 『太宗實錄』 권11, 太宗 6년 4월 15일(乙亥); 『太宗實錄』 권19, 太宗 10년 1월 16일(癸未).
77) 『太宗實錄』 권1, 太宗 1년 3월 18일(丁丑).

상무적 기질을 그대로 이어갔다. 따라서 세종대 오례의五禮儀에 습사가
의례로 정비된 것은 자연스런 일이라고 볼 수 있다. 세종대 오례의로
정비된 사례는 24개 절차의 사우사단의射于射壇儀이다. 왕실의 종친이 관사
에서 주요 활동한 것이 사우사단의이다. 『세종실록』 오례의에 나오는
사우사단의의 종친이 배종하는 부분을 보면 다음과 같다.

> 전의典儀가 집사관執事官과 종친 · 문무 백관의 배위拜位를 설치하되, 모두
> 근정전의 전정殿庭 자리와 같이 한다.
> 종친과 문무 백관들은 모두 평상복 차림으로 동문과 서문 밖에 나아간다.
> 종친과 백관들이 국궁하면 음악이 시작되고, 네 번 절하고 일어나서 몸을
> 그전대로 펴면, 음악이 그친다. 봉례랑이 종친과 백관들을 나누어 인도하여
> 자리에 나아가고, 회합을 베풀기를 정지회의正至會議와 같이 한다.
> 유사有司가 이미 활쏘기를 갖추었음을 아뢰고는, 부복하였다가 일어나 내려
> 와서 그전 자리로 돌아가고, 봉례랑이 종친 이하의 관원을 나누어 인도하여
> 모두 내려간다.
> 문관은 동계東階 아래에 동쪽 가까이 서서 서향하고, 종친과 무관은 서계西階
> 아래에 서쪽 가까이 서서 동향하되, 모두 북쪽을 상上으로 한다.
> 봉례랑이 종친과 문무백관들을 나누어 인도하여 환궁을 출궁 의식과 같이
> 한다.

위의 사우사단의에서 종친은 문무 관료들과 동행하여 국왕을 행사의
처음부터 끝까지 함께 하고 있다. 국가 의례를 통해 종친이 국왕의 지근에
서 배종하는 의무를 지니고 있는 것이다. 세종대 사우사단의가 정착된
이후 문종대에도 습사는 왕실의 한 문화로 정착되었다. 문종 즉위 초에는
습사가 도성내 사람들 사이에 일반화되는 모습을 보이기도 했다. 당시
병조에서는 도성의 안팎에서 5~6명 이상이 모여서 습사하면서 술을 마
시는 사람을 헌사憲司에서 회음會飮으로 추핵推劾하고 있으니 자유롭게 습
사하는 것을 익히지 못하는 폐단이 되므로 군사를 훈련하는 차원에서도
금지하지 말도록 요청하였다.[78] 왕실에서 습사를 의례화 시켜 연례 행사

화 시킨 것과 같이 민간에서도 답습하여 문화화 한 사례이다.

1450년(문종 즉위년) 문종은 즉위한 해부터 종친들을 대동하고 경복궁의 경회루, 서현정序賢亭 등에서 습사를 관람했다.[79] 문종은 왕실인물 외에도 명나라 사신에게 습사를 관람시키기도 했다. 1450년 책봉사로 온 사신에게 모화관에서 무사 정종鄭種, 이장李場 등 20여 인으로 하여금 과녁을 쏘기도 하고, 말을 타고 가면서 활을 쏘기도 하도록 하였다.[80] 특히 문종은 즉위 초에 경복궁에서 거의 매일 습사를 구경하고 많이 맞힌 사람에게는 모두 궁시弓矢를 하사하였다. 이때 간관이 상중喪中에 거둥하여 습사를 구경하는 것이 옳지 않다고 하였으나, 문종은 그대로 거행하였다.[81] 문종이 습사를 권장한 것은 이듬해 1451년에도 드러난다. 문종은 승정원의 여러 승지들이 사후射侯한다는 것을 듣고 활 하나씩을 하사하고, "유생들은 모두 활을 좋아하지 않는데 이제 너희들이 활쏘는 것을 들으니 내 마음이 기쁘다"라고 하였다.

문종은 내심 문무 관료들이 활쏘기 소양을 갖추길 바랐으며, 몸소 실천했다고 볼 수 있는 부분이다. 문종의 말 때문인지 승정원에서는 그 후로 사후를 그치는 날이 없었다. 또한 환관들도 대궐 안에서 다투어 활을 쏘고 승지와 내관이 어울려 활을 쏘기까지 하였다.[82] 문종은 환관들의 습사에 관대했다. 경복궁 경회루에서 환관들이 활을 쏘게 하기도 했으며, 문종이 그것을 관람하다가 환관 엄자치嚴自治와 더불어 과녁을 쏘기도 하였다. 국왕을 견제하는 신료들의 세력이 커지던 단종대에는 활쏘기가 제지되었다. 예컨대 1454년(단종 2) 4월에 시강관 하위지가 경연에서 국왕이 대신과 관사하는 것은 좋으나, 환관과 보는 것은 옳지 않다고 하였고 단종은 그 말을 따랐다.[83] 또한 5월에 승지 박팽년이 궁궐에서

---

78) 『文宗實錄』 권3, 文宗 즉위년 9월 14일(乙卯).
79) 『文宗實錄』 권3, 文宗 즉위년 9월 6일(丁未); 9월 8일(己酉); 9월 17일(戊午).
80) 『文宗實錄』 권3, 文宗 즉위년 9월 7일(戊申).
81) 『文宗實錄』 권3, 文宗 즉위년 9월 17일(戊午).
82) 『文宗實錄』 권6, 文宗 1년 2월 22일(辛卯).
83) 『端宗實錄』 권11, 端宗 2년 4월 18일(己亥).

자주 관사를 하면서 경연을 중지한 것을 지적하였다.[84] 단종을 지적한 두 관료의 말이 타당한 부분이지만, 왕실 내에서 이어지던 활쏘기에 대한 전통을 무시한 처사라고도 볼 수 있는 것이다. 그런 이유인지는 알 수 없으나 단종은 관사를 지속하였다.[85]

국왕의 관사는 세조대 다시 적극적으로 거행되는 양상을 보였다. 세조가 강력한 왕권의 권위와 왕실의 위상 확립을 위해 정국을 장악하였으므로 자연히 왕실의 활쏘기도 활발하게 이루어졌다. 세조는 타고난 무장이기도 했다. 세조가 16살에 세종을 수행하여 왕방산王方山에 강무를 갔을 때 오전 중에 활로 쏘아 죽인 사슴과 노루가 수십 마리가 되어 옷을 붉게 물들였다고 할 정도로 승마와 활쏘기가 뛰어났다. 문종은 세조의 활쏘기에 대해, "쇠와 돌 같은 그 활이요[鐵石其弓] 당기는 것은 보았어도[弝見其張] 놓는 것은 못 보았네[未見其弛]"라고 칭송하였다.[86]

세조가 활쏘기를 거행한 장소는 선대 국왕들이 즐겨 이용한 경복궁의 경회루와 서현정, 후원, 충순당忠順堂 등이었다. 그 중 경회루와 후원에서 관사觀射를 자주 하였다. 특히 1457년(세조 3년) 많은 관사가 진행되었는데, 무엇보다 종친, 근신들과 함께 하는 경우가 잦았다. 세조가 단종을 밀어내고 보위에 올랐으므로 왕실 종친들의 연합이 필요했기 때문이라고 생각된다. 또한 세조가 무력을 통해 정권을 장악하면서 운명을 같이 했던 양녕대군, 신숙주, 한명회, 홍달손, 홍윤성 등의 정치적 동지들과 잦은 규합을 하였다. 세조는 경회루와 후원에서 종친들과 관사를 하고는 대부분 잔치를 열고 상을 내려주었다.[87] 종친의 배종이 국왕의 호위보다는 세조 집권의 정당성을 보여주는 행사가 된 사례이다. 이외에 세조대 사단

---

84) 『端宗實錄』 권11, 端宗 2년 5월 4일(甲寅).

85) 『端宗實錄』 권11, 端宗 2년 4월 27일(戊申).

86) 이성곤, 『새롭게 읽는 조선의 궁술-한국무예사료총서 14』 국립민속박물관, 2008, 175~176쪽.

87) 『世祖實錄』 권4, 世祖 2년 5월 20일(戊子); 권7, 3년 3월 19일(壬午); 4월 22일(乙卯); 4월 23일(丙辰); 4월 25일(戊午); 권9, 3년 9월 25일(丙戌); 9월 27일(戊子); 10월 7일(丁酉); 권10, 3년 12월 20일(庚戌); 12월 29일(己未); 권11, 4년 1월 2일(辛酉).

射壇에서는 무거전시武擧殿試를 치르기 위해 활 쏘는 사장과 격구장이 동시에 설치되어 사용되었다.[88]

4. 진연(進宴)·진찬(進饌)

조선 왕조의 개창기부터 고려 왕조로부터 이어지던 풍정豊呈이라는 연향이 유지되었고[89] 진연과 진찬이라는 이름으로 의례적 왕실 행사가 지속되었다. 진연과 진찬은 공연, 음악, 음식이 의례에 맞추어 거행되던 행사이다. 왕실의 연향宴饗으로 국왕과 왕실 구성원간의 정을 통하고 유대를 돈독히 하는 기능을 하였다. 진연과 진찬은 의식에 참여하는 구성원에 따라 내진연과 외진연 및 내진찬과 외진찬으로 구분된다. 내진연은 대비, 국왕, 왕비, 왕세자, 왕세자빈, 공주 등과 종친 및 의빈, 척신 등이 주로 참여하는 연향이다. 외진연은 국왕과 종친들이 주축이 되며 왕비와 명부의 여성이 참여하지 않는 연향이었다.[90]

1) 내연(內宴)

1402년 2월에 태종은 청화정淸和亭에서 술이 거나함에 시연侍宴한 종친과 부마에게 다시 일어나서 춤을 추게 하였다. 이때 시독侍讀 김과金科가 태종에게 대전으로 들기를 청하였다. 그런데 시연侍宴하였던 여러 재상들이 김과에게 눈총을 주며 말하기를, "임금과 신하는 공경恭敬을 위주로 하고 서로 즐거워함이 쉽지 않은데, 주상께 대전으로 들기를 청하여, 신 등으로 하여금 다시 한 잔의 술도 드릴 수 없게 하니 무슨 까닭인가?"라고 하였다. 그러자 김과가 갓[冠]을 벗고 사과하다가 너무 취하여 바로 쓰러진 일화가 있다.[91] 왕실의 연향이 오례의가 정착되기 이전에는 격식에

---

88) 『世祖實錄』 권3, 世祖 2년 2월 21일(庚申).
89) 『太宗實錄』 권3, 太宗 2년 2월 18일(辛未).
90) 김종수, 「외연과 내연의 의례구성과 특징(1)」, 『한국음악사학보』 29, 2002, 150쪽.
91) 『太宗實錄』 권3, 太宗 2년 2월 18일(辛未).

얽매이지 않고 국왕과 왕실 친족들이 화목함을 다지던 시간임을 알 수 있다.

세종대에도 태종과 같이 국왕과 왕실친척이 어우러지는 연향이 있었다. 1449년(세종 31) 세종은 자신의 병 치료를 위한 온행溫幸을 앞두고 궁궐 내에서 내연과 외연을 동시에 거행하였다. 1449년 12월 초에 경복궁에서 종친은 시어소時御所, 문·무 2품 이상은 의정부, 3품 당상관은 예조, 기로耆老와 재추宰樞는 기로소耆老所에서 연향을 열도록 했다. 특히 세종은 수양대군首陽大君·의창군義昌君·수춘군壽春君에게 명하여 술을 권하게 하며 말하기를, "옛날 우리 태조께서는 의안군義安君에게 명하여 여러 승지에게 술을 권하고, 태종께서는 효령군孝寧君과 나에게 명하여 여러 대언代言에게 술을 권하게 하셨다. 오늘의 기쁜 경사를 비할 데가 없어서, 왕자에게 명하여 가서 술을 권하게 하는 것이니, 그대들은 마음껏 즐김이 옳겠다." 라고 하였다. 이때 연향에 참석한 종친들은 밤을 새며 즐겼다.[92]

세종과 왕실 친족만이 모여 소통을 나누는 내연도 있었다. 세종은 경복궁 경회루에서 왕세자와 양녕대군, 효령대군, 진평대군, 안평대군, 임영대군, 연창군延昌君, 종친들과 같이 연향을 하였다.[93] 궁궐내에서 국왕과 왕실 친족들만의 위해 거행되던 내연은 세조대에도 지속되었다. 특히 세조대에는 국왕과 왕비가 별도로 주최하는 내연이 동시에 진행되기도 하였다. 세조는 임영대군, 금성대군錦城大君, 영응대군永膺大君, 화의군和義君, 계양군桂陽君, 의창군義昌君, 한남군漢南君, 밀성군密城君, 수춘군壽春君, 익현군翼峴君, 영풍군永豐君, 영해군寧海君, 영양위寧陽尉 정종鄭悰, 전의위全義尉 이완李梡, 화천위花川尉 권공權恭, 파평위坡平尉 윤암尹巖, 청성위靑城尉 심안의沈安義, 반성위班城尉 강자순姜子順, 여량군礪良君 송현수宋玹壽 등과 경회루에서 내연을 하였다. 이때 세조의 비는 청연루淸燕樓에서 연향을 열었는데, 자성왕대비慈聖王大妃 및 숙의淑儀, 임영대군·금성대군·영응대군의 부인, 연창위延昌尉·영양위의 공주公主, 계양군·의창군·한남군·수춘군·익현군·영해군의

92) 『世宗實錄』 권126, 世宗 31년 12월 10일(丙辰).
93) 『世宗實錄』 권58, 世宗 14년 12월 27일(壬子).

부인, 영천위鈴川尉·반성위의 옹주翁主, 강릉군부인江陵郡夫人, 혜빈惠嬪의 어머니, 봉보부인奉保夫人 등이 시연侍宴하였다.[94] 세조가 족친의 시위만이 아니라 연향을 통해서도 자신이 왕실 가족간에 소통을 취하고 있다는 것을 보여주는 사례이다.

조선 후기로 갈수록 내연은 의례화 되고 정례화 되면서 국왕과 왕실 친족들만의 자리로 만들어지는 경향을 보였다. 예컨대 인조대에서 영조대에 이르기까지 내연에는 대왕대비, 왕대비, 국왕, 왕비, 왕세자, 왕세자빈 등의 왕실 가족과 명부命婦 들이 주요 참석자였다. 1728년(영조 4) 내연에는 숙종 계비인 대왕대비 인원왕후仁元王后, 경종 계비인 서의왕후宣懿王后, 영조와 정성왕후貞聖王后, 효장세자와 세자빈인 현빈賢嬪, 명부들이 참석하였고, 1744년에는 인원왕후, 영조와 정성왕후, 장헌세자와 혜빈惠嬪, 명부들이 참석했다.[95]

영조는 정국 운영의 과제들을 정식화하면서 궁궐에서 거행하는 내연도 정형화하고 의례화시켰다. 예컨대 연향에 참석하는 인물, 음식 등이 왕실 친족의 지위에 따라 구분되었다. 1743년(영조 19) 영조는 다음과 같이 말했다.

> 국왕이 진연도감進宴都監 당상을 불러서 하교하기를, "이번의 어연은 자성의 뜻을 받들어 즐기고, 남은 기쁨으로 인해 여러 신하들과 잔치하려는 것이니, 어찌 털끝만큼이라도 풍성하게 할 뜻이 있겠는가? 더구나 경인년에 견주어 차등을 두어야 하니, 다만 오미五味만 행하되, 제 1작爵·제 2작은 세자와 의정이 행하고, 술잔을 올릴 재신도 한결같이 저번의 하교에 의하여 5명만 수점受點하도록 하라. 내연·외연의 찬품饌品의 미수味數는 도감·주원廚院이 써서 품재하도록 하라. 그리고 내연·외연의 과반果盤의 그릇 수도 전에 견주어 줄여서 내가 자전의 뜻을 본받아 감히 지나간 해에 견주지 못하는 뜻을 보이도록 하라."하였다. 행과行果는 대왕대비전에 13기器, 대전大殿 이하는 8기, 미수는 대왕대비전에 7미味 7기, 대전 이하는 5미 5기이다. 어연御

---

94) 『端宗實錄』 권11, 端宗 2년 6월 6일(丁亥).
95) 김종수, 「조선후기 내연 의례의 변천」, 『온지논총』 35, 2013, 420~421쪽.

宴 때에는 대전 및 세자궁의 행과는 8기, 미수는 대전이 5미 5기, 세자궁도 같다. 내선상內宣床은 10상床에 5미 3기, 어떤 때의 선상宣床은 그 인원수에 따라 5미 3기이다. 잔치에 참여할 여러 신하들은 시임·원임의 대신과 의빈 이외에 종신宗臣은 도정都正 이상이다.[96]

위의 기사는 영조가 궁궐 내에서 거행하는 종친과의 연향을 왕실 의례 화시키는 것은 물론 왕실이 스스로 절검한다는 외형적 모습까지 강조하고 있는 사례이다. 영조는 왕실의 연향에 친족만이 아니라 관료들도 참가하도록 하여 그 지위와 서차에 맞게 음식을 제공하도록 하고 있다. 이를 통해 국왕이 왕실 친족과의 관계를 관료층에 보여주는 것과 동시에 왕실 가족이라는 공동체를 규정지어 드러내는 행위라고 해석된다. 더욱이 국왕이 연향에 준비되는 음식수를 지위에 따라 지정하는 것도 왕실친족내부의 서열을 대외적으로 정형화해서 나타내는 방식이라고 본다. 그렇지만 왕실의 연향이 조선 후기로 갈수록 증가할 수 밖에 없는 상황에서 의례화시키는 것만이 국왕과 왕실 친족의 소통이 이루어지는 만남을 정례적으로 지속시킬 수 있는 방법임을 뜻하는 내용이기도 하다. 영조는 1766년(영조 42)에 연향 의례의 절차와 진행도 재조정하였다. 이 연향은 정조가 세손으로 참여한 의례였다.

하교하기를, "이번 내연에 좌차座次를 북벽北壁에다 전례에 의하여 자리를 배설하고, 시각이 되면 중엄中嚴과 외판外辦은 보통 의식과 같다. 왕비가 자리에 오를 때에 악樂을 시작하고 봉보奉寶가 앞에서 인도하여 자리에 오른 뒤에 악을 그친다. 산선繖扇·시위侍衛는 보통 의식과 같다. 왕세손이 먼저 배위拜位에 나아가고 왕세손빈王世孫嬪도 배위에 나아간다. 국궁鞠躬·사배四拜·흥興·평신平身을 창唱하면, 왕세손과 왕세손빈이 국궁하고 악을 시작하며, 사배·흥·평신하면 악을 그친다. 여령女伶 두 사람이 나아가서 정문 밖에 당하여 새로 지은 악장樂章을 먼저 창하고 뒤에 찬饌을 올리면 악을 시작한다. 휘건揮巾을 올리면 악을 시작하고 올리기를 마치면 악을 그친다.

---

96) 『英祖實錄』 권58, 英祖 19년 7월 21일(辛丑).

꽃을 올리면 악을 시작하고 올리기를 마치면 악을 그친다. 전빈典賓이 왕세
손을 인도하여 동문을 거쳐 수정壽亭에 나아가 북쪽을 향해 서게 하고, 상식
尙食이 치사致詞하는 잔을 왕세손에게 올리면 왕세손이 잔을 받아 자리 앞에
나아가 꿇어앉고 상궁이 앞에서 받들어 자리 앞에 놓는다. 왕비가 잔을
받으면 악을 시작하고 마시기를 마치면 악을 그친다. 왕세손이 부복俯伏하
면 상궁이 나아가 잔을 받아 왕세손에게 올리고, 왕세손이 잔을 받아서
상식에게 주어 수정에 놓는다. 배위에 나아가서 '궤跪'를 창하면, 왕세손이
꿇어앉는다. 상의尙儀가 나아가 자리 앞에 당하여 치사를 읽는다. 읽기를
마치면 상궁이 꿇어앉아 전교를 청한다. 동쪽 계단 위에서 서쪽을 향해
서서 전교하기를, '옛날 거룩한 행사에 따라서 그 술잔을 올린다.'고 하면,
상식이 만두饅頭를 올린다. 부복·흥·사배·흥·평신을 창하면 왕세손이
부복하고 악을 시작하며, 흥·사배·흥·평신하면 악을 그친다. 전빈이 왕
세손을 인도하여 동문을 거쳐 좌석에 나아간다. 전빈이 왕세손빈을 인도하
여 서문을 거쳐 수정에 나아가 북쪽을 향해 서게 한다. 상식이 치사하는
잔을 왕세손빈에게 올리면, 왕세손빈이 잔을 받아 자리 앞에 나아가 꿇어앉
고 상궁이 앞에서 받들어 자리 앞에 놓는다. 왕비가 잔을 받으면 악을 시작
하고 마시기를 마치면 악을 그친다. 왕세손빈이 부복하고 상궁이 나아가
잔을 받아 왕세손빈에게 올리면, 왕세손빈이 받아서 상식에게 주어 수정에
놓게 한다. 배위에 나아가서 '궤'를 창하면, 왕세손빈이 꿇어앉는다. 상의尙
儀가 나아가 자리 앞에 당하여 치사를 읽고, 마치면 상궁이 꿇어앉아 전교를
청한다. 서쪽 계단 위에서 동쪽을 향해 서서 전교하기를, '옛날 거룩한 행사
에 따라 그 술잔을 올린다.'고 하면 상식이 다면茶麵을 올린다. '부복·흥·사
배·흥·평신'을 창하면, 왕세손빈이 부복하고 악을 시작하며, 흥·사배·
흥·평신하면 악을 그친다. 전빈이 왕세손빈을 인도하여 서문을 거쳐 좌석
에 나아가게 한다. 전찬典饌이 왕세손에게 친饌을 올리고 전찬이 왕세손빈에
게 찬을 올리며, 전찬이 왕세손에게 꽃을 올리고 전찬이 왕세손빈에게 꽃을
올린다. 전빈이 명부命婦를 인도하여 함께 들어와서 서쪽 계단 배위에 나아
가게 하고, 국궁·사배·흥·평신을 창하면, 명부가 국궁하고 악을 시작하
며, 사배·흥·평신하면 악을 그친다. 전빈이 명부를 인도하여 자리에 나아
가 명부에게 찬을 공궤供饋하고 꽃을 흩는다. 전빈이 명부를 인도하여 서문
을 거쳐 수정에 나아가 북쪽을 향해 서게 한다. 상식이 첫째 잔을 명부에게

주면 명부가 받아서 자리 앞에 나아가 꿇어앉고 상궁이 앞에서 잔을 받들어 자리 앞에 놓는다. 왕비가 잔을 받으면 악을 시작하고 첫째 정재呈才를 올린다. 명부가 잔을 받아서 다시 수정에 놓고 곧 자리에 나아가면 상식이 초미初味를 올린다. 전찬이 왕세손과 왕세손빈에게 탕湯을 올리고 집사가 명부에게 탕을 공궤하며, 올리기를 마치면 악을 그친다. 치사진致詞進 외에 반수班首의 치사는 없다. 잔과 찬을 올릴 때에는 왕세손 이하가 모두 자리 뒤에 부복하고, 올리기를 마치면 자리에 나아가며, 그 뒤에는 모두 이를 모방한다. 둘째 잔에서 다섯째 잔까지 잔을 올리고 찬을 올릴 때의 모든 절차는 첫째 잔과 같고 정재는 미수에 따라 올린다. 다섯 잔을 마치면 곧 처용무를 올리고 악이 그친다. 상식이 나아가 찬을 거두고 전찬은 왕세손과 왕세손빈의 찬을 거두며, 집사는 명부의 찬을 거둔다. '가기可起'라고 창하면, 왕세손·왕세손빈이 함께 배위에 나아가고 명부도 배위에 나아간다. 국궁·사배·흥·평신을 창하면, 왕세손과 왕세손빈 및 명부가 모두 국궁하고 악을 시작하며, 사배·흥·평신하면 상궁이 나아가 자리 앞에 당하여 꿇어앉아서 예를 마쳤다고 아뢴다. 왕비가 자리에서 내려오면 악을 시작하고 대내로 돌아가면 악을 그친다. 전빈이 왕세손과 왕세손빈 및 명부를 인도하여 나간다."하였다.[97]

위에서 언급한 영조의 전교에서 주요 내용은 왕세손인 정조를 배우자와 같이 왕실의 내연에 참석시켜서 의례절차의 동선에 따라 기거동작을 하게 하는 것이다. 왕세손과 왕세손빈이 명부의 친족들과 같이 음악에 따라 영조에게 절하고 음식을 올리는 연향의 모습은 '왕실 가족'간의 유대를 왕통의 계승자를 통해 나타내려는 의도로 해석된다. 영조가 사도세자의 사후 긴장관계에 있었던 왕실 친족에게 왕위 계승자를 연향이라는 왕실 가족 잔치를 통해 부각시키는 모습인 것이다.

그런데 정조대에는 왕실 가족과 명부만 참석하던 내연 장소에 주렴을 치기 시작했다. 그 이유는 왕실 친족 중에 의빈儀賓 등 남성들이 참석하기 시작했기 때문이다. 예컨대 왕실 친인척의 남성이 내연에 참석하게 된

---

97) 『英祖實錄』 권107, 英祖 42년 7월 13일(辛巳).

1795년(정조 19)에는 여성의 공간과 구분하기 위해 주렴을 치고, 명부는 주렴 안, 의빈과 척신은 주렴 밖, 배종 백관은 문밖에 앉아 시연侍宴하였다. 의빈과 척신이 처음으로 내연에 참석한 1795년에는 명부의 배위와 의빈 및 척신의 배위가 모두 전殿 앞에 마련되어, 서로 마주치지 않기 위해서는 시차를 두고 배례할 수 밖에 없었다. 내연을 시작할 때 내외명부가 먼저 혜경궁에게 재배再拜하고 주렴 안쪽의 시위侍位로 들어가면, 의빈과 척신이 전殿 앞으로 나와 재배하였고, 내연을 마칠 때는 의빈과 척신이 먼저 재배하고 나간 다음에 내외명부가 전殿 앞으로 나와 재배하였다. 이후 왕실 친인척 남성의 내연 참석이 정례화되면서, 이들과 명부의 배위를 다른 곳에 마련하여 시차를 두고 배례하는 불편을 해소하였다. 예컨대 1809년(순조 9) 혜경궁 관례 60주년 경축 진찬에서는 명부의 배위를 안쪽의 서정西庭에 마련하고, 의빈과 척신의 배위를 바깥쪽의 동정東庭에 마련하여 시야를 차단했으므로, 좌우 명부와 의빈 및 척신이 동시에 배례拜禮할 수 있었다.[98]

이와 함께 인조대 이후 정조대 내연까지는 주빈에 대한 헌작이 1부와 2부에 걸쳐 있고, 1부에서 주빈에게 술을 올린 자가 2부에서 또 주빈에게 술을 올렸지만, 1809년(순조 9) 내연 이후로는 1부에서 주빈에 대한 헌작이 모두 행해짐에 따라 주빈에게 겹쳐서 술을 올리는 자가 없게 되었다. 그래서 주빈에게 술을 올리며 축하의 마음을 전할 기회가 좀 더 많은 참석자들에게 돌아갈 수 있었다. 그런데 종친, 좌우명부, 의빈 등의 각 반수班首가 술을 올릴 때, 소속 인원도 함께 행례行禮하여 그 소속 전체가 올리는 것과 같은 효과를 가져왔다. 1809년 내연 이후로는 치사를 올리는 자의 범위도 넓어져서 종친, 명부, 의빈 등도 치사를 올렸다.[99] 예컨대 1828년(순조 28) 순조 비인 순원왕후의 40회 생일을 축하하기 위해 창덕궁 연경당에서 열린 진작進爵에서는 명온공주明溫公主, 숙선옹주淑善翁主, 숙의박씨, 영온공주永溫公主, 영명위永明尉 홍현주洪顯周, 동녕위東寧尉 김현근金賢

---

98) 김종수, 위의 논문, 422쪽.
99) 김종수, 앞의 논문, 439~440쪽.

根, 영안부원군永安府院君 김조순, 지돈녕 조만영趙萬永 등이 상차림을 받았다. 물론 왕실여성들과 외부 남성들 사이에는 발이 쳐져 구분되었다.[100] 따라서 궁궐 내에서 거행한 내연에도 궁내에 거주하는 왕족이나 왕실여성만이 아닌 궁 외부의 친인척 남성들까지 잔치에 참석하는 것을 알 수 있다. 다만 이들이 진작 의례의 공식적인 의례 순서에는 누락되어있는 것을 보면 참관자 내지는 초청자 정도의 수준으로 참여했다고 알 수 있다.

2) 외연(外宴)

외연은 국왕과 종친들이 주축이 되며 왕비와 명부의 여성이 거의 참여하지 않는 공식적인 연향이다. 물론 내연과 외연이 동시에 거행되는 경우도 있다. 예컨대 외척에게 시호를 하사하는 연향에서는 내연에서 남녀들이 참석해 행사를 거행하고 외연에서 남성 위주의 연향을 거행했다. 1719년(숙종 45) 12월에 인경왕후仁敬王后의 부친인 광성부원군光城府院君 김만기金萬基의 연시延諡가 대표적으로 내연과 외연을 동시에 거행한 것일 것이다. 당시 연향 절차를 보면 다음과 같다.

> 세자가 하령下令하기를, "광성부원군의 연시延諡를 이달 19일로 정하였다고 하니, 1등의 음악을 내리고 연수宴需 및 내연·외연의 선온宣醞 등의 일은 전례에 의거하여 거행하라.'고 하교하셨는데, 이는 응당 거행해야 하는 은전恩典이므로 성교聖敎가 이와 같았던 것이다. 다만 시호를 내릴 때 음악을 내리는 일은 폐지할 수 없으나, 지금 성상의 환후患候가 더하여 상하가 애를 태우고 어쩔 줄 모르고 있는 때에 선온 등의 일을 한결같이 평소와 같이 한다면 본가本家에서도 반드시 불안해 할 것이니, 어떻게 하는 것이 알맞겠는가? 해조該曹로 품처하게 하라."하자, 예조에서 복주覆奏하기를 "단지 반시頒諡할 때에만 음악을 내리고 내연과 외연의 선온 및 선온 때 음악을 내리는 것은 아울러 모두 정감停減하여 상하가 함께 근심하는 뜻을 보이는 것이 마땅할 듯합니다."하니, 세자가 답하기를, "내연과 외연의 선온을 아울러

---

100) 사진실, 「연경당 진작의 공간 운영과 극장사적 의의」, 『한국극예술연구』 27, 2008, 31~33쪽.

정지하는 것은 너무 매몰하는 데 관계되니, 단지 외연의 선온만 베풀고, 연시할 때 본가의 수용需用을 참작해서 실어 보내도록 하라.″하였다.[101]

1739년(영조 15)의 외진연에 참석한 자들은 원임元任과 왕자·국구國舅·백관들이었다.[102] 1769년의 외연에서는 내외사촌친內外四寸親, 종친은 1품 이상만을 참석하도록 했다. 영조대 외연이 주로 거행된 곳은 경희궁의 숭정전이었다.[103] 그런데 외연은 양로연과 같은 왕실 가족과 직접 연관되지 않는 행사가 있어서 적극적인 소통의 구도로 활용되었다고 보기에는 한계가 있다. 예컨대 양로연의 경우 세종대에 내외연으로 병설되었으며, 세조대에 외연으로만 정착되었다가 성종대에 재차 내연이 설치되었다. 그러나 중종, 명종, 숙종대에는 외연만이 거행되었으며, 영조대에 내외연이 병설되었고 정조대부터 외연만이 설치되었다.[104]

내외연 이외에 궁궐 밖에서 거행하던 왕실 가족의 연향도 있었다. 국왕이나 왕비가 출가한 왕자녀들의 생일에 연향을 하사하는 것이었다. 1677년(숙종 3) 정명공주貞明公主의 생일잔치를 궁중에서 내려주었으며 왕실의 공주들이 모두 궁궐을 나가서 참여하였다.[105]

국왕의 생일 연향도 내연만이 아니라 외연으로도 거행되었다. 예컨대 1766년(영조 42) 7월 7일, 영조의 73세 생일이 내외연으로 열렸다. 당시 영조는 다음과 같이 말했다.

국왕이 말하기를, ″내가 마땅히 유시諭示하겠다. 13세 때 일을 73세에 또 당했으니, 또한 귀한 일이다. 내가 작은 술자리를 베풀고자 하니, 석 달을 전기하여 도감都監을 설치할 필요가 없다 하니, 영의정 홍봉한洪鳳漢이 말하기를, ″삼가 성상의 하교를 받으니, 흠탄欽歎을 이기지 못하겠습니다. 다만 금년 진연은 한결같이 고례古例에 따라 할 것입니다. (중략)″하니, 국왕이

101) 『肅宗實錄』 권64, 肅宗 45년 12월 9일(丁未).
102) 『承政院日記』 887책, 英祖 15년, 3월 4일(庚戌).
103) 『承政院日記』 1288책, 英祖 45년, 1월 23일(丁未).
104) 『承政院日記』 3030책, 高宗 30년, 1월 23일(丁未).
105) 『肅宗實錄』 권6, 肅宗 3년 6월 7일(壬子).

병술년 내외연 의궤를 가지고 들어오라 명하고 말하기를, "이미 외연을 허락하였으니, 내연도 옛날의 사례에 따라서 허락할 것이다.(중략) 모든 찬품饌品은 작년의 사례에 의하여 정지하고 인삼정과人蔘正果는 고례를 따라 특별히 감하며, 모두 지화紙花와 오미五味를 쓰고, 진작은 수대신首大臣과 국구國舅 · 종친宗親 · 의빈儀賓 · 수당首堂 · 호판戶判이 하며, 연회에 참여하는 여러 신하는 종친 · 문文 · 음蔭 · 무武 정1품, 기사제신耆社諸臣, 의정부 서벽西壁, 시임비당時任備堂, 훈부유사당상勳府有司堂上, 판윤判尹 · 도위都尉 · 부위副尉 · 육승지六承旨 · 한림翰林 · 주서注書 · 유신儒臣은 시임時任 · 원임原任을 물론하고, 양사兩司의 시임으로 서울에 있는 자는 진참進參하며, 도총부都摠府 · 병조 시위侍衛, 내승內乘 군직軍職, 선전관宣傳官, 춘방春坊 배위인陪衛人은 일체로 반盤을 허락한다."라고 하였다.[106]

영조의 생일 연향 준비 과정은 검약 정신이 배어나는 내용이지만, 연향에 왕실친인척인 국구·종친·의빈이 참석하고 있으며, 종친은 문무 정1품 이상만이 참여가 가능했다는 것도 보여준다. 연향에 참석한 친인척들의 전체적인 수치를 파악한 후에 논해야하겠으나 내연보다 외연에 참여하는 인원의 품계를 상위에 한정했다고 추정할 수 있다. 외연에는 정승들은 물론 정3품 이상의 문무백관이 참여하는 대형 행사였으므로 품관이 높은 종친이라야 그 위계가 걸맞았다고 생각하는 것이다.

---

106) 『英祖實錄』 권107, 英祖 42년 7월 7일(乙亥).

II

국왕과 의빈·외척의 소통 구조

조선초기 의빈은 41명이었으며, 그 중 33명은 2품 이상의 관직에 재직했던 관직자였다. 무엇보다 그들 대부분은 고려 왕조 이래로 명문으로서 위세를 떨치던 가문이었다. 의빈은 고위관료의 집안 출신만이 아니라 대대로 귀족적 색채를 지니던 후손들이었다. 예컨대 의빈의 대표적인 본관을 보면, 청송심씨, 성주이씨, 남양홍씨, 평양조씨, 안동권씨, 의령남씨, 파평윤씨, 전의이씨, 죽산안씨, 해주정씨, 진주강씨, 동래정씨, 고령신씨, 청주한씨 등의 14성관으로 조선초기의 명문거족이다.[107] 왕실가족의 재생산이 귀족과 고위관료 등의 혈통과 깊이 관련되어 있음을 보여주는 사례이다.

의빈은 국왕의 소생인 공주와 옹주의 배우자를 말한다. 1418년(세종 즉위년) 이백강李伯剛을 청평부원군淸平府院君으로, 이복근李福根을 대광보국大匡輔國 봉녕부원군奉寧府院君으로 삼으니, 종실과 부마를 부원군으로 봉한 최초의 사례이다.[108] 또한 부마들은 이성제군부異姓諸君府 가운데 군君으로 봉작된 이가 모두 공신이었던 까닭으로 이성 제군부에 속했다.[109] 이후

---

107) 남지대, 「조선초기 의빈연구」, 13~14쪽.
108) 『世宗實錄』 권1, 世宗 즉위년 9월 7일(甲寅).
109) 『世宗實錄』 권1, 世宗 즉위년 9월 26일(癸酉).

1434년(세종 16)에는 부마를 의빈이라 하였다.[110]

　외척은 왕비족의 사친, 곧 친정을 지칭하면서 그 가족들의 큰 범주를 의미한다. 외척은 조선 왕조 개창기부터 존재하였으며 조선 말기까지 왕실의 존망과 그 생사를 같이하던 집단이다. 왕대별로 소통의 차원이 크게 다른 경우도 있었으나 대체적으로는 궁궐내의 왕실 가족과 원만한 소통관계를 유지하던 것도 그들이었다.

1. 문후(問候)와 하례(賀禮)

　조선 왕조의 문화는 기본적으로 유교적 예제를 바탕으로 하는 생활이었다. 관혼상제의 절차가 수백년간 대체로 유교적 예제를 준수한 것에서도 잘 알 수 있다. 대학의 수신제가修身齊家는 물론 유교적 교육에서 효를 강조한 것도 일상생활에서 상하친분 관계의 정형화된 문후와 하례에서 나타나게 하였다.

1) 의례적 문후

　1780년(정조 4) 정조는 왕실 친인척의 문후는 정리상 막을 수 없는 것이라면서, 설령 친인척이 죄를 지은 몸이라도 문후는 할 수 있다고 주장하였다.

> 대사간 이양정李養鼎 등이 생각하는 바를 아뢰기를, "정처鄭妻·김귀주金龜柱는 아직도 왕법王法을 벗어나도, 홍국영洪國榮은 내친 가운데에 들어 있기는 하나 경기 산골짜기 사이에 출몰하므로 와언訛言이 더욱 일어나고 흉도凶徒가 기세를 더하니, 청컨대, 통쾌히 뭇 흉도의 죄를 내리십시오." 하니, 국왕이 말하기를, "내가 한번 하유下諭하려 하였으나 아직 못하였다. 지난번 단오 절선節扇을 반사頒賜할 때에 중관中官이 제품提稟하였으므로 과연 전례에 따라 내려 주었는데, 와언이라는 것이 여기에서 말미암은 것이 아니겠는가?

---

110) 『世宗實錄』 권64, 世宗 16년 4월 8일(乙卯).

대저 우리나라의 가법家法은 척리戚里에 대해서는 죄율罪律을 범한 자일지라도 때때로 사람을 시켜 문안하는데, 이것은 은의恩義를 아울러 행하려는 뜻에서 나온 것이어서 청은靑恩의 집에도 오히려 존휼存恤이 있었다. 내가 고로여생孤露餘生으로 3년 전 공론에 몰려 마지 못하는 일이 있기까지 하였으니, 이 생각을 억누르기 어려워서 때때로 액속掖屬을 보내어 문밖 집에 사문賜問하였다. 또 교동喬桐에 있는 죄인은 선대왕께서 사랑하시던 바이므로 차마 끊을 수 없어서 또한 때때로 존문存問하니, 이것도 참으로 고례를 따르는 것이다."하였다.[111]

정조가 말한 의중은 홍국영의 입장을 용인하려는 것이지만, 왕실 친인척 간에 문후는 어떤 경우에도 개방적이었음을 단적으로 보여주는 이야기이다. 종친의 경우에는 왕실의 제사, 시위 등을 위해 공식적으로 방문하는 것이 잦았다고 볼 수 있다. 반면 외척들은 왕실에 대해 공식적인 방문보다는 비공식적인 경우가 많았다고 생각할 수 있다. 물론 외척이라도 관직을 겸하고 있거나, 정희왕후와 순원왕후의 수렴청정기처럼 외척이 권력의 핵심을 장악했을 때는 공식비공식을 막론하고 언제든지 문후가 가능했을 것이다.

문후는 곧 문안과 동일한 의미를 갖는 용어이다. 왕실 친인척의 의례적인 문후는 정례적인 것과 비정례적인 것으로 구분할 수 있다. 정례적으로 거행되던 것을 본다면 조정문안朝廷問安, 일차문안日次問候, 탄일문안誕日問安 등이 있으며, 비정례적인 것을 보면, 병문안, 장일문안葬日問安, 이어문안移御問安, 능행문안, 화재시 문안 등 다양한 주제에 따라 나누어진다.

의빈은 공식적으로 조회朝會, 상참常參, 회맹연會盟宴, 강무講武, 열무閱武 등의 국왕이 주재하는 각종 국가적 의례에 정식으로 참석하였다. 국왕과 왕실 친인척들과 행사를 참관하거나 배종하는 일을 하였다. 그런데 문후에 임하는 외척 중에서 의빈의 호칭은 왕대별로 차이가 있었다. 세조대 부마에서 의빈으로 개칭되었으며 1450년(문종 즉위년)에는 부마를 '모

---

111) 『正祖實錄』 권9, 正祖 4년 6월 5일(壬子).

모계 모모위 某某階 某某尉'로 호칭하였다. 또한 1484년(성종 15)에는 의빈에게 제수되던 관직에서 2품 이상은 모모위, 3품 당상은 모모부위, 당하관 이하 4품 이상은 모모첨위某某僉尉로 개칭하였다. 이때 개정된 의빈 제가 조선말기까지 그대로 이어졌다.[112]

조선초기의 문후는 세종대에 그 형태가 갖추어지기는 하였으나 자주 변동되던 시기였다. 예컨대 1447년(세종 29)의 삭일 문안은 초1일과 16 일 양일에 걸쳐 진행되었다. 원래 육아일六衙日에 국왕의 문안이 있었으나 매달 1일과 16일로 정했다가 재차 16일을 없앴다. 그러나 재차 삭일에 걸치는 1일과 16일의 문안이 부활되어 이어졌다.[113]

연산군대에는 왕실의 문안이 제도적으로 정비되었다. 남빈청南賓廳 동 쪽 모퉁이에 따로 빈청을 꾸미며서 종실 및 척리戚里의 문안하는 곳으로 삼기도 하였다.[114] 특히 연산군은 왕실의 친인척들에게 매일 문안 하도록 하였다. 그런데 개인별로 신체적 문제도 있고 소란스러운 것도 있어서 결국 3일에 한 번씩 차례를 나누어 문안하게 하였다.

> "종친·족친 등을 매일 같이 문안하게 하였는데, 신자臣子된 자로서 홀로 태연하게 편히 앉아 있는 것은 옳지 못하니, 문안해야 할 인원을 뽑아 아뢰 라. 그리고 근자에 보건대, 성종조에 문안하는 예절이 없다가 상의 몸이 편찮을 때에 이르러서 분주히 문안하여 인심이 흉흉하였으니, 이것은 매우 옳지 못한 일이다. 항상 문안하게 되면 비록 편찮을 때가 있더라도 반드시 분요함이 없을 것이니, 사흘에 한 번씩 문안하게 하고, 사헌부를 시켜 검찰 하게 하라."하였다. 승정원의 의정부·사헌부·육조 2품 이상을 뽑아서 아 뢰니, 전교하기를, "좋다"라고 하였다.[115]

연산군의 입장에서 문안 인사를 영접하는 것은 자신의 상태를 보여주

---

112) 한충희, 「朝鮮初期 儀賓研究」, 『조선사연구』 5, 1996, 4~7쪽.
113) 『世宗實錄』 권115, 世宗 29년 3월 1일(癸亥).
114) 『燕山君日記』 권54, 燕山君 10년 7월 24일(壬子).
115) 『燕山君日記』 권61, 燕山君 12년 2월 28일(戊寅).

는 것이므로 간일을 두어 진행하려는 의도인 것이다. 이후 중종대에 이르러서는 당상 종친이 문안할 때에 공궤供饋가 거행되었다. 가족 간의 인사 치레라고는 하지만 이야기가 길어지거나, 별도의 시간이 필요한 경우 식사를 제공하는 것으로 볼 수도 있겠으나, 선물은 아니더라도 식사는 주고 보내는 가족간의 정감이라고 보는 것이 좋겠다. 가뭄 등의 자연재해 시에는 잠시 정지되었으나 일반적으로는 문안하러 온 친인척에게 공궤하였다.[116]

그런데 문안이 늘 성시를 이루거나 자발적으로 진행되었다고 보기는 어렵다. 조선왕조사는 국왕별로 왕권의 강약도 있고 시대별 변화도 있으므로 문안에 있어서도 의례적인 부분일지라도 그 인원이 감소하는 경향이 있었다. 예컨대 1723년(경종 3) 대비전이 이어移御한 뒤에 이루어진 문안에서는 시간을 어기거나 참석하지 않은 자들이 많았다.[117] 경종이 장희빈의 소생이라는 종통적 한계가 있기는 했으나, 무엇보다 병약하였던 것을 감안하면 문안이라는 왕실 의례가 소홀하게 진행된 것으로 볼 수 있다. 시대적 정치 환경에 따라 외척의 문후가 변화되기는 했지만, 보다 근본적으로 외척의 문후는 부정적으로 보는 것이 일반적이었다. 예컨대 1518년(중종 13) 중종대 간관이 지적한 외척의 문후에 대한 시각을 보면 다음과 같다.

> 조강에 나아갔다. 지평持平 정응鄭䧺이 아뢰기를, "한나라와 당나라 이후로 국세國勢가 위태로워진 것은 모두 외척의 권성權盛 때문이었습니다. 대개 권세에 연줄을 대고 환관들과 공모하며 굳게 한 통속이 되어서 간악한 일을 서로 도와 일으키니, 화란이 어찌 쉽게 일어나지 않겠습니까? 양기梁冀 같은 사람이 환관을 통해 그 간특함을 자행하여 권세가 높아지니, 동시대 사람으로 중용中庸을 행한다고 일컫는 호광胡廣 같은 자도 그 위세에 눌려 항의를 못했을 뿐 아니라 도리어 그를 추숭하였으며, 또 양웅楊雄 같은 자도 유자儒者로 자처하였으되, 왕망王莽의 시대를 당하여 구제하고 바루는 말은 한 마

---

116) 『中宗實錄』 권25, 中宗 11년 6월 9일(己未.)
117) 『국역 비변사등록』 74책, 경종 3년, 9월 18일(甲午).

디도 없고 도리어 글을 지어 왕망을 찬미함으로써 찬탈을 합리화시켰습니다. 그러므로 선비의 지조가 바르지 못하면 권세에 말려들지 않을 자가 적습니다. 지금 궁중의 문안 같은 일에 외인이 그로 인해 쉽게 통할 수 있으니, 지금 지조를 잃은 사람이 필시 밤낮으로 엿보아 내족內族에 붙어서 성심聖心을 고혹하고자 그 틈을 노리는 자가 있을 것입니다. 만약 하루아침에 그 술책을 부리게 되면 화 또한 클 것입니다. 영명英明한 임금이라면 지기志氣가 강하고 본원本源이 이미 굳으므로 이와 같은 무리가 쉽사리 고혹시킬 수 없겠으나, 만약 어리고 나약한 임금이라면 곧 그 간교한 술책을 시험하며 모함하기를 획책하리니, 인주人主는 마땅히 원대하게 그 모책을 세워서 후사로 하여금 혹시라도 그 술책에 빠지게 하는 일이 없도록 해야 하겠습니다."[118]

위의 내용은 왕실가족이라도 자주 만나고 친밀해 지면 공사를 혼용하여 국정에 해악을 미칠 수 있다는 간관의 지적이다.

조선시대 간관들이 경계로 삼는 사례가 늘 중국 왕조의 환관들과 그에 결탁하였던 외척들의 전횡이었다. 숙종대 노론이 종실인 복창군, 복선군, 복평군의 삼복三福 형제를 견제하다가 결국은 정계에서 축출할 때의 명분도 동일한 것이었다. 그러나 국왕의 측면에서 본다면 왕위를 찬탈할 이유가 없는 이성異姓인 외척이 더 가까운 패트런이 될 수 있기에 관료들과 정치적 노선은 같을 수 있으나 세력화하는 경우는 다른 선택을 하게 되는 것이다.

한편 숙종대 의빈들의 문안 방식을 보면 왕자들과 확연히 차이가 난다. 1700년(숙종 26) 훗날 영조인 연잉군延礽君의 문안례에 대한 사례에서 볼 수 있다.

임창군臨昌君 이혼李焜이 상소하여 종친부 유사당상有司堂上의 직임을 사직하며 아뢰기를, "연잉군이 숙사肅謝할 때에 신이 문안청問安廳에 나아가 뵙기를 청하였는데, 본부의 관리가 연잉군 시자侍者에게 고하기를, '대개 문안을

118) 『中宗實錄』 권32, 中宗 13년 4월 24일(壬辰).

할 때에 왕자군은 북쪽 벽의 위편으로 앉고, 종친과 의빈은 한 줄로 앉아 서로 읍揖하는 것이 규례이다.' 하니, 시자가 말하기를, '앉아서 절을 받는 것으로 정탈定奪하였다.'고 했습니다. 신이 말하기를, '이미 정탈하였다면 마땅히 이에 의거하여 할 것이다. 그러나 조행朝行 간의 체제와 규정은 그렇지 않다.'고 하였더니, 시자가 말하기를, '규례가 이와 같다면, 마땅히 그 예문禮文을 따라야 한다'고 하자, 연잉군이 곧 일어서고, 신은 그대로 앞줄로 나아가 읍하였더니, 연잉군도 답례를 하였으며, 신은 곧 그 앞으로 나아가 다시 읍하고 물러나왔습니다. 곧 내시에게 들으니, 본부에서 문안청 행례行禮 때의 일을 녹사錄事에게 물었는데, '왕자군은 앉아서 정1품 종반宗班의 절을 받는다'는 것으로 대답하였다 하니, 녹사의 말도 이미 억측하여 함부로 대답한 데서 나온 것이었습니다. 왕자의 시자 한 사람이 또 '왕자는 꿇어앉아 절하고, 신은 다만 손만 들어 답례했다'고 말하였다 하는데, 이런 일은 풍병風病으로 본심은 잃어버린 자일지라도 하지 않을 것입니다"하였다. 이때 왕자 연잉군 이금李昑이 새로 유사有司를 겸하였는데, 당상관과 같기 때문이었다. 국왕이 비답하기를, "공적인 모임에서 경재卿宰가 대신 앞에 나아가 절을 하면, 대신은 손을 들어 답읍答揖만 하고 원래 일어서는 일이 없는데, 더구나 왕자는 스스로 계급이 없는 군君이니, 체면의 존중함이 더욱 저절로 분별되며, 문안청 또한 하나의 공적인 모임이므로, 앉아서 절을 받고 답읍答揖한다는 뜻으로 하교하였다. 그러나 듣건대, 예를 마친 뒤에 일어서서 서로 읍하였다고 하니, 그렇다면 왕자의 사체가 도리어 외조外朝보다 못하다는 말인가? 의아하여 의혹됨이 한창 깊었다. 그런던 중에 지금 이 상소의 사연을 보니, 본부 하리下吏가 말했다고 한 것은 거의 사리에 맞지 않는다. 현록대부顯祿大夫가 비록 대광보국숭록대부大匡輔國崇祿大夫와 같다고 하더라도 대광보국숭록대부는 바로 1품과 같으며, 왕자는 본래 계급을 논할 수 없으니, 일어서는 규례를 그가 어찌 감히 창작하여 말하는가? 이미 매우 놀라운데도 정탈을 믿지 않고, 쓸데없는 말로 진소陳疏하였으니 매우 사체에 결함이 된다."하고, 추고하도록 명하였다.[119]

경종이 보위를 계승할 영조의 지위를 왕실·친족내에서는 물론 고위

---

119) 『肅宗實錄』 권34, 肅宗 26년 1월 17일(辛亥).

관료와의 사이에서도 재정립시켜 주는 내용이다. 왕자의 지위로서 관료들보다 하위의 의례를 거행하는 것은 불가하다는 것으로 왕실 가족의 특수한 지위를 재확인시키는 사례이다. 또한 당시 궁궐에서 문안을 할 때에 왕자군은 북쪽 벽의 위편으로 앉았고, 종친과 의빈은 한 줄로 앉아 서로 읍揖하는 것이 규례였음을 알 수 있다. 이런 문안은 보통 의례적 행사일에 진행된 것으로 보인다. 예컨대 1762년 9월 13일 영조의 탄신일 문안에서는 궁궐의 뜰에서 2품 이상이 모두 모여 문후를 올렸다.[120] 영조 대에는 탄일문안誕日問安 이외에 조정문안朝廷問安, 장일문안葬日問安이 대표적인 문안이라고 할 수 있다. 장일문안의 경우 1770년(영조 46) 정순왕후의 인친인 오흥부원군鰲興府院君 김한구金漢耉의 사례에서 알 수 있다. 이때 2품 이상의 관원들이 문후하였는데, 정승이 문후의 전반 사무를 지시하고 조정하였다.[121] 물론 고위 관료가 주재하는 문후라고 하더라도 그 일원에 왕족이 있다면 관료들과는 차별적으로 대우해야 한다는 것이 경종의 처분인 것이다.

2) 절기별 하례(賀禮)

조선시대 절기節期는 태음태양력을 기준으로 한 농업경제에 맞추어 이루어졌다. 그 중 대표적인 절기는 정조, 단오, 추석, 동지, 납일[歲暮] 등이었다. 이들 절기는 오늘날까지도 대부분 유지되고 있는데, 24절기를 놓고 말한다면 왕실의 친인척은 매달, 심지어는 15일에 한번은 절기별 하례를 올렸다고 볼 수 있다. 그 중 대표적인 절기를 중심으로 한 하례에는 정조·동지·국왕 탄일의 삼명절三名節과 정조·단오·추석·동지의 사명절四名節이 공식적으로 거행되었다.

절기 중에서 추석의 경우 조선 건국초부터 왕실에서 의례행사를 치르던 절기였다. 왕실의 추석은 친인척은 물론 백관이 모두 참여하는 의례였

---

120) 『英祖實錄』권100, 英祖 38년 9월 13일(壬申).
121) 『英祖實錄』권114, 英祖 46년 1월 28일(丙午).

다. 다만 세종 진권 초기 이전까지는 풍악이 없이 제사만을 지내는 의례였다. 1424년(세종 6) 8월 15일의 추석제는 광효전廣孝殿에서 거행되었다. 세종은 이때 처음으로 풍악을 연주하도록 하였다.[122]

세종이 주재하던 추석제에는 왕실 친인척이 대거 참석하여 하례를 올렸다. 예컨대 광효전에서 추석제를 행하고 환궁하여 잔치를 베풀 때에는 효령대군을 비롯하여, 경녕군敬寧君 이비李裶·공녕군恭寧君 이인李裀·신의군愼宜君 이인李仁·순평군順平君 이군생李群生·온녕군溫寧君 이정李裎·의성군誼城君 이용李㤡·평양 부원군平壤府院君 조대림趙大臨·의산군宜山君 남휘南暉·운성군雲城君 박종우朴從愚·일성군日城君 정효전鄭孝全·파성군坡城君 윤우尹愚·판부사判府事 한장수韓長壽 등이 입시하였으며, 밤늦게까지 자리를 함께 했다.[123]

추석에는 국왕만이 아니라 명부命婦의 수장인 대비가 왕실 친인척에게 하례를 받기도 하였다. 중종대인 1517년(중종 12) 8월 추석에, 대비전에서 풍정豊呈을 한 뒤에 백관과 명부를 모아 잔치를 거행하였다, 이때의 잔치는 예조에서 준비하여 거행하였다. 왕비는 국왕과 별도로 선정전宣政殿에서 하례를 받았다.[124]

이어서 정조하례를 본다면, 우선 조선 전기인 1457년(세조 3)의 정조하례 진행을 보면 다음과 같다.

> 신시申時에 임금이 근정전에 나아가 왕세자 및 백관의 하례를 받았다. 그 의식은 이러하였다. "고鼓가 이엄二嚴을 알리면, 종친과 문무백관들이 조복朝服 차림으로써 근정전 문 밖에 나아간다. 고가 삼엄三嚴을 알리면, 봉례랑奉禮郎이 3품 이하의 종친과 문무백관들을 나누어 인도하여 자리에 들어오고 음악이 시작되며, 전하가 어좌에 올라가면 음악이 그친다. 부지통례副知通禮가 왕세자를 인도하는데, 왕세자가 면복冕服을 갖추고 들어와서 자리에 나아가면 음악이 시작되고, 전의典儀가 창唱하기를, '사배四拜하라.'고 하면 왕세자가 네 번 절하고 음악이 그친다. 선전관宣箋官이 서계西階로부터 올라가

122) 『世宗實錄』 권25, 世宗 6년 8월 15일(丁巳).
123) 『世宗實錄』 권33, 世宗 8년 8월 15일(丙子).
124) 『中宗實錄』 권29, 中宗 12년 8월 3일(丙午).

서 어전御前에 나아가 부복하고 꿇어앉는다. 전의가 창하기를, '궤跪하라.' 하면 왕세자가 꿇어앉아 선전宣箋 하고, 이를 마치면 음악이 시작된다. 전의가 창하기를, '사배하라.'고 하면 왕세자가 네 번 절하고 음악이 그친다. 전의가 창하기를, '궤跪·진규搢圭·삼고두三叩頭하라.' 하면 왕세자가 꿇어앉아 홀을 대대大帶에 꽂고 머리를 세 번 조아린다. 전의가 창하기를, '산호山呼하라.' 하면 왕세자는 '천세千歲라.' 하고, 전의가 창하기를, '재산호再山呼하라.' 하면 왕세자는 '천천세千千歲라.' 하고 부복하였다가 일어나서 몸을 바로 한다. 음악이 시작되고 전의가 창하기를, '사배하라.'고 하면 왕세자가 네 번 절하고, 이를 마치면 음악이 그친다. 부지통례副知通禮가 왕세자를 인도하여 막차次에 나가고, 봉례랑奉禮郞이 종친과 문무 2품 이상을 나누어 인도하여 들어와서 자리에 나아가고, 객사客使를 인도하여 들어와서 자리에 나아가면 음악이 시작된다. 전의가 창하기를, '사배하라.'고 하고 이를 마치면 백관의 전문箋文과 호천세呼千歲의 배례拜禮 절차를 알린다.(후략)

위의 기사에서 왕세자가 우선 의례를 거행하고 인도하는 것으로 국왕 다음의 보위가 이어갈 지위자의 존재를 알리고 그 다음에 왕실 친인척이 의례를 거행하는 모습이다. 절기하례의 준행 그 자체를 통해 국왕과 왕실 친인척 간에는 왕조를 이끄는 계층적 서열의 동반자적 구성원으로 상대를 인정하는 장면이 연출되었다고 할 수 있다 소통이란 곧 상하 존재의 인정과 서로 간의 의사 전달일 것이다. 신분적 질서가 최우선인 조선왕조에서 절기별로 거행하던 하례야말로 자연의 계절 변화와 우주의 운행에 따라 자신들의 존재도 동시에 운용된다고 보여주던 의례였다고 해석할 수 있는 부분일 것이다.

한편 왕세자가 참여하던 정조와 동지의 하례는 임진왜란 이후까지 동일하게 거행되었고 2품 이상의 관원 및 친인척들이 참여하였다. 또한 절기하례에서는 모두 고두叩頭와 산호山呼를 하였는데, 인조대에 이르러 오례의에 없는 부분이라고 하여 중지되었다.[125]

---

125) 『承政院日記』 32책, 仁祖 9년 1월 25일(己亥).

2. 선물[物膳]과 증여

조선시대 국왕은 종친과 공신, 부마 등에게 계절이나 행사에 맞추어 의례적으로 유형의 물품이나 무형의 선물을 하사했다. 선물을 하사한 것은 일정한 공로를 인정하면서 왕실 가족 간의 유교적 질서와 우의를 다지기 위한 차원에 이루어진 것이다. 또한 국왕의 선물은 통치행위로서의 포상제도와 연관된다. 국가적 위기를 극복했을 때는 물론 경축이나 애도를 표하는 시기에 많은 상을 주었다. 특히 종친이나 종실 한 사람에게만 특별히 지급하기 보다는 여러 명에게 내리는 것이 많았다.[126]

1) 공상(供上)의 배분

공상은 국가의 공식적인 공적 재원을 이용하여 왕실의 각 전궁殿宮 등의 왕실가족에게 상납되었던 제반 물품을 지칭하는 것이다. 이들 일상생활 물품은 호조와 선혜청에서 장만하였다. 이 물품들을 선물의 품목에 넣는 것은 당시의 선물 개념이 오늘날과는 조금 상이한 경계에 있기 때문이다. 선물이란 물선物膳의 말한다. 물선에는 삭선물선朔膳物膳과 별진하물선別進賀物膳이 있다. 이 선물들은 주로 공상이라는 시스템에 따라 중앙의 왕실가족과 친척들에게 배분되었다.

조선후기의 지식인 반계 유형원은 공상이 정부 재정의 2/3를 차지한다고 지적할 정도로 중앙 재정의 큰 부분이었다.[127] 조선시대 공상은 궁중에서 생활하는 왕, 왕비, 대비, 후궁, 세자, 세자빈 등 왕실의 의식주를 해결하기 위한 공식적인 제도였다. 즉 왕비와 후궁의 식생활과 경제생활은 이 같은 공식적인 공상을 기반으로 영위되었다. 조선초에는 고려 왕조를 계승하여 왕실가족에게 부府를 만들어주어 토지와 노비를 배정해 주었다. 세종대인 1434년(세종 16) 조회에서 상위上位는 전하殿下, 중궁은 왕

---

126) 심경호, 『국왕의 선물』 1, 책문, 2012, 458쪽.
127) 『반계수록』 권3, 田制後錄上, 經費.

비, 동궁은 세자, 대궐은 왕부王府, 대군은 왕자, 공주는 왕녀, 부마는 의빈, 영공令公은 재상宰相이라 한다는 규정에 따라 부 제도가 완전히 폐지된 것으로 보인다.[128] 이후 중앙관서인 내자시, 내섬시, 사도시, 사재감, 사포시, 의령고 등을 통해 공상을 왕실에 진배하였다.[129]

공상은 조선초기부터 시작되었으나 그 규모나 시스템을 파악할 수 있는 것은 조선후기의 자료에 국한되는 것이 한계이다. 공상과 관련된 등록과 문서가 조선전기 실록에는 잘 드러나지 않기 때문이다. 무엇보다 공상은 왕실재정으로 정부에서 지원받던 부분과 왕실의 각 전궁에서 사적으로 운영하던 내탕 및 궁방전 등 다양한 영역이 포함되는 포괄적 개념이다. 『만기요람』에 의하면 19세기초 왕실 공상은 37만냥에 달하고 있다. 그런데 1749년부터 간행된 『탁지정례』에는 왕실 공상의 변화가 나타난다. 영조는 과다한 경비지출을 줄이는 명목으로 공상의 규모와 물종을 정례화 하고 있다. 그 중 각전각궁례各殿各宮例에는 공상 물종을 정례화한 것이다. 이 사례는 영조가 재가한 공식적인 왕실 구성원의 범주를 알 수 있게 한다. 각전각궁례의 사례에는 대전, 중궁전, 세자궁, 세자빈궁, 원자궁, 원자빈궁, 공주와 옹주, 군주와 현주, 제빈방, 숙원방과 양제방, 소훈방, 봉보부인 등이 나타나고 있다. 이때 공상은 왕실구성원의 위계에 따라 공상供上, 진상進上, 진헌進獻, 진배進排로 구분되어 시행되었다.[130]

물론 공상이 왕실가족에게 주던 선물로서 친인척에까지 보편적으로 이루어졌다고는 볼 수 없다. 그러나 공상 시스템을 통해 전해진 선물이 친인척들에게 재차 배분되는 2차적 단계를 거쳤다고 할 수 있다. 선물의 배분은 왕실 친인척의 관계는 물론 소통을 유지하는 가시적인 방법이기 때문이다. 그런데 조선 왕조의 선물은 동등한 상대끼리의 수수授受도 있지만 국왕이나 상위의 신분이 하사하는 경우도 많았다. 왕실 친인척의 경우

---

128) 『世宗實錄』 권64, 世宗 16년 4월 8일(乙卯).
129) 송수환, 『조선전기 왕실재정연구』 집문당, 2002, 58~74쪽.
130) 최주희, 「18세기 중반 定例類에 나타난 王室供上의 범위와 성격」, 『장서각』 27, 2012, 39~43쪽.

에는 대등한 신분끼리 주고받는 것보다 하사하는 형태가 더 많이 나타나고 있다.

2) 출합(出閣)과 혼수(婚需)

왕실의 친인척에 새로 들어오고 인정받는 의례가 왕실과의 혼례이며 그 과정의 첫 단계가 혼례 준비일 것이다. 보위를 이을 세자를 제외한 왕실의 자녀들이 혼례를 할 때는 국왕과 왕비가 출합을 통해 살림집과 살림살이를 마련해주었다. 왕자의 경우에는 저택이 있어야 출합이 가능했으므로 적서를 막론하고 관례를 치르면 가옥을 지어주었다.[131] 출합은 왕자나 왕녀가 가례 후 궁궐 밖의 살림집으로 나가는 일이다. 무엇보다 의빈이 왕실로부터 왕실가족이라는 관계를 인정받는 일이기도 하였다. 의빈이 왕녀와 혼례를 거행하여 새로운 집에 살게 되면 그 집을 보통 궁가宮家라고 하였다. 숙종대의 사례를 보면 다음과 같다.

> "전부터 대군·왕자·공주·옹주의 방房을 궁가로 통칭하여 왔고, 길례吉禮
> 는 모두 가례청嘉禮廳으로 일컬었다. 그런데 승지가 전교에 없는 다른 의견
> 을 내어 영안위永安尉의 방房은 궁宮이라 일컬었고, 길례궁吉禮宮은 소所라고
> 일컬어 친왕자親王子를 가볍게 여기고 업신여긴 뜻이 드러났으니, 매우 놀랍
> 다. 입직승지入直承旨를 아울러 우선 종중추고 하라."[132]

위의 기사에 의하면, 의빈이 왕실에서 궁가인으로 인식되며 응대 받았음을 알 수 있다. 또한 궁가라는 명칭 속에 궁에 거처하는 왕족이라는 개념이 있으므로 자연히 의빈은 왕족의 대열에 속했음도 알 수 있다. 특히 궁가의 호위를 위해 수직하는 군사를 보내기도 하여 왕실의 일원임을 대외적으로 표시하였다.[133]

---

131) 『肅宗實錄』 권39, 肅宗 30년 4월 17일(丙戌).
132) 『肅宗實錄』 권39, 肅宗 30년 2월 2일(壬申).
133) 『顯宗實錄』 권18, 顯宗 11년 10월 1일(乙酉).

그런데 조선시대 궁궐에서 합閤은 전殿이나 궁宮에 비해 규모나 중요도가 떨어지는 건물을 지칭하기도 하였지만 공식행사가 거행되는 공간의 안쪽 공간을 지칭하기도 하였고 왕이나 왕비 또는 왕자나 왕녀의 사적 공간이나 생활공간을 의미하기도 하였다. 따라서 출합이란 공식행사가 거행되는 공간의 안쪽 공간에서 공식행사가 거행되는 공간으로 나간다는 뜻을 갖고 있었고 궁궐의 사적 공간이나 생활공간에서 잠시 밖으로 나간다는 뜻도 있었다.

조선 왕조의 왕자나 왕녀는 10세 전후에 가례를 행하고 출합하였다. 왕자와 왕녀의 가례는 유교의 혼인 육례에 따라 일반 사가와 마찬가지로 의혼議婚, 납채納采, 납폐納幣, 친영親迎, 부현구고婦見舅姑, 묘현廟見의 순서로 진행되었지만, 친영 후에는 살림집에서 생활을 시작하였다. 『경국대전』에 의하면 왕자와 왕녀의 살림집을 마련할 조가지造家地가 대군과 공주는 30부負, 군과 옹주는 25부負였다. 이외에도 왕자와 왕녀의 가례에서는 출합 후 살림에 필요한 곡식, 옷감, 주방용품, 생활용품, 땔감, 반찬 등도 지급되었다. 예컨대 『덕온공주가례등록德溫公主嘉禮謄錄』의 '덕온공주출합시각양명기물목德溫公主出閤時各樣器皿物目에 의하면 곡식으로는 중미中米 50석, 조미糶米 60석, 황두黃豆 50석, 교맥말蕎麥末 1석, 진말眞末 1석이 지급되었고, 옷감으로는 면포綿布 100필이 지급되었다. 또한 주방용품 및 생활용품으로는 용단칠저족상龍丹漆低足床 10부部, 흑칠원대반黑漆圓大盤 2죽竹, 흑칠원소반黑漆圓小盤 2죽, 목원대반木圓大盤 2죽, 유발리개구鍮鉢里盖具 3죽, 유시鍮匙 3단丹, 유저鍮箸 3단, 유이선鍮耳鐥 2좌坐, 유소鍮召 2개箇, 유소아개구鍮召兒盖具 2좌, 유도아鍮都兒 3죽, 유평자鍮平者 1개, 유중자鍮中者 1개, 유소자鍮小者 1개, 유주발개구鍮周鉢盖具 3죽, 유반합개구鍮飯盒盖具 1좌, 유중첩시鍮中貼匙 3죽, 주동해개구鑄東海盖具 10좌, 주대증개구鑄大甑盖具 1좌, 주중증개구鑄中甑盖具 1좌, 주소증개구鑄小甑盖具 1좌, 주등경鑄燈檠 2좌, 주대사요개구大沙要盖具 3좌, 주중사요개구鑄中沙要盖具 3좌, 주소사요개구鑄小沙要盖具 3좌, 동화자銅畵者 1개, 대정개구大鼎盖具 3좌, 중정개구中鼎盖具 3좌, 소정개구小鼎盖具 3좌, 대부大釜 1좌, 중부中釜 1좌, 소부小釜 1좌, 대두모대구大豆毛臺具 2좌, 중

두모대구中豆毛臺具 2좌, 대장大欌 1좌, 중장中欌 1좌, 흑칠첩시黑漆貼匙 3죽, 목등가木燈檠 4좌, 주고조酒高槽 1부, 면고조麵高槽 1부, 대궤大櫃 1부, 중궤中櫃 1부, 소궤小櫃 1부, 대안판大案板 1좌, 중안판中大板 1좌, 대석년大石碾 1좌, 소석년小石碾 1좌, 년판대구碾板臺具 1좌, 포판제연구泡板諸緣具 2좌, 목두木斗 1개, 목승木升 1개, 안거리鞍巨里 1부, 대상화롱大床花籠 1부, 목대첩시木大貼匙 3죽, 목중첩시木中貼匙 3죽, 목장화로木長火爐 2좌, 목구금木炙金 2부, 소자금小炙金 2부, 철화통鐵火桶 1개, 용대약龍大鑰 2부, 배화중약排化中鑰 8부, 대파조大把槽 2부, 중파조中把槽 2부, 표자瓢子 8개, 상문답석방석常紋踏席方席 20립立이 지급되었고, 땔감으로는 탄炭 20석, 소목燒木 5천 근이 지급되었다. 아울러 반찬류로는 염鹽 6석, 석수어 200속束, 대구어 200미尾, 석어난해石魚卵醢 3항缸, 길경苦莄 30근이 지급되었다.[134] 의궤의 내용처럼 조선 시대 왕자와 왕녀는 가례 후 생활에 필요한 모든 물품을 출합 때 지급받았다.

이와 같이 왕자와 왕녀의 출합에 들어가는 물품은 사치품이 많았고 그 수량도 상당하였다. 이에 영조는 『국혼정례國婚定例』, 『상방정례尙房定例』 등을 제정해 왕자와 왕녀의 출합 때 지급되는 곡식, 옷감, 주방용품, 생활용품, 땔감, 반찬의 수를 정식화하였다.

그런데 왕실 친인척간의 사적 관계를 금전적으로 소통시켜주던 출합에 대해 관료들의 시각은 부정적이었다. 무엇보다 출합 이후에도 그 가옥을 지속적으로 왕실에서 수리해주는 것이 문제였다. 예컨대 1625년(인조 3) 정명공주貞明公主 집의 수리에 대해 다음과 같은 문제가 지적되었다.

> 간원이 아뢰기를, "이번에 정명공주의 저택을 본가에서 경영하여 짓는다고는 하지만 공역功役에 있어서는 백성을 수고롭게 하는 것을 면하지 못하고 있습니다. 이처럼 공사간에 재물이 바닥이 난 때에 50칸이 넘어서는 안 되는 제도를 어기고 있으니, 국법상 금단해야 마땅할 것인데, 더구나 백성을 번거롭게 하면서까지 공사를 진행하는 경우이겠습니까. 저번에 운반하

---

134) 한국학중앙연구원 장서각, 『德溫公主嘉禮謄錄』 K2-2632, 德溫公主出閣時各樣器皿物目.

는 일을 지체시켰다는 이유로 해당 관원을 파직하기까지 하였으므로 신들이 바야흐로 온당치 못하다는 뜻을 논계하려 하였는데, 성상께서 바로 뉘우치시고 성명成命을 도로 거두셨으니 이것이야말로 훌륭하신 덕에서 우러나온 일이라 하겠습니다. 이처럼 뉘우치시게 된 계기에 공주 저택의 간가間架의 수도 감하시어 국법을 엄하게 하소서. 이번 조사詔使의 행차야말로 우리 동방의 큰 경사이니 은명恩命을 받들어 영접함에 있어서 온 나라의 힘을 다 쏟는다 하더라도 어찌 고려할 것이 있겠습니까. 다만 근년 이래로 해마다 곡식이 여물지 못하고 목화 농사도 크게 망쳤으므로 백성의 힘이 고갈되어 죽음을 면할 겨를도 없는데, 허다하게 써야 할 물건들을 어떻게 조치하여 마련할 수 있겠습니까. 가만히 앉아서 나라 전체가 절박하게 돌아가는 황급한 상황을 생각하노라면 자신도 모르게 마음이 서늘해지며 간담肝膽이 찢어지는 듯 합니다. 진정 조금이라도 백성의 힘을 펼 길이 있다면, 국가에 중요한 관계가 있는 물건이라 하더라도 출연出捐하여 보조해 주어야 할 것인데, 더구나 쓸 데가 없고 손해만 있는 경우이겠습니까.(중략) 답하기를, "대군과 공주가 살 저택은 해조에서 영선營繕하는 것이 고례이다. 이번에 그 집을 개인의 재력으로 짓고 있어 내 마음에 미안하게 여겨졌는데, 공가公家의 물력이 고갈되었기에 감히 해사에 말을 하지 못했다. 본가에서 스스로 영조營造하는 일은 조금도 국가와 관계가 없는데, 그대들이 매양 이 일을 논하여 나의 친친親親하는 도리를 이간하려고 하니, 그 의도를 실로 헤아릴 수가 없다. 만일 다시 논계하면 해조로 하여금 그전의 준례대로 지어 주도록 하겠다.[135]

위의 기사의 주요 내용은 이미 왕실에서 출가한 경우에는 그 집이 더이상 공적인 대상이 아님에도 국가에서 계속 관리하는 것이 불가함을 말하는 것이다. 그럼에도 인조는 지속적으로 왕실가족에게 출합은 물론 그 이후의 관리도 지속하게 하도록 주장하였다. 예컨대 1626년(인조 4) 영안위永安尉 홍주원洪柱元의 집을 수리하는 문제에 대해 간관들이 다음과 같이 지적하였다.

---

[135] 『仁祖實錄』 권8, 仁祖 3년 2월 26일(乙巳).

헌납 윤지가 와서 아뢰기를, "대군과 공주가 합문을 나간 뒤에는 곧 사가私家이므로 조종조 이래로 호조에 명하여 사가를 수리하게 했던 규례는 없었습니다. 새로 교화를 펼쳐 바로잡는 날을 당하여 이처럼 규정된 법규 이외의 일이 있으니 어찌 훗날에 오늘날의 일을 구실로 삼지 않으리라고 보장할 수 있겠습니까. 힘껏 검소함으로 모범을 보여 사치에 빠지지 않도록 하여 함께 부귀를 보존하는 것이 성상께서 돈목敦睦하는 의리이니, 어찌 계속 부유하게 해 주느라 허물을 더해서야 되겠습니까. 속히 영안위 홍주원의 집을 수리하라는 명을 환수하소서.(중략) "공주의 가사家舍를 한번 수리하는 것은 조금도 불가한 점이 없는데, 그대들이 계속 부유하게 해 주고 허물을 더한다는 등의 사리에 맞지 않는 말을 그치지 않고 강력히 번거롭게 아뢰니, 매우 극히 괴이하다. 김양언의 일은 대신이 이미 의정한 것이니, 번거롭게 논할 것이 없다."하였다.[136]

위의 기사에서 인조는 공주의 가사를 수리하는 것이 문제될 일이 아님에도 지적하는 것은 불가하다고 심기를 드러내고 있다. 왕실 가족내의 문제에서 출가하는 자식을 위해 도움을 주려는 '부모'의 마음이 드러난 사례라고 본다. 다만 국왕이 선물을 내리는 증여라는 차원에서 논한다면 공사의 경계가 무의미함을 보여주고 있다. 그런데 출합의 문제는 단순히 가옥의 건설과 유지에만 머물지 않았다. 출합한 왕자녀의 집에는 토지를 나누어주는 절수가 이어졌다. 이른바 궁가宮家의 생활에 필요한 시탄 채취소나 식리를 경영할 수 있는 토지 권리의 양도였다. 궁가에 대한 토지 절수는 조선전기부터 있었다. 또한 궁가의 궁속들이 주변 민인들에게 작폐를 부리기도 했다.[137] 다만 절수의 기원에 대해서는 상반된 의견이 있다. 예컨대 1688년(숙종 14) 영의정 남구만南九萬이 정리한 절수의 기원을 보면 다음과 같다.

대신과 비변사의 여러 재신宰臣을 인견하였다. 영의정 남구만이 아뢰기를,

---

136) 『承政院日記』 14책, 仁祖 4년 7월 7일(丁丑).
137) 『明宗實錄』 권30, 明宗 19년 8월 26일(乙未).

"절수의 규정은 옛날의 것이 아니고, 임진란 후로 땅은 넓고 백성은 적은데 왕자와 공주가 서로 잇따라 출합하기 때문에, 고故 상신相臣 한응인韓應寅이 호조판서가 되어 난리 전에 백관에게 선반宣飯할 것과, 왜인을 접대할 것에 어염·시탄柴炭이 나오는 땅으로써 분할하여 주기를 청한 것인데, 그대로 그릇된 규정을 이루었습니다. 현묘조顯廟朝에 이르러 5공주가 출합하자, 절수가 점차 넓어졌는데, 삼사三司에서 논하였으나 성사되지 않았고, 신해년에 8도가 크게 기근이 들자, 조가朝家에서 드디어 개정할 거조擧措를 행하였으나, 지나간 것은 그대로 두고 다가오는 것은 금한다고 하여 사목을 만들었으나, 준수되지 못하고 폐단은 전일과 같았으며, 당저當宁 경신년에는 묘당에서 금령을 펴고 임자년 이후에 절수한 것은 모두 혁파할 것을 청하였으나, 또 다시 정지되고 시행되지 않았습니다. 현재는 사람이 불어나는 것이 임자년에 비교할 수 없고 절수가 많아진 것이 날로 심하여졌습니다. 요즘 백성의 호소나 대각臺閣의 논쟁으로 인하여 혹은 환급한 것이 없지 않으나, 그 형세는 민전民田에 침범하지 않을 수 없습니다. 이 다음에 종사宗斯의 경사가 있고 신궁新宮이 많이 나가게 되면, 모르긴 하겠습니다만, 어느 곳에 절수하여 민전을 침탈하는 근심이 없을 수 있겠습니까? 신은 절수를 혁파했으면 합니다."하니, 임금이 말하기를, "갑자기 절수의 규정을 혁파하게 되면, 신설된 궁가는 반드시 장차 낭패를 보게 될 것이니, 먼저 선처의 방도를 강구한 뒤에 의논하겠다." 하였다. 사간원에서 또 혁파할 것을 청하였으나, 임금이 따르지 않았다. 남구만이 또다시 직전법職田法을 행하기를 청하여 아뢰기를, "이와 같이 하면 신궁은 혹 경비를 이어대기가 어렵다고 염려할 것이나, 그 민전을 빼앗아 백성의 원망을 초래하여 끝내 토지나 백성이 없어서 나라가 될 수 없는 지경에 이르는 것보다는 이해가 분명할 뿐만이 아닐 것입니다."하니, 임금이 그 말을 이치에 맞다고 여겨 허가하였다. 남구만이 아뢰기를, "명선明善·명혜明惠 두 공주가 미처 출합도 못하고 서거하였으므로, 현종께서 슬퍼하여 400결을 더 준 것인데, 궁속宮屬이 이를 빙자해 정도에 지나쳐서 절수가 1천여 결에 이르렀으니, 또한 마땅히 그 직전職田으로 정한 법 외의 것은 혁파하소서."하니, 임금이 말하기를, "이는 선조先朝의 슬퍼하는 뜻에서 나온 것이니 고칠 수 없으나, 400결 외에는 혁파하는 것이 좋겠다."하였다.[138]

---

[138] 『肅宗實錄』권19, 肅宗 14년 4월 23일(乙丑).

남구만의 주장은 절수가 임난 이후에 시작된 것이라는 것인데, 아마도 절수의 규정이 정해진 것이 그때이고 절수가 이루어진 것은 조선전기부터라고 주장한 내용이다. 그런데 출합이거나 절수이건 의빈과 왕자녀에 대한 국왕의 사적 관계가 강하지 않았다면 나타나지 않을 일이다. 1685년(숙종 11) 숙안공주방淑安公主房의 김해金海 지역 절수 토지에 대한 숙종의 대처에 대해 사신은 다음과 같이 논했다.

임금이 비망기를 내리기를, "숙안공주방의 김해 땅 언답堰畓은 절수한 지가 이미 오래되었는데 본 고을이 간사한 백성들의 무소誣訴함을 듣고 믿어서 면세된 전답을 마음대로 빼앗아 주는데 매우 근거가 없다. 그러므로 어떤 것은 수본手本을 인하기도 하고 어떤 것은 상언을 인하기도 하지만, 그들 다 시행하지 말고 그대로 해궁該宮에 소속되게 한 것은 두 차례나 결정하여 준 것인데, 본읍의 수령은 전후의 판부判付를 무시하고 끝내 이를 빼앗아 김연상金連上 등에게 주었다 하니, 이 일은 매우 놀랍다. 김해부사를 먼저 종중추고하라."하였다. 사신은 말한다. "이 일은 비록 그 곡절을 알 수는 없지마는, 미천한 백성들이 궁가宮家에 대해서는 자기의 물건이 아닌데다가 궁가가 차지해야 하는 것이면 감히 궁가와 더불어 저항하여 서로 다투지 못할 것이 분명하다. 군주는 매양 이러한 일들에 대해서 궁가를 치우치게 두호斗護함을 면하지 못하고 있으니, 이는 대개 사정私情에 마음이 가리기 때문이다. 비록 임금의 영명英明함을 가지고도 이를 면치 못하니, 애석한 일이다."[139]

위 기사에서 사신은 사건의 전후를 지적한 것이라기보다는 숙종이 궁가를 대하는 기본적인 처사를 비난한 것이다. 국가의 공적인 재원의 확보보다는 국왕의 사적인 감정이 개입된 출합이나 절수에 더 치우친 점을 지적한 것이다. 그렇지만 국왕이라도 사정私情에서 벗어나기는 어려운 것이다.[140] 사위인 의빈보다는 자식인 왕녀를 위해 출합이나 절수를 단행하

---

139) 『肅宗實錄』 권16, 肅宗 11년 8월 21일(己酉).
140) 『英祖實錄』 권29, 英祖 7년 1월 28일(壬辰).

는 것을 법리적 측면에서만 해석하기에는 무리가 있을 것이다. 또한 그런 사적인 요인이 강한 왕실가족의 관계가 소통면에서도 왕조 국가의 그 어떤 가족보다도 친밀한 유대감을 지니고 있었을 것임을 시사해주는 사례이다.

물론 국왕의 입장에서도 사적인 소통관계를 유지하기 위해 공적시스템을 훼손시키는 우를 범하지는 않았다. 예컨대 1734년(영조 10) 화순옹주和順翁主에 대한 출합시 비용을 보면 절용을 주장하는 국왕의 모습을 볼 수 있다.

> 병조 판서 윤유尹游가 아뢰기를, "명안공주明安公主가 출합 할 때의 구례舊例를 가져다 상고해 보니, 목면木綿 240동同 남짓과 2,000냥 남짓을 나누어 보냈는데, 병조에서 지출하였습니다."하니, 임금이 말하기를, "이렇게 백성이 곤궁하고 재정이 고갈한 때를 당하여 마땅히 절약에 힘써야 할 것이다. 그리고 5도위五都尉가 제택第宅은 비록 넓지만 자손이 번성하지 못하니, 내가 어찌 석복惜福의 도리를 생각하지 않겠는가?"하고, 드디어 병조에서 목면 6동과 호조에서 목면 6동, 쌀 120석을 참작하여 획송劃送할 것을 명하였다. 대개 화순옹주가 장차 이 해에 출합할 것이기 때문이었다.[141]

그런데 출합한 이후에는 개인의 사제私第였으므로 더 이상의 진배나 공상이 없어야 옳다.[142] 그럼에도 왕실에서 내리는 공상과 절수는 지속되었다. 또한 왕실 가족이 출합한 경우에는 그 가족이 국왕의 명을 통해 합법적으로 방문하였다.[143] 따라서 출합 이후에도 지속되는 왕실가족간의 만남은 공상과 절수라는 물적 수단을 통해 소통관계가 유지되었다고 볼 수 있다. 무엇보다 출합된 궁가에 지급되는 재원이 국가의 공적 자원이라는 것이 늘 문제였다. 특히 세도정치기에 왕실의 대비가 늘어나고 외척이 득세하면서 더 큰 문제였다. 1803년(순조 3) 호조의 지적을 보면 다음

---

141) 『英祖實錄』 권38, 英祖 10년 8월 20일(癸亥).
142) 『純祖實錄』 권10, 純祖 7년 5월 28일(己巳).
143) 『純祖實錄』 권27, 純祖 24년 9월 8일(丁酉).

과 같다.

대왕대비가 말하기를, "대왕대비가 또 옹주방翁主房에서 절수하는 일로 호조 판서에게 말하기를, "호조판서가 지난持難하는 것은 애초에 근거할 만한 전 례가 없다. 옹주가 새로 태어난 초기에 만약 궁방宮房을 정하여 전결을 주었 다면 정례에 의거할 수가 있을 것이다. 그러나 지금은 이와 달라서 넓혔다 좁혔다 하지 않을 수 없으니, 공상을 제감除減한 수에 의하여 이송하는 것이 옳다."하니, 이만수가 다시 아뢰기를, "그 공가貢價는 오로지 국가의 경용經用 을 위한 것인데, 지금 제감하라는 명이 특별히 공민貢民을 위한 성의聖意에서 나왔고, 이미 제감하였으니 이는 공민들이 먹어야 할 것입니다. 그런데 이 제 만약 이를 궁방에 소속시킨다면, 이는 바로 어공御供의 수용을 덜어서 궁방에 이송하는 것이니, 사체가 진실로 불가합니다."하고, 또 아뢰기를, "신은 선왕조 때 아침저녁으로 우러러보았는데, 삼가고 두려워하시는 성념 聖念이 항상 조종祖宗의 전장典章에 매어 있어서 한 번 조처하시고 한 번 거동하시는 사이에 혹시라도 어긋남이 있을까 두려워하셨으니, 이는 신 등이 평일에 흠송欽誦하던 것이었습니다. 지금 자전의 하교를 받들건대, 선 왕의 귀주貴主가 줄합할 때 모양을 이루기 어렵겠다고 하교하셨는데, 귀주 의 궁양宮樣이 조금 넉넉지 못한 것이 조종의 전장을 받들어 준수하는 것으 로 더불어 어느 편이 더 가볍고 더 소중하겠습니까? 그렇다면 선조의 성덕 을 더욱 천양闡揚할 수 있을 것입니다. 일찍이 열성조에서 귀주가 여가閭家와 너무 가깝게 있다 하여 이것을 사줄 것을 청하자, 그 당시 성상께서 하교하 시기를, '여가를 어떻게 빼앗을 수 있겠는가? 만약 너무 가깝다면 갈대발을 내리고 큰소리를 내지 않는 것이 좋을 것이다.' 하셨습니다. 대저 천승千乘의 왕희王姬가 한낱 작은 집을 사는 것은 애당초 어려운 일이 아니겠지만, 조종 조의 성의聖意를 이에서 우러러 알 수 있습니다."하였다.[144]

호조에서 국가 재원인 전결을 옹주방에 절수하는 것은 애초에 전례가 없었음을 알 수 있다. 또한 공가는 국가에 관련된 공역만을 담당하는 존재임에도 왕실 가족간의 일에 관련되는 궁방에 소속시키고 있는 것도

---

[144] 『純祖實錄』권5, 純祖 3년 12월 25일(丙戌).

보인다. 당시가 정순왕후의 수렴청정기라서 위와 같은 현상이 발생했다고 생각할 수 있다.[145] 그런데 이런 현상은 순조가 친정을 하는 1807년(순조 7)에도 이어지고 있었다. 당시 호조판서인 서영보徐榮輔가 순조에 의해 숙선옹주방淑善翁主房 공상에 대해 보고하면서 궁방에 대한 출합은 법전에 의해 호조에서 출합하는 날 거행한다고 하였다.[146]

그런데 출합과 같은 왕실 친인척에 대한 결혼식 혼수는 조선전기부터 진행되던 것이다. 1435년(세종 17)년의 규정에 따르면, 왕자의 혼례 때에 그 부인의 집과, 왕녀가 하가下嫁할 때에 그 사위집에서 폐백을 드릴 때, 대군과 공주는 목면木綿·정포正布 각 150필, 기타 여러 군君과 옹주는 목면·정포 각 100필을 종부시宗簿寺에서 주관하여 주는 것으로 하였다[147] 종부시에서는 왕자·왕녀의 혼가婚嫁만을 담당하고 왕손王孫이나 왕족의 딸은 담당하지 않았다. 다만 1439년부터 송나라 종실宗室의 사례에 따라 종친과 종녀宗女의 혼가婚嫁를 모두 종부시에서 관장하도록 하였다.[148] 따라서 왕대별로 공적-사적 기준의 정도를 어느 곳에 기준을 두느냐에 따라 왕실 친인척에 대한 출합과 같은 재정적 지원의 규모가 상이하게 나타나게 되는 것이다.

---

145) 정순왕후의 수렴청정은 1800년 7월부터 1803년 12월 28일까지 진행되었다.
146) 『純祖實錄』 권10, 純祖 7년 5월 28일(己巳).
147) 『世宗實錄』 권67, 世宗 17년 1월 24일(丙申).
148) 『世宗實錄』 권87, 世宗 21년 12월 6일(庚辰).

5부

복식으로 본 국왕과 양반의 소통 구조

I

관복을 통한 소통 구조

지금까지 복식연구는 '복식'이라는 물질에 초점을 맞추고 신분별·의식별 복식의 형태 및 변화 등 물리적인 현상에 대한 구체적인 모습을 밝히는 데 주력하였다. 더욱이 문헌연구와 함께 이를 뒷받침하는 전세유물이나 출토복식 등의 실물연구를 병행하면서 조선시대 복식연구는 더욱 복식 그 자체에 초점이 맞춰져 있었다.

그러나 조선은 예禮가 인간의 질서이자 일종의 법으로 파악되었던 유교 사회인 동시에 엄격한 신분제 사회였기 때문에 의식을 행할 때에는 신분과 절차에 따라 예를 갖추었으며, 복식은 그 예를 갖추는 최상의 수단이 되어 상하, 존비, 귀천을 가리고자 했다.

특히 조선의 국왕은 이념적 지향과 도덕적 가치를 일정한 틀로 구체화하여 오례인 길례吉禮, 가례嘉禮, 빈례賓禮, 군례軍禮, 흉례凶禮 등으로 규정해 놓고 예치로서 나라를 다스렸다. 이에 『국조오례의』를 완성하여 법적 구속력이 있는 예전禮典을 만들고, 국왕은 그 예를 통해 만백성을 통치하고자 했다.

무릇 사람을 사람답게 만드는 것이 예의이고, 예의의 시작은 몸가짐을 바르게 하고 얼굴빛을 가지런히 하며 손님을 접대하고 배웅하는 데 있어 말을 공순하게 하는 것이다. 이 때 몸가짐을 바르게 하기 위해서는 의관을 바르게 갖추어야 하며, 의관을 갖춤으로써 임금은 임금다워지고 신하는 신하다워지며 아버지는 아버지답고 자식은 자식답게 되어 강상윤리의 존비관이 지켜지게 된다고 생각했다.

봉건사회에서 소통은 질서에 의해 이루어진다. 그 어떤 언어적 소통보다도 각자의 신분과 의례에 맞는 복식을 갖추고 정례화된 의식을 거행하게 된다. 이에 복식을 통한 상하존비간의 질서는 의례와 신분을 드러내는 결정적인 소통의 수단이 된다.

이제 본격적으로 국왕의 복식규정에 따라 왕세자, 왕세손 및 문무백관들의 복식과 왕실여성의 복식이 어떻게 규정되며, 그 규정이 어떠한 질서 속에서 소통되는지 구체적인 내용 속으로 들어가 보자.

첫째, 국왕의 가장 중요한 복식은 구장복이다. 구장복은 대례복으로써 길례와 가례에 착용하는 복식이다. 따라서 국왕이 길례복의 용도로 구장복을 입었다면 왕세자는 칠장복을 입어야 하고 왕세손은 오장복을 입어야 한다. 또한 이에 따라 길례에 참석하는 제향관은 제복을 입고 배향관은 조복을 입어야 하며, 시위에 참여하는 무관들은 각기 기복을 착용하여야 한다. 이러한 복식을 통한 질서는 의례절차와 역할을 통해 드러난다. 국왕의 가장 대표적인 길례행사는 종묘에서 거행되는 친제親祭이다. 따라서 국왕이 종묘에서의 친제를 치르기 위해 착용하는 복식에 따라 왕세자, 문무백관의 복식이 어떻게 달라지는지 〈종묘친제반차도〉를 중심으로 살펴보고자 한다.

둘째, 구장복 다음으로 중요한 국왕의 복식은 원유관복이다. 원유관복은 '수배신조현지복受陪臣朝見之服'이라고 하여 정조, 동지, 삭망 등 신하들로부터 하례를 받을 때 입는 복식이다. 국왕의 원유관복은 면복과 같이 구량원유관에 강사포이며, 왕세자는 팔량원유관에 강사포를 입고 왕세손은 칠량원유관에 강사포를 입는다. 문무백관은 하례를 들이기 위해 조복을 입는다. 여기에서도 문무관의 직품에 따라 4품 이상은 조복을 입고, 5품 이하는 흑단령을 입는다고 규정되어 있다. 따라서 국왕이 원유관복을 입을 때 왕세자, 왕세손, 문무관의 조복이 어떻게 달라지는지 1783년에 거행된 〈진하도陳賀圖〉를 중심으로 살펴보고자 한다.

셋째, 국왕의 상복은 시사복視事服인 곤룡포이다. 국왕은 발톱이 다섯 개인 오조룡보가 부착된 곤룡포를 입는다. 이에 따라 왕세자는 사조룡의 곤룡포를 입고 왕세손은 삼조룡의 곤룡포를 입는다. 또 문무백관은 시복時服으로 평상복을 착용하기도 하고 흑단령인 상복常服으로 평상복을 입기도 한다. 따라서 국왕이 시사복인 곤룡포를 입을 때 왕세자, 왕세손, 문무관의 복식은 어떻게 달라지는지 〈대사례도〉를 중심으로 살펴보고자 한다.

넷째, 모든 의례에는 국왕을 호위하는 시위관이 참여할 뿐만 아니라 국왕 역시 원행이나 능행을 갈 때에는 군복이나 융복을 착용한다. 따라서 국왕이 군복이나 융복을 입을 때 금군이나 제호위관을 비롯하여 문무관들의 복식이 어떻게 달라지는지 〈진하도〉와 〈신풍루사미연도〉를 통해서 살펴보고자 한다.

다섯째, 국왕의 복식에 따라 왕실여성의 복식도 달라진다. 먼저 국왕이 면복을 입으면, 왕비, 왕세자빈, 왕세손빈은 적의를 입는다. 또 내외명부는 원삼을 입는다. 이처럼 국왕이 무엇을 입느냐에 따라 왕실여성이 착용하는 예복도 직품에 따라 정해진다. 그러나 왕이나 왕세자, 왕세손의 복식에서와 같이 실제 그림 자료에서 왕비의 모습을 확인할 수는 없다. 따라서 왕비의 복식은 『국조오례의』와 현전하는 시각자료를 중심으로 살펴보고자 한다.

1. 구장복과 칠장복, 제복

구장복과 칠장복은 국왕과 왕세자의 제복이다. 『국조오례서례』에는 국왕과 왕세자, 왕세손 및 문무관의 제복이 실려 있다.

여기에서는 구체적으로 왕의 면복을 중심으로 왕세자, 왕세손, 문무백관의 복식이 어떻게 다른지 전례서를 통해 살펴보고, 실제 길례 장면을 그리고 있는 〈종묘친제반차도〉를 통해 각각의 모습을 확인하고자 한다.

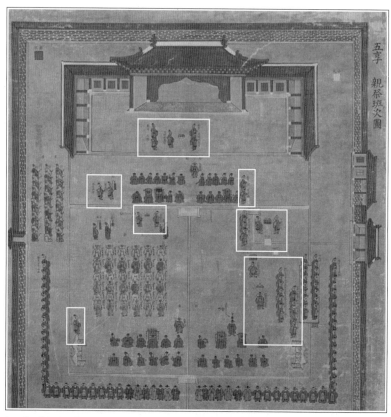

〈그림 1〉 제복을 입은 제향관의 모습, 〈종묘친제규제도설병풍〉, 19세기 후반, 비단에 먹, 8폭병풍, 국립고궁박물관 소장.

〈그림 1〉에서 제복을 입은 사람들은 크게 7그룹으로 나눌 수 있다. 첫 번째 그룹은 전내에 올라가 있는 사람들로 묘사 1, 대축 1, 집준 1, 진폐찬작관 2 등 모두 5명이며, 상월대에는 집주전악과 협률랑, 집사전악과 당상집례 등 4명이다. 이들은 모두 제복을 입고 있다.

전정의 왼쪽에는 작세위관 2가 있으며, 오른쪽에는 당하집례 1, 찬자 1, 알자 1, 찬인 1, 어관세위관 2, 아헌관관세위관 1, 종헌관 1, 진폐찬작관 1, 천조관 1, 전폐찬작관 1, 칠사헌관 1, 공신헌관 1, 종헌관관세위관 1, 궁위령 1, 봉조관 1, 재랑 1, 축사 1, 전사관 1, 제감감찰 1, 서반감찰

1등 모두 32명이 직접 제향관으로서의 임무를 담당하고 있는 사람들이다. 이들 또한 모두 제복을 입고 있다.

그러나 제례가 거행된다 할지라도 직접 제사에 참여하지 않는 사람들은 배향관으로서의 임무를 담당하고 있으며, 이들은 조복 또는 흑단령을 입고 있다. 그 외 악공이나 문무·무무를 담당한 무인舞人들은 모두 그에 걸맞는 의복을 입고 있다. 여기에서는 실제 국왕이나 왕세자의 복식을 착용하고 있는 모습을 확인할 수 없다. 다만 ≪종묘친제규제도설병풍≫의 〈오향친제반차도〉의 하단에는 국왕과 왕세자가 착용해야 할 복식이 기록되어 있다. 그 내용을 토대로『국조오례서례』의 전하, 왕세자, 문무관의 제복을 살펴보고자 한다.

1) 구장복과 칠장복

면복은 국왕, 왕세자, 왕세손의 법복이다.『국조오례서례』왕과 왕세자의 면복은 규圭, 면冕, 의衣, 상裳, 중단中單, 대대大帶, 패佩, 수綬, 방심곡령方心曲領, 폐슬蔽膝, 말襪, 석舃으로 구성된다. 이러한 구성은 관복을 갖추기 위한 기본구성이다.『국조속오례의보서례』왕세손의 면복도 크게 다르지 않다. 그러나 구체적인 형태로 가면 면류관의 수와 옥의 색 및 수數가 다르며, 의와 상의 장문의 수가 다르다. 여기에서는 〈표 1〉 국왕의 면복도설을 중심으로 왕세자, 왕세손과의 신분별 차이를 확인하고 각각이 갖는 의미를 살펴보고자 한다.

〈표 1〉 **국왕의 면복도설,** 『국조오례서례』, **장서각 소장.**

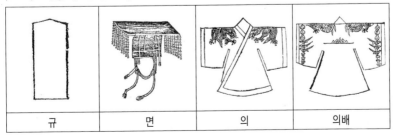

규	면	의	의배

중단	중단배	상	폐슬
방심곡령	대대	수	패
말	석		

(1) 면복의 구성

『국조오례서례』에 수록된 왕의 면복은 영락永樂 원년元年에 중국에서 흠사한 제도이다. 구류면관九旒冕冠과 구장복九章服으로 구성된다. 여기에 국왕이 방심곡령을 더 한다면 그것은 제사를 지내기 위한 옷이라는 의미가 된다. 만약 구류면관을 쓰고 구장복을 입었지만 방심곡령이 없다면 그것은 제사를 지내기 위한 옷이 아니라 가례를 치르기 위한 옷이 되기 때문에 각자의 신분과 역할에 맞는 옷을 입어야 한다.

그렇다면 왕세자, 왕세손과는 어떤 차이가 있을까? 또 문무백관들과는 어떤 차이를 갖고 질서를 유지하고 있을까? 이에 본격적으로 국왕이 면복을 입었을 때 왕세자를 비롯한 신하가 입는 제복이 어떻게 같고 다른지

통합적으로 살펴보고자 한다. 이는 복식을 통한 질서 속에서 그들의 소통 구조를 파악할 수 있는 가장 기본적이고도 중요한 단서가 되기 때문이다.

면복은 면류관인 면과 규, 의, 상, 중단, 대대, 패옥, 수, 폐슬, 말, 석으로 구성된다. 조선에 정식으로 면복이 들어 온 것은 영락 원년 즉 태종 3년의 일이다. 면복은 성절聖節, 정초正初, 동지冬至, 조서詔書를 받을 때와 제사를 지낼 때 착용[1]하는 최고의 법복이다. 법복의 구성을 알 수 있는 자료는 『세종실록』과 『국조오례서례』와 『종묘의궤』, 『경모궁의궤』, 『사직서의궤』, 『대한예전』 등에서 그 형태를 확인할 수 있으며, ≪종묘친제규제도설병풍≫의 하단에 수록된 왕의 면복구성을 통해 확인할 수 있다.

또한 실물로는 고종의 면복 중 의와 중단이 남아 있으며, 면복을 입고 있는 순종의 사진과 영친왕의 사진이 남아있어 면복의 전체적인 모습을 확인할 수 있다. 이 외에는 선조, 인조, 효종, 현종, 숙종, 경종, 영조, 정조 등의 국장도감의궤에 그려진 복완질服玩秩을 통해 그 모습을 확인할 수 있다. 다만 복완질에 사용하는 복식은 모두 평상시에 착용하던 것을 넣지만 영조 이후 새로 만들 때에는 크기를 오분의 일로 줄여서 상방에서 만든다.[2] 면류관 역시 왕과 왕세자, 왕세손 사이에는 차등이 있다.

(2) 면류관의 구조

『국조오례서례』에 수록된 국왕의 면류관은 면판의 넓이는 8촌, 길이는 1척 6촌이고, 앞은 둥글고 뒤는 모가 난 전원후방前圓後方의 형태이다. 평천판은 겉은 현색玄色으로 덮고 안은 훈색纁色의 비단인 증繒으로 싼다. 앞의 높이는 8촌이고 뒤의 높이는 9촌 5푼이며 금으로 장식한다. 국왕이 쓰는 면류관은 9개의 줄[류旒]로 매 줄마다 9옥을 꿰는데 다섯 가지의 색깔이다. 먼저 붉은색[주朱]을 꿰고 다음 흰색[백白], 푸른색[창蒼], 노란색[황黃], 검정색[흑黑]의 순서이다. 줄의 길이는 9촌이고 앞뒤로 18줄이 있다. 금잠金簪이 면의 가장자리에 있고 검정색 귀막이 끈[현담玄紞]을 늘어뜨

---

1) 『世宗實錄』 권80, 世宗 20년 1월 21일(丙午).
2) 『正祖國葬都監儀軌』 「二房儀軌」 服玩秩.

려 충이充耳로 사용하고 옥진玉瑱을 꿴다. 붉은색 끈[자조紫組] 두 줄을 양쪽의 턱 밑에 묶고 나머지는 늘어뜨린다. 또 붉은색 끈 한 개는 왼쪽 비녀[계筓]에 둘러서 비녀에 묶고 턱 아래 오른쪽에서 위로 올라가게 해서 비녀에 구부려 묶은 다음 그 나머지는 늘어뜨려 장식한다.

왕의 면류관이 왕세자나 왕세손의 것과 다른 점은 면류관의 앞뒤에 매달린 줄의 수와 줄에 꿴 옥의 수, 그리고 옥의 색깔이다. 그렇다면 왜 아홉 개의 줄을 달고 다섯 색깔의 옥을 꿰었을까? 또 왜 귀곁에는 옥을 달아 충이로 삼았을까? 이러한 것들이 모두 왕 이하 왕세자, 왕세손을 비롯해 신하들과의 소통을 위한 차별성에 기인한다고 생각한다.

가. 형태

국왕의 면류관 앞뒤에 매달려 있는 줄의 수는 아홉 개다. 아홉은 한 자리 숫자 중에 맨 마지막 숫자이며 가장 큰 수로 완벽에 가까운 절정과 성숙을 뜻한다. 또한 우주 만물을 생육하는 천지의 수는 1부터 10까지로서 하늘의 수는 9로 끝나고 땅의 수는 10으로 마무리 한다고 여겼으므로 가장 높은 통치권자인 국왕의 복식에 사용한 숫자 9는 그 의미가 깊다.

그러나 무엇보다도 면류관에서 중요한 것은 면류줄과 청광충이가 담고 있는 의미이다. 면류관을 쓸 때는 앞을 뒤보다 숙여 쓴다. 앞이 숙고 뒤가 들리는 특징 때문에 면류관이라는 이름이 붙었을 뿐 아니라 면류줄로 인해 눈앞을 가리고자 했기 때문이다.

나. 의미

『전한서前漢書』에서는 면 앞에 류를 늘이는 것은 눈 밝음을 가리기 위한 장치라고 했다. 그러나 이는 국왕 자신도 앞을 밝게 볼 수 없었지만 신하나 백성 또한 임금의 얼굴을 자세히 볼 수 없게 함으로써 귀한 신분임을 표시하고자 했다.[3]

---

3) 신명호, 『조선왕실의 의례와 생활』, 돌베개, 2002, 198쪽.

또한 청광은 귀를 채움으로써 귀밝음을 막기 위한 것이었다. 『예기禮記』에는 "주광은 귀를 막아 잘 들리지 않게 하는 것"이라고 했다. 이를 위해 주황색 솜을 동그랗게 만들어 귓전에 내려오게 함으로써 귀밝음을 막고자 했다. 그러나 후대에는 상징적인 의미만 남아 청색의 옥으로 바뀌었다.

실질적으로 1633년(인조 11) 대사헌 김상헌은 국왕이 정사를 잘 살피기 위해서는 언로를 넓혀 듣고 보는 바를 널리 구할 것을 건의하면서 국왕의 눈밝음과 귀밝음을 막는 이유는 국왕 자신의 눈과 귀로 보고 듣는 하나의 통로가 아닌 여러 신하들의 눈과 귀를 통해 보고 들어야 언로가 활짝 열려서 눈을 밝게 하고 귀를 트이게 할 수 있다고 하였다.

나라에 대간이 있는 것은 마치 사람에게 귀와 눈이 있는 것과 같은데 임금이 대간을 가볍게 여겨 그 말을 받아들이지 않는다면 이는 마치 귀와 눈을 가리고서 잘 들리고 잘 보이기를 바라는 것과 같습니다. 천하에 어찌 이같은 이치가 있겠습니까. 아 사람치고 누가 귀가 밝고 싶지 않을까마는 그의 귀가 밝지 못한 까닭은 남의 귀밝음이 나만 못하다고 여기기 때문이요. 누가 눈이 밝고 싶지 않을까마는 그의 눈이 밝지 못한 까닭은 남의 눈밝음이 나만 못하다고 여기기 때문입니다. 진실로 남의 귀밝음으로 자기의 밝음을 삼는다면 이는 천하가 다 나의 귀요, 남의 눈밝음으로 자기의 밝음을 삼는다면 이는 천하가 다 나의 눈입니다. 천하로써 귀와 눈을 삼고서 나라를 다스리지 못한 자는 있지 않았고 스스로 자기의 귀밝음과 눈밝음만 쓰기를 좋아하고서 나라를 어지럽히지 않은 자는 없었습니다. 그런데 현재 언로가 막히어 사람마다 입을 다물고 다시금 귀에 거슬리는 바른 말을 주상에게 드리지 않고 있습니다. 외로이 계신 처지를 누구나 한심스럽게 여기고 있는데 전하께서는 홀로 이 사실을 깨닫지 못하고 계시니 만일 하루아침에 무슨 변이라도 생기면 갑자기 와해되어 국가가 어떻게 될지 모르겠습니다. 바라건대 전하께서는 잘못을 고치는데 인색하지 마시고 언로를 활짝 열어서 눈을 밝게 하고 귀를 트이게 할 수 있는 방도를 다하소서.[4]

---

4) 『仁祖實錄』 권28, 仁祖 11년 12월 16일(甲戌).

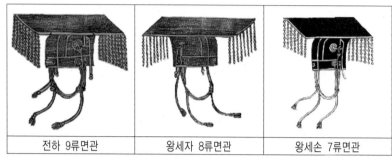

| 전하 9류면관 | 왕세자 8류면관 | 왕세손 7류면관 |

〈그림 2〉 신분별 면류관, 『국조오례서례』(왼쪽, 중앙), 『국조속오례의보서례』
(오른쪽), 장서각 소장.

이와 같이 국왕의 눈을 가리고 귀를 막는 류와 청광은 일차적으로 국왕
자신이 옳지 않은 것을 보지 말고 듣지 않도록 하려는 의도가 담겨 있을
뿐 아니라 여러 신하들을 통해 옳은 것을 보고 들으려는 포용력이 있어야
함을 뜻한다. 특히 포용력은 국왕이 덕을 실천하는 것으로 때로는 보고도
못 본 척하고 들어도 못 들은 척하는 대덕이 있어야 함을 상징한다.[5]

왕세자는 면류줄이 8줄이며, 왕세손은 7줄이다. 각각의 줄에 꿴 옥의
수는 왕세자는 8옥, 왕세손은 7옥을 주朱, 백白, 창蒼의 순서로 꿴다. 이는
한편으로는 국왕으로 가는 순서를 의미하며, 다른 한편으로는 국왕으로
서의 자질을 갖추어야 함을 의미하기도 한다〈그림 2〉.

(3) 장복의 구조

가. 의(衣)의 형태와 의미

의는 가장 겉에 입는 상의上衣이다. 옷은 상의와 하상下裳으로 구성되며,
이렇게 착용했을 때 비로소 음양의 조화가 이루어지며, 예가 시작된다고
하였다. 『시경』「소아」에는, "그 옷을 입으면 용모를 바르게 하여 군자다
운 용모로써 문식하게 되고, 그 용모가 군자답게 꾸며지면 군자다운 말로

---

5) 최연우, 『면복』, 문학동네, 2015, 40쪽.

써 더욱 문식하게 되어, 말을 이루면 군자다운 덕으로써 그 행동을 채운다."고 하였으니 덕 있는 행동이 옷에서 비롯되었음을 알 수 있으며, 말보다 먼저 용모가 우선하였음을 알 수 있다.

그렇다면 왕의 면복인 현의에 그린 그림은 무엇이며, 어떤 의미를 갖고 있을까? 먼저 양 어깨에는 용龍 무늬가 있고 등 뒤에는 산山 무늬가 있다. 또 소매의 뒤쪽에는 화火, 화충華蟲, 종이宗彛가 각각 3개씩 그려져 있다. 각각의 의미를 살펴보자.

가) 용(龍)

중국에서 용은 자연을 초월하는 능력을 가졌다고 생각하고 부적처럼 갖고 있으면 자연의 어려움을 극복할 수 있다고 믿었다. 즉 자연을 누를 수 있는 호신부로 용을 만들게 되었다. 용은 신통력이 커서 하늘로 날아 올라가 바람을 불게하고, 비를 내리게 하는 등 신통력을 갖고 있기 때문에 인류가 범접할 수 없는 영역에 존재하는 상상의 동물이었다.[6]

이러한 용이 황제나 국왕의 복식에 등장하게 된 원인은 '황룡체皇龍體'라고 하여 황제가 신룡을 영접해서 온 것이라는 뜻을 담고 있다. 결국 룡의 화신이 되어 신룡을 부릴 수 있는 제 일인, 오직 한사람으로 황제 또는 국왕을 인식하게 된 것이다. 더욱이 사람들에게 용에 대한 존경과 우러러 보는 정을 갖게 한 것은 면면히 나타난 용의 무늬이다. 따라서 아름답고 좋은 사물을 표현할 때 용의 무늬를 드러냈고 동시에 사람들에게 기이하고 환상적인 자연적 숭배심리를 반영시키고자할 때 용의 무늬를 사용하였다.

이는 조선에서도 마찬가지였다. 따라서 용을 옷에 그려 넣은 것은 옷을 입은 국왕이 하늘로부터 명받은 덕행을 실천해야 하는 것을 표현할 뿐 아니라 천지신령의 보우에 대한 희망을 사람들에게 전달하는 의무를 담고 있었다. 결국 용을 도구로 삼아천지신령을 상징함으로써 사람과 자연의

---

6) 진령, 『청대 용포 상징의 전싱세계』, 무한방직대학 석사학위논문, 2014, 29~31쪽.

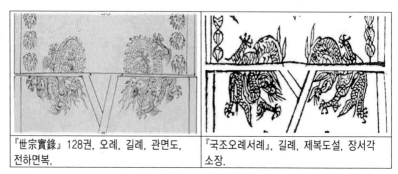

| 『世宗實錄』 128권, 오례, 길례, 관면도, 전하면복. | 『국조오례서례』, 길례, 제복도설, 장서각 소장. |

〈그림 3〉 용무늬의 변화

관계를 조정하고 이에 기초하여 사람과 사회의 관계를 조정하는 하늘의 명을 부여 받았음을 드러내는 것이다.

『세종실록』과 『국조오례서례』에 수록된 용무늬를 보자〈그림 3〉. 『세종실록』 오례 전하면복의 용을 자세히 보면 입을 다물고 서로 마주보고 있다. 몸에는 비늘이 있으며, 얼굴에는 털이 있고 입에서 화염이 뿜어 나오고 있다. 발톱은 다섯 개이고 다리부분에도 털이 있다.

이후 『국조오례서례』 전하면복에 있는 용무늬는 입을 꼭 다물고 입에 성성한 수염이 난 것처럼 표현하였다. 얼굴은 역시 아래로 향하고 있으며, 발톱은 5개가 선명하다. 몸통에는 비늘이 있으며, 『세종실록』 오례의 용무늬보다 돌기가 없이 매끄럽게 표현되어 있다. 시대의 변화에 따라 용무늬가 양식화되고 있지만 천명을 부여받은 전형적인 국왕의 상징물임에는 변함이 없다.

나) 산(山)

산 문양은 왕의 현의玄衣의 등 뒤에 있다. 산은 하늘에 오를 수 있는 가장 높은 곳이다. 그렇기 때문에 신화 중에는 험준하고 높은 산은 하늘과 통하는 작용이 있어서 사람들이 그것을 이용해서 선계仙界로 올라갈 수 있다고 생각했다. 그리고 선산 위에는 범인凡人을 이끌어서 신선으로 만들 수 있는 사람이 있고 불사선약을 관장하는 선인이 있다고 믿었다. 선산의 유래는 『사기史記』「봉선서」와 『한서漢書』「교사지상」을 보면, "그 전설은 발해 중에 있는데 사람이 사는 곳과 멀지 않다. 대개 일찍이 여기에 이르니 모든 선인과 불사지약이 있었다. 모든 것이 다 희고 궁궐은 황금과 은으로 되어 있었다. 멀리서는 구름에 쌓인 것과 같이 보였는데 도착해보니 삼선이 산 반대편 물 아래 살고 있었다. 거기에 갔더니 봉황이 갑자기 데리고 가 마침내 구름에 이를 수 있었다."고 했다.[7] 또 『회남자』「지형편」에는 "곤륜산은 하늘에 오를 수 있는 곳인데 오르면 신이 된다. 이곳이 태제가 거처하는 곳이다."라고 하였으니 높은 산은 하늘의 권위를 가진 공간이다. 따라서 최고의 권력자만이 하늘로 올라갈 수 있으며, 그 길인 산을 〈그림 4〉와 같이 국왕의 의초 뒤에 그렸으나 왕세자의 옷에는 그리지 않았다.

다) 화(火)

화는 불꽃무늬이며 태양을 상징한다. 원형상에 약간의 '凸' 같은 굽은 면을 만들고 가운데에는 세 개의 불꽃을 구부려 놓는다. 그 위를 광염이 흘러 움직이는 것처럼 표현을 하고 가운데에는 둥근 원이 돌아가게 함으로써 고대인들은 자연역량에 숭배사상을 더하였다.[8]

불은 온 세상을 밝게 비출 수 있는 능력을 상징한다. 불은 생식生食에서 화식火食으로의 대 변환을 가져온 것이므로 이는 생존과도 관계가 있으며, 문명의 혁신을 가져온 도구이다. 그렇기 때문에 불을 사용하고 사용할 줄 안다는 것은 세상을 밝히는 것은 물론이려니와 만백성의 생산력을 관장할 수 있다는 것을 의미한다.

불꽃무늬는 국왕의 면복에도 있지만 우리나라에서 그 기원을 찾자면, 백제 무령왕릉의 관식에서 불꽃무늬의 웅장함을 볼 수 있다.

또한 불꽃무늬는 불이 활활 타오르는 모습으로 처음에는 권위와 위엄을 드러내는 모습으로 표현되었으나 점자 양식화되어 상징성만 남게 되었다.

---

[7] 朱求真, 『战国至汉楚地漆棺纹饰研究』, 山西大學碩士學位論文, 2010, 44쪽.
[8] 李欣·伊延波, 「传统图案与创意图形的融合」, 『藝術視界』 20, 2015, 21쪽.

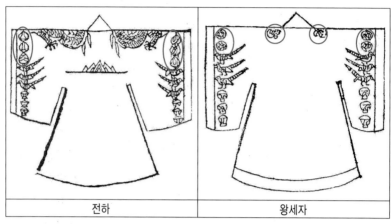

| 전하 | 왕세자 |

〈그림 4〉 신분별 화의 위치, 『국조오례서례』, 길례, 제복도설, 장서각 소장.

불꽃무늬는 국왕 현의에는 소매 뒤편에 세 개를 그린다. 그러나 왕세자
는 어깨위로 하나가 올라가 있으며 나머지 두 개는 소매의 뒤편에 있다.
왕세손의 현의에는 불꽃무늬는 없다〈그림 4〉.

라) 화충(華蟲)

화충은 꿩을 그린 것이다. 꿩은 그 기질상 성격이 매우 급할 뿐 아니라
웬만해서는 길들이기가 어려워 꿩을 곧잘 선비의 절개에 비유하며, 임금
외에는 다른 것에 길들지 않겠다는 의미를 담는다. 그렇다면 선비의 옷이
아닌 임금의 옷에 꿩을 그린 이유는 무엇일까? 절개보다는 다른 데서
그 의미를 찾아야 할 것 같다.

꿩은 모습이 무척 화려하다. 꿩은 적翟인데 이는 깃의 화려함을 취해
화려하게 장식할 때 사용한다. 꿩의 형태와 색상을 보면 머리 양쪽 뒤에는
긴 우각이 있으며 머리는 어두운 갈색이다. 목에는 흰 띠가 있고 그 윗부
분은 남록색, 아래는 황색, 적색, 자색이며 허리는 회흑색, 온몸은 아름다
운 황등색이다. 이처럼 화려한 색은 암컷에게는 없고 장끼라 불리는 수컷
에게만 보인다.

이와 같이 화려한 꿩의 색은 문채의 화미함을 취한 것이다. 옛사람들은

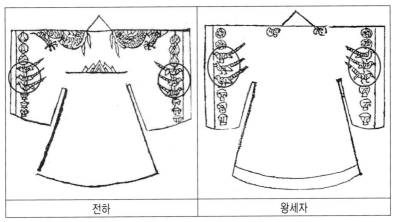

| 전하 | 왕세자 |

〈그림 5〉신분별 화충, 『국조오례서례』, 길례, 제복도설, 장서각 소장.

옷의 무늬가 착용자의 인덕仁德을 드러낸다고 여겨 문식과 질박의 조화를
강조했다. 따라서 화충의 다채로움을 통해 문식을 표현하고 그 다채한
문식은 군주의 인덕을 상징했다.

국왕의 화충 무늬는 소매의 뒤편에 세 개가 있다. 왕세자 역시 화충
무늬 세 개가 소매 뒤편에 있다. 왕세손은 없다〈그림 5〉.

마) 종이(宗彝)

종이는 종묘나 사직에 제사지낼 때 사용하는 그릇이다. 제기를 상징적
으로 그려 넣은 것은 종묘와 사직에 온 정성을 다해 제사를 올리겠다는
의지의 표현이다. 이는 임금의 역할 중 가장 중요한 것에 해당한다. 특히
제기 안에 그려 넣은 무늬를 보면, 하나는 원숭이고 다른 하나는 호랑이
다. 용맹스러움을 나타내는 호랑이는 오른쪽에, 지혜를 나타내는 원숭이
는 왼쪽에 배치하였다.

면복에 원숭이와 호랑이를 그려 넣은 것도 호랑이의 용맹함과 원숭이
의 지혜로움을 군주가 본받아야 한다는 상징성을 담고 있다.

국왕의 종이는 소매 뒤편에 세 개가 있으며, 왕세자 역시 소매 뒤편에
세 개가 있다. 왕세손은 소매 뒤편에 세 개가 있는데 조藻와 분미粉米 사이에

있다〈그림 6〉.

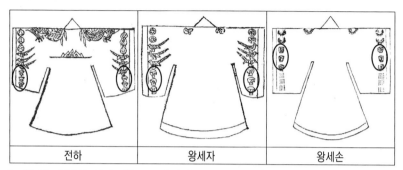

| 전하 | 왕세자 | 왕세손 |

〈그림 6〉 신분별 종이, 『국조오례서례』 길례, 제복도설(왼쪽, 중앙),
　　　　　『국조속오례의보서례』, 길례, 왕세손면복도설(오른쪽), 장서각 소장.

　나. 상(裳)의 형태와 의미

　상은 하의下衣에 해당하는 것으로 땅을 상징한다. 상의 색은 붉은색이
다. 의衣가 양陽이라면 상은 음陰에 해당한다. 상에는 4장문을 수놓는데
이 역시 의에 그림을 그리는 것과 달리 상의와 하상을 구분하여 예를
표시하고자 하는 의미가 담겨있다.

　상은 앞에 세 폭, 뒤에 네 폭을 허리에 연결하여 두르는 것으로 휘장과
같은 형태이다. 앞의 세 폭 중 첫째 폭과 셋째 폭에 수를 놓는데 국왕과
왕세자는 조藻, 분미粉米, 보黼, 불黻의 4장문을 수놓으며, 왕세손은 보,
불 2장문을 수놓는다. 그런데 『국조속오례의보서례』 왕세손면복도설을
보면, 상의 제도는 왕세자의 상과 같되 다만 보, 불 각 하나씩을 상의
앞 좌우에 그린다고 하였다. 이는 『국조속오례의보서례』 왕세손면복도
설의 오류로 보인다. 상은 음사에 해당하므로 장문을 수 놓아야하기 때문
이다.

　가) 조(藻)

　조는 수초水草의 모양이다. 조는 보통 물에서 사는 것으로 물고기와
같이 그려졌으나 상에는 조만 수놓았다. 수초는 화려한 문식을 통칭하며
좁게는 '연蓮' 즉 물과 물 아래의 연조蓮藻를 지칭하는 것으로 깨끗함을

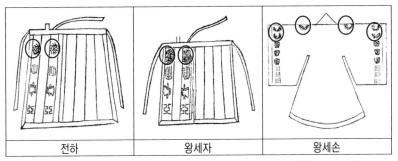

| 전하 | 왕세자 | 왕세손 |

〈그림 7〉 신분별 조의 위치, 『국조오례서례』, 길례, 제복도설(왼쪽, 중앙),
『국조속오례의보서례』, 길례, 왕세손면복도설(오른쪽), 장서각 소장.

상징한다.[9] 또 조는 화충과 같이 문채의 화려함을 통해 국왕의 인덕을
상징한다. 군주가 사리사욕을 버리고 맑고 깨끗한 마음으로 어진 정치를
펼쳐야 함을 상징한 것이다.

조 무늬는 신분에 따라 차등이 있어 국왕은 둥근 모양으로 잎과 줄기가
회오리를 도는 것처럼 수놓고 있으나 왕세자의 경우는 마치 글씨 조자를
형상화한 것과 같은 모양을 하고 있다. 또 왕세손의 경우에는 어깨에
놓은 조 무늬는 앞뒤가 연결되어 둥근 모양을 이루고 있으나 소매에는 'U'
자형의 모양으로 풀을 그리고 있다. 이처럼 왕세손의 경우 조는 의의 양어깨
와 소매 뒤로 올라와 있기 때문에 상에는 조문이 없다〈그림 7〉.

나) 분미(粉米)

분미는 쌀의 모습을 형상화한 것이다. 쌀은 양민良民 즉 백성을 상징하
는 것으로 군왕은 쌀을 풍부하게 생산하여 백성이 풍요롭게 살 수 있어야
함을 의미한다. 분미는 낱알을 그린 모양으로 왕이나 왕세자와 같이 동그
랗게 모아 놓은 모습이기도 하고, 왕세손과 같이 일렬로 줄을 세워 놓은
것과 같이 표현하기도 한다〈그림 8〉.

분미는 가장 사실에 입각한 모습으로 표현하고 있다. 이는 국왕으로서

9) 徐敏敏, 『中國古代陶瓷魚藻紋裝飾特徵的演變』, 景德鎭陶瓷學院 석사학위논문,
2012, 4쪽.

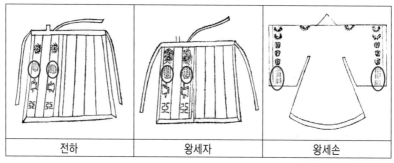

| 전하 | 왕세자 | 왕세손 |

〈그림 8〉 신분별 미의 위치, 『국조오례서례』, 길례, 제복도설(왼쪽, 중앙),
『국조속오례의보서례』, 길례, 왕세손면복도설(오른쪽), 장서각 소장.

백성을 잘 먹여 살려야 하는 의무가 있기 때문에 가장 현실적이고도 사실
적인 묘사를 통해 국왕의 소망을 백성들이 알아 볼 수 있도록 한 것은
아닐까 생각한다.

다) 보(黼)

보는 도끼를 형상화한 것이다. 도끼는 큰 벌을 주는 형구刑具로 사용되
었기 때문에 권위와 역량을 보여주는 요인이 되었다〈그림 9〉. 그래서
신석기시대부터 신비한 힘이 있는 상징물로 여겨졌다. 더욱이 인류 초기
에는 등급관념에서 원시종교사상까지 포함하게 되어 심지어는 신권, 왕
권, 군권의 상징이 부월에 녹아 있었다. 이런 상징은 점점 '죄 있는 자를
죽일 권리'의 상징물로 바뀌는 동시에 도덕적 함의를 담아 '결단'의 상징
으로 추상화되었다.

공영달의 「주소」에 보는 도끼형태와 같다고 하였으며, 『고공기』에는
흰색과 검은색을 보라고 한다고 하였다. 흑백 양색의 보문이 일찍이 남성
의 권력을 상징했으며, 보는 침선과 자수의 뜻으로 옛날 제도에서는 이런
무늬를 치마에 수놓았다. 보는 부父와 상통하여 옛날 남자를 부르는 미칭
이다.

용문이 천자 내지 국왕의 상징이 되기 전에는 흑백상간의 도끼무늬가
천자를 상징했다. 이는 흑백이 분명해야 백성이 나아가고 물러나는 규칙을

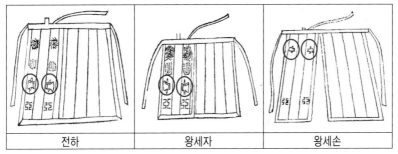

〈그림 9〉 신분별 보의 위치, 『국조오례서례』, 길례, 제복도설(왼쪽, 중앙),
『국조속오례의보서례』, 길례, 왕세손면복도설(오른쪽), 장서각 소장.

알 수 있고 백성이 그것을 알아야 나라가 제대로 다스려진다고 생각했기 때문이다. 이처럼 시비선악을 잘 판단하여 백성의 삶을 안정시키는 것이 군주의 중요한 덕목이었음을 알 수 있다.[10]

라) 불(黻)

불문은 부호학符號學의 방법을 응용해서 '기己'와 '아亞'자로 표현하고 있다〈그림 10〉. 면복에 놓은 장문은 모두 실물형상을 갖는 특징이 있다. 그런데 불문은 충분히 추상적이고 또 개괄적인 어떤 형상을 가지고 있기 때문에 구체적 실물을 찾을 수 없다.

그러다 보니 오히려 실물의 형상은 시대에 따라 도안의 특징을 갖고 시대를 판정하는 근거가 될 수 있으나 불문은 역대로 한 가지 양식만 존재해 왔다.[11]

불문은 『삼례도』에서는 '기己'자 두 개를 서로 등지고 있는 모양으로 시비가 분별되는 것을 취하고 선악이 서로 배치되어 사심이 없음을 의미한다.[12] 불문은 그 형태상의 변화가 없듯이 신분상에서도 차이가 없다.

---

10) 诸葛恺, 「斧鉞象征爭議」, 『文物研究』, 1994, 39~40쪽.
11) 武金勇·尚莹辉·肖世孟, 「"黻"纹的特徵及來源探究」, 『天津大学學報社會科學版』 第 12卷 第 4期, 2010.
12) 유희경·김혜순, 『왕의 복식』, 꼬레알리즘, 2009, 77쪽.

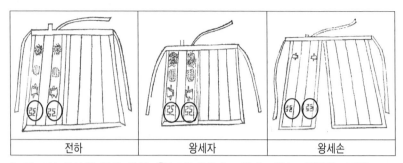

〈그림 10〉 신분별 불의 위치, 『국조오례서례』, 길례, 제복도설(왼쪽, 중앙),
　　　　　『국조속오례의보서례』, 길례, 왕세손면복도설(오른쪽), 장서각 소장.

　다. 중단(中單)의 형태와 의미

　중단은 상 아래에 받쳐 입는 옷이다. 국왕의 중단은 백색 증繪으로 만들고 청색으로 깃[領], 소매 끝[襟], 도련[襈], 옷자락[裾]에 연을 두르고 목에 11개의 불문을 그린다. 왕세자는 국왕과 제도는 같으나 불문이 9개이다. 왕세손은 왕세자와 같되 불문이좌우 목에 세 개 뒷목에 하나를 그려 모두 7개를 그린다〈그림 11〉.

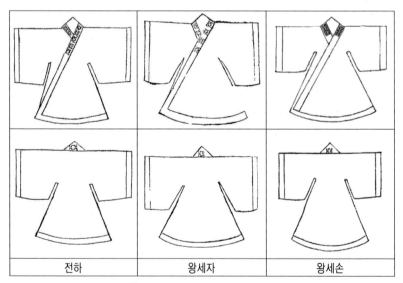

〈그림 11〉 신분별 중단, 『국조오례서례』, 길례, 제복도설(왼쪽, 중앙),
　　　　　『국조속오례의보서례』, 길례, 왕세손면복도설(오른쪽), 장서각 소장.

중단은 『국조오례서례』와 『국조속오례의보서례』에는 흰색에 청선을 두른다고 하였으나 현전하는 고종의 중단을 보면 홑으로 만들며 청색의 중단에 검정색 연을 두르고 있어 중단의 색이 백색에서 청색으로 변했음을 알 수 있다. 중단 위에 붉은색의 상을 입고 그 위에 현의를 입는데 현의 아래로 상이 보여야 하므로 중단의 길이가 현의의 길이보다 단 나비만큼 길어야 한다. 이는 역시 질서와 관계된다. 즉 위가 아래를 침범하지 못하고 아래가 위를 역행하지 않는 것이 질서이기 때문이다.

라. 대대(大帶)의 형태와 의미

대대는 큰 띠이다. 『국조오례서례』에는 흰색과 붉은 색의 증을 합해서 꿰맨다고 하였다. 대대의 형태는 시대에 따라 크게 다르지 않다〈그림 12〉. 다만 착용법에 있어서 처음에는 대대를 단독으로 착용하였으나 후기에는 후수後綬를 대대에 걸어 현의 위에 같이 착용하였다.

대대는 허리띠 부분과 아래로 내려온 신紳, 그리고 신 옆에 붙어 있는 조絛로 구성된다. 그런데 1713년(숙종 39) 대대의 제도가 『오례의』에는 다만 비백라를 합해서 꿰맨다고만 하고 겉감과 안감을 말하지는 않았지만 예전에는 겉을 주색으로 하고 안을 백색으로 하였기 때문에 이에 따라 제작한 것으로 보인다. 그러나 지금은 마땅히 『대명회전』에 따라 겉을 백색으로 하고 안을 주색으로 한다[13]고 하였으므로 숙종대에 대대의 색이 바뀌었음을 알 수 있다. 또한 대대를 이정할 때 고례에 의거하여 심청색 광다회를 띠고 후수後綬는 중국의 홍화금을 사용하였다. 또 영조 22년에 문단을 금한 이후에는 상의원으로 하여금 적, 청, 현, 표, 녹색의 비단으로 짜되 무늬는 넣지 않았다.[14] 국왕을 비롯하여 왕세자, 왕세손 사이에 대대로 인한 차등은 없다.

---

13) 『承政院日記』 肅宗 39년 윤 5월 10일(丙辰).
14) 『英祖實錄』 권57, 英祖 19년 4월 14일(丁酉).

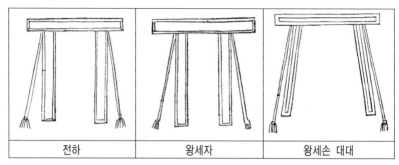

| 전하 | 왕세자 | 왕세손 대대 |

〈그림 12〉 신분별 대대, 『국조오례서례』, 길례, 제복도설(왼쪽, 중앙),
『국조속오례의보서례』, 길례, 왕세손면복도설(오른쪽), 장서각 소장.

마. 패(佩)의 형태와 의미

패는 패옥佩玉으로 대패大佩 또는 잡패雜佩라고도 한다. 옥은 미의 상징으로 귀하게 여겼으며 존귀함과 아름다움을 상징한다. 특히 패옥은 옥과 옥이 부딪쳐 소리가 나기 때문에 이것이 오음에 합치될 뿐 아니라 옥 부딪치는 소리를 들음으로써 사심이 들지 않도록 경계하고자 하는 의미를 담고 있다.[15]

패옥은 여러 가지 형태의 옥이 연결되어 있는데 『국조오례서례』에 수록된 패를 보면 다음과 같다.

> 패는 두 개인데 금구金鉤로 형衡을 설치하고 다음에는 중형을 설치하고 가운데에는 거와 우를 하고 아래에는 쌍황과 충아가 있는데 충아는 쌍황의 사이에 있고 또 쌍적을 설치한다. 충아는 양황의 사이에 있으며, 약옥주로 꿴다. 그 형, 거, 우, 쌍황, 충아, 적자滴子는 모두 민옥으로 한다.[16]

옥의 형태를 보면 둥근 옥을 벽璧이라 하고 벽을 반 가르면 황璜이 된다. 이 패옥을 어디에 걸었을까? 이는 1713년(숙종 39) 면복을 이정하는 과정에서 드러난다.

---

15) 이민주, 『용을 그리고 봉황을 수놓다』, 한국학중앙연구원, 2013, 54~55쪽.
16) 『국조오례서례』 권지 1, 길례, 제복도설, 패.

민진후閔鎭厚가 말하기를 패옥의 금구를 대대에 건 본래의 뜻은 걸고 빼기 쉽게 하기 위해서 대대에 거는 것이고 이미 대에 붙여서 금구를 베풀었습니다. 그런데 잘못된 것 같습니다. 이것으로 인해 대대에 너무 힘이 가해지므로 이번에 대대를 고칠 때 금구를 붙이지 않으려고 합니다.[17]

따라서 숙종 때까지는 패옥을 대대에 걸었으나 이후에는 패옥을 걸지 않은 것으로 보인다. 그러나 현전하는 패옥에는 모두 금구가 있으며 패옥은 대대가 아닌 혁대에 걸었음을 알 수 있다. 이는『국조오례서례』에는 혁대가 없기 때문에 대대에 걸었던 것으로 보인다. 결국 1632년(인조 10) 홍무 26년의 예에 따라 혁대가 만들어졌고 숙종이후 패옥을 혁대에 걸기 시작한 것으로 보인다. 국왕과 왕세자, 왕세손의 패옥은 그 형태가 모두 같다.

바. 수(綬)의 형태와 의미
수는 현의의 등 뒤에 드리는 것으로 후수後綬라고도 한다.『국조오례서례』에 의하면 수는 홍화금紅花錦으로 만들고 쌍금환을 베푼다고 하였으며, 왕세자, 왕세손 모두 같다.

홍화금은 중국에서 가지고 왔으나 영조 22년 문단紋緞의 사용을 금한 뒤에는 상의원으로 하여금 적, 청, 현, 표, 녹색의 비단으로 짜서 만들게 하였으며, 무늬를 두지 않았다. 대체로 15조條의 하단에 망을 늘어뜨리고 그대로 후수를 짜서 만든 실로 맺어서 3단으로 나누어 만들었다.[18] 수 역시 왕실의 권위를 드러내기 위한 장식물 중 하나이다.

사. 방심곡령(方心曲領)의 형태와 의미
방심곡령은 현의 위 목둘레에 건다.『국조오례서례』를 보면 흰색 비단[白羅]으로 만들고 양옆에 끈이 있는데 왼쪽은 녹색이고 오른쪽은 홍색이

---

17)『承政院日記』肅宗 39년 7월 20일(乙丑).
18)『英祖實錄』권57, 英祖 19년 4월 14일(丁酉).

다. 위는 반환형盤還形이고 아래는 방형方形으로 그 형태는 국왕과 왕세자, 왕세손이 모두 같다. 방심곡령은 곡령과 방심으로 구분되는데 둥근 부분은 하늘을 상징하고 네모진 부분은 땅을 상징하며, 하늘과 땅에 온 정성을 다해 조상을 모시겠다는 의지의 표현이 담겨 있다. 이는 1532년(중종 27) 전교에서 확인할 수 있다.

> 면복이라도 방심곡령은 바로 제사를 올릴 때 입는 것이다. 따라서 지금은 내려오는 때이므로 착용하지 않았다. 그러나 이 망묘례가 제례와는 같지 않다 하더라도 역시 신명神明과 접촉하는 것이니 방심곡령을 착용해야 하는가 안해야 하는가 속히 예관에게 물어서 아뢰라[19]

이에 대해 정원이 예조의 뜻으로 망묘례도 큰 제사이니 한결같이 방심곡령을 착용해야 마땅할듯하다고 하자 아뢴대로 하라고 전교하였다. 이로써 방심곡령은 제사를 대표하는 부속물로서 왕실의 위의를 드러내기 위한 장치임을 알 수 있다.

아. 폐슬(蔽膝)의 형태와 의미

폐슬은 무릎 덮개이다. 『국조오례서례』를 보면 폐슬은 증繒으로 만드는데 그 색은 훈색이다. 폐슬의 가장자리에 선을 두르는데 위는 비紕라 하고 아래는 준[純]이라고 하며, 위에서부터 5촌을 내려와 국왕과 왕세자는 조, 분미, 보, 불을 수놓고 왕세손은 보, 불을 그린다. 여기서도 왕세손의 폐슬에 보, 불을 그린다[회繪]고 하였으나 수를 놓는 것의 오류로 보인다〈그림 13〉. 폐슬의 원래 목적은 무릎을 꿇었을 때 의가 벌어지는 것을 막기 위해 덮은 것으로 실용적인 목적에서 출발하였으나 결국 신분을 드러내기 위한 부속물로 작용하였다.

---

19) 『中宗實錄』 권73, 中宗 27년 10월 10일(甲申).

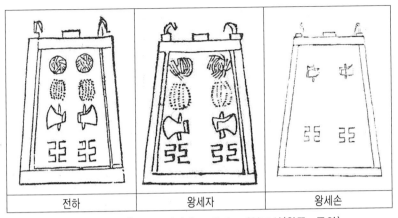

| 전하 | 왕세자 | 왕세손 |

〈그림 13〉 신분별 폐슬, 『국조오례서례』, 길례, 제복도설(왼쪽, 중앙),
『국조속오례의보서례』, 길례, 왕세손면복도설(오른쪽), 장서각 소장.

자. 말(襪)의 형태와 의미

말은 버선이다. 『국조오례서례』에는 비단緋緞으로 겉을 하고 비초緋綃로
안을 한다고 하였으며, 왕세자, 왕세손도 모두 같다. 말에는 버선 끈을
발목에 달아 버선이 벗겨지지 않도록 했다.

차. 석(舃)의 형태와 의미

석은 제사를 지낼 때 신는 신이다. 석에는 적색, 백색, 흑색이 있는데
국왕의 석은 비단으로 겉을 하고 백증白繒으로 안을 만든 최고의 적석이
다. 왕세자, 왕세손이 모두 같다.

2) 문무관 제복

왕이 제사를 지내기 위해 면복을 입을 때 재관은 제복을 입는다. 『경국
대전經國大典』과 『국조오례서례』에 문무백관의 제복이 수록되어 있으나
『국조오례서례』에는 제복이 아닌 '관복冠服'이라고 명명되어 있다. 구체
적으로 문무관 제복의 구성을 살펴보고자 한다.

(1) 제복(祭服)의 구성

『경국대전經國大典』에는 각 신분별 의장을 관冠, 복服, 대帶, 홀笏, 패옥佩玉, 말襪, 화혜靴鞋, 안구鞍具로 구분하였으며, 신분도 1품에서 9품까지와 녹사 錄事, 제학생도諸學生徒, 서리書吏, 향리鄕吏, 별감別監, 궐내각차비闕內各差備, 인 로引路, 나장羅將, 조례皁隷에 이르기까지 각각의 복식을 규정해 놓았다.

1. 조참, 상참, 조계에는 모두 흑의黑衣를 착용한다고 하였으며, 조참 외에 더울 때에는 흑마포의黑麻布衣를 입는다고 규정하였다.
2. 2품이상은 초헌軺軒을 탄다.
3. 당상관은 호상胡床과 안롱鞍籠을 든 자가 앞에서 인도한다. 감찰사는 절월 節鉞을 든다. 정3품 당하관은 단지 안롱만을 든다.
4. 사헌부, 사간원의 관원과 관찰사·절도사는 입식笠飾으로 옥관자를 사용 하고 감찰은 수정정자를 사용한다.
5. 관직이 없이 쉬고 있는 당상관은 공적인 모임에 사모를 착용한다.
6. 사헌부의 서리는 감찰할 때와 조하할 때에는 공복을 착용한다.[20]

『국조오례서례』 문무관 관복도설을 보면 〈표 2〉와 같다.

〈표 2〉 문무백관 관복도설, 『국조오례서례』, 길례, 제복도설, 장서각 소장.

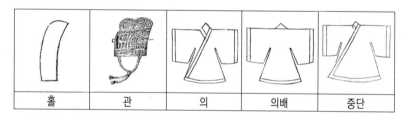

홀	관	의	의배	중단

---

20) 『經國大典』「禮典·儀章條」: 朝參常參朝啓并着黑衣 朝參外暑月用黑麻布衣 二品 以上乘軺軒 堂上官持胡床鞍籠者前導 觀察使又持節鉞 正三品堂下官只持鞍籠 司 憲府司諫院官員觀察使節度使笠飾用玉頂子監察則水精頂子　閑散堂上官公會則著 紗帽 司憲府書吏監察及朝賀時則着公服.

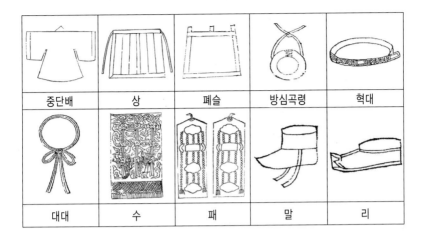

중단배	상	폐슬	방심곡령	혁대
대대	수	패	말	리

이상으로 『경국대전』에 수록된 복식 규정은 『국조오례서례』의 도설을 통해 그 구체적인 형태를 확인할 수 있다. 여기에서는 문무관 제복의 구체적인 구성을 살펴보고자 한다.

(2) 양관(梁冠)의 구조

가. 형태

제복에 착용하는 관은 양관이다. 양관은 품계에 따라 량의 수에 차등을 둔다. 1품은 5량관, 2품은 4량관, 3품은 3량관, 4품에서 6품까지는 2량 관, 7품 이하는 1량관이며 모두 목잠木簪을 꽂는다. 『경국대전』에는 조복 의 관과 제복의 관은 통용通用한다고 했다. 그런데 『국조오례서례』에는 량의 수가 품계에 따라 『경국대전』과 같으나 목잠이 아닌 각잠角簪을 꽂는 것이다.

나. 의미

양관의 특징은 모정 앞에 있는 량의 수이다. 1품은 줄이 다섯 개인 5량관을 쓰고 2품은 4량관을 쓰며, 3품은 3량관을 쓰고, 4품에서 6품까 지는 2량관을 쓰며, 7품에서 9품까지는 1량관을 쓰게 하여 신분에 따른 차등을 두었다〈그림 14〉.

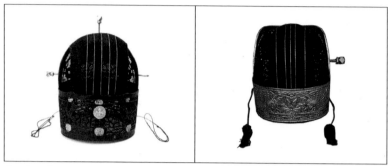

〈그림 14〉 문무관의 제관, 장영직유품, 〈그림 15〉 문무관의 금관, 국립민속박물
문화재청 국가문화유산포털.　　　　관 소장.

　그런데 재관齋官들이 관을 사치하게 만드는 것이 풍습이 되어 실로 고질
적인 폐단이 되었다. 이에 1794년(정조 18) 조복과 제복은 중요한 관복
이므로 일정한 제도를 마련하고자 했다. 이에 공인을 두어 제용감濟用監에서
는 흑삼을, 공조에서는 제관을 만들어 모든 신하들에게 나누어 주었던
것이다. 그런데 임금을 모시고 제사를 지내는 집사들을 보면 관에서 지급
한 제복과 관을 쓰지 않고 따로 사사로이 만든 화려한 것을 착용하였다.
더욱이 제복과 조복에 한가지 관을 쓰도록 한 것은 폐단을 줄이고 사치를
없애기 위한 방법[21]이라고 하였음에도 불구하고 〈그림 15〉와 같이 조복
에는 금관을 쓰고 제복에는 제관을 별도로 만들어 사용함으로써 제관으
로서의 품위를 드러내고자 했다.

　(3) 복(服)의 구조
　『경국대전』 복에 포함된 것은 의, 상, 폐슬, 중단, 수, 방심곡령이다.
제복은 청초의靑綃衣, 적초상赤綃裳, 적초폐슬, 백초중단, 백초방심곡령은
1품에서 9품까지 모두 같다. 다만 품계에 따라 수綬에 놓는 무늬와 수에

---

21) 『正祖實錄』 권39, 正祖 18년 3월 29일(丙辰).

다는 환環의 재료가 다르다.

가. 의(衣)의 형태와 의미

『경국대전』에는 청초의로 만든다고 하였으며『국조오례서례』에는 청라로 만든다고 하였으나 1641년(인조 19) 난리를 겪은 뒤에는 제복과 기명을 미처 개비하지 못하여 흑의黑衣로 대신한다[22]고 한 이후 제복의 복색이 흑색으로 바뀌었다. 국왕, 왕세자, 왕세손의 제복과 비교하면 직령의 형태로 깃, 수구, 도련, 앞자락에 선을 두르는 등 구성상의 차이는 없다할지라도 문무백관의 의에는 장문이 없다. 이는 왕 이하 왕세자, 왕세손에게만 장문을 사용함으로써 그들의 신분적 상징성을 드러내고자 했던 것이었음을 알 수 있다.

한편 그림 상으로는 의의 길이가 왕이나 신하가 같은 것으로 보이지만 실제에 있어서는 국왕의 의는 포와 같은 느낌인 반면 문무백관의 의는 중단의 길이와 비교했을 때 상의上衣의 느낌이 강하다〈그림 16, 17, 18〉.

『대명회전』을 보면 가정 8년에 곤의를 정했는데 길이가 상의 6장문을 덮지 않아야 하고, 군신의 관복제도에서도 제복의 상의의 길이는 조복의 상의의 길이와 같이 허리를 지나 치수가 7촌을 가리키고 하상을 덮지 말 것[23]이라고 한 것으로 곤의의 길이보다는 짧게 정의하고 있음을 알

〈그림 16〉 의의 길이, 국왕, 국립중앙박물관 소장.　〈그림 17〉 의의 길이, 백관, 문화재청 문화유산포털.　〈그림 18〉 제복을 입은 백관, 〈종묘친제규제도설병풍〉 부분, 국립고궁박물관 소장.

---

22) 『仁祖實錄』 권42, 仁祖 19년 7월 26일(庚子).
23) 『承政院日記』 英祖 19년 4월 14일(丁酉).

수 있다. 이는 의의 길이에서도 신분을 구분하고 있으며, 면복에서와 같이 상의와 하상을 구분하는 것에서부터 예가 시작된다는 것을 밝힌 것이라 볼 수 있다.

나. 상(裳)의 형태와 의미

『경국대전』에는 적초상으로 만든다고 하였으나 『국조오례서례』에서는 홍라로 만든다고 하였다. 『종묘의궤』에는 홍주紅紬로 만든다고 하였으므로 상의 색은 바뀌지 않았지만 직물에 있어서는 시대에 따라 차이가 있음을 알 수 있다. 이는 난리를 겪은 후 직물의 공급에 따라 달라진 것으로 보인다.

상의 형태는 실제 유물이나 초상화 등에 보이는 것과는 차이가 있다. 국왕의 상은 앞이 세 폭, 뒤가 네 폭으로 구성되어 장문을 수놓은 것이 확실하지만 문무백관의 경우는 잘게 주름을 잡고 가장자리에 선을 둘렀다. 장문의 유무가 신분을 구분하는 확실한 장치였다〈그림 19〉.

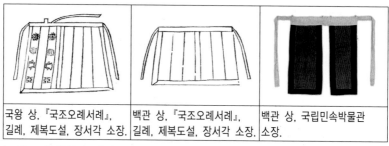

| 국왕 상, 『국조오례서례』, 길례, 제복도설, 장서각 소장. | 백관 상, 『국조오례서례』, 길례, 제복도설, 장서각 소장. | 백관 상, 국립민속박물관 소장. |

〈그림 19〉 신분별 상의 모습

다. 폐슬의 형태와 의미

폐슬 역시 『경국대전』에는 적초로 만들었으나 『국조오례서례』에는 적라로 만들었다. 폐슬은 원래 무릎을 덮기 위한 가리개로 국왕, 왕세자, 왕세손은 그 용도가 그대로 살아 있었으나 문무백관의 경우는 무릎덮개의 실용성은 사라지고 상징성만 남아 흑초의의 가슴 앞에 달게 되었다〈그림 20〉.

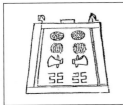

국왕, 『국조오례서례』, 길례, 제복도설, 장서각 소장.	백관, 『국조오례서례』, 길례, 제복도설, 장서각 소장.	백관 폐슬의 위치, 국립민속박물관 소장.

〈그림 20〉 신분별 폐슬의 모습과 위치

라. 중단의 형태와 의미

중단은 『경국대전』에는 백초로 만든다고 하였으며, 『국조오례서례』에는 백사白紗로 만든다고 하고 검정색으로 깃에 연을 두른다고 했다. 현전하는 유물 중 중단은 3족 항라로 만든 것이 있으며, 중단의 깃, 앞자락, 도련에 검정 선을 둘렀다. 국왕, 왕세자, 왕세손과 달리 문무관의 중단에는 불문이 없다〈그림 21〉.

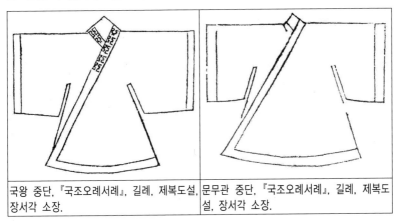

국왕 중단, 『국조오례서례』, 길례, 제복도설, 장서각 소장.	문무관 중단, 『국조오례서례』, 길례, 제복도설, 장서각 소장.

〈그림 21〉 신분별 중단

마. 방심곡령의 형태와 의미

방심곡령은 제복임을 드러내는 가장 상징적인 부속물이다. 문무백관의 방심곡령은 양쪽에 있는 끈을 아래로 늘어뜨리지 않고 위로 올려 묶은 것이 다를 뿐 그 형태는 같다〈그림 22〉.

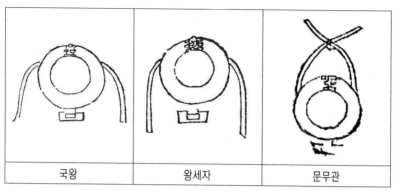

| 국왕 | 왕세자 | 문무관 |

〈그림 22〉 신분별 방심곡령, 『국조오례서례』, 길례, 제복도설, 장서각 소장.

〈그림 23〉과 같이 현전하는 왕세자의 면복에는 방심곡령의 왼쪽에 녹색 끈이 달려있으나, 〈그림 24〉 문무관의 방심곡령에는 왼쪽과 오른쪽 모두 별도의 끈은 없다.

〈그림 23〉 효명세자의 방심곡령, 비단에 채색, 잔존화면: 148.6×45.2cm, 국립 고궁박물관 소장.

〈그림 24〉 문무관의 방심곡령, 국립 민속박물관 소장.

바. 수의 형태와 의미

수는 품계에 따라 차등이 있다. 수는 『경국대전』에는 1품과 2품은 운학금환수, 3품은 반조은환수, 4품은 연작은환수, 5품·6품은 연작동환수, 7·8·9품은 계칙동환수로 차등을 둔다고 하였으나 『국조오례서례』에는 좀 더 자세하게 기록되어 있다. 2품 이상은 황黃, 록綠, 적赤, 자紫의 사색四色(3품에서 6품까지는 황, 록, 적 삼색三色이며, 7품 이하는 황, 록 이색二色)의 실로 운학을 짠다.(3품은 반조盤鵰, 4품에서 6품까지는 연작練鵲, 7품 이하는 홍칙鴻鶒) 화금花錦 아래에는 청사靑絲로 망網을 맺고 쌍금환을 베푼다. 3품에서 4품까지는 은환을 쓰고 5품 이하는 동환을 사용한다.

아래의 〈그림 25〉에서와 같이 국왕의 수는 홍화금에 쌍금환을 베푼다고만 하였으나 그림 상으로는 구조에 큰 차이가 없다. 홍화금과 운학문을 넣은 바탕이 다를 뿐 화금과 망, 수를 늘어뜨려 3등분으로 나눈 형태는 모두 같다. 그러나 현재 전해 내려오는 수는 직접 무늬를 짠 직성된 화금은 없고 자수를 하였으며, 품계와 상관없이 모두 운학이다(그림 26). 다만 운학의 수가 2쌍, 3쌍, 4쌍, 5쌍으로 차이를 보인다.[24]

〈그림 25〉 국왕 수, 『국조오례서례』, 길례, 제복도설, 장서각 소장.

〈그림 26〉 문무관 수, 〈종묘친제규제도설병풍〉 부분, 국립고궁박물관 소장.

24) 문화재청, 『문화재대관』, 1997, 123쪽.

사. 대(帶)의 형태와 의미

문무백관의 대는 크게 두 가지가 있다. 하나는 적백라를 합해서 만든 대대이고, 다른 하나는 혁대革帶이다. 『경국대전』에는 대대는 없고 혁대만 있는데 품계에 따라 1품은 서대犀帶이고 정 2품은 삽금鈒金이고 종 2품은 소금素金이다. 정 3품은 삽은이고 종 3품은 소은이며, 5품에서 9품까지는 흑각대黑角帶이다. 『국조오례서례』에는 대대와 혁대가 있는데 대대는 1품에서 9품까지 모두 같으며, 혁대는 2품 이상은 금金, 3품에서 4품까지는 은銀, 5품 이하는 동銅을 사용한다. 위 내용을 간단히 정리하면 다음의 〈표 3〉과 같다.

〈표 3〉 문무관의 품직에 따른 혁대

품직	문헌		『경국대전』	『국조오례서례』
1품			서(犀)	금
2품	정		삽금	금
	종		소금	
3품	정		삽은	은
	종		소은	
4품			소은	은
5품~9품			흑각대	동

『대명회전』 제복조에는 대대와 혁대가 있다고 하였으며 조복과 같다고 한 것으로 보아 대대와 혁대가 모두 있는 것이 법제였다. 1626년(인조 4) 대대와 혁대는 하나라도 빠뜨릴 수 없다고 하면서 그것은 장복과 위의에 관계되는 것이기 때문이라고 한 것에서도 확인된다.[25]

대는 옷을 묶는 기능을 하는 것으로 예를 갖추기 위한 필수조건이다. 그렇기 때문에 대가 반드시 있어야 함에도 불구하고 『국조오례서례』 국

---

25) 『仁祖實錄』 권12, 仁祖 4년 5월 25일(丙寅).

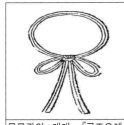		
문무관의 대대, 『국조오례서례』, 길례, 제복도설, 장서각 소장.	문무관의 혁대, 『국조오례서례』, 길례, 제복도설, 장서각 소장.	문무관의 후수와 대대, 장영직유품, 문화재청 국가문화유산포털.

〈그림 27〉 대대와 혁대의 차이

왕의 제복인 면복에는 대대만 있고 혁대가 없다. 이에 대하여 1632년(인조 10) 예조에서는 예에 대해 과한 것은 덜고 모자란 것은 보충해서 중도를 취해야하므로 한 때의 제도에 구애될 필요가 없다고 하면서 대대와 혁대를 함께 두는 것이 좋다고 하였으며, 예는 의당 고제古制를 따라야 한다[26]고 하여 인조 이후 대대와 혁대 모두를 갖추는 것으로 규정하였다.

『국조오례서례』의 혁대를 보면 혁대에 붙이는 과판에 따라 품계를 나누었으며, 혁대 위에 금선을 그린 것에 대해서는 설명이 없다〈그림 27〉.

아. 홀(笏)의 형태와 의미

홀은 문무관이 조복, 제복, 공복을 입을 때 손에 드는 상징물이다. 국왕이나 왕세자, 왕세손이 규를 드는 것에 비해 신하가 드는 것을 홀이라고 한다〈그림 28〉. 『경국대전』과 『국조오례서례』에는 4품 이상은 상아로 만든 홀을 들고 5품 이하는 나무로 만든 홀을 든다고 규정하였다. 그 형태에 있어서는 국왕이 산형인 것에 비해 신하의 것은 위가 둥글고 약간 휜 형태이다.

홀은 원래 메모를 하기 위한 실용적인 목적에서 들기 시작하였다. 그러나 후대에는 상징적인 의미만 남게 되었다. 이런 홀을 『종묘의궤』에서는

---

26) 『仁祖實錄』 권27, 仁祖 10년 12월 2일(乙丑).

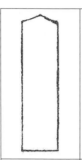   

| 국왕의 규, 『국조오례서례』, 장서각 소장. | 문무관의 홀, 『국조오례서례』, 장서각 소장. | 홀을 든 제관, 〈종묘친제규제도설병풍〉부분, 국립고궁박물관 소장. | 〈그림 29〉 홀을 들고 있는 모습, 흥영군 이우 초상화, 사진: 40.9×32.0cm, 서울역사박물관 소장. |

〈그림 28〉 규와 홀

품직의 고하를 막론하고 모두 목홀을 사용한다고 하였으나 실현되지 않았다. 다만 "당하관의 조복과 제복에 나무 홀을 잡으려는 사람은 모두 편리한 대로 따르라."[27]고 한 기록을 통해 악풍을 바로 잡고자 한 모습을 확인할 수 있다. 〈그림 29〉 흥영군 이우가 조복을 입고 있는 사진이다. 여기에서도 흰색의 상아홀을 확인할 수 있다.[28]

자. 패의 형태와 의미

패는 허리 옆에 거는 부속물로 혁대 위에 건다. 『경국대전』에는 1품에서 3품까지는 제복에 번청옥으로 된 패옥을 걸고, 4품에서 9품까지는 번백옥으로 된 패옥을 건다고 했다.[29] 『국조오례서례』에서는 패의 형태를 설명하였다. 즉 패는 2개가 있는데 위에는 동구銅鉤로 형을 설치하고 다음은 중형이고 가운데에는 거와 우가 있고 아래에는 충아가 있고 쌍황은 중형의 양쪽에 있고 또 쌍동이 충아의 양쪽에 있는데 약옥주로 꿰며, 형, 거, 우, 쌍황, 충아, 적자는 모두 민옥으로 한다[30]고 하였으므로 국왕의

---

27) 『正祖實錄』 권39, 正祖 18년 3월 29일(丙辰).
28) 서울역사박물관, 『흥선대원군과 운현궁사람들』, 2007, 46쪽.
29) 『경국대전』, 예전, 의장, 패옥.
30) 『국조오례서례』 권지 1, 길례, 제복도설, 문무관관복.

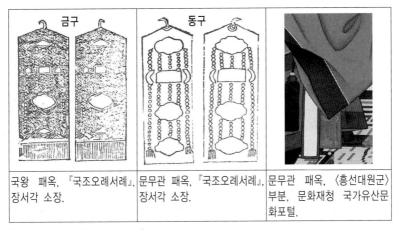

금구	동구	
국왕 패옥, 『국조오례서례』, 장서각 소장.	문무관 패옥, 『국조오례서례』, 장서각 소장.	문무관 패옥, 〈흥선대원군〉 부분, 문화재청 국가유산문화포털.

〈그림 30〉 신분별 패

패옥과 다른 점은 형이 금구가 아닌 동구이며 옥의 배치에 차이가 있다.

위의 〈그림 30〉에서 보는 바와 같이 패에 드리우는 옥의 순서는 반드시 규정에 따른 것은 아닌 것 같다. 국왕의 패옥은 황의 모습이 세 번째 형 옆에 있는 것에 비해 문무관의 패옥에서는 거옆에 쌍황이 있기 때문이다.

『종묘의궤』에서는 정 1품 헌관 및 천조관이 패를 드리우되 해사該司에서 준비하여 갖춘 것을 패용하고 나머지 집사는 하지 않는다고 하였으나 제대로 지켜지지 않았다. 이는 1768년(영조 44) "제사지낼 때 내시와 집사에게 패옥을 허락하였더니 제용감의 제복을 입지 않고 너무나 지나치게 패옥을 차게 되었다."[31]고 하였으며, 1769년(영조 45) 하교하기를, "옛날에는 제복에 패옥이 없었는데 한 번 패옥을 신칙하고부터 중관들도 또한 차게 되었다."[32]고 하였다. 또 1800년(정조 24) 중관들의 패옥 착용을 없애자는 논의가 있자 중관들이 분개하였다[33]는 기록이 있는 것으로 보아 제사를 지낼 때 패옥을 거는 것이 재관으로서의 권위를 드러낸다고

[31] 『英祖實錄』 권110, 英祖 44년 5월 10일(丁酉).
[32] 『英祖實錄』 권113, 英祖 45년 9월 25일(甲辰).
[33] 『正祖實錄』 권54, 正祖 24년 4월 30일(壬子).

생각하였던 것으로 보인다.

차. 말(襪), 혜화(鞋靴)의 형태와 의미

말은 『경국대전』과 『국조오례서례』 모두 백포白布로 만든다고 하였다. 다만 국왕의 말은 비단으로 만들고 백관의 말은 포布로 만드는 것이 다를 뿐 구성에 있어서는 국왕의 말과 다르지 않다.

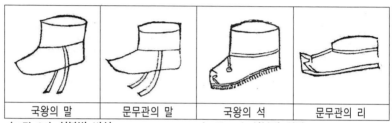

국왕의 말	문무관의 말	국왕의 석	문무관의 리

〈그림 31〉 신분별 버선   〈그림 32〉 신분별 신발
『국조오례서례』, 장서각 소장.

신발은 일반적으로 신분과 형태에 따라 명칭을 달리한다. 국왕은 〈그림 32〉와 같이 '석'이라 하고 문무관은 '리'라고 한다. 『경국대전』에는 1품에서 6품까지는 흑피혜를 신고, 7품에서 9품까지는 흑피화를 신는다고 하였으나 『국조오례서례』에서는 제복에는 흑피로 만든 리履를 신는다고 하였다. 신발을 통칭하는 '리'를 『국조오례서례』에서는 혜 대신 사용하고 있어 혜와 리가 발목이 낮은 신발을 나타내고 있음을 알 수 있다. 또한 1품에서 6품까지는 발목이 낮은 혜를 신지만 7품에서 9품까지 흑피화를 신는 것으로 볼 때 혜가 화보다는 의례적 목적이 강했음을 알 수 있다.

이상 국왕, 왕세자, 문무관이 제례에 착용하는 제복의 구성을 정리하면 〈표 4〉와 같다.

〈표 4〉 국왕, 왕세자, 문무관의 제복 비교, 『국조오례서례』, 장서각 소장

신분 복식	국왕	왕세자	문무관
규(홀)			
관			
의			
상			
대대			
중단			

복식 \ 신분	국왕	왕세자	문무관
패			
수			
방심 곡령			
폐슬			
대			
말			
석(리)			

2. 강사포와 조복

강사포는 국왕의 원유관복으로 '수배신조현지복受陪臣朝見之服'에 해당한다. 즉 원단元旦, 동지冬至, 삭망朔望시 조하朝賀를 받을 때 입는 복식이다. 그러나 조선 초 아직 관복의 용도가 명확하게 구분되지 않았을 때에는 원유관복을 입고 제사祭祀를 지내기도 했다. 여기에서는 군신의 조하지복으로서의 원유관복과 문무관의 조복이 어떠한 상황에서 어떤 질서를 갖고 소통하는지 그 체계를 살펴보고자 한다.

여기에서 주목할 것은 진하를 드릴 때 4품 이상만 조복을 입는다는 것이다. 그리고 5품 이하는 흑단령을 입는데 여기서의 의미는 조복의 의미를 담고 있다.

〈그림 1〉은 진하 장면이 단독으로 그려진 병풍이다. 좌목으로 보아

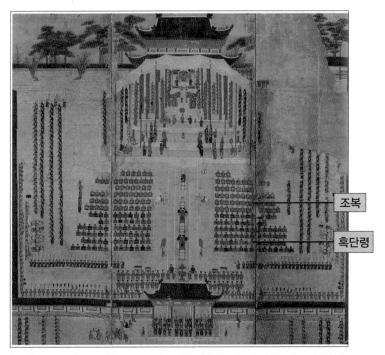

〈그림 1〉 진하도로 본 강사포와 조복, 〈진하도〉, 1730년경, 견본채색, 국립중앙박물관 소장.

규장각 각신들이 진하의식을 기념하여 만든 병풍으로 1783년 3월 8일 왕대비, 장헌세자, 혜빈의 존호를 올리고 4월 1일에는 혜빈의 존호를 한 번 더 올리는 상존호가 있었다. 이를 기념하기 위하여 1783년에 그려진 것으로 추정하고 있다.[34]

이 그림에서도 왕이나 왕세자의 모습은 보이지 않고 신료들의 모습만 보인다. 진하하는 장면이므로 전정에는 진하를 올리기 위한 신하들이 자리를 잡고 있다. 앞에 있는 신하들은 조복을 입고 있으며 뒤에 있는 신하들은 모두 흑단령을 입고 있다. 이는 4품 이상은 조복을 착용하고 5품 이하는 흑단령을 입고 전정에 들어간다는 규정을 따른 것으로 신분질서에 의해 각각의 자리가 정해지고 복식을 통해 각각의 역할이 정해지고 있음을 알 수 있다.

1) 강사포

원유관복은 여러 신하를 대할 때 입는 의복이라고 했으니 '수배신조현지복'에 해당한다. 즉 정조, 동지, 삭망 등 하례를 받을 때,[35] 종묘에 가기 위해 출궁하고 환궁할 때,[36] 중궁과 세자빈을 책봉할 때,[37] 향과 축문을 전할 때[38] 등의 가례嘉禮에 착용하였다. 또 사직에 친제를 지낼 때,[39] 선농의를 행할 때 등 길례吉禮에도 착용하였다. 한편 면복을 대신해서 원유관과 강사포를 입는 예도 있었는데 1426년(세종 8) "면복 차림에 붉은 신과 강사포를 입고 방심곡령을 착용한 것은 이때부터 시작되었다."고 한 기록이 있다.[40] 이외에 1745년(영조 21)에는 희생을 살필 때[41] 착용한 것으로 보아 원유관복을 착용하는 예例가 반드시 정해진 대로 움직인 것은

---

34) 국립중앙박물관, 『조선시대 궁중행사도』 I, 2010, 166쪽.
35) 『太宗實錄』 권1, 太宗 1년 6월 12일(己巳).
36) 『世宗實錄』 권1, 世宗 즉위년 10월 2일(戊寅).
37) 『世宗實錄』 권2, 世宗 즉위년 11월 9일(乙卯).
38) 『世宗實錄』 권36, 世宗 9년 6월 14일(辛未).
39) 『燕山君日記』 권58, 燕山君 11년 7월 23일(丙午).
40) 『世宗實錄』 권31, 世宗 1월 1일(丙申).
41) 『英祖實錄』 권61, 英祖 21년 3월 28일(庚子).

아님을 알 수 있다.

(1) 원유관복의 구성

『국조오례서례』에 수록된 국왕의 원유관복은 〈표 1〉과 같이 규, 관, 의, 상, 대대, 중단, 패, 수, 폐슬, 말, 석으로 구성되며, 『국조속오례의보 서례』에 수록된 왕세자와 왕세손의 원유관복도 모두 국왕과 같되, 원유관

〈표 1〉 국왕의 원유관복, 『국조오례서례』, 가례, 관복도설, 장서각 소장.

규	원유관	의면	의배
상	대대	중단면	중단배
폐	술	폐슬	말
석			

의 량의 수와 옥의 색, 옥의 수가 차등이 있을 뿐이다.

원유관복이 면복과 구조 및 구성은 같다고 할지라도 가장 큰 차이는 의와 상, 폐슬에 장문이 없다는 것이다. 다만 중단에는 국왕의 중단과 같이 불문을 그리고 있다.

1418년(태종 18) 백관에게 명하여 경복궁에 가서 진하하게 하자 문무백관은 조복을 갖추고 경복궁 전정에서 반서班序하니 세자가 강사포와 원유관을 착복하고 근정전에 나아가서 백관들의 조하를 받았다.[42] 또 세자가 관례를 치를 때 재가복에 해당하는 것이 원유관 강사포이다.[43] 이 외에도 임금이 익선관에 곤룡포 차림으로 진하를 받으면 왕세자는 원유관과 강사포 차림으로 백관을 거느리고 전, 치사, 표리를 올린다. 왕세자가 왕보다 한 단계 더 성복을 하고 예를 올리는 것은 국왕과의 위계를 통해 질서를 지키고자 하는 것이다.

(2) 원유관의 구조

가. 형태

국왕 원유관의 형태는 『국조오례서례』에 라羅로 만들며 색은 현색이다 〈그림 2〉. 9량의 매량에는 18옥이 앞뒤로 9옥씩 다섯 가지 색깔의 옥이 꿰어져 있는데, 먼저 황黃, 창蒼, 백白, 주朱, 흑黑의 순서이다. 금잠金簪을 꽂으며, 주조朱組 2줄이 양쪽에 있어 턱 밑에서 맺고 그 나머지는 늘어뜨린다. 면류관은 옥을 꿸 때 주, 백, 창, 황, 흑의 순서로 꿰었으나 원유관은 황, 창, 백, 주, 흑의 순서로 면류관의 옥과는 순서를 달리한다고 하였으나 〈그림 3〉과 같이 실제 순조의 원유관을 보면 백색 다음 창색이 보이며, 그 아래에는 황색이 보이는 것으로 보아 면류관의 색과 같았던 것으로 보인다. 『국조속오례의보서례』에는 〈그림 4〉와 같이 왕세자의 원유관이 있는데 왕세자는 8량이고 왕세손은 7량이며, 옥의 색은 세 가지 색으로

---

42) 『太宗實錄』 권36, 太宗 18년 8월 10일(丁亥).
43) 『顯宗實錄』 권22, 顯宗 11년 3월 9일(丙寅).

펜다고만 하고 구체적인 색을 기록하지는 않았다.

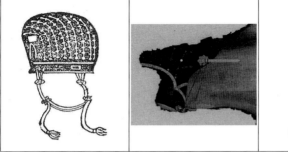

〈그림 2〉 신분별 원유관 국왕의 9량 원유관, 『국조 오례서례』, 장서각 소장. 〈그림 3〉 순조 원유관, 1830년, 비단에 채색, 231.3×121.4cm, 국립고궁박물관 소장. 〈그림 4〉 왕세자의 8량 원 유관, 『국조속오례의보서례』, 장서각 소장.

(3) 강사포의 구조

강사포의 구조는 면복의 구조와 크게 다르지 않다. 다만 장문이 없을 뿐이다. 여기에서는 의, 상, 대대, 중단, 폐슬만을 다루기로 한다. 그것은 규, 패, 수, 말, 석은 면복과 같은 것을 사용하기 때문이다.

가. 강사포의 형태와 의미

『국조오례서례』 왕의 원유관복의 의는 강라絳羅로 만든다.[44] 『국조속 오례의보서례』 왕세자, 왕세손 원유관복에서는 의衣 대신 포袍라고 설명하 고 있는 것이 다를 뿐이다. 결국 의와 포는 통용되는 것임을 알 수 있다〈그 림 5〉.

국왕이나 왕세자, 왕세손의 원유관복의 상의는 강사포이다. 강사포는 원래 여러 신하들로부터 하례를 받을 때 착용하는 옷이었다. 그러나 1482년(성종 13) 성종은 예절은 융숭하게 해야 할 것과 강쇄해야 할 것이 있는데 원유관과 강사포 차림으로 써 예절을 행하여도 해로울 것이 없겠다고 하여 문묘에 제사지낼 때 면복이 아닌 원유관복을 입기도 했다.

---

44) 『국조오례서례』, 권지 2, 가례, 관복도설.

그리하여 제사지낼 때 입는 원유관복에는 방심곡령을 더했다. 그러나 『국조오례서례』의 구성 안에는 방심곡령이 없는 것으로 보아 제사복으로서 원유관복을 오랫동안 착용하지는 않았음을 알 수 있다. 〈그림 6〉은 현전하는 원유관복본으로 순조의 어진이다.

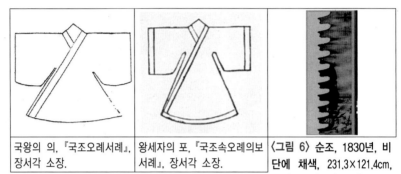

국왕의 의, 『국조오례서례』, 장서각 소장.	왕세자의 포, 『국조속오례의보서례』, 장서각 소장.	〈그림 6〉 순조, 1830년, 비단에 채색, 231.3×121.4cm, 국립고궁박물관 소장.
〈그림 5〉 신분별 강사포		

나. 상의 형태와 의미

원유관복의 상은 강라로 만든다. 앞이 세 폭이고 뒤가 네 폭인데 매 폭의 양끝을 각각 1촌씩 꿰맨다. 그것을 삭폭削幅이라고 부른다. 허리 사이에 벽적襞積이 무수히 많고 상의 가장자리에는 준[純]이 있는데 이를 벽이라 하고 아래에 있는 준을 석이라고 한다. 벽석의 넓이는 각각 1촌 반이고 표리를 합해서 3촌이 된다. 왕세자와 왕세손도 같다. 상의 형태역시 면복의 상과 같되 수가 놓이지 않았을 뿐이다〈그림 7〉.

국왕의 상, 『국조오례서례』, 장서각 소장.	왕세자의 상, 『국조속오례의보서례』, 장서각 소장.	국왕의 중단, 『국조오례서례』, 장서각 소장.	왕세자의 중단, 『국조속오례의보서례』, 장서각 소장.
〈그림 7〉 신분별 상		〈그림 8〉 신분별 중단	

다. 중단의 형태와 의미

원유관복의 중단은 백라白羅로 만들고 붉은색의 깃, 옷자락, 도련 소매 끝을 붉은색으로 하고 깃에 11개의 불문黻紋을 그린다. 왕세자의 중단 역시 백라로 만들고 전하의 중단과 같은데 불문을 9개만 그린다. 왕세손 도 같다. 중단 역시 면복의 중단과 구조는 같지만 다만 복색에 차이가 있어 백라에 적색의 선을 두르고 있는 것만 차이가 난다〈그림 8〉.

라. 대대의 형태와 의미

대대는 비백라緋白羅를 합해서 꿰맨다. 왕세자, 왕세손이 모두 같다. 대 대는 면복의 대대는 증繒이고 원유관복의 대대는 라羅인 것이 다르고 빨간 색과 흰색을 합해서 만드는 것은 같다. 결국 대대를 만드는 소재가 다르다 는 것을 알 수 있다.

마. 폐슬의 형태와 의미

폐슬은 강라로 만들고 형태는 전하의 것과 같다. 여기서도 면복에 있는 장문이 없을 뿐 구조에 있어서는 큰 차이가 없다.

이상으로 보았을 때 원유관복은 모두 강라로 만들고 면복은 증으로 만들므로 소재에 있어 가장 큰 차이가 난다. 원유관복과 면복의 가장 큰 차이는 원유관복에는 장문이 없다는 것이다. 의, 상, 폐슬에 모두 장문 이 없지만 전체적으로 강색으로 의, 상, 폐슬을 만들고 중단 역시 가장자 리 선을 적색으로 두르기 때문에 겉으로 보이는 색은 모두 강색이 된다. 역시 장문은 없지만 가장 화려한 복색으로 진하를 받는 즐거움을 그대로 복색으로 표현하고 있다고 할 수 있다.

2) 문무관 조복

문무백관의 조복은 대표적인 조하복식이다. 1459년(세조 5) 예조에서 말하길, 조복은 경사스럽고 좋은 대사, 정조, 동지, 성절, 및 반강, 개독,

조사, 진표, 전제에 입는다고 하였다.[45] 존호를 올릴 때에는 궁관은 수시로 모이는데 각기 복장을 갖추게 하였다. 이 때 문관은 조복을 입고 무관은 융복을 입는다. 또한 원자를 책봉할 때 문무관이 자리를 같이하는데 이 때 종친과 문무백관 및 사자가 각기 의복을 갖춘다고 하였다. 이 때 4품 이상은 조복이지만 5품 이하는 흑단령을 입는다.[46] 흑단령은 다음 절에서 다루게 되므로 여기에서는 백관의 조복만을 살펴보고자 한다.

(1) 조복의 구성

『경국대전』문무관의 조복을 보면, 관은 모두 제복의 관과 같으므로 양관을 쓰고 목잠을 꽂는 것은 같으나 품계에 따라 량의 수가 차이가 난다고 하였으며, 그외 의, 상, 폐슬, 중단, 수와 대, 홀, 패옥, 말, 화·혜로 구성되는 것은 제복과 같다고 했다. 다만 복색에 차이가 있어 청초의가 적초의로 바뀌는 것 외에는 제복과 모두 같다고 하였으나 조선후기로 가면 조복의 백초중단은 보이지 않고 청초중단만 보인다.

조복은 축하하는 자리에 입는 옷이다. 그렇기 때문에 제복에 사용하는 청색을 쓰지 않고 환하고 밝은 적색을 씀으로써 잔치의 화려함과 흥겨움을 더하는 것은 물론이려니와 국왕과 왕세자의 복색에 따라 백관들의 복식 또한 갖추어지고 있음을 알 수 있다.

(2) 금관의 구조

금관의 구조는 『경국대전』에는 제복에 착용한 양관과 같은 것을 쓰도록 규정하였다. 그러나 조복은 진하를 드릴 때 착용하는 것으로 양관의 무부분과 잠의 잠두 부분에 금칠을 더 함으로써 특히 '금관金冠'이라고 부른다. 관모를 통해 최고의 화려함과 성대함을 드러내고자 한 것이다.

---

45) 『世祖實錄』 권17, 世祖 5년 9월 7일(丙戌).
46) 『英祖實錄』 권41, 英祖 12년 3월 15일(己酉).

(3) 조복의 구조

가. 의의 형태와 의미

조복과 제복의 의의 구성이 다른 것은 아니다. 『경국대전』에 의하면 구조는 같되 복색에서만 차이가 난다〈그림 9〉. 즉 제복의 의는 청색이며, 조복의 의는 적색이다. 조선 후기에는 제복의 색이 흑색으로 바뀐다. 그이외의 다른 구성은 모두 같다.

 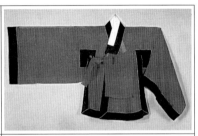

흑초의 제복, 국립민속박물관 소장.	적초의 조복, 심동신조복, 문화재청 국가문화유산포털.

〈그림 9〉 문무관 제복과 조복의 차이

나. 중단의 형태와 의미

중단은 의 아래 받쳐 입는 중의이다. 『경국대전』에는 조복의 중단은 모두 백초중단으로 기록되어 있다. 그러나 현전하는 유물이나 초상화 등에는 모두 청초중단만이 보인다. 이유가 무엇일까?

1429년(세종 11) 사헌부에서 건의한 금령의 조문에 직사職事가 있는 인원은 백색 옷을 금지할 것을 건의하였다.[47] 그러나 백색을 좋아하는 풍속이 쉽게 바뀌지 않은 것으로 보인다. 1648년(인조 26)에 임금이 말하기를, "우리나라의 풍속은 흰옷 입는 것을 좋아한다. 백색을 숭상하여 백모관白毛冠과 백모모자까지 쓰고 있으니 상인喪人이 흰옷을 입는 것과 다른 게 없다며 매우 불길한 징조이니 의당 금지시켜야 한다."고 했다.[48]

---

47) 『世宗實錄』 권10, 世宗 2년 5월 25일(丁酉).

이 후에도 백색 옷을 입는 것에 대한 금지는 계속되었다. 이에 대하여 1738년 (영조 14) 우참찬 이덕수는 흰옷을 금지하고 푸른 옷을 입는 것이 그르다는 상소를 올리기까지 하였다. 그러나 임금은 청색을 입는 것이 마땅하다는 하교를 내렸다.

> 우리나라에서 흰 옷을 숭상해 왔다는 것이 비록 선유가 한 말이지만 숭상하는 바를 말한 것에 지나지 않는 것이다. 어찌 근일처럼 심하였겠는가? 경사대부들이 남색 옷을 부끄럽게 여기므로 하천下賤에 이르기까지 또한 이런 풍습을 본받아 모두 흰 옷을 입는 것이다. 우리나라는 청구靑丘에 위치해 있으므로 나라를 세우고 인을 전해 온 것인데 한나라가 적색을 숭상한 것에 비유한다면 어찌 그 인을 따라야 하지 않겠는가? 우참찬은 단지 옛날의 사책史冊만 보고 근래의 폐단은 살펴보지 않은 것이다. 충忠, 질質, 문文이 서로 바뀌는 것도 또한 때에 따라 하는 것이다. 돌아보건대 오늘날 세도가 각박해지고 생민들이 쓸쓸한데도 조정 위에 인후仁厚한 기풍을 듣지 못했으니 이런 시기를 당하여 인을 숭상해야 하겠는가? 백을 숭상해야 하겠는가? 요사이 인심이 경박해져서 남색을 바꾸어 백색으로 하는 자가 어지럽게 있을 것이니 중외에 효유하도록 하라.[49]

춘하추동의 근본은 봄이고 인의예지를 포괄하고 있는 것 또한 인으로 종결을 이루는 것은 춘이므로 봄에 해당하는 청색이 길색이라는 하교에 따라 백색을 금지시킴으로써 조복의 중단이 백색에서 청색으로 바뀐 것이 아닌가 생각한다.

결국 조복의 중단은 백관의 법복에 해당하므로 『경국대전』에 백초중단이라고 규정하였으나 제복과의 구별도 필요했고 조복의 특성상 길복에 해당하는 청색을 입는 것이 마땅하기 때문에 청초중단으로 규정을 바꾼 것으로 판단된다.

---

48) 『仁祖實錄』 권49, 仁祖 26년 10월 3일(甲午).
49) 『英祖實錄』 권47, 英祖 14년 8월 16일(丙申).

다. 화의 구조

『경국대전』을 보면 1품에서 6품까지는 조복에 흑피혜를 신는다고 규정하였으며, 7품부터 9품까지는 흑피화黑皮靴를 신는다고 규정하였다.[50] 그러나 현전하는 초상화를 보면 조복에는 흑피혜 대신 신분의 고하를 막론하고 흑피화를 신고 있는 모습을 볼 수 있다. 그렇다면 1품에서 6품까지는 언제부터 흑피화를 신었을까?

1508년(중종 3) 박원종이 백관의 조복과 제복에 신는 화를 중국에서 얻었는데 매우 정결하다고 하면서 우리나라의 혜말이 누추하니 중국의 제도를 따를 것을 건의하자 조종조의 제도를 가벼이 변경할 수 없으니 온당한가를 의논하여 아뢰라고 하였다. 이에 유순 등이 "신 등이 항상 혜말이 누추하여 제복·조복에 맞지 않는다고 생각하였습니다. 박원종이 아뢴 중국 제도가 매우 온당하니 명년까지 조복은 사비私備하고 제복은 공비하게 하소서."하니, 이후 흑피화를 신었다.[51]

이상의 내용을 정리하여 국왕, 왕세자, 문무관의 조복을 보면 〈표 2〉와 같다.

〈표 2〉 원유관복과 조복의 차이, 『국조오례서례』, 가례, 관복도설(왼쪽), 『국조속오례의보서례』 가례, 왕세자원유관복도설,(중앙), 『국조오례서례』, 길례, 관복도설(오른쪽), 장서각 소장.

신분\복식	국왕	왕세자	문무관복
규(홀)			

---

50) 『경국대전』, 「예전」, 의장, 혜화.
51) 『中宗實錄』 권6, 中宗 3년 9월 14일(己酉).

신분 복식	국왕	왕세자	문무관복
관			
의			
상			
대대			
중단			

신분 복식	국왕	왕세자	문무관복
패			
수			
폐슬			
말			
석(리)			

3. 곤룡포와 흑단령, 상복

곤룡포는 국왕의 시사복視事服이고 흑단령은 문무관의 상복常服이다. 임금은 조서詔書를 맞이할 때와 칙서勅書를 맞이할 때, 정조와 동지에 회의할 때, 오일조참의를 할 때 익선관을 쓰고 곤룡포를 입고 여를 타고 나온다. 또 상참의를 할 때, 문과 전시의를 할 때, 무과 전시의를 할 때, 생원 방방의를 할 때, 양로의를 할 때, 일본이나 유구국으로부터 서폐의書幣儀와 국사의國使儀를 할 때에 익선관을 쓰고 곤룡포를 입는다.[52]

이 외에도 군례의식인 사단에서 활쏘기를 직접 할 때나 활 쏘는 것을 관람할 때, 대열의를 할 때 익선관을 쓰고 곤룡포를 입는다.

그러나 제사를 지낼 때 익선관과 곤룡포를 입는 때도 있다. 친제의를 거행할 때에도 익선관에 곤룡포를 착용하며,[53] 태비의 존호를 올릴 때에도 익선관에 흑의를 입으셨다.[54]

이상으로 볼 때 곤룡포는 집무복인 시사복으로서의 의미가 가장 크며, 그 외에는 군사와 관련된 또는 연회와 관련된 때에 착용하는 것임을 알 수 있다.

이처럼 국왕이 시사복인 곤룡포를 입을 때 백관이 착용하는 것은 시복時服 또는 상복常服이다. 그러나 백관에게 '시복'이라는 용어가 공식적으로 사용된 것은 성종연간의 일이며 그 이전에는 상복이라고 명명하였고 조참, 상참, 조계에는 흑의를 입는다고만 하고 시복을 입는다고는 하지 않았다. 이후 중종연간에 '흑의는 곧 시복이다.'라고 함으로써 흑의가 시복을 가리켰음을 알 수 있다.

여기에서는 대표적인 군례인 '대사례大射禮'를 그린 대사례도를 중심으로 국왕, 왕세자, 문무관의 상복 형태를 확인하고자 한다〈그림 1〉.

---

52) 『世宗實錄』 五禮儀.
53) 『世祖實錄』 권22, 世祖 6년 10월 17일(己未).
54) 『睿宗實錄』 권3, 睿宗 1년 2월 21일(丙午).

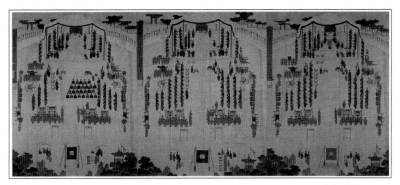

〈그림 1〉〈대사례도〉, 견본채색, 259.8×59.7cm, 국립고궁박물관 소장.

1) 곤룡포

곤룡포는 국왕의 집무복이다. 〈대사례도〉에서 곤룡포를 착용하고 있는 모습은 확인할 수 없다. 다만 『국조속오례의보서례』를 통해 국왕의 시사복과 왕세자의 서연복, 왕세손의 강서복이 곤룡포임을 알 수 있다. 곤룡포는 왕, 왕세자, 왕세손의 평상복이므로 각 신분의 주 업무가 무엇인가에 따라 그 이름이 달라진다. 시사복은 일을 볼 때 입는 옷이라는 의미가 담겨있으며, 서연복은 경서를 강론하는 자리를 일컫는 말이니 왕세자의 주된 업무가 공부임을 알 수 있다. 특히 왕세자는 현 국왕의 뒤를 이을 후계자임에도 불구하고 일상은 상당히 단순했다. 세자의 하루 일과는 왕과 왕비 등 왕실 어른에게 문안인사를 드리는 것에서 시작하여, 이후 하루 종일 미래 국왕으로서의 자질을 함양하기 위해 공부하는 것이 전부였기 때문에 붙여진 명칭이다.[55] 강서복을 입는 왕세손 역시 여기에서 크게 벗어나지 않는다.

(1) 곤룡포의 구성

이들 복식을 보면 관, 포, 대, 화로 구성되어 있으며, 신분에 따라 복색과 포에 붙인 보補, 대帶의 문양 및 형태에서 차이를 드러낸다. 각 신분에

55) 심재우 외, 『조선의 세자로 살아가기』, 한국학중앙연구원, 2013, 25~26쪽.

따른 구성을 간단하게 그림으로 보면 다음의 〈표 1〉과 같다.

〈표 1〉 국왕, 왕세자, 왕세손의 곤룡포, 『국조속오례의보서례』, 가례, 전하
시사복도설, 왕세자서연복제도, 왕세손강서복제도, 장서각 소장.

복식 신분	관	포면	포배	대	화
국왕					
	익선관	대홍곤룡포면 (오조원룡보)	대홍곤룡포배 (오조원룡보)	조옥대	흑궤자피화
왕세자	국왕과 동同	국왕과 동同 (사조원룡보)	국왕과 동同 (사조원룡보)		국왕과 동同
	익선관	흑단곤룡포면	흑단곤룡포배	부조옥대	흑궤자피화
왕세손					국왕과 동同
	공정책 (관례전)	흑단곤룡포면 (삼조방룡보)	흑단곤룡포배 (삼조방룡보)	수정대	흑궤자피화

(2) 익선관의 구조

익선관은 국왕의 시사복인 곤룡포를 착용할 때 쓰는 관이다. 익선관의
특징은 『국조속오례의보서례』에 기록된 바와 같이 관은 모라毛羅로 싸고
양 대각과 양 소각을 위로 향하도록 뒤에 붙인다.[56] 국왕의 익선관은
왕세자, 왕세손의 것과 같다.

---

56) 『국조속오례의보서례』, 권지 2, 가례, 전하시사복도설.

(3) 곤룡포의 구조

가. 포의 형태 및 의미

국왕의 곤룡포는 대홍단大紅緞으로 만드는데 여름에는 대홍사大紅紗로 만든다. 포의 앞과 뒤에는 금으로 짠 오조원룡보를 포의 앞·뒤·좌우 어깨에 붙인다. 곤룡포는 면복이나 강사포와는 달리 계절에 따라 옷감을 달리한 것으로 보아 늘 입어야 하는 시사복의 의미가 강조된 것으로 보인다.

왕세자의 곤룡포는 국왕의 대홍과는 달리 흑색으로 만드는데 이 역시 흑단으로 만들고 여름에는 흑사로 만든다. 나머지는 모두 국왕의 곤룡포와 같지만 앞·뒤·양 어깨에 붙이는 보의 모습이 국왕과 달리 금으로 짠 사조원룡보이다.

왕세손의 곤룡포는 흑단으로 만들고 여름에는 흑사로 만드는 것이 왕세자의 곤룡포와 같지만 앞·뒤·양 어깨에 붙이는 보의 모습이 국왕이나 왕세자와는 달리 금으로 짠 삼조방룡보를 포의 앞·뒤에만 붙이고 좌우 어깨에는 없다. 따라서 왕세손의 단령은 곤룡이라고 하지 않는다고 했다. 왕세손의 강서복이 정해지는 과정이 1665년(현종 6)『통감』을 강하고 강학청에 대한 절목을 의논하는 과정에서 확인된다.

> 세자의 흑단령에는 앞뒤 흉배에 모두 견화가 있고 세손은 방흉배를 하도록 되어 있는데 지금 만약 견화를 제거하고 단흉배만 사용하면 어떻겠는가? 견화가 있어야 곤룡이라고 하니 견화가 없으면 곤룡이라고 하지 않는 것이다.[57]

그렇다면 왕세손의 곤룡포는 뭐라 불렀을까? 특별히 다른 명칭이 실록에는 보이지 않는다. 또한『국조속오례의보서례』에도 왕세손의 강서복을 '곤룡포'라고 기록하고 있어 그대로 곤룡포라고 불렀던 것으로 보인다.

---

57) 『顯宗實錄』 권10, 顯宗 6년 8월 18일(辛未).

나. 옥대의 형태 및 의미

국왕 시사복의 대는 옥대이다. 『국조속오례의보서례』에 실린 옥대는
조각을 했으며 대홍단으로 싸고 금으로 그린다고 했다. 왕세자의 대는
국왕의 대와 같이 옥대이지만 조각을 하지 않았으며 흑단으로 싸고 금으
로 그린다. 왕세손의 대는 국왕이나 왕세자의 대와 달리 수정으로 만들며
조각을 하지 않은 것은 왕세자의 옥대와 같지만 청단으로 싸고 금으로
그린다. 이렇게 볼 때 강등을 위해 조각의 유무, 옥의 종류, 대를 싸는
옷감의 색에 따라 구분하고 있음을 알 수 있다.

다. 화의 형태와 의미

신발 역시 늘 신어야 하는 것이므로 계절에 따른 구분이 우선되었다.
『국조속오례의보서례』를 보면 흑궤자피黑麂子皮로 만드는데 여름에는 흑
서피로 만든다. 흑피화의 모습을 보면 검정색으로 된 발목이 올라 온
신발인데 끝에 흰색의 정이 붙어 있는 것을 볼 수 있다. 『상방정례』에는
흑궤자피화에 백양모정白羊毛精을 갖춘다58)고 하였으니 흑피화에 올라온
흰색이 바로 백양모정임을 알 수 있다〈그림 2〉.

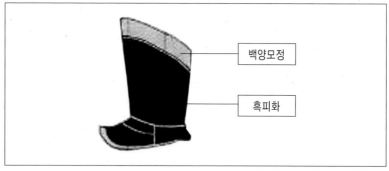

〈그림 2〉 흑궤자피화의 구조, 『국조속오례의보서례』, 장서각 소장.

---

58) 『상방정례』, 별례 하, 능행시, 친임열무시, 친임모화관관무재시, 친행북한시, 영
   칙 거둥시, 존숭시, 진연시에 모두 흑궤자피화에 백양모정을 갖춘다고 했다.

2) 문무관 흑단령, 상복

흑단령은 문무관의 상복常服이다.『경국대전』상복의 규정을 1품에서 9품까지는 모두 사모紗帽를 쓰며 복은 1품에서 2품까지는 모두 사라능단紗羅綾緞으로 된 옷을 입고 흉배를 다는데 대군은 기린, 왕자는 백택, 문관 1품은 공작, 무관 1품은 호표이다. 2품의 흉배는 문관은 운안이고, 무관은 호표이며, 대사헌은 해치이다. 3품 당상관은 사라능단의 옷을 입고 흉배를 다는데 문관은 백한이고, 무관은 웅비이다. 4품 이하 부터는 별도의 복을 규정하지 않고 있다. 그러나 복이 없을 수 없으니 공복의 복을 같이 통용한 것으로 보이며 3품의 당하관이하부터는 흉배가 없다. 따라서 4품부터 6품까지는 공복의 청포를 입었으며, 7품부터 9품까지는 녹포를 입음으로써 포의 색과 흉배의 유무를 통해 신분과 위의를 구분하고 있음을 알 수 있다.

다음으로 대는 1품은 서대, 2품 정은 삽금대, 종은 소금대이며, 3품 정은 삽은대, 종은 소은대이다. 4품은 소은대이고 5품에서 9품까지는 흑각대이다.

흑단령에는 홀과 패옥은 없으며, 말襪에 대한 규정도 없다. 화혜는 1품에서 3품 당상관까지는 협금화를 신는다.

(1) 상복의 구성

흑단령은 문무관의 집무복에 해당하는 상복常服이다. 상복은 흑단령과 각대, 흑피화로 구성되어 있는데 흑단령에 흉배를 붙이는 것이 특징이다. 그러나 흉배의 제도는 1454년(단종 2)에 시작된 것으로 흉배를 다는 것은 "의복의 아름다움을 위한 것이 아니라 조정의 문채와 관계되는 것"이기 때문이라는 명분을 갖고 흉배를 부착하기 시작했다.[59] 각대 역시 품계를 가리기 위한 수단이었다. 이들은 모두 평상시 착용하는 것에서부터 신분의 상하를 구분함으로써 위계질서를 확립하고자 하였던 것이다.

---

59) 『成宗實錄』권178, 成宗 16년 윤4월 19일(己亥).

(2) 사모의 구조

가. 형태

조선조에 사모가 정착된 것은 1449년(세종 31) 종친·부마 및 문무 2품 이상에게 당제의 사모를 하나씩 주고 사모의 제도를 고치고자 한데서 시작되었다. 그것은 당제에 비해 모정이 낮고 짧았기 때문에 세종조에 당제에 의하여 사모를 개조한 것이다. 사모의 기본형은 모정이 2단으로 되어 있는 점과 양 옆에 뿔이 있다는 것이다. 또한 이단으로 된 모정의 크기와 모양이 시대에 따라 차이가 있음을 〈그림 3〉의 초상화를 통해서도 확인할 수 있다.

정몽주 (1337~1392) 국립중앙박물관 소장.	유순정 (1459~1512) 국립중앙박물관 소장.	임연 (1567~1619) 문화재청 국가문화유산포털.	오명항 (1673~1728) 문화재청 국가문화유산포털.	유언호 (1730~1796) 문화재청 국가문화유산포털.

〈그림 3〉 초상화로 본 사모

나. 의미

사모의 형태에 변화가 생긴 것은 1506년(연산군 12) 내관의 사모는 뿔이 짧은 것을 쓰도록 하라고 하였으며,[60] 또 연산군조에는 종친과 문무관의 관복제도를 다르게 하고, 사알 등의 사모 또한 제도를 구별하라는 전교가 있어 종친의 사모는 모정은 둥글고 뿔은 각이 지게[기각岐角] 하며, 사알의 사모는 모정은 평평하게 하고 뿔은 곡각으로 하며 잡직인의 것은 모정은 둥글고 양梁 하나에 뿔은 네모지게 하라고 하였다.[61] 이와 같이 사모의 형태를 구분한 것은 신분과 계급을 구분하고자 하는 것으로 관모

---

60) 『燕山君日記』 권62, 燕山君 12년 5월 9일(戊子).
61) 『燕山君日記』 권62, 燕山君 12년 8월 4일(辛亥).

의 형태를 통해 위의를 가르고자 한 것이다.

(3) 문무관 흑단령의 구조

가. 흑단령의 복색

『경국대전』에 수록된 상복은 복색 보다는 직물에 비중이 컸던 것으로 보인다. 즉 1품에서 3품 당상관까지는 사라능단에 품계에 따라 흉배를 더하는 것으로 복색에 대한 내용은 없다.

다만 4품에서 9품까지도 관은 사모를 쓴다고 하였으며, 대 역시 1품에서 9품까지 모두 제복과 조복이 같다고 한 것으로 보아 1품에서 9품까지 모두 상복을 착용하였음을 알 수 있다. 그렇다면 흑단령의 복색은 언제 정해진 것일까?

『경국대전』에는 조참朝參·상참常參·조계朝啓에는 모두 흑의黑衣를 착용한다고 하였으며 조참 외에 더운 달에는 흑마포의黑麻布衣를 착용한다고 하였으므로 복색은 모두 흑색이었음을 알 수 있다.[62] 그러나 예전 의장조에는 상복으로 착용할 때 1품에서 3품까지는 사라능단을 입는다고만 했을 뿐 실제 복색에 대한 언급은 없다. 그렇다면 언제부터 흑단령은 상복이 되었을까? 1601년(선조 34) 관복의 색을 청색으로 하자는 논의가 있었다.

> 옷이란 몸의 법도로 옛날에도 적색을 숭상하였고 홍색은 숭상하지 않았으니 천홍색은 홍색과 백색의 간색이어서 바르지 못한 것입니다. 임금과 신하가 같은 색임을 혐의한다면 짙은 색과 옅은 색으로 어찌 구분할 것이 있겠습니까? 중국의 예에 따라 청색으로 하는 것이 마땅합니다.[63]

그러나 1610년(광해군 2) 예조에서는, "『오례의』의 흑단령은 상복이라고도 하고 시복이라고도 한다."[64]고 하였으므로 흑단령의 용도가 변함

---

62) 『경국대전』, 예전, 의장.
63) 『宣祖實錄』 권138, 宣祖 34년 6월 8일(甲戌).
64) 『光海君日記』 권29, 光海君 2년 5월 19일(癸亥).

에 따라 복색이 달라지고 있었던 것으로 보인다. 즉1610년(광해군 2) 예조가 아뢰기를, "세상에서는 홍단령을 상복이라 하고 흑단령을 시복이라고 합니다만 『오례의』에 기재된 것을 보면 흑단령 차림을 상복으로 삼은 곳이 많다."고 한 것으로 보아 상복의 복색에 혼란이 생겼으나 바로 고치지 못했다.[65]

1706년(숙종 32)에도 예조판서 서문유가 말하기를, "진연할 때에 입참하는 여러 신하들의 복색이 정식으로 된 일이 없습니다."라고 한 것으로 보아 상복의 규정이 정해지지 않았음을 알 수 있다. 그러나 정해진 규정이 없다할지라도 흑색을 귀하게 여긴 것은 분명하다. 임금의 이야기를 들어보자.

> 법전에 친림하는 것은 사체가 자별하니 마땅히 시복을 사용할 수는 없다. 흑단령으로 정하는 것이 좋겠다.[66]

이는 1732년(영조 8)과 1741년(영조 17) 영의정 김재로가 신하의 복색에 대해 말하기를, "성상께서 곤복을 입으시면 아래에 있는 신하들은 모두 흑단령을 입는 것이 사체에 당연합니다. 상참 및 전강殿講에 모두 흑단령을 착용한다면 주강 또한 법강인데 성상께서 곤복을 입기 때문에 흑단령을 착용한다는 것이 『실록』과 홍문관의 고사에 기재되어 있으니 지금 홍단령으로 고치는 것은 그 뜻을 알 수 없습니다."라고 하였다. 이에 따라 임금도 "조정의 신하가 임금의 옷을 따르는 것은 옳다."고 하였으므로 상복으로 흑단령이 정착되었음을 알 수 있다.[67]

나. 흉배제도
1446년(세종 28) 우의정 하연과 우찬찬 정인지 등은 평상시 의복은

---

65) 『光海君日記』 권33, 光海君 2년 9월 8일(庚戌).
66) 『肅宗實錄』 권43, 肅宗 32년 7월 24일(己卯).
67) 『英祖實錄』 권53, 英祖 17년 4월 8일(壬寅).

화려한 것이 필요하지 않지만 조정의 관복은 등차를 분명하게 하고 존비를 분별하는 것이니 복색이 혼란스러우면 높고 낮은 사람의 구별이 없을 것이니 실로 옳지 못하다고 하여 각 품의 흉배를 시왕時王의 제도에 의거하여 만들자고 하였다.[68] 그러나 영의정 황희는 이미 존비의 등차는 금대·은대·각대로써 제도가 정해졌는데 하필 흉배가 있어야 구별이 되느냐며 흉배는 준비하기가 어려울 뿐 아니라 어찌 야인들과 더불어 화려함을 다투고 부귀함을 자랑하겠느냐고 하였다. 임금이 황희의 의논을 옳게 여겼다. 황의의 의논을 들어보자.

검소를 숭상하고 사치를 억제하는 일은 정치하는 데 먼저 할 일입니다. 신이 항상 염려하기를 국가에서 문이 지나치는 폐단이 있는 듯한데 단자와 사라는 우리 땅에서 생산되는 것이 아니며 흉배는 더욱 준비하기가 어려운 것입니다. 또 존비의 등차는 이미 금대金帶·은대銀帶·각대角帶로써 제도가 정해졌는데 하필 흉배가 있어야 구별되겠습니까? 말하는 사람은 야인들도 또한 흉배를 착용하는데 우리나라에서 도리어 따라가지 못한다고 핑계해 말하고 있지마는 그러나 우리나라는 본디부터 예의의 나라로 일컬어 왔으니 어찌 야인들과 더불어 화려함을 다투고 부귀함을 자랑하겠습니까?[69]

이로 인해 당시 흉배착용은 무산되었다. 그 후 1454년(단종 2) 종친과 의정부 당상, 육조 판서, 친공신 2품 이상과 승정원 당상, 지돈녕, 중추원사, 지중추원사 등에게 처음으로 흉배단령을 착용하게 하였다.[70]

또 의정부에서 예조의 정문呈文에 의거하여 문무관의 상복에 문장이 없을 수 없다고 함에 따라 문무당상관은 모두 흉배를 붙이게 하고 대군大君은 기린麒麟, 도통사都統使는 사자獅子, 제군諸君은 백택白澤으로 하고 문관 1품은 공작孔雀, 2품은 운안雲雁, 3품은 백한白鷴, 무관 1품과 2품은 호표虎豹, 3품은 웅표熊豹로 하고 대사헌은 해치獬豸로 하자[71]고 건의함에 따라 그대

68) 『世宗實錄』 권111, 世宗 28년 1월 23일(辛卯).
69) 『世宗實錄』 권111, 世宗 28년 1월 23일(辛卯).
70) 『端宗實錄』 권12, 端宗 2년 12월 1일(丁丑).

문관 1품-공작,〈전윤효전초상〉, 문화재청 국가문화유산포털.	문관 2품-운안,〈이성윤초상〉, 문화재청 국가문화유산포털.	문관 3품-백한,〈유숙초상〉, 문화재청 국가문화유산포털.

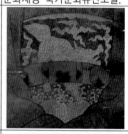

무관 1~2품-호표,〈박유명초상〉, 문화재청 국가문화유산포털.	대사헌-해치, 국립민속박물관 소장.	대군, 왕자-백택,〈연잉군초상〉, 국립고궁박물관 소장.

〈그림 4〉 직품별 흉배제도

로 따르게 된 것이 『경국대전』에 실렸다〈그림 4〉.

특히 흉배는 아름답게 보이기 위한 것이 아니고 조정의 모채貌彩이기 때문에 승지들은 비록 재추의 열에는 참여하지 못할지라도 각기 준비하여 부착하라고 하였다. 이에 흉배의 제작이 사적私的으로도 이루어졌음을 알 수 있다. 그러다 보니 사치가 심해 1516년(중종 11)에는 겉옷만 비단을 입게 하고 안옷은 일체 금단하도록 했다. 이에 남곤은 한 발짝 더 나아가 사치의 폐단을 바로잡고자 한다면 마땅히 겉옷도 우리나라 토산으로 정결하게 입을 것을 건의하였다.[72] 그러나 이러한 사치에 대한 폐단은 쉽게 고쳐지지 않고 오히려 법도를 흐트러 놓았다. 결국 1691년(숙종 17) 영의정 권대운이 문관·무관의 단령의 흉배에는 각각 정해진 제도가

---

[71] 『端宗實錄』 권12, 端宗 2년 12월 10일(丙戌).
[72] 『中宗實錄』 권26, 中宗 10년 29일(丁丑).

| 문관 당상관 쌍학흉배 | 문관 당하관, 단학흉배 | 무관 당상관, 쌍호흉배 | 무관 당하관, 단호흉배 |

〈그림 5〉 신분별 문무관의 흉배, 국립민속박물관 소장.

있어서 문관은 비금飛禽을 쓰고 무관은 주수趨獸를 쓰는데 이제는 혼잡하여 법도가 없으니 신칙해야 한다고 하였다.[73]

이렇게 시대에 따라 흉배의 제도가 문란해졌고 『속대전』을 개간開刊하면서 흉배의 제도를 추가해 넣었는데 영의정 김재로의 뜻으로는, "당상은 학, 당하는 백한, 왕자와 대군은 기린, 무신 당상은 호표, 당하는 웅비로 한다면 옛 뜻을 잃지 않을 듯하다고 하자 임금이 옳게 여겼다."[74]고 한 것으로 보아 흉배의 제도가 간소화되었음을 알 수 있다. 한편 영조대에는 무관의 문관 흉배 금지 기록이 있는 것으로 보아 문관 흉배를 선호하였음을 알 수 있으나 조선 후기에 전하는 초상화를 보면 문관은 학, 무관은 호랑이 흉배를 달고 있으며 당상관은 두 마리, 당하관은 한 마리로 정착되었다〈그림 5〉.

다. 각대(角帶)

상복인 흑단령을 입을 때의 대를 『경국대전』에서 보면 1품은 서대, 정2품은 삽금대, 종2품은 소금대, 정3품은 삽은대, 종3품은 소은대, 4품은 소은대, 5품에서 9품까지는 흑각대로 되어 있다.[75] 이 역시 신분을 구분하기 위한 장치일 뿐 아니라 예를 수행하기 위한 도구였다.

---

73) 『肅宗實錄』 권23, 肅宗 17년 3월 19일(乙巳).
74) 『英祖實錄』 권61, 英祖 21년 5월 26일(丁酉).
75) 『경국대전』, 예전, 의장, 대(帶).

라. 흑피화

상복인 흑단령을 입을 때 신발을 『경국대전』에서 보면 1품에서 3품 당상관까지는 협금화를 신는다.[76] 그러나 4품에서 9품까지는 흑단령을 입을 때 신발에 대한 규정이 없다.

협금화는 발목이 높은 신발로 그 소재는 백녹피白鹿皮 또는 흑사피黑斜皮로 되어 있다.[77] 『조선왕조실록』에는 협금화에 대한 기록이 중종때까지 보이며, 실제 초상화에서도 백록의 협금화는 조선 전기까지만 보인다. 그러나 흑사피 협금화는 임진왜란 전후까지 착용한 것으로 보이는데 일반적인 흑피화와의 차이는 아직 밝혀진바 없다. 다만 '협금'에 주목하여 신숙주의 초상화에서 보이는 바와 같이 선 장식으로 금사金絲를 넣은 것이 아닌가 생각한다. 〈그림 6〉에서는 백녹피로 된 협금화를 착용하고 있는 백관들의 모습을 확인할 수 있다. 이들은 모두 백한이나 운안의 흉배를 하고 있는 것으로 보아 3품 당상관이상으로 『경국대전』의 규정과 일치한다.

신숙주(1417~1475), 문화재청 국가문화유산포털.	장말손(1431~1486), 문화재청 국가문화유산포털.	손소(1433~1484), 장서각 소장.

〈그림 6〉 문무관의 협금화.

---

76) 『경국대전』, 예전, 의장, 화혜.
77) 『世祖實錄』 권15, 世祖 5年 3月 15日(丁酉), 『世祖實錄』 권46, 世祖 14年 4月 21日(丁酉), 『中宗實錄』 권60, 中宗 23年 2月 3日(乙巳).

| 국왕(곤룡포), 국립고궁박물관 소장. | 대군(흑단령), 문화재청 국가문화유산포털. | 문무관(흑단령), 〈대사례도〉 부분 국립중앙박물관 소장. |

〈그림 7〉 신분별 곤룡포와 흑단령 착장모습

이상으로 국왕과 문무관의 상복인 곤룡포와 흑단령을 비교하면 위의 〈그림 7〉과 같다.

(4) 문무관 시복의 구조

시복時服은 문무관의 평상시 복식이다. 그렇다면 상복과는 어떤 차이가 있을까? 상복은 일명 흑단령이라고 하는 것으로 흑단령에는 흉배를 붙이는 것이 특징이다. 따라서 흑단령은 '예복禮服'으로서의 의미가 강조된다.

이와 달리 시복은 중종연간에는 '흑의'라고 하여 상참, 조참, 조계에 착용하는 것이라 하여 형태는 단령이지만 흉배가 없고 사모, 화, 대는 흑단령과 같은 것을 사용하였다. 이후 광해군대에는 시복의 흑색이 홍색으로 바뀌자 군왕과 복색이 같다고 하여 홍색보다 엷은 담홍색 또는 천홍색으로 바꿨다.

시복에 대한 기록은 1406년(태종 6) 백관들이 시복차림으로 중국사신을 반송정에서 맞이했다는 기록에서 처음 보인다.[78] 이후 1408년(태종 8) 중국 황제의 생일을 축하하는 자리에서도 시복차림으로 행례를 하였

---

78) 『太宗實錄』 권11, 太宗 6년 3월 19일(己酉).

다.[79] 이 외에도 백관들이 성절하례를 드릴 때 시복을 입었는데 그것은 임금이 상중에 있었기 때문이었다.[80] 결국 조복을 입어야 하는 데 상중에 있었으므로 검정색의 시복을 입었던 것으로 이해된다.

1423년(세종 5) 과거방을 붙일 때 시신侍臣과 여러 선비들에게 모두 시복을 입게 하고 유가를 없앴다.[81] 1433년(세종 15) 예조에서 문소전 이안 의주를 말할 때 시각에 맞추어 종실 및 문무군신들이 시복차림으로 모두 조방에 모인다고 하였다.[82] 이 때에도 시복으로 흑의를 입었다.

따라서 시복은 상복보다는 강쇄한 옷이다. 그렇기 때문에 조서를 맞이할 경우에는 조복을 입지만 사물을 받을 때는 시복을 입는다.[83] 또 1441년(세종 23)에는 경순왕후의 기신이므로 군신이 모두 시복을 입었고, 왕세자빈 권씨가 졸하여 조례를 행할 때에도 백관은 모두 시복으로 근정전 뜰에 나아가서 조례를 행하였다.[84]

1455년(세조 1) 호조에서 취각할 때 백관은 본사에 머물러 있는 한사람을 제외하고는 시복 차림으로 각기 조방에서 명을 기다린다고 하였으며,[85] 같은 해 중궁 탄일을 하례할 때에도 백관은 시복차림으로 표리를 바쳤다.[86]

『경국대전』에는 시복에 대한 별도의 규정이 없다. 다만 조참·상참·조계에 아울러 흑의를 입는다고 하였으니 조참·상참·조계에 착용한 흑의가 바로 시복이었음을 알 수 있다. 이 후 광해군 2년에는 시복의 색이 천홍색[담홍색]으로 바뀌게 되었다. 〈그림 8〉과 같이 기록화에 담긴 시복의 모습과 현전하는 초상화를 중심으로 시복의 구조를 살펴보자.

79) 『太宗實錄』권16, 太宗 8년 7월 23일(己巳).
80) 『太宗實錄』권17, 太宗 9년 4월 17일(己丑).
81) 『世宗實錄』권19, 世宗 5년 2월 4일(乙卯).
82) 『世宗實錄』권60, 世宗 15년 5월 2일(甲寅).
83) 『世宗實錄』권67, 世宗 17년 3월 13일(乙酉).
84) 『世宗實錄』권93, 世宗 23년 7월 24일(戊午).
85) 『世祖實錄』권2, 世祖 1년 10월 20일(壬戌).
86) 『世祖實錄』권2, 世祖 1년 11월 11일(壬午).

〈그림 8〉 흑의, 흑단령, 시복을 착용하고 있는 모습,〈문효세자보양청계병〉,
비단에 채색, 136.5×57.0cm, 국립중앙박물관 소장.

가. 시복의 복색

1460년(세조 6) 친제의를 할 때 배제할 종친, 문무군관은 시복차림으
로 밖 위차에 나아간다고 하였으며,[87] 1466년(세조 12) 임금이 성균관에
거둥하는 의식을 할 때 왕세자 이하 백관은 모두 시복차림으로 광화문
밖에서 시립하고,[88] 또 임금이 중궁과 더불어 강원도의 고성탕정에 거둥
할 때에도 백관은 시복차림으로 도문 밖 길 왼쪽에서 지송하였다.[89] 또한

---

87) 『世祖實錄』 권22, 世祖 6년 10월 17일(己未).
88) 『世祖實錄』 권38, 世祖 12년 2월 12일(甲申).
89) 『世祖實錄』 권38, 世祖 12년 3월 16일(丁巳).

임금이 온천에 가거나 올 때에도 도성에 남아 있는 유도백관은 시복차림으로 어가를 맞이한다고 하였다.

1469년(예종 1) 중국으로부터 조칙을 가지고 오자 배관들이 시복차림으로 전문을 받들어 하례하고 드디어 반사하였으며,[90] 1480년(성종 11)에는 왕비를 책봉하고 백관과 팔도에서 진하를 하였는데 2품 이상만이 우선 시복차림으로 하례를 드리겠다고 하였다.[91]

아직까지 시복의 구체적인 색이 나오지 않았다. 그러나 1487년(성종 18) 우리나라 사신이 중국조정에 들어갈 때 흑의 사모를 착용하였다고 하면서, 이렇게 시복으로 예를 행하는 것은 그 유래가 오래되었다고 하였다.[92] 따라서 성종대 시복은 흑의였음을 알 수 있다.

1520년(중종 15) 배릉 때의 의복을 조종조의 전례대로 거행하는 것이 마땅하다고 이르면서 승지 김희수가 아뢰기를, 예문을 상고하면 배릉 때에 수가하는 백관은 시복으로 다녀오게 되어 있는데 이 때 시복은 흑의 黑衣라고 하였다. 1528년(중종 23)거둥이 떠날 때 도성에 머무는 백관은 시복차림으로 영도교가에서 지송하였다고 하였으니,[93] 이 역시 흑의였음을 알 수 있다.

한편 조선 중기에는 시복이 조복을 대신하기도 했다. 1545년(명종 즉위) 예조판서 윤개가 아뢰기를, "정조 하례에 예복을 입고 진하하는 것이 매우 미안하다고 하면서 경사스런 전례를 폐할 수는 없으니 백관들이 시복으로 권정례를 행하고자 한다."[94]고 하였으며, 1592년(선조 25) 동지사가 배사 拜辭하였는데 백관들이 조복이 없다는 이유로 시복으로 예식을 거행하기를 청했다고 하였다.[95] 이는 난리 중에 복식이 제대로 준비되지 못했기 때문으로 1600년(선조 33)에도 여전히 조복은 물론 조신들이

---

90) 『睿宗實錄』 권4, 睿宗 1년 윤2월 4일(己未).
91) 『成宗實錄』 권122, 成宗 11년 10월 4일(庚戌).
92) 『成宗實錄』 권200, 成宗 18년 2월 28일(戊戌).
93) 『中宗實錄』 권63, 中宗 23년 10월 12일(庚戌).
94) 『明宗實錄』 권2, 明宗 즉위년 12월 25일(甲寅).
95) 『宣祖實錄』 권30, 宣祖 25년 9월 14일(辛未).

시복도 제대로 갖추지 못했다고 하였다.[96] 그러자 1601년(선조 34) 예조에서 복색의 일을 대신에게 의논하였다.

1608년(광해 즉위년) 망궐례를 거행하는데 상중에 있음을 감안하여 백관들이 시복을 착용하였다. 이때 시복은 흑색이었던 것으로 보인다.[97]

그러나 이에 대하여 또다시 1610년(광해 2) 예조에서는 『오례의』의 흑단령은 상복이라고도 하고 시복이라고도 하는데 비록 정확히는 알지 못하겠으나 알성할 때 이른바 유생들의 상복과 중국 사신이 올 때의 이른바 백관의 상복은 분명 흑단령이라고 하자 알았다는 전교가 내려진 것으로 보아 광해군대에는 상복을 흑단령으로 규정하였다.

결국 중종대 흑의였던 시복이 천홍색으로 바뀐 것은 변란 이후 혼란스러웠던 선조대이며, 다시 시복과 상복의 복색에 대한 논란이 일기 시작한 것은 광해군대의 일로 『오례의』에 흑단령을 입을 때는 칙사를 영접할 때, 조참·상참 등의 의례, 배표할 때 입는 사자의 복색은 모두 상복인 흑단령을 입어야 한다[98]고 함으로써 흑단령이 시복보다는 상上위의 개념임을 알 수 있다.

따라서 광해군 이후에는 다시 상복의 색깔을 흑색으로 정했으며 시복은 천홍색으로 정해졌다. 이후 법전에 친임하는 것은 사체가 자별自別하니 마땅히 시복을 착용할 수 없다고 하며 흑단령으로 정하는 것이 좋겠다고 하였다. 그러나 서총대 도본에 의하여 시복으로 예를 행하는 것이 마땅하다고 한 기록이 있는 것으로 보아 일시에 연례를 행할 때에는 시복을 입을 수 있으나 인정전에 국왕이 나가면 마땅히 흑단령을 입고 예를 행해야 한다[99]고 하였으니 시복과 상복이 공존하고 있었음을 알 수 있다〈그림 9〉.

여기서 한 가지 더 주목해야 하는 것은 흑의인 시복이 천홍색으로 바뀌고 흑의 시복이 없어졌는가 하는 문제이다. 결론은 아니다. 시복이 결국

---

96) 『宣祖實錄』 권130, 宣祖 33년 10월 21일(辛卯).
97) 『光海君日記』 권10, 光海君 즉위년 11월 9일(壬辰).
98) 『光海君日記』 권33, 光海君 2년 9월 8일(庚戌).
99) 『肅宗實錄』 권43, 肅宗 32년 7월 24일(己卯).

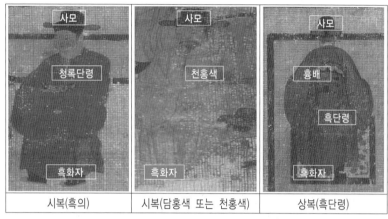

| 시복(흑의) | 시복(담홍색 또는 천홍색) | 상복(흑단령) |

〈그림 9〉 시복의 차이, 〈문효세자보양청계병〉 부분, 비단에 채색,
136.5×57.0cm, 국립중앙박물관 소장.

담홍색과 흑색이 공존하였으며 그것은 다시 명분을 가르는 기준이 되어
공례公禮에는 흑단령을 입었으며 사례私禮에는 홍단령을 입도록 하였
다.[100] 결국 당상관 이상이 시복으로 홍단령을 착용하였으며 당하관은
청록색의 시복을 착용하였음이 ≪문효세자 보양청계병≫에서 확인된다.

나. 대

시복의 대도 공식적으로 규정된 것은 없다. 〈그림 10〉의 현전하는 초
상화를 통해 볼 때 시복에 착용한 대를 보면 크게 세 가지가 보인다.
첫째는 조씨 삼형제 중 맏아들이 착용하고 있는 학정금대이고 둘째는
서각대로 이시방, 허목, 조씨 형제, 채제공 등이 띠고 있으며, 세 번째
강이오나 신원 미상의 18세기말 19세기 초의 초상화는 금대를 띠고 있
다.『경국대전』을 기준으로 보면 1품은 서대, 2품은 금대, 3품과 4품은
은대, 5품 이하는 흑각대이다. 따라서 『경국대전』에는 학정금대의 규정
은 없으나 1499년(연산군 5) 윤필상·한치형·성준에게 학정금대 각 1벌
씩을 사급하였다[101]는 기록이 있어 이미 15세기 말부터 학정금대가 있었

---

100) 『承政院日記』, 英祖 25년 10월 25일(庚辰).

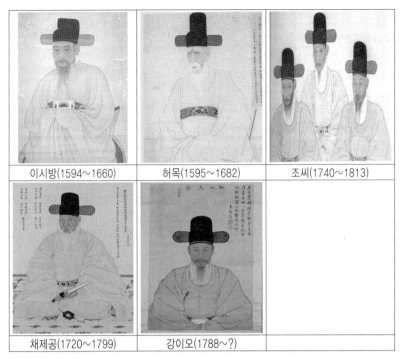

이시방(1594~1660)	허목(1595~1682)	조씨(1740~1813)
채제공(1720~1799)	강이오(1788~?)	

〈그림 10〉 천홍색 시복에 대를 띠고 있는 모습, 문화재청 국가문화유산포털.

음을 알 수 있다. 또한 18세기 말에서 19세기 초에 학정금대가 새롭게
등장한 것으로 볼 수 있다.

『오주연문장전산고』 관건冠巾 학정에 대한 변증설을 보면, 지금은 선비
들의 품대가 없고 학정금대가 있다고 하고, 대의 걸개는 각정角錠으로
되어 있고 아래는 주황색이고 사이에는 검은 색의 반점이 있으며, 왜
학정이라고 칭해졌는지는 모른다고 하였다.[102] 그러나 이수광의 『지봉유
설』에서는 "남쪽 깊은 바다에 있는 물고기 중에 정수리 부분이 마치 피처
럼 붉은 부분이 있어 그 이름을 '학어鶴魚'라고 했으며, 그 물고기 대가리
로 빗을 만들었는데 그 이름이 '학정소'였다. 또 삼불재국에 학정조鶴頂鳥가

---

101) 『燕山君日記』 권33, 燕山君 5년 5월 3일(壬戌).
102) 『五州衍文長箋散稿』 「鶴頂 撒八兒辨證說」: 今無士所帶品帶 有鶴頂金帶之名 帶
　　銙以角鞓 下襯朱黃色 間以黑斑點.

나는데 뇌에 있는 뼈가 두껍고 밖이 황색이며 안은 붉은색이다. 선명하고 화려하여 아름답다고 했으며, 지금의 학정금대라고 한다."고 하였다.[103]

다. 화

화는 발목이 높은 신발이다. 『경국대전』에는 1품에서 3품 당상관까지는 상복에 협금화를 신는다고 하였으며, 그 이하에는 신발에 대한 규정이 없다. 따라서 시복에 대한 규정도 보이지 않는다.

그러나 1459년(세조 5) 중국 사신에게 백녹피협금화 2쌍을 주었으며, 1460년과 1468년에도 백녹피협금화를 주었는데, 1468년(세조 14)에는 흑사피 협금화를 중국사신 강옥에게 주었다.

한편 1469년(예종 1)에는 당하관의 협금화를 금지하는 것으로 보아 협금화를 3품 당상관까지만 신도록 규정해 놓았으나 질서가 문란해졌음을 알 수 있다.[104] 이후 1528년(중종 23)까지만 협금화의 기록이 보인다. 그러나 조선 후기 시복에는 모두 흑피화만이 보인다. 〈그림 11, 12〉는 권대운과 기로들을 위한 잔치가 벌어지고 있는 장면이다. 이들은 모두 담홍색 홍포에 오사모를 쓰고 각대를 드리우고 있으며, 흑피화를 신고 있다.

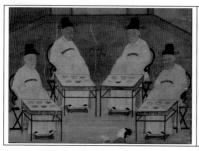 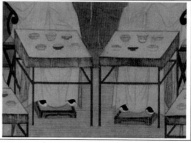

〈그림 11〉 권대운과 기로들을 위한 잔치   〈그림 12〉 흑피화를 착용하고 있는 모습
작가 미상, 〈권대운 기로연회도〉부분, 조선 1689년경, 비단에 채색, 각 139×60cm, 국립중앙박물관 소장.

103) 이수광, 『지봉유설』 권20, 禽蟲部, 鱗介.
104) 『睿宗實錄』 권6, 睿宗 1년 7월 9일(庚寅).

4. 군복과 융복

『국조오례의』나『경국대전』을 보면 국왕과 문무관의 군복이나 융복에 대한 규정은 없다. 그러나 능행을 가거나 온천이나 열무閱武시 국왕은 군복 또는 융복을 입기 때문에 이에 따라 문무관의 복식도 바뀐다.

한편 모든 대소 조례朝禮를 어전에서 행할 때에는 전殿의 안과 밖에 시위하는 관원들은 모두 기복器服을 착용한다고 했다.[105] 이 때 무관들이 착용하는 기복은 군복으로 금군은 갑옷과 투구를 갖추며, 그 밖의 호위하는 장수들과 시신, 백관은 군복차림으로 호위하도록 하였다.[106] 그러나 실제

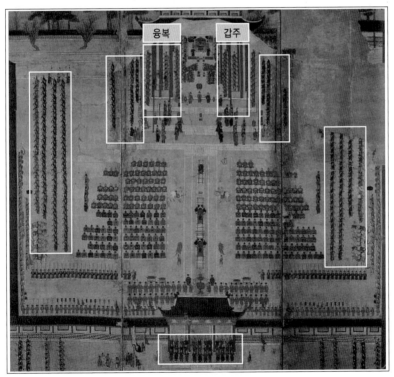

〈그림 1〉 진하도, 1783년경, 견본채색, 153.0×46.2cm, 국립중앙박물관 소장.

---

105) 『世宗實錄』 권50, 世宗 12년 윤 12월 23일(己未).
106) 『光海君日記』 권144, 光海君 11년 9월 19일(戊戌).

로는 융복인 철릭을 입은 호위관들도 상당한 숫자가 등장하므로 조선후기에는 군복과 융복을 같이 착용하는 경우도 등장한다.

여기에서는 1783년에 거행된 진하도를 중심으로 대표적인 기복器服인 갑주와 군복 및 융복에 대해 살펴보고자 한다〈그림 1〉.

1) 국왕의 군복

국왕의 군복은 주립에 협수포와 전복을 입고 전대를 띠고 흑화자를 신는다. 이러한 모습은 정조가 현륭원에 갈 때 용포가 아닌 평융복이나 군복을 입겠다고 한데서도 확인된다.

> 옛날 온천에 행차할 때도 여러 날이 걸리기 때문에 평융복을 입기도 하고 군복을 입기도 했다. 앞으로 현륭원에 행차할 때의 복장도 이를 따라야겠다. 어가를 따르는 모든 신하는 머리에는 호수, 공작우, 영우, 방우를 꽂고 허리에는 화살통과 환도를 차니 젊은 사람도 주체하기 힘들 텐데 하물며 늙은 사람이겠는가?[107]

결국 정조는 현륭원에 갈 때 당일인 윤 2월 9일 곤룡철릭을 입고 궁궐을 나와 오시 초 2각에 군복으로 갈아입은 뒤 자궁의 어가를 모시고 출발했다. 10일에도 역시 군복을 입고 화성에 이르러 하룻밤을 유숙했다. 11일에는 화성성묘에 전배했는데 거둥할 때에는 군복을 입었다. 이후 낙남헌에 돌아와서는 다시 융복으로 갈아 입었다. 또 행궁으로 환어할 때에는 다시 군복으로 갈아입고 13일에 진찬할 때에는 융복을 입고 내위로 나아갔다. 14일에는 융복을 입고 신풍루에서 쌀을 하사하였고 득중정에 나가실 때에는 다시 군복으로 갈아입었다. 15일 화성행궁을 출발할 때부터 환궁하실 때까지 군복을 갖추었다. 따라서 이동 중에는 보다 간편한 군복을 착용하였음을 알 수 있다.[108]

---

107) 『正祖實錄』 권32, 正祖 15년 1월 14일(己丑).
108) 국립고궁박물관, 『조선 궁중의 잔치, 연향』, 글항아리, 2013, 240쪽.

〈그림 2〉 군복　　　　〈그림 3〉 전립과 공작우　〈그림 4〉 협수포와 전복
〈철종어진〉, 견본채색, 202.0×93.0cm 국립고궁박물관 소장.

〈그림 2〉는 철종이 군복을 착용한 어진이다. 정조 역시 이런 모습을 갖추었을 것으로 짐작한다.

(1) 전립

전립戰笠은 전립氈笠이라고도 한다. 망건 위에 마미와 칠사로 만든 전립을 쓰고 있는데 전립 뒤쪽으로 공작우를 늘어뜨린다. 정자頂子위에는 옥로가 장식되어 있으며 전면에는 옥판을 장식했다. 갓끈은 패영으로 산호와 밀화 등의 보석으로 꾸민다〈그림 3〉.

(2) 군복

군복은 협수포 위에 전복을 입는 것으로 협수포는 소매가 좁다하여 붙여진 이름이다〈그림 4〉. 또한 협수포는 길과 소매의 색이 다르다 하여 동다리라고도 한다. 현전하는 철종의 군복을 살펴보면, 황갈색 길에 주홍색 소매를 붙인 동다리를 입고 그 위에 주홍색 안을 받친 현색 전복을 입고 있다. 철종은 가슴과 등, 양어깨에 오조원룡보를 달았으며 그 위 가슴에는 십장생문이 수놓아진 십장생문수대를 두르고 남전대를 띠었다.

전복은 답호·쾌자라고도 부르는데 길만 있고 소매는 없다. 뒤는 등허리 밑으로 갈라져 있고 옆도 갈라져 있어 활동하기에 편리하다. 협수포 위에 덧입어서 경쾌한 느낌을 주는데 군인들이 주로 이렇게 입으므로 이를 전복戰服이라고 한다. 전대는 전복 위에 매는 대이다.

(3) 융복

융복은 철릭과 주립으로 구성된다. 철릭은 의와 상이 허리에서 연결된 포로 허리에 주름이 잡혀 있는 것이 특징이다. 철릭의 소매는 길이가 길고 넓어 길과 소매를 매듭 단추로 연결하여 떼었다 붙였다 할 수 있도록 했다. 이는 유사시 붕대의 역할을 할 수 있도록 하기 위한 것이기 때문에 융복 즉 철릭이 유사시를 대비하고자 하는 옷임을 알 수 있다.

2) 제호위관의 기복(器服)

국왕을 호위하는 제호위관의 복식이 기복이다. 기복은 크게 갑주와 군복으로 구분할 수 있는데 금군은 갑주를 입고 제호위관은 군복을 입는다. 여기에 군복은 아니지만 몸을 경첩하게 하기 위한 복식으로 융복이 있다. 그렇기 때문에 중종대에는 우리나라의 군복은 너무 종류가 많다고 하며 군복이 번잡을 줄이고 편리함을 취하는 방법이 될 것 이라고 하여 융복을 없애자는 논의가 있었다.

> 군복과 융복이 모두 시위에 쓰이는 복장인데 한 반열 안에서 누구는 군복을 입고 누구는 융복을 입는다는 것은 구별하는 데에도 전혀 의의가 없고 의장만 번잡할 뿐입니다. 더구나 전립과 협수를 배위하는 반열이 이미 시험 삼아 착용했던 전례도 있으니 의리에 어긋나지만 않고 쓰기에 편리하다면 변경하는 일이라는 데 구애받을 필요는 없습니다.[109]

〈그림 5〉군복과 융복,〈원행정리의궤도〉신풍루사미도, 지본채색,
62.2×47.3cm, 국립중앙박물관 소장.

그러나 정조는 군복과 융복이 모두 옛 제도에 속한 것이며 함흥 본
궁에도 간수해둔 것이 있으니 융복을 없앨 수 없다고 하고 정조 역시
화성에 갈 때 군복과 융복을 착용하였다. 〈그림 5〉는 정조가 1795년
화성 신풍루에서 백성들에게 쌀을 나눠주는 장면이다. 여기에서도 국왕
이 있음을 상징하는 산, 개, 금월부 등을 들고 있는 사람들은 모두 융복인
철릭을 입고 있으며 그 주위에 화살을 메고 있는 사람들은 모두 군복을
입고 있다.

(1) 갑주
갑주는 갑옷과 투구를 일컫는다. 〈그림 6〉의 진하도에는 전내의 좌우
와 전정의 좌우를 비롯하여 전밖의 문에 갑주를 착용한 금군의 모습이

---

109)『正祖實錄』권38, 正祖 17년 10월 11일(辛未).

〈그림 6〉 갑주를 착용한 금군의 모습, 〈진하도〉부분, 1783년경, 견본채색,
153.0×46.2cm, 국립중앙박물관 소장.

확인된다. 이들은 모두 포형의 갑옷을 입고 있으며 붉은색 갑옷과 검정색
갑옷이다. 머리에는 투구를 쓰고 있는데 감투의 위쪽에는 간주幹柱와 상모
등 정수리 장식을 달고 감투의 아래쪽으로는 이마가리개와 전면 차양,
양쪽 귀와 뒷목을 가리는 3조각의 드림이 달려 있다.[110] 갑주 안에는 바지
저고리를 입고 그 위에 협수포와 전복을 입는다. 신은 검정색화를 신는
다.

(2) 문무관의 군복

1619년(광해 11) 군복의 규정을 보면, 시신侍臣과 백관, 장사 논할 것
없이 다 군복차림으로 호위하도록 하는 일을 사목 속에 넣는다고 하였
다.[111] 군복의 구성은 전립, 협수포, 전복, 전대, 화로 구성되므로 국왕의
군복과 구성면에서는 차이가 없으나 전립과 협수포 위에 붙이는 장식에
서는 차이가 있다.

---

110) 박가영, 「조선시대 갑주 유물의 감정을 위한 현황파악과 시대구분」, 『복식』
　　　Vol. 58, no.5, 2008, 171~173쪽.
111) 『光海君日記』 권144, 光海君 11년 9월 19일(戊戌).

〈그림 7〉 융복을 착용한 의빈과 척신의 모습, 〈원행정리의궤도〉 부분
〈봉수당진찬도〉, 지본채색, 62.2×47.3cm, 국립중앙박물관 소장.

(3) 문무관의 융복

융복은 철릭과 주립, 광다회, 흑피화로 구성된다. 융복은 원행이나 능행을 떠날 때 종친 및 문관의 복식이다. 또한 1530년(중종 25) 배릉 때에 국왕 가까이에서 시위하는 운검 선전관과 내시 등이 융복을 입고 가마를 따르는 경우가 있다. 따라서 군관이 시위할 때 입기도 하고 원행시 문관이 입기도 하기 때문에 융복을 군복으로 대신하자는 논의가 끊이지 않았다. 〈그림 7〉은 봉수당에서 혜경궁의 회갑연을 할 때 초대받은 의빈과 척신이 착용한 융복의 모습이다. 이들은 청색, 담홍색, 홍색의 철릭을 입고 공작우를 꽂은 주립을 쓰고 있다.

5. 적의, 예복

왕이 구장복을 입을 때 왕비의 복식은 단연 적의이다. 국왕과의 혼례인 가례를 치를 때에도 국왕의 신분과 맞추기 위해 먼저 책비례를 행하고 친영을 하게 된다. 이처럼 왕비는 국왕과 대등한 신분으로서 의식을 치르는 것이 기본이지만 언제나 대등한 관계로 의식을 치르지는 않는다. 가령 국왕이 대비나 왕대비를 위해 잔치를 벌일 때 국왕은 상복인 곤룡포를 입지만 왕비는 상복에 해당하는 복식을 입는 것이 아니라 대례복인 적의를 입는다. 그러나 명복으로서의 적의나 예복으로서의 적의보다는 간소화된 적의일 것이라고 생각한다.

앞서 국왕의 의례별 복식을 왕세자, 왕세손, 문무백관 등 신분별 복식으로 나누어 살펴보았으므로 여기에서는 왕비의 적의를 비롯하여 예복에 대해 살펴보고자 한다.

1) 적의의 구성

『국조속오례의보서례』에 수록된 적의는 '예복'이라고 규정하였다. 그러나 『국조오례의』에서는 적의翟衣로 규정되어 있다. 적의는 왕비, 왕세자빈, 대비 등의 대례복으로 국왕이 면복을 입을 때에도 적의를 입지만 곤룡포를 입을 때에도 적의를 입는다. 그러나 같은 적의를 입는다 할지라도 국왕이 면복을 입을 때에는 똑같이 모든 부속물을 갖추지만 곤룡포를 입을 때에는 반드시 부속물을 갖추지는 않았던 것으로 보인다.

또한 신분에 따라 복색이 달라지는 것도 큰 특징이다. 『국조속오례의보서례』에는 왕비의 적의는 대홍단으로 하고 왕세자빈의 적의는 흑단으로 한다고 하였을 뿐 다른 신분의 복색에 대해서는 규정이 없다. 따라서 1778년(정조 2) 혜경궁의 적의 색을 규정할 때 많은 논란이 있었던 것도 신분을 구분하는데 있어 복색이 중요한 요인이 되었기 때문이다.

여기에서는 적의의 구성을 살펴보자.

(1) 수식의 구조

적의에는 '수식'을 가한다로 규정하고 그 제도는 주례의 편발과 같고 금장식을 더한다고만 했을 뿐 형태에 대한 구체적인 언급은 없다. 그렇다면 수식은 어떤 머리일까?

관모가 아닌 수식이 정착된 것은 1623년(인조 1) 부터이다. 당시 왕세자빈 책례에 적관을 쓰고자 하였으나 적관이 없을 뿐 아니라 이미 적관의 제도를 아는 장인도 없었기 때문에 만들 수조차 없었다.[112] 따라서 각종의 물품을 반드시 중국에서 사와야 하고 끝내 본국에서는 제조하기가 어려우니 이후로는 가례를 치르더라도 모두 적관을 사용하지 않고 체발로 수식을 만들어 예식을 치르라고 한 것에서부터 비롯되었다. 이 때 사용한 수식은 체발 68단 5개로 장식을 했으며, 숙종인원후는 20단, 영조정순후는 10단으로 수식을 만들었다. 여기에 『역대가례도감의궤』에는 체발을 고정할 잠을 꽂아 수식을 만들었다.

가. 체발

체발은 수식을 만들기 위한 가발 즉 가체이다. 체발은 우선 길고 풍성한 머리카락을 이용하여 머리를 높이 얹거나 크게 장식하는 것이 기본이다. 그런데 이 높고 큰 가발을 고정하기 위해서는 잠이 있어야 하고 이를 통해 머리를 고정시켜야 한다. 이때 필요한 잠의 수 또한 머리를 얼마나 크고 높게 만들었는지를 가늠할 수 있는 단서가 된다. 일반적으로 잠은 흑각으로 만들고 크기에 따라 대, 중, 차중, 소, 차소로 많게는 47개에서 적게는 27개이니 머리의 크기를 짐작할 수 있다.

나. 수식

1638년(인조 16) 인조장렬후 가례시에는 체발 68단 5개에 소첩 1개, 목소[얼레빗] 3개, 죽소[참빗] 3개, 저모성 1개가 머리를 빗는데 쓰였으

---

112) 『仁祖實錄』 권46, 仁祖 23년 7월 6일(乙卯).

며, 흑각잠 1개, 흑각장잠 2개, 대잠 10개, 중잠 10개, 차중잠 10개, 무두소잠 4개, 소잠 5개, 차소잠 5개 등 모두 47개의 잠을 꽂았다.[113]

이후 숙종인현후 가례시에 사용한 체발은 48단 5개로 장잠과 대잠을 5개씩 줄였으며 중잠과 차중잠을 각각 5개씩 줄였다. 또 소잠과 차소잠을 3개로 줄였다. 영조정순후는 체발의 수를 더욱 줄여 10단으로 했으며 잠은 그대로 27개를 꽂았으나 이후 순종순원후(1802년)부터 헌종효현후(1837년), 헌종효정후(1844년), 철종철인후(1851년), 고종명성후(1866년)까지 체발은 10단으로 줄이고 잠은 35개를 사용하였다.

그러나 현전하는 영친왕비 수식에 사용한 잠은 백옥, 진주, 산호 등이며 무늬도 봉황, 매죽 등으로 화려하다. 수식에 사용한 잠과 꽂이의 규모를 보자. 진주장잠 1개, 용잠 3개, 후봉잠 2개, 대봉잠 1개, 백옥봉황꽂이 2개, 봉황꽂이 2개, 진주동곳 1개, 산호매죽잠 2개, 매죽잠 4개, 산호매죽초롱잠 1개, 진주죽잠 1개, 백옥영락초롱잠 1개, 가란잠 1개, 백옥호도잠 1개, 비취매조호도잠 1개, 비룡잠 1개, 진주매죽잠 1개, 산호매화잠 1개, 모란문오두잠 1개, 비취민잠 1개, 오두잠 2개, 백옥떨잠 3개, 백옥나비떨잠 2개, 국화문앞꽂이 1개, 니사봉황앞꽂이 1개, 봉뒤꽂이 1개, 진주뒤꽂이 1개, 비취편복뒤꽂이 1개, 진주뒤꽂이 1개 등으로 42개의 장신구를 사용하였다.[114]

위의 그림에서와 같이 수식은 체발과 다양한 잠을 비롯해서 대요, 떨잠, 뒤꽂이 등으로 구성된 꾸미개이다. 현전하는 사진자료를 보면 수식의 형태가 일정한 것은 아니다. 〈그림 1〉과 같이 영친왕비는 위체 위에 잠을 꽂아 수식을 만들었으며, 〈그림 2〉의 순정효황후는 목제로 된 가체를 얹고 있는 모습을 확인할 수 있다.

113) 유송옥, 『조선왕조 궁중의궤복식』, 수학사, 1999, 251쪽.
114) 이민주, 『용을 그리고 봉황을 수놓다』, 한국학중앙연구원, 2013, 133~135쪽.

〈그림 1〉 영친왕비 수식,
　　　　 국립고궁박물관 소장.

〈그림 2〉 순정효황후 수식,
　　　　 국립고궁박물관 소장.

다. 면사

『상방정례』 가례시 왕실 여성의 법복에는 수식에 대한 기록은 보이지 않는다. 단지 법복에는 면사가 들어가 있다. 오히려 체발 장식을 한 다음에는 얼굴을 가리기 위한 면사가 더 유용했을 것으로 보이며 절검을 숭상한 영조대에는 수식보다 면사를 권장한 것이 아닌가 하는 생각이 든다. 면사는 홑으로 된 것과 겹으로 된 것이 있다. 왕비의 법복에 속한 면사는 자적라로 만들며 금 1속 5첩, 니금 3전이 들어간다고 했다. 이는 면사 가운데에 봉황문과 수자壽字문을 니금하기 위한 것이다.

(2) 적의의 구조

적의의 대한 구체적인 모습을 가늠할 수 있는 기록은 『국조속오례의보서례』이다. 여기에 실린 적의의 형태를 보자.

> 의는 대홍단으로 만드는데 앞길의 좌우가 곧게 내려와 서로 덮이지 않으므로 마치 배자와 같다. 앞길이는 상의 끝과 가지런하고 뒷길이는 상의 끝보다 한 자 남짓 길게 만들어 크고 넉넉한 포의 형태이다. 적의 앞뒤에는 금사로 수놓은 오조원룡보를 붙이며, 앞의 보 아래에는 왼쪽에 7개, 오른쪽

에 7개의 수원적을 붙이는데 의의 끝단에 이르러서는 끝에 것을 좌우로 각각 하나씩을 굽혀 서로 연결된 것처럼 붙인다. 앞길에 붙인 수원적은 14개가 된다. 뒤의 보 아래에도 수원적을 붙이는데 왼쪽에 9개, 오른쪽에 9개를 붙이고 의의 끝단에 이르러서는 수원적 하나를 의단의 가운데에 붙여 이 역시 서로 연결된 것처럼 만든다. 결국 뒷길에 붙인 수원적은 19개이다. 좌우의 소매는 넓어 의의 앞길이와 나란하다. 소매 입구의 바깥쪽에도 수원적을 붙이는데 왼쪽에 9개, 오른쪽에 9개이므로 소매에 붙이는 수원적은 18개이다. 따라서 적의에 붙인 수원적은 모두 51개가 된다.[115]

위의 내용을 토대로 적의의 형태를 그리면 〈그림 3, 4〉와 같다.[116]

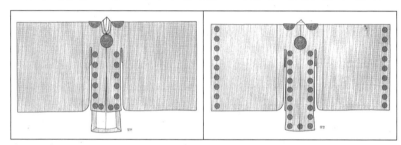

〈그림 3〉 적의 면(面) 　　　　　〈그림 4〉 적의 배(背)

가. 적의의 복색

복색服色은 신분을 구분하는 가장 결정적인 단서 중 하나이다. 적의도 예외는 아니다. 먼저 왕비의 색은 대홍색이다. 왕세자빈과 왕세손빈은 아청색이며, 대비의 색은 청색이다. 그러나 언제부터인지 대비는 자적색을 입기 시작하였다. 그러다 보니 혜경궁의 적의의 색이 문제가 되었다. 혜경궁이 세자빈으로 책례를 하고 친영례를 할 때의 복색은 아청색이다. 그러나 정조가 왕이 되자 혜경궁은 이미 왕세자빈도 아니고 그렇다고 대비도 아니기 때문에 혜경궁에게 무슨 색의 적의를 입도록 하는 것이 법도에 맞는가 하는 것이 논란이 되었다. 이에 정조는 여러 대신들에게

---

115) 『국조속오례의보서례』 권지 1, 길례, 왕비예복제도.
116) 이민주, 『용을 그리고 봉황을 수놓다』, 한국학중앙연구원, 2013, 107쪽.

널리 예문을 상고하여 아뢰라고 하였으나 그러한 전례가 없어 무슨 색으로 해야할지 모르겠다는 것이 신하들의 답변이었다. 이에 정조는 자궁 즉 혜경궁의 적의 색을 천청색으로 하라는 전교를 내린다. 그 이유는 다음과 같다.

혜경궁께서 입으실 복색은 전례가 없는 것이기 때문에 진실로 유신이 의논한 말과 같다. 다만 마땅히 옛것을 인용하고 지금의 것을 참조하여 의의에 맞게 창정해야 하겠는데 자색은 이존二尊하는 혐의가 있게 되고 흑색은 예例를 다르게 하는 뜻이 없게 되며 홍색과 남색에 있어서는 각각 쓰고 있는 데가 있어 본시 인용할 만한 사례가 없는 것이다. 내 생각에는 오직 천청색 한 가지가 가장 근사한데 대개 청색은 본시 동조의 복색이었으나 자색으로 제도를 정하게 된 뒤부터는 치워두고 쓰지 않게 되었다. 지금 천청색으로 작정을 함은 곧 청흑의 의의를 취한 것인데 동조의 적의를 자색으로 하여 홍흑을 취한 것과 오묘하게 서로 맞게되고 또한 차등도 있게 된다. 이미 대신에게 물어보매 대신의 뜻도 또한 그러했으니 혜경궁의 복색을 천청색으로 정하라.[117]

〈그림 5〉 황후 적의, 문화재청 국가문화유산포털.

---

117) 『正祖實錄』 권5, 正祖 2년 4월 26일(乙卯).

수식

하피

옥대

적의

청석

〈그림 6〉 영친왕비 적의, 국립고궁박물관 소장.

이후 대한제국기 이후에는 황후와 황태자비의 적의 색은 청색의 농담
으로 신분을 구분하였다. 이에 황후는 〈그림 5〉와 같이 심청색 적의에
적문을 12등급으로 수를 놓았으며, 황태자비는 아청색에 9등급의 적문
을 수놓았다〈그림 6〉.

나. 보(補)

왕비의 적의에는 금수로 된 오조원룡보를 가슴과 등, 좌우 어깨에 붙이
는데 앞뒤의 수원적이 시작되는 위에 붙인다. 왕세자빈의 보를 붙이는
위치는 왕비와 같지만 다만 사조원룡보를 붙인다.

다. 하피

『국조속오례의보서례』의 적의조에는 의ㅊ 다음에 하피가 수록되어 있
다. 하피는 적의를 착용할 때 어깨에 걸어 늘이는 장식물로 조선 초 관복
을 사여 받을 때 적의임을 알 수 있었던 것이 바로 하피에 적문이 그려져

있었기 때문이다. 『인조장렬후가례도감의궤』에는 하피를 아청무문사로 만들며 그 길이가 2척인데 척마다 적계 14마리씩을 그린다고 기록했다. 그러나 『국조속오례의보서례』에는 흑단으로 겉을 하고 홍초로 안을 하며 금으로 운하雲霞 28개와 적문翟文 26개를 그린다고 했으므로 운하 사이에 적문이 있음을 알 수 있다.[118]

라. 상

『국조속오례의보서례』에 수록된 상은 청단으로 만드는데 앞의 세 폭은 짧고 뒤의 네 폭은 길다고 했으며 2폭씩 연결되어 꿰매져 있어 서로 덮으며 앞뒤로 주름이 있다고 했다. 또한 중간 아랫부분에는 금룡을 짜서 붙이는데 이를 속칭 스란이라고 한다고 했으므로 국왕의 상과는 그 형태에 있어 차이가 있다. 현전하는 전행웃치마를 보면 〈그림 7〉과 같이 앞이 하나이고 뒤가 두 개로 되어 있어 세 자락으로 된 치마임을 알 수 있다. 왕세자빈은 금봉을 짜서 붙이는 것이 왕비와 다른 점이다.

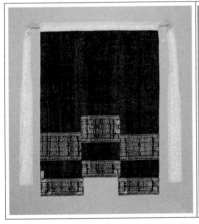 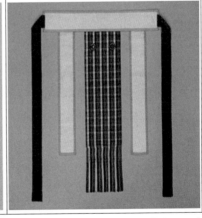

〈그림 7〉 영친왕비 길상문직금단 전행웃치마, 국립고궁박물관 소장.　〈그림 8〉 영친왕비 대대와 후수, 국립고궁박물관 소장.

---

118) 『국조속오례의보서례』, 길례, 왕비예복제도.

마. 대대

『인조장렬후가례도감의궤』에는 초록과 대홍으로 된 대대가 2개 있었으나 『영조정순후가례도감의궤』와 『상방정례』에는 초록대대로 바뀌었다. 그러나 『국조속오례의보서례』에는 다시 대홍으로 바뀌었다가 대한제국기에는 흰색으로 바뀌었다〈그림 8〉. 왕세자빈의 대대는 왕비의 것과 같다.

바. 옥대

왕비의 대는 조옥雕玉으로 하고 청단으로 싼 후 금으로 봉황을 그린다. 왕세자빈의 대는 부조옥으로 만든다. 청단으로 싸고 금으로 봉황을 그리는 것은 왕비의 옥대와 같다.

사. 패·수·폐슬

패와 수, 폐슬은 모두 전하의 것과 같되 폐슬에 장문이 없다. 왕세자빈도 모두 같다.

아. 말과 석

말과 석은 전하의 것과 같다. 다만 석의 끝에 홍색과 녹색의 사화絲花 3개를 다는 것이 다를 뿐이다. 왕세자빈의 석은 흑단으로 만드는 것이 다를 뿐 사화를 다는 것은 같다.

(2) 원삼의 구조

역대 『가례도감의궤』의 왕비 복식을 보면 노의·장삼·개오 등의 예복만 보일 뿐 원삼은 없고 왕세자빈과 왕세손빈의 예복에만 원삼이 들어 있다. 그러나 국말에는 왕비도 원삼을 입었으며 심지어 원삼 하나로 예복이 통일되기에 이르렀다.

현전하는 사진자료와 유물을 통해 원삼의 실제 모습을 확인해보자.

가. 수식

원삼은 조선후기 최고의 예복으로 통일되었다. 따라서 같은 원삼을 입었어도 머리모양은 모두 다르다. 이는 각각의 신분이 다르기도 하지만 의례의 목적이 다르기 때문인 것으로 파악된다. 〈그림 9〉의 수식은 대수 위에 위체를 올린 대식체大飾髢이며, 〈그림 10〉은 어여머리를 하고 있다. 〈그림 11〉은 또야머리 위에 화관을 쓰고 있으며, 〈그림 12〉는 조짐머리 위에 화관을 얹고 있는 모습이다.

아래의 그림으로 볼 때 〈그림 9〉는 가례 등의 대례를 위한 모습으로 보이며 〈그림 10, 11, 12〉 등은 약식으로 치러지는 의례를 위해 치장한 모습이라고 할 수 있다.

〈그림 9〉 대식체, 흥영군부인, 국립고궁박물관 소장.

〈그림 10〉 어여머리, 황귀비 국립고궁박물관 소장.

〈그림 11〉 화관, 순정효황후 서울역사박물관 소장.

〈그림 12〉 화관, 이왕비전하, 국립고궁박물관 소장.

나. 복색

조선 말 원삼이 예복으로 통일되었다. 따라서 신분을 구분하기 위해 황후는 황색, 왕비는 대홍색을 사용하였다〈그림 13, 14〉. 『상방정례』에는 왕세자빈의 원삼은 초록색이며〈그림 15〉 숙의의 원삼은 아청색으로

〈그림 13〉 황원삼, 문화재청 국가문화유산포털.

〈그림 14〉 홍원삼, 국립고궁박물관 소장.

〈그림 15〉 녹원삼, 문화재청 국가문화유산포털.

〈그림 16〉 자적원삼, 문화재청 국가문화유산포털.

기록되어 있다. 한편 고종의 후궁이었던 광화당은 〈그림 16〉과 같이 자적 원삼을 입었으며 그 외 상궁이나 궁녀들은 흑색 또는 아청색의 원삼을 입었다.

현전하는 원삼의 형태를 보면 뒤 길이가 앞 길이보다 길다. 소매 너비는 70cm정도로 넓은 두리소매이며 두 가지 색동을 달고 끝에는 흰색 한삼을 단다. 원삼에는 최소 네 가지 이상의 색을 사용한다. 첫째는 신분에 따라 달라지는 복색이고 둘째는 겉감의 색과는 다른 안감이다. 셋째는 가장자리에 두른 선의 색이며, 넷째는 두 가지의 색동 소매와 한삼이다.[119]

〈그림 14〉영친왕비의 홍원삼을 보면 겉감은 홍색, 안감은 노란색, 선단은 남색, 색동은 노란색과 남색이며 흰색의 한삼이 달려 모두 네 가지 색이 사용되었음을 알 수 있다.

여기에 원삼을 화려하게 만드는 것으로 금박이 있다. 금박은 어깨와 소매 끝, 길의 아랫부분 등 세 곳에서 확인되며, 색동과 한삼에는 전체적으로 금박을 놓는다. 금박의 문양은 황후는 용, 왕비는 봉황, 공주·옹주는 수복문의 길상문과 함께 꽃무늬가 놓임으로써 화려함 뿐 아니라 복을 기원하는 의미를 담는다.

---

[119] 국립고궁박물관, 『조선의 역사를 지켜온 왕실여성』, 글항아리, 2014, 350~355쪽.

II

선물과 잔치를 통한 소통 구조

본 장에서는 국왕이 개인적으로는 가족, 국가적으로는 최측근의 조정 관원에서 일반 백성에 이르기까지 선물과 잔치를 통해 그의 리더십을 어떻게 구현하였는가를 살펴보는데 그 목적이 있다.

조선의 국왕은 모두 28명이다. 각각의 개인적 성향은 다르다 할지라도 분명 한 국가가 500여 년을 유지해 올 수 있었던 것은 그 안에 추종자들을 결속시킬 수 있는 그 무엇인가가 있었기 때문에 가능한 일이었다.

그렇다면 조선 국왕에게 필요했던 리더십의 본질은 무엇이었을까? 다양한 리더십이 있을 것이고, 그 리더십은 시대의 요청에 따라 달라졌을 뿐 아니라 달라지는 것이 당연하다.

그러나 조선 500여 년을 지나면서 시대를 초월하고 국왕의 특성까지도 초월할 수 있는 리더십은 과연 무엇일까? 그중 하나로 선물을 통한 국왕의 리더십을 꼽을 수 있다. 조선시대 국왕은 국가에 공을 세운 신하나 교화의 정책상 백성에게 감사나 위로의 뜻을 전하기 위해 그리고 왕족이나 신민에게 사적인 은혜를 특별히 표시하기 위해 선물을 내렸다. 이는 군신간의 의리를 강화시켜 주는 보조 장치로서 큰 의미를 갖는다.[120]

조선시대의 국왕은 국가의 주권을 대표하는 존재로서 권력을 휘두르

---

120) 심경호, 『국왕의 선물』, 책문, 2012, 7쪽.

는 사람이다. 그러나 최고의 권력자라 할지라도 권력을 장악하기 위해서는 나름의 리더십이 있어야 한다. 리더십은 권력현상의 하나라고 보지만 리더십을 각별히 '벌거벗은 권력' 또는 '권력을 휘두르는 사람'과 구별하고자 하는 데에는 그 이유가 있다. 즉 벌거벗은 권력자는 제도적으로 혹은 임의로 설정된 자신의 목적을 일방적으로 다른 사람들에게 강제하는 것이다. 그러나 리더십은 추종자들의 동기와 기대에 부합하여 자신의 목적과 비전을 조정하고 제시함으로써 정치 과정에 그들을 동원하는 것이다. 또 벌거벗은 권력자는 사람들을 일시적인 이해관계에서 그리고 면전에서 복종케 하지만 리더십은 상호 목적과 동기 상의 '일치'를 바탕으로 포괄적이고 지속적인 '원인적 영향력'을 행사한다. 그리고 벌거벗은 권력자는 폭력에 호소하여 현상적인 '지배'의 유지에 유념하지만 리더십은 무엇보다도 지속적인 설득을 통해 잠재적 추종자들까지 동원하며 그들의 장기적인 욕구를 충족시켜 실질적인 변화를 실천한다.[121]

본 장에서는 어떤 규정이나 법전을 통한 리더십이 아니라 인정을 베푸는 과정에서 발현된 리더십을 찾고자 한다.

『조선왕조실록』을 보면 국왕이 내리는 선물을 내사內賜, 하사下賜, 은급恩給, 인정人情 등으로 표현하고 있다. 인정과 같이 사적인 은혜를 특별히 표시하는 경우도 있지만 하사나 내사의 경우와 같이 선물의 발급주체와 발급관청이 명시된 은사문을 함께 내림으로써 사은賜恩의 의식과 함께 사전謝箋을 받들어 올리게 함으로써 선물에 대한 은혜를 오랫동안 기억하도록 했다.

선물膳物의 사전적 의미는 남에게 축하나 고마움의 뜻을 담아 어떤 물건 따위를 선사하는 것이다. 그렇기 때문에 선물을 줄 때에는 물질만을 전달하는 것이 아니라 마음까지 전달하기 때문에 선물로서의 가치가 인정된다. 국왕이 내리는 선물도 예외는 아니다.

---

121) 제임스 M.번즈, 한국리더십연구회 옮김, 『리더십 강의』, 미래인력연구센터, 2010, 768쪽.

선물 중에서도 복식과 관련된 대표적인 것은 이엄과 표리이다. 특히 이엄이나 표리와 같은 것은 오직 임금의 고유권한에 해당한다. 1620년 (광해군 20) 흉년이 들어 이엄을 만들기 위한 모물을 준비하는데 어려움이 있었다. 그럼에도 불구하고 비변사에서는 "반사하시는 이엄은 은수恩數로 내리신 물건이고 상방의 담비털 가죽옷과 모자 같은 것은 바로 어공御供에 속하는 것이므로 이 모두는 신자들로서 감히 논의할 성질의 것이 아니고 오직 상께서 재량해 처리하실 일입니다."[122]라고 하여 이엄은 전적으로 국왕만이 내릴 수 있는 귀중한 물목이었음을 알 수 있다.

1479년(성종 10) 서정西征을 요구하는 중국의 명을 거부할 수가 없어 군사를 보내야 하는 일이 었었다. 그러나 우리 백성들의 피폐함을 이루 다 말할 수가 없을 뿐 아니라 국왕의 마음이 몹시 슬프다고 하면서, "추운 겨울에 고생하는 군사들을 생각하면 나 역시 지독하게 추운 날씨라 하더라도 차마 이엄을 착용할 수 없다."[123]고 하는 것으로 보아 군사를 생각하는 국왕의 마음이 그대로 전달된다.

국왕은 추운 겨울에 고생하는 군사는 물론 신하들을 생각하며 이엄을 내려주면서 사소한 물건이므로 별도의 사은을 하지 말라고 한다. 그러나 이엄이 사소한 물건도 아닐뿐 아니라 국왕이 군사들을 생각하는 마음이 전달됨으로써 선물은 사은 이상의 의미를 갖게 된다.

이와 같이 국왕의 따뜻한 마음을 받은 신하들은 "국왕이 주신 혜택을 어떻게 하면 보답할 수 있을지 생각하고 국왕이 내린 명을 받아 만분의 일이나마 구구한 정성을 다하려고 한다."[124]고 한 것으로 자연스럽게 강요하지 않은 충성심을 불러일으킨다.

이처럼 임금이 신하에게 내리는 특별한 선물은 나라에서 일괄 지급하는 것과는 차원이 다른 문제이다. 하사는 그야말로 특별한 은전이다.

그렇기 때문에 임금으로부터 이엄, 표리, 잔치 등의 하사품이 내려오면

---

122)『光海君日記』권157, 光海 12년 10월 18일(辛酉).
123)『成宗實錄』권111, 成宗 10년 11월 19일(庚子).
124)『光海君日記』권24, 光海 2년 1월 21일(戊戌).

신하는 무릎을 꿇고 국왕의 은혜에 감사하는 눈물을 흘린다. 그 시점에서 신하는 국왕에 대한 사랑을 느끼고, 그에 대한 보답으로 사은을 하기도 하고 전을 올려 국왕의 은혜에 대한 보답을 하고자 한다.

그러나 아무리 국왕이 내리는 선물이라 할지라도 선물을 지급하는데 있어서는 기준이 있어야 하며, 그 기준은 통치력과 맞닿아 있는 것도 간과할 수 없다.

조선시대 행해진 모든 잔치는 국왕에 의해 통제되었다. 잔치의 핵심은 술과 풍악이다. 1394년(태조 3) 금주령이 내려진 이후 풍년이 들 때까지[125]라는 규정이 있기는 하지만 금주령을 내리는 근본 취지는 오로지 사람의 본성을 해치고 화란 ~~禍亂~~을 낼까 염려한다는 이유에서 계속해서 내려졌다.[126] 물론 지방 구석구석까지는 국왕의 영향력이 미치지 않았음도 주지의 사실이다. 그럼에도 불구하고 각도에 이르기까지 금주령을 철저히 지키도록 엄하게 명[127]을 내렸으며, 거의 조선왕조 전시기를 통해 금주령이 지속되고 있었음도 확인된다.[128]

이와 같이 금주령이 계속 내린다는 것은 잘 지켜지지 않았음을 방증하는 것이다. 그러나 신하들이 잔치를 한다고 했을 때 국왕은 기꺼이 술을 하사했다. 이것이야 말로 잔치의 최종 결정권자가 국왕이라는 사실을 만천하에 공개하고자 하는 것이 아니겠는가?

여기서 더욱 중요한 의미를 가지는 것은 금주령에서 자유로운 국왕이 내려준 선온宣醞은 특별한 대우를 받고 있다는 물증이기 때문에 신하는 충성의 마음을 갖게 되고 또 감사의 글을 올리기에 충분하며, 그런 과정에서 왕과 신하사이의 정과 믿음은 더욱 돈독해져갔다.

따라서 이엄, 표리 등의 선물을 주거나 술과 풍악을 하사하여 잔치를

---

125) 『太祖實錄』 권5, 太祖 3년 1월 7일(丁未).
126) 『太祖實錄』 권7, 太祖 4년 4월 25일(戊子); 太祖 5년 4월 10일(丁酉).
127) 『太祖實錄』 권14, 太祖 7년 5월 28일(甲戌).
128) 태조연간 8회, 정종연간 3회, 태종연간 41회, 세종연간 17회, 성종 연간 31회, 연산군연간 10회, 중종연간 14회, 명종연간 5회, 인조연간 2회, 현종연간 4회, 영조연간 29회, 정조연간 4회, 순조연간 1회, 고종연간 4회 등이다.

인정하는 것은 인간적인 화합을 통해 군신간의 의리를 강화하고 통치력을 장악하고자 하는 리더십의 발현임에 틀림없다. 그러나 그러한 인간적인 화합을 원하고자 할 때에도 공정하거나 공평하지 않다면 그것은 화합이 아닌 불화의 시작일 것이다.

이에 본 장에서는 임금의 가장 대표적인 선물인 이엄과 표리를 비롯해 잔치를 통해 공정하고 공평한 리더십이 어떻게 발현되고 있는지 살펴보고자 한다.

1. 이엄

국왕이 선물로 주는 대표적인 복식은 이엄과 표리이다. 복식의 종류가 이엄과 표리만 있는 것은 아닐진대 과연 이엄과 표리를 준 구체적인 이유는 무엇일까? 본 장에서는 이엄과 표리를 그 대상으로 하여 반사의 의미를 확인하고 그것이 리더십과 어떤 상관관계가 있는지 살펴보고자 한다.

이엄은 왕을 비롯하여 문무백관이 추위를 막고 위의를 드러내기 위해 착용하는 쓰개이다. 현전하는 사진 속에서 이엄을 착용하고 있는 모습을 확인할 수 있다. 〈그림 1〉은 고종이 익선관 아래 이엄을 착용한 모습이며, 〈그림 2〉는 영친왕이 면류관과 익선관 아래 이엄을 착용한 모습이다.

〈그림 1〉 고종의 이엄
　　　　　 서울대학교박물관 소장.　　　〈그림 2〉 영친왕의 이엄

『경국대전』에는 1품, 2품, 3품의 당상관 이상의 이엄은 단段과 초피貂皮를 사용하고, 그 나머지 3품 이하에서 9품까지는 모두 초綃와 서피鼠皮를 사용하도록 규정하였다. 또한 종친의 경우 아래로 6품까지는 초와 초피로 된 이엄을 착용하는 것으로 규정해 놓고 있다. 이를 정리하면 아래의 〈표 1〉과 같다.[129]

〈표 1〉 품계별 이엄의 소재

품계	모물(毛物)의 종류
1품~3품 당상관	단(段) · 초피(貂皮)
3품 이하~9품까지	초(綃) · 서피(鼠皮)
종친 6품까지	초(綃) · 초피(貂皮)

물론 이엄이 관복을 입을 때만 착용하는 방한모는 아니다. 1553년(명종 8)에는 립笠 아래에 쓰는 이엄으로 신분을 구분하였다. 이에 당하관 및 사족은 서피 또는 일본산 산달피를 사용하였으며, 제학諸學의 관원과 제색諸色의 군사, 서얼, 이서吏胥 들은 적호피赤狐皮 또는 국산 산달피로 만든 이엄을 썼다. 또 공상工商과 천례賤隷에 이르기까지 산양피山羊皮, 구피狗皮, 묘피猫皮, 지달피地獺皮, 이피狸皮, 토피兎皮 등으로써 만들게 하고 이를 어기지 못하도록 사헌부와 평시서에서 단속하도록 했다.[130]

이처럼 이엄을 엄격하게 관리하고자 하는 데에는 특별한 이유가 있었다. 이엄은 국왕이 신하에게 하사하는 물목으로 국왕의 특별한 성의聖意를 담고 있다. 〈그림 3, 4, 5〉는 국왕이 내린 이엄을 문무백관이 제복, 조복, 상복 등의 관복을 입을 때 양관梁冠 또는 사모紗帽 아래 쓰고 있는 모습이다.

이에 국왕이 이엄을 내리는 성의가 무엇이며 그것이 갖는 의미가 무엇인지 이엄의 종류, 수혜대상, 의미 등을 통해 구체적으로 살펴보고자 한다.

---

129) 『경국대전』 예전 의장조, 관(冠).
130) 『明宗實錄』 권15, 明宗 8년 9월 18일(辛酉).

〈그림 3〉 제관아래 이엄을 쓰고 있는 모습, 국립민속박물관 소장. 〈그림 4〉 금관아래 이엄을 쓰고 있는 모습, 서울대학교 박물관 소장. 〈그림 5〉 사모아래 이엄을 쓰고 있는 모습, 서울대학교 박물관 소장.

1) 이엄의 종류

이엄을 구분하는 기준은 털과 직물이다. 최고급품은 모단으로 만들고 털은 담비 즉 초피를 대는 것이다. 즉 이엄을 만들기 위해서는 가장자리를 두를 털이 있어야 하며, 이엄의 안과 밖을 쌀 직물이 있어야 한다. 또 이엄의 안에 받칠 종이와 함께 이엄을 꿰매기 위한 실이 필요하다.

먼저 이엄의 틀을 만들기 위한 기본 직물은 단 또는 초이다. 그리고 가장자리에 두를 털은 신분에 따라 차등이 있는데 초피가 가장 고급이고 그 다음이 서피이다. 이 외에도 적호피, 왜달피, 산양피, 구피, 묘피, 지달 피, 이피, 토피 등의 잡피가 있다.

보통 이엄을 하나 만들기 위해서는 초피사모이엄貂皮紗帽耳掩의 경우 초 피 8령이 들어가며, 영자를 갖추면 10령이 소요된다. 안에 받치는 종이가 1장이 필요하며 검정색 실 3푼, 향사鄕絲 7푼이 들어간다. 여기에 안감으 로 모단冒緞이 들어가며 그 안에 솜 즉 삭면화가 들어간다. 이 때 모단과 삭면화는 호조에서 장만하고 제작은 상의원에서 한다.[131]

---

131) 『상방정례』, 반사초피사모이엄.

다음으로 초피립이엄貂皮笠耳掩이다. 운두와 영자는 모단으로 하고 삭면화와 안감으로 사용되는 남정주藍鼎紬는 호조에서 장만한다. 또 립이엄에 들어가는 초피는 3령이며 흑사 5푼, 향사 7푼, 백지 1장이 들어간다.

또 서피사모이엄鼠皮紗帽耳掩에 들어가는 물목은 서피로 하고 안감으로 흑명주를 사용한다. 삭면화는 호조에서 담당하고 서피 2령을 추가로 넣고 안에 받치는 저주지 1장과 흑사 3푼, 향사 7푼이 들어간다.

적호피립이엄赤狐皮笠耳掩은 적호피로 만들되 운두와 영자는 흑주로 하고 안감은 남정주로 하며, 삭면화를 넣는데 이는 호조에서 담당한다. 여기에 흑사 5푼, 향사 7푼, 백지 1장을 사용하여 적호피이엄을 만든다.

2) 이엄의 수혜 대상

『경국대전』에 실려 있는 바와 같이 이엄을 착용할 수 있는 신분은 1품에서 9품까지의 조사와 종친 등 극히 제한된 사람들로 규정하였다. 『상방정례』의 「항례恒例」 '반사초피사모이엄頒賜貂皮紗帽耳掩' 조를 보면 임금이 내려주는 대표적인 하사품으로 기록되어 있으며, 모물의 수량이 제한적이라는 점에서도 이엄을 착용할 수 있다는 것은 극히 특혜 받은 일부였음을 알 수 있다.

그러나 실제 이엄을 착용한 사람은 이들만 있는 것은 아니었다. 계급을 한정하여 당상관이 아니면 초피로 이엄을 만들지 못하게 하였으나 하류의 천품賤品도 착용하지 않는 자가 없다고 할 정도였으니 조선시대 사람들의 이엄에 대한 사랑이 남달랐음을 알 수 있다. 그렇기 때문에 국왕이 하사하는 이엄은 특별한 의미를 내포하고 있었기에 더욱 선호하였는지도 모르겠다.

국왕이 이엄을 하사하는 경우는 크게 대외와 대내로 구분할 수 있다. 대외적으로는 중국의 사신에게 주는 경우가 대부분이며, 대내적으로는 가장 많은 경우가 외방으로 나가 추위와 싸워야 하는 관찰사, 도체찰사, 목사, 절도사, 절제사, 군수 및 사은사, 주문사 등이며, 신분이 낮다 할지라도 추위를 견뎌야 하는 군사들에게 특별히 하사하였다. 이들에게는 임무를 수행하러 가는 경우에도 이엄을 주었지만 임무를 마치고 하직할 경우에도 그 수고로움을 치하하면서 이엄을 주었다.

또한 이엄은 귀한 물건이기 때문에 특별히 성의를 베풀고자 할 때 이엄을 하사하였다. 따라서 이엄의 수혜대상 목록에서 본인의 이름이 빠져 있을 때에는 결코 지나치지 않았다. 1493년(성종 24) 호산군 이현은 승정원에 와서 이엄을 줄 것을 청하였다. 그 이유인즉 자신이 종친이면서 친공신으로 마땅히 이엄을 받아야 하는데 본인의 이름이 빠져있으므로 이엄을 내려 달라는 상소였다.

> "지금 이엄을 반사하였는데 종친은 1품 이상이고, 친공신은 직품을 논하지 말라고 하였습니다. 신은 종친으로서 비록 2품이나 친공신의 예로는 마땅히 하사받아야 합니다. 그런데 충훈부에서 유독 신의 이름만 누락시켰으므로 신이 아뢰고자 합니다."[132]

이에 국왕은 종친이면서 친공신인 호산군에게 이엄을 만들어주라고 함으로써 후의를 베풀고자 하였다.

또 1471년(성종 2)에는 국왕이 후원에 나가서 활 쏘는 것을 구경하고 갑사에게 호피이엄을 주었으며, 1484년(성종 15) 광릉에 나아가서 별제를 지내고 구릉에 입번한 종친, 수릉관, 시릉내시, 양전참봉, 내관, 반감 등에게도 이엄을 내렸다. 이와 같이 이엄을 하사하는 경우는 대부분이 신하들의 노고를 치하하거나 활쏘기 등을 치른 후 상으로 하사하는 것이었다.

3) 이엄의 의미

이엄은 모든 사람들이 좋아한 물건이다. 그렇기 때문에 최고급의 초피로 만든 이엄을 그것도 왕이 하사한 이엄은 남다른 의미를 갖기에 충분

---

132) 『成宗實錄』 권284, 成宗, 24년 11월 14일(乙巳).

했다.

먼저 반사용 이엄은 철저한 관리를 거쳐 최고급으로 만들었다. 반사이엄을 만들기 위해서는 먼저 모물을 장만해야 하는데 이는 호조에서 미리 양계로부터 무역하게 한 후 색관色官으로 하여금 무역한 모물을 봉납奉納하게 해서 상방의 관원과 함께 감독하여 만들게 했다.[133] 특히 모물을 무역하는데 드는 비용이 만만치 않아 이엄의 수효를 줄이자는 장계를 올리기도 하였으나 이엄의 숫자가 많은 것도 아니고 난리 뒤 선조先朝 때부터 만들어 납입하던 전례이므로 폐할 수 없다고 하였으며, 다만 백성들에게 피해가 가지 않도록 가물價物을 지급하여 원망이 생기는 일이 없도록 하라는 전교를 내렸다. 조선왕실에서는 사치와 관련해서는 풍속을 바로잡고자 많은 노력을 했다. 따라서 무엇보다도 사치와 관련된 일은 엄격히 규제하였음에도 불구하고 이엄을 장만하는 일은 사치 이상의 의미를 갖고 있었기에 신하들의 심적 부담도 상당했다.

1610년(광해군 2) 산릉을 지키는 금계군 박동량이 올린 상소를 보면, 상께서 돈피사모이엄을 하사하시니 반복하여 생각하여도 받아들이기 어려우므로 물건을 환수하여 우매한 본분을 편하게 해줄 것을 바란다는 내용이다.

"용렬한 신이 선조先朝의 은혜를 받은 것이 시종 융숭하였고 여러 신하들 중에서 특별한 은우를 받았으므로 항상 죽음으로써 생성하여 주신 혜택을 우러러 보답하려고 생각하였는데 능침을 지키라는 명이 마침 신에게 내려 졌습니다. 그리하여 삼가 기대하기를 아침 저녁으로 살피고 청소하여 만분의 일이나마 구구한 정성을 다하려고 하였더니, 세월이 흐르고 계절이 바뀌어 우물쭈물하는 사이 어느덧 재기가 되었습니다. 이에 이번 달에 상의원에서 대상 때 입어야 할 별도의 의복과 감발을 갖추어 보내왔는데, 이것은 해사에서 전례에 비추어 거행한 것이고 애당초 능침을 지키는 관리의 연고가 있고 없고를 생각하지 않아서 그렇게 된 것인데, 이어서 또 상께서 돈피

사모獙皮紗帽와 이엄耳掩을 하사하시니 반복하여 생각하여도 받아들이기 어렵습니다. 삼가 바라건대, 성상께서 특별히 전항의 물건을 환수하라고 하여 우매한 본분을 편하게 해주신다면 매우 다행이겠습니다."[134]

이에 상소를 본 국왕은 신하의 마음을 이해하고 "예에 따른 것이니 받아서 간수해 두는 것도 하나의 도리이니 사양하지 말라."고 함으로써 신하에 대한 국왕의 순수한 인정을 피력하기도 했다.

그러나 1620년(광해군 20)에는 대흉년이 들었다. 흉년으로 인해 민생고의 문제가 발생했다. 그렇다고 어공을 함부로 줄일 수도 없는 일이기에 임금은 백성들의 원성을 없애기 위해 물건 값을 제대로 쳐주라는 어명을 내렸다.

전교하기를, "그리하도록 하라. 백성들의 문제는 위에서도 불쌍하게 여기고 있다. 국가에 대례가 없는 해가 없고 또 앞으로 조사도 올 것이므로 충분히 돌봐주어야 할 것이다. 해조로 하여금 물건 값들을 낱낱이 쳐주고 옷과 모자 같은 것도 해조에서 상당한 값을 쳐주고 사오게 하도록 하라, 만약 값을 쳐주지 않으면 시민들의 원성이 많을 것은 틀림없는 사실이 아닌가. 이것은 어공이기 때문에 그냥 停減할 수 없을 것이니 이렇게 처리하여 민원이 없도록 하라.[135]

이엄은 분명 국왕의 고유권한에 속하는 선물이었다. 그러나 흉년이 들거나 모물을 장만하기 어려울 때에는 백성들의 힘을 덜어주는 것도 국왕으로서 당연한 의무였다. 따라서 이엄을 하사하되 그것을 장만하는 데 드는 비용을 충분히 쳐줌으로써 상하를 아우르고자 하였음을 알 수 있다.

---

134) 『光海君日記』 권24, 光海 2년 1월 21일(戊戌).
135) 『光海君日記』 권157, 光海 12년 10월 18일(辛酉).

4) 반사이엄의 목적

앞에서 살펴본 바와 같이 이엄은 국왕의 대표적 반사물목이다. 국왕이 이엄을 하사하면서 전하는 말은 "경이 외방에서 근로하며 추위를 무릅쓰고 구치함을 생각하여 이엄을 내려주니 이르거든 영수하라."는 내용이다. 또한 군사들이 추위에 떨고 있을 것을 생각하니 차마 국왕도 이엄을 착용할 수 없었다.

> "이같이 혹독한 추위에 서정西征의 장수와 군사들이 어찌 능히 견디겠는가? 지금 비록 기후가 지독하게 춥지만 나는 차마 이엄을 착용할 수 없다."136)

이는 단순한 추위를 견디는 문제가 아니다. 국왕으로서 신하들의 고통을 같이 하겠다는 의미를 담고 있다.

결국 이엄을 통해 국왕이 신하들을 생각하고 있음을 보여주고자 하는 상징성을 담고 있으며, 이에 신하들 역시 아랫사람을 자신처럼 여기시는 뜻이 극진하였으므로 감격스러워 눈물을 저절로 흘리며137) 충성을 맹세하게 되는 것이다.

2. 표리

표리表裏는 옷을 만들 때 사용하는 겉감과 안감을 일컫는다. 그 중에서도 표리는 관복의 겉감과 안감으로 이해된다. 또한 당표리와 향표리로 구분하는데 당표리는 중국에서 들여온 비단이며, 향표리는 목면138)이다.

국왕이 표리를 하사하는 경우는 그 공적을 치하하기 위함이다. 그럼에도 불구하고 표리는 품계를 올려주는 작상爵賞보다는 중하게 대우하는 것이 아니고 특히 겉으로 드러나는 것도 아니다. 그럼에도 불구하고 표리

---

136) 『成宗實錄』 권111, 成宗 10년 11월 19일(庚子).
137) 『宣祖實錄』 권160, 宣祖 36년 3월 9일(乙丑).
138) 『中宗實錄』, 권93, 中宗 35년 5월 15일(丙午).

를 하사 받는다는 것은 한 개인을 넘어 문중의 공적으로 이해되어 표리를 받은 사람들의 행장에는 반드시 하사 받은 물목을 기록하였다.

그러나 드러나지 않는 은전일지라도 표리를 하사할 때에는 그 공정성이나 공평성에 있어 신중을 기하고자 했다. 이는 비록 형상刑賞은 임금이 준다 할지라도 그것은 하늘이 명하고 하늘이 벌하는 것으로 이해되었기 때문에 쉽게 다루어서는 안 된다는 인식에 기인한다. 따라서 옛날 명군은 자기 한 몸의 사심을 버리고 천하의 공론에 따라 사사로운 공로에 상을 주지 않고 사사로운 원한에 벌을 주지 않는다고 하였으며, 더욱이 죄가 있으면 훈척 대신이라도 사면하지 않았고 덕행이 있으면 비록 추방된 미천한 사람이라도 버리지 않았다.

특히 상벌이 잘못 행해지는 것을 경계하기 위해 신하들의 목소리도 적극적으로 수용하였다. 이는 국왕으로서 과도한 상벌을 경계하여 공정한 마음을 가지고 꿋꿋한 덕을 발휘함으로써 신하들의 사기를 솟구치도록 하였으며, 큰 벌로써 경계하여 친척이라도 봐주지 않았다.[139]

결국 국왕은 표리를 선물하고자 할 때 그 공의 과다는 물론 다른 사람과의 형평성, 선물을 주고자 하는 당위성 등 명분을 중시했다. 여기에서는 국왕이 내리는 표리가 어떠한 기준에 의해 지급되었으며 이것이 갖는 의미가 무엇인지를 확인하는 것으로써 국왕의 리더십과 어떤 관계가 있는지 살펴보고자 한다.

1) 표리의 지급기준

표리를 하사하고자 할 때에도 절차와 격식에 맞아야 상벌의 의미가 높아지는 것은 주지의 사실이다. 그럼에도 불구하고 등제에 따른 포상이 『경국대전』에는 없다. 국왕의 의지가 관건이 된다는 의미일 것이다. 그러나 국왕의 의지가 전적으로 반영되는 것도 아니다. 그렇다면 과연 언제 어느 때 표리를 주었는지 살펴보는 것으로써 당표리와 향표리의 차이를

---

139) 『明宗實錄』 권5, 明宗 8년 10월 23일(丙申).

확인해보고자 한다.

『경국대전』이전 포폄조를 보면, 경관은 그 관사의 당상관·제조 및 소속조의 당상관이, 외관은 그 도의 관찰사가 매년 6월 15일과 12월 15일에 등급을 매겨 왕에게 보고하는 것으로 사헌부, 사간원, 세자 시강원의 경우에는 등급을 매기지 않는다. 수령은 관찰사가 병마절도사와 같이 상의하여 정하고 제주 3읍은 제주 목사가 등급을 매겨서 관찰사에게 보고한다. 경관은 만 30일, 외관은 만 50일이 되어야 등급을 매길 수 있다. 범죄의 혐의로 추문을 받아 그 때문에 기한 내에 등급을 매기지 못한 자는 그 추문이 끝난 후 관찰사가 바뀌었다 하더라도 그 때의 관찰사가 등급을 매겨서 왕에게 아뢴다. 열 번 고과에 열 번 다 상을 받은 자는 1계階를 올려주고, 두 번 중을 받은 자는 무록관無祿官에 서용하고 세 번 중을 받으면 파직한다. 또 다섯 번, 세 번, 두 번의 고과 중 한 번이라도 중을 받은 자는 현직보다 높은 직을 줄 수 없으며 두 번 중을 받은 자는 파직된다. 당상관인 수령은 한 번 중을 받으면 파직된다.[140]

이후『대전회통』에는 관찰사가 수령을 포폄할 때 병마절도사와 상의하던 것을 폐지함으로써 관찰사의 권한이 더욱 커졌음을 알 수 있다. 그럼에도 불구하고 상급에 대한 명확한 규정이 있는 것은 아니다. 따라서 상벌에 대한 논의는 필요한 때에 행해졌으며 국왕의 과도한 상벌에 대한 제재를 가함으로써 공정성이 유지될 수 있도록 상호 소통하였다.

여기에서는 실제 당표리를 하사한 경우와 향표리를 하사한 실례를 통해 구체적인 차이를 살펴보고자 한다.

(1) 당표리

당표리는 최고의 옷감에 해당하므로 직급을 올려주는 가자 다음으로 귀한 은총이었다. 당표리를 하사하는 대표적인 사례는 다음의 세가지로 구분할 수 있다. 첫째는 백성을 진휼한 공이 있는 신하에게 내리는 경우이

---

140)『經國大典』吏典, 褒貶.

다. 1473년(성종 4) 경기 진휼사賑恤使 한명회에게 당표리를 하사하였으며, 1475년(성종 6) 전주 부윤 윤효순에게 재해를 입은 백성을 잘 진휼한 공로를 인정하여 당표리를 하사했다.

> "민생民生의 휴척休戚은 수령守令에게 달려 있는 것이다. 지난번에 본주本州는 재해를 입어서 백성들이 먹을 것이 많이 모자랐는데, 네가 고을을 다스리면서부터 진휼賑恤한 바가 많아, 구걸하러 다니는 자로 하여금 목숨을 잇게 하고, 유망자流亡者를 복완復完하였으며, 정사가 공평하고 송사가 잘 다스려져서 백성이 그 혜택을 입었다고 하니, 내가 매우 가상하게 여긴다. 이제 당표리唐表裏를 하사 하여 너의 뛰어난 공적을 나타내는 것이니, 잘 받도록 하라."141)

둘째는 왕실 의례에 참여한 신하들의 노고를 치하한 경우이다. 1480년 (성종 11) 왕비 봉숭 때의 진책사를 담당한 영의정 정창손에게 당표리를 하사하였으며,142) 1483년(성종 14) 상의원에 전지하여 국상 중에 수고한 신하들을 위해 당표리를 하사하였다. 1578년(선조 11) 인성왕후 상장에 참여한 삼도감의 총호사에게 당표리를 하사하였으며,143) 1529년(중종 24) 친잠에 입참한 명부들에게 당표리를 하사하였다.144)

> "계유년의 친잠 때에는 입참한 명부에게 모두 당표리를 내려 주었으므로 이번에도 전례대로 해야겠으니 그 필단사초疋緞紗綃가 상의원에 있거든 곧 대내에 들이고 모자란 것은 부경한 행차가 친잠 전에 들어올 수 있거든 수량을 채워서 들이도록 하라. 이번 당표리는 거친 것을 줄 수 없으니 품질 좋은 것을 가려서 주라고 상의원에 말하라."145)

---

141) 『成宗實錄』 권56, 成宗 6년 6월 22일(己亥).
142) 『成宗實錄』 권123, 成宗 11년 11월 28일(甲辰).
143) 『宣祖實錄』 권12, 宣祖 11년 3월 20일(辛未).
144) 『中宗實錄』 권53, 中宗 20년 3월 21일(庚辰).
145) 『中宗實錄』 권65, 中宗 24년 3월 5일(庚子).

셋째는 군공이나 공적에 해당하는 경우로 표리를 하사한 빈도수가 가장 많다. 1509년(중종 4) 군종에 대한 상벌을 보면, 1등은 3자급, 2등은 2자급, 3등은 1자급을 더하되 모두 자궁한 자는 대수代受하게 하여 겹쳐 주지 않도록 하였으며, 향리는 1등은 향리를 면하고 2등은 당사자만 면역을 시켜 주었으며, 3등은 3년동안 면역하며, 천인의 경우에는 1등은 면포 15필, 2등은 10필, 3등은 5필을 주었다. 또한 절도사에게는 당표리 1습을 내리고 우후虞候에게는 가자하여 당상으로 올리도록 하였다.[146] 그러나 1510년(중종 5)에는 다시 군공을 정하는 과정에서 1등은 2자를 가하되 당상관과 자궁한 자는 1자만 더하고 자궁하지 않은 자는 자궁까지만 이르게 하고 남은 자資는 대가하며, 2등은 가자하되 자궁한 자는 대가하고 직첩을 거둔 자는 직첩을 도로 주며, 3등은 별조궁別造弓 1장과 장전長箭 1부를 주도록 했다. 이후 1524년(중종 19)에는 보다 실질적인 공과에 대한 논상을 하고자 했다. 이에 따라 가자加資가 중첩될 경우에는 당표리만을 내렸으며,[147] 신분이 높다할지라도 공로가 없으면 논상하지 않았으며, 신분이 낮다할지라도 호된 추위를 무릅쓰고 이역에 다녀온 경우에는 논상하지 않을 수 없다는 교지를 내렸다.[148] 이는 논상의 목적이 신하들을 격려하고자 하는 동시에 군법을 엄하게 다스리고자하는 의도가 담겨 있는 것으로 보다 실질적인 논상을 통해 누구나 인정할 수 있는 지급기준을 마련하고자 하였음을 알 수 있다.

(2) 향표리

향표리는 목면이다. 그렇기 때문에 당표리보다는 상당히 낮은 수준의 선물이다. 따라서 향표리를 가지고 권면할 수는 없다고 하였지만,[149] 실제 선정을 베풀어 백성의 삶을 편안하게 해 준 감찰 및 여러 집사, 예조낭

---

146) 『中宗實錄』 권8, 中宗 4년 4월 24일(乙酉).
147) 『中宗實錄』 권11, 中宗 5년 7월 25일(己卯).
148) 『中宗實錄』 권50, 中宗 19년 1월 28일(癸巳).
149) 『中宗實錄』 권93, 中宗 35년 5월 15일(丙午).

청, 목사, 부사, 종사관, 현감, 군수 등 당하관 이하의 관리에게 지급함으로써 국왕의 마음을 전달하고자 했다.

그러나 향표리가 권면의 대상이 되지 못한다고 했을지라도 상이 너무 지나치면 격려하기는커녕 도리어 요행의 길을 열게 된다고 하여 은상恩賞을 내릴 때에는 경중을 짐작하여 그 수고에 보답하고자 하였다.[150]

향표리를 지급하는 구체적인 내용은 다음과 같다. 첫째는 흉년을 구제한 경우이다. 1513년(중종 8) 홍원 현감 김윤옥, 정평 부사 이계의, 이성 현감 윤극하 등이 마음을 기울여 흉년을 구제하였기 때문에 향표리를 지급하였으며,[151] 1548년(명종 3) 김해 부사 김수문과 현풍 현감 신난무도 구황을 잘했다고 하여 향표리를 받았다. 1581년(선조 11)에는 경기어사의 서장에 따라 도내에 선정을 베푼 인천 부사 임영로, 고양 군수 이소, 죽산 현감 김취려에게는 향표리를 주었으나 구황을 착실히 하지 않은 여주 목사 이인과 부평 부사 김시민은 파출시켰다.[152]

둘째는 청렴하고 옥송처리를 부지런히 한 경우이다. 1515년(중종 10)에는 청백리로 뽑힌 담양 부사 박상, 여산 군수 송흠에게도 향표리를 지급하였다.[153] 1524년(중종 19) 성주 목사 이현보에게 향표리를 내리며 하유下諭한 내용을 통해 그 청렴성을 알 수 있다.

"네가 받은 고을은 땅이 크고 인물이 많으므로 백성을 돌보는 직임을 맡아보기가 참으로 어려운데, 공정하고 청렴하며 근면하고 근신하여 혜택이 백성에게 미친다하니 내가 매우 아름답게 여긴다. 특별히 향표리를 내려 내가 권려하는 뜻을 보이니 너는 내 지극한 마음을 알아서 끝내 변하지 말라."[154]

150) 『中宗實錄』 권98, 中宗 37년 6월 1일(庚辰).
151) 『中宗實錄』 권18, 中宗 8년 9월 13일(戊寅).
152) 『宣祖實錄』 권15, 宣祖 14년 4월 5일(戊戌).
153) 『中宗實錄』 권21, 中宗 10년 2월 10일(甲辰).
154) 『中宗實錄』 권50, 中宗 19년 1월 21일(丙戌).

이처럼 옥송처리를 부지런히 하고 조심스럽게 하여 백성들이 고통을 받지 않도록 한 경우에 지급한 결과 1530년(중종 25) 파주 목사 채세걸蔡世傑은 요역과 부렴을 가볍게 하여 백성들이 고통 받지 않도록 선정을 베풀었다고 하여 칭찬하고 장려하는 뜻으로 향표리를 하사하였다.

이 외에도 성균관에서 알성하고 대사례연을 행한 후 활쏘기를 잘한 경우에 향표리를 지급하였으며,[155] 회맹에 입참한 공신과 적장들도 등급에 따라 각각 논상을 지급하였다. 그러나 향표리가 포상의 조건에 미약하다고 생각되는 경우에는 자급을 올려주기도 하였다. 이는 논상의 단계가 정해져 있다할지라도 각각의 경우에 따라 가감이 있었던 것도 사실이다. 1551년(병종 6) 공주 목사 허백기는 전에 강등시켰는데 선정을 베풀었다고 하여 자급을 돌려주고 향표리 한 벌을 주었다.[156]

(3) 향표리의 의미

향표리는 비단 종류가 아니라 목면이다. 그렇기 때문에 향표리를 준다는 것이 대단히 높은 선물로 인식되지는 않았다. 그러나 상을 지급하는데 있어 '과한 것은 모자란 것만 못하다.'는 생각을 하고 있었기 때문에 상을 내릴 때에는 그에 합당한 상을 내리고자 했다. 특히 향표리는 당하관 이하의 관리로서 백성들과 가장 가까이에서 그들의 삶에 관여하는 사람들이다. 그들이 선정을 베풀어 살기가 편하다면 임기가 끝났을 때 백성들이 계속 남아주기를 원하여 직접 국왕에게 상언을 올렸다. 이러한 경우 국왕은 백성들의 의견도 중시하였지만 선정을 베푼 신하에 대한 격려를 어떻게 할 것인가를 중요하게 생각했다.

"해주 목사 박우는 청렴하고 간솔하며 또 백성을 잘 다스리기 때문에 백성들이 계속 직에 머물기를 청한다고 한다. 잉임하는 일은 단서를 열어서는 안되므로 전에는 혹 가자한 경우도 있었다. 그러나 가자加資는 너무 중하니

---

155) 『中宗實錄』 권77, 中宗 29년 8월 10일(庚戌).
156) 『明宗實錄』 권11, 明宗 6년 3월 15일(癸卯).

향표리를 내려 보내 고을 백성들로 하여금 조정에서 권장하는 뜻을 알게 하라."157)

이처럼 국왕이 직접 표창表彰에 관여하여 지급하는 것은 결국 나라의 흥성을 위한 것이었다. 1743년(영조 19) 영조는 세자를 불러 상급의 의미를 피력하였다.

"국가의 흥망興亡은 정직한 자를 포장褒章하고 충성된 자를 표창하는 데에 달려 있으니 나라에 정직한 신하가 있으면 흥성하고 나라에 정직한 신하가 없으면 멸망하는 것이다. 오늘 내가 너를 시좌하게 하는 것은 너로 하여금 내가 정직한 신하를 장려하는 뜻을 알게 하려는 것이다."158)

영조가 내린 수서手書의 내용을 보면, "경의 정직함을 가상히 여기고 경의 충성을 포창하여 표리 10필을 내리니 경은 영수領受하도록 하라."고 함으로써 세자에게 상급을 내리는 의미를 옆에서 지켜보도록 했다.

특히 영조시대에는 '새서표리璽書表裏'라고 하여 새보璽寶를 찍은 유서諭書와 함께 표리를 하사하였다. 이때 내리는 표리는 관복감으로써 일반 표리와는 그 의미가 다르다. 1753년(영조 29) 통천 군수 정석교에게 표리를 주었으며,159) 1754년(영조 30)에는 파주 목사 신종하160), 광주 목사 김시영, 나주 목사 민백남에게 표리를 하사하였다.161) 그 이후에도 영흥 부사 이방수, 길주 목사 이은춘,162) 영덕 현감 이근 등 5인에게도 새서표리를 내렸다.163) 영광 군수 이성억과 나주 목사 이사관에게도 새서표리의 은전을 특사하였으며,164) 진휼을 잘한 서천 군수 나충좌에게도 특별히 새서표

---

157) 『中宗實錄』 권92, 中宗 35년 1월 15일(戊申).
158) 『英祖實錄』 권58, 英祖 19년 7월 25일(乙巳).
159) 『英祖實錄』 권80, 英祖 29년 12월 5일(乙酉).
160) 『英祖實錄』 권81, 英祖 30년 2월 1일(辛巳).
161) 『英祖實錄』 권82, 英祖 30년 7월 23일(庚子).
162) 『英祖實錄』 권83, 英祖 31년 2월 13일(丁巳).
163) 『英祖實錄』 권86, 英祖 31년 10월 2일(壬寅).
164) 『英祖實錄』 권105, 英祖 41년 5월 25일(己亥).

리를 사급하도록 명하였다.[165)]

조선왕조실록을 통해볼 때 진휼을 잘한 지방관에게 사급하던 표리는 향표리였다. 그런데 영조시대에 접어들면서 새서표리라 하여 유서와 함께 표리를 지급하였을 뿐 아니라 논공행상에 따른 차이를 두고자 구체적인 규식을 하교하였다.

> "진휼한 고을의 수령에 대해 논공행상하는 것은 거기에 따른 순서가 있는데 품계를 올려 주는 것, 새서표리를 주는 것, 표리를 주는 것, 준직準職하는 것, 숙마를 주는 것, 승진시켜 서용하는 것, 아마를 하사하는 것 등 일곱 등급이다. 이른바 새서표리에 대한 은전은 이름만 있고 실지는 없으므로 새서가 없는 표리를 주고 마첩馬帖을 주는 것과 그리 차이가 없으니 앞으로는 규식이 있어야 하겠다. 만약 새서표리를 상으로 주는 일이 있을 경우에는 유서에 그의 실적에 대해 문구로 지어낸 다음 어인을 찍어 싸서 전하게끔 계하啓下해야 하는데 유서의 사체는 돈유敦諭나 별유別諭 등등의 글과는 다름이 없으니 승지가 대신해서 짓게끔 규식으로 삼도록 하라. 그리고 새서가 없는 표리와 마첩의 지급은 그전처럼 분부가 있다는 것으로 만들어 보내도록 하라."[166)]

영조시대 이전에는 앞에서 살펴본 바와 같이 진휼을 잘한 지방관에게 향표리를 지급하였다. 그런데 영조 대에는 새보를 찍은 유서와 함께 표리를 줌으로써 차등을 주고자 했음을 알 수 있다. 다만 영조 대에는 사치를 막기 위해 상방尙方에서조차 옷감을 짜는 직기를 없앴다. 그러므로 차별화된 표리를 내리기 위해서는 다른 방안이 마련되었을 것으로 보이며 그 대안이 새서표리가 아니었나 한다. 즉 국왕의 유서와 함께 향표리가 전달될 때 그것이 갖는 힘은 다른 어떤 것보다도 클 것이기 때문이다.

---

165) 『英祖實錄』 권122, 英祖 50년 5월 23일(乙亥).
166) 『正祖實錄』 권15, 正祖 7년 5월 22일(壬子).

3. 잔치

조선시대 국왕이 내리는 잔치는 기쁨을 같이 나눔으로써 사회 구성원 간의 유대를 두텁게 해주기 위한 선물 중 하나이다. 잔치에는 회례연, 양로연, 진연, 사객연 등이 있다. 이들은 모두 나라에서 정한 공식적인 잔치에 해당한다. 그 중 회례연, 양로연, 진연은 모두 왕과 신하 사이의 예이며, 사객연은 나라와 나라 사이의 예에 해당한다.

회례연은 대개 정조에 치러지는 것으로 왕은 문무백관과 함께 왕비는 내명부, 외명부와 함께 하여 회합을 꾀하고자 했다. 이처럼 회례연을 거행하는 것은 조정의 예의는 공경하는 것을 으뜸으로 하고 임금과 신하의 분수는 엄숙한 것을 으뜸으로 하지만 군신이 함께 연회를 여는 것은 위와 아랫사람의 사이에 정과 뜻을 교환하는 일이었다.[167]

양로연은 늙은이를 귀하게 여기는 것으로 노인에 대한 공경을 드러냄으로써 백성에게 효심이 감발感發 되기를 기대하는 것이다. 따라서 지위의 높고 낮음을 헤아리지 않고 비록 지천至賤한 사람이라도 모두 들어와서 참예하게 하였다.[168] 이처럼 백성과 함께 기쁨을 나누고자 했던 기본 정신은 회례연과 크게 다르지 않다. 특히 회례연은 노인에 대한 공경이다. 이는 국왕이라도 예외는 아니다. 1795년 정조는 아버지 사도세자와 어머니 혜경궁의 회갑연을 맞아 이를 경축하며 기쁨을 표하고자 했다. 이것이 자식의 도리라 생각했기 때문이다.

그러나 정중하게 음식을 대접하며 술을 따라 올리는 것은 서인들이 하는 일이고, 잔치자리를 마련해 내·외빈을 초청하는 것은 경대부들이 하는 일이며, 정사를 보며 백성과 즐거움을 함께 하는 것은 임금이 하는 일이라고 생각했다.[169]

그렇다면 양로연을 받는 노인들의 마음은 어떤 것일까? 그들은 국왕을

---

167) 『世宗實錄』 권56, 世宗 14년 5월 3일(庚申).
168) 『世宗實錄』 권57, 世宗 14년 8월 17일(癸卯).
169) 이민주, 「의복으로 살펴 본 조선시대 잔치 풍경」, 『조선 궁중의 잔치, 연향』, 글 항아리, 2013, 220쪽.

위해 무언가를 보답하고자 했으며, 그들이 줄 수 있는 최고의 선물로
보답하고자 했다.

> "신은 본디 재주와 덕이 없는 사람인데 나이 90세에 이르러 지금 성대한
> 예식을 보게 되니 즐거움이 다함이 없으므로 다른 것은 보답할 것이 없으며
> 다만 신의 수壽를 바치기를 원할 뿐입니다."[170]

인간에게 장수는 그 무엇과도 바꿀 수 없는 가장 귀한 선물이다. 양로
연을 받은 노인이 자신이 갖고 있는 것 중 가장 귀한 장수를 선물하고자
하였을 때 실제 장수를 줄 수는 없다 할지라도 최고의 선물을 주고 싶어
하는 마음의 정을 느낄 수 있다.

진연은 명절과 탄신을 맞거나 병환을 털고 일어나는 등 나라에 기쁜
일이 있을 때 베풀었던 왕실의 공식 연향이다. 규모에 따라 진풍정, 진찬,
진작 등으로 구분한다. 그런데 이들 진연은 왕실의 공식적인 연향이긴
하지만 잔치를 받는 대상이 국왕을 비롯하여 왕비, 왕세자, 왕세자빈 등
왕실의 가족이다. 그러다 보니 아무리 축하하고 싶은 마음이 있다할지라
도 받는 입장에서 오히려 나라 안팎의 여러 가지 상황을 고려하여 최소한
의 잔치만을 허용하였다. 이것이 바로 백성들과 기쁨을 같이 나누고자
하는 마음의 또 다른 방향성으로 작동한다.

1795년 혜경궁의 회갑연을 치를 때의 일이다. 혜경궁의 탄신일은 6월
18일이다. 그런데 이미 윤 2월 9일부터 16일까지 7박 8일간의 여정으로
화성에서 진찬연을 베풀었다. 따라서 다시 회갑연을 치르는 것에 대해
혜경궁은 탐탁해하지 않았다. 그 이유는 첫째 잔치를 한 번 치르기 위해서
는 생각했던 것보다 훨씬 많은 비용이 든다는 점, 둘째 흉년이 연이어
일어나거나 날씨에 변고가 생길 수 있는 점, 셋째 나라에 우환이 있거나
상중喪中이어서 치르기 어려운 점 등이다. 비록 이 때에는 이러한 경우는
아니었기 때문에 신하들과 정조가 진연을 청하자 거절하지 못했다. 다만

---

170) 『世宗實錄』 권69, 世宗 17년 9월 6일(甲戌).

크게 벌이지 않고 규모를 줄여 간단히 하는 것으로 절충안을 마련하여 백성들에게 민폐를 끼치는 일이 없도록 배려하였다.

사객연은 이웃 나라와의 우호를 다지고자 중국, 일본, 유구국 등 각 나라의 사객에게 베푸는 잔치이다.

한편 이와 같은 공식적인 잔치 외에도 국왕이 직접 내리는 다양한 잔치가 존재한다. 따라서 여기에서는 국왕이 신하는 물론 일반 백성들에 이르기까지 공식적인 잔치가 아니라 비공식적이고 비정기적인 잔치를 내려준다. 그 이유가 무엇일까?

특히 잔치를 내릴 때 반드시 하사하는 것이 술이다. 물론 음식과 기타 의복도 내려주지만 가장 대표적인 것이 술이므로 여기에서는 술이 갖는 의미를 통해 국왕의 온정이 어떻게 내려졌으며, 그에 따라 리더십이 어떻게 구현되었는지 살펴보고자 한다.

1) 금주령의 의미

조선 전 시대를 거쳐 금주령이 내려지지 않은 해가 없을 정도로 조선의 금주령은 일상적이었다. 처음에 술을 마시지 못하도록 법령을 세운 것은 1395년(태조 4)의 일이다. 헌사에서 술이 사람의 본성을 해치고 화란을 낼까 염려한다는 이유로 금주령을 내리자고 상소를 올렸다. 그 내용은 다음과 같다.

> "고려조 말기에 기강이 무너지고 예제가 허물어져서 사대부들이 모두 옛날 진나라 사람의 풍류를 따라 쑥대머리로 술을 마시는 것을 스스로 마음이 넓고 달통한 사람이라 하고 예법을 폐기하고 세상만사를 잊어버리니 서민들이 또한 이를 본받아 드디어 풍속이 되어 지금까지 고쳐지지 않고 있습니다. 손님을 대접하는 집을 보면 지위의 고하를 막론하고 사치만 서로 숭상하여 여러 날 동안 준비하고, 술이 궐내에서 쓰는 법주가 아니고 과자가 진기한 것이 아니며 기명이 상에 가득 차지 않으면 감히 손님을 청하지도 않으니 이것이 어찌 재물만 허비할 뿐이겠습니까? 그 손실은 더할 나위가

없을 정도에 이르니 심한 자는 한 번에 두어 말의 술을 마시고 여러 날 동안 정신없이 취하여 시간을 모르고 일을 폐하는 데에 이릅니다. 원하옵건 대 지금부터 종묘의 제사와 임금과 신하의 연회와 사신의 영송 이외에는 신하들은 관직의 고하를 막론하고 여러 사람이 모여서 함부로 술을 마시는 것을 금하여 사무를 폐하는 일이 없게 하고 공상工商·천례賤隸들도 떼를 지어 술을 마시는 것을 금하여 본성을 잃고 재화를 부르는 원인을 제거하고 만약 범하는 자가 있으면 죄를 다스려서 크게 징계하되 기한을 정하지 말고 영구한 법령으로 삼으소서."171)

이렇게 내려진 법령이지만 수시로 내려지는 금주령을 통해 그 효력은 시간이 지나면서 약화되었다. 그렇다면 나라의 법이 지엄한데 금주령이 왜 지켜지지 않았을까?

그것은 서인庶人에게만 해당하는 것으로 귀인이나 근신에게는 행하지 않았으며,172) 또 여러 사람이 모여서 연음宴飮하는 것이 아니면 금하지 않는 등173) 금주의 제한이 그다지 엄격하지 않았던 데에 그 원인이 있다. 그러나 1412년(태종 12) 이후에는 금주령이 점차 엄격해져 칠성군漆城君 윤저尹柢는 특별히 국왕에게 술을 내려줄 것을 청했다. 그 이유는 다음과 같다.

"신이 일찍이 안마鞍馬의 하사를 받았으되, 은총과 영광이 지극합니다. 신이 잔치를 준비하여 의정부의 기로耆老와 더불어 한 번 즐기고자 하나 다만 금주령이 엄하니 원컨대 궁온을 하사하여 신의 뜻을 이루어 주소서."174)

이에 국왕이 술과 풍악을 내려주고자 했으나 대사헌 유정현柳廷顯이 금 주하는 때를 당하여 술을 주는 것은 명분이 없다고 이야기 하자 이에 국왕도 수긍하였다. 비록 술을 내리지는 않았지만 엄격한 규정을 적용시

171) 『太祖實錄』 권7, 太祖 4년 4월 25일(戊子).
172) 『太宗實錄』 권10, 太宗 5년 8월 4일(丁卯).
173) 『太宗實錄』 권10, 太宗 5년 8월 14일(丁丑).
174) 『太宗實錄』 권23, 太宗 12년 5월 22일(乙巳).

키지 않은 금주령이었으며, 공식적으로 금주령을 해제하는 경우도 있었다. 1429년(세종 11) 금주령 해제에 대한 공식적인 논의가 있었다. 대사헌 조치曹致가 "술을 쓰는 길은 하나이니 법도 있게 마시면 복을 받고 법도 없이 마시면 화를 받는데 술이 과하여 사람이 상하기까지 하므로 공식적인 행사에 사용하는 술을 제외하고는 일절 금단하여 헛된 소비를 덜게 하고 예속禮俗을 이루게 하라."는 상소를 올렸다. 그러나 국왕의 생각은 달랐다. 국왕은 "술을 금지하는 일은 그 규찰을 상밀하게 하지 못하여 왕왕 빈궁한 자가 우연히 탁주를 마시다가 붙잡히는 수가 있고 호강하고 부유한 자는 날마다 마셔도 감히 누가 무어라고 말하지 못하니 매우 고르지 못하다. 그러므로 금하지 않는 것이 옳겠다."175)고 하여 금주령을 공식적으로 완화하는 결정을 내렸다. 그러나 이 역시 완벽하지 않았다. 나라에 큰일이 있을 때에는 금주령을 완화하기도 하고 다시 강화하기도 하였으므로, 금주령을 수시로 내리는 원인이 되기에 이르렀다.

조선시대에는 금주령을 해제하는 시기가 별도로 있었다. 먼저 생원시 방방放榜 이후의 3일 동안 금주령이 해제된다. 성균관, 예문관, 교서관의 삼관에서 새 생원을 축하하는 것은 고풍古風이니 3일 동안 술을 마시고 그치는 것이 마땅하다고 했다.176) 또한 복시를 보고 난 후에도 문과와 무과는 전례에 따라 3일 동안 경하하고 술을 마시도록 했다.177) 또 비가 내려 우택雨澤이 흡족하게 되면 술을 금하는 영을 폐지하였으며, 날씨가 서늘해져 농사가 이미 판가름 난 경우에도 금주령을 파하도록 했다.178)

"주금酒禁은 천계天戒를 삼가고 비용을 줄이기 위한 것인데 이제는 이미 비가 내렸으며 가난한 백성이 어쩌다 한 병의 술을 얻어 서로 모여서 마시다가 적발되어 죄를 받는 것은 가엾으니 이제부터는 함부로 모여서 술을 마시는

---

175) 『世宗實錄』 권43, 世宗 11년 2월 25일(辛丑).
176) 『太宗實錄』 권33, 太宗 17년 2월 16일(癸酉).
177) 『太宗實錄』 권33, 太宗 17년 4월 8일(甲子), 『世宗實錄』 권3, 世宗 1년 4월 4일(戊寅).
178) 『成宗實錄』 권293, 成宗 25년 8월 10일(丙寅).

자가 아니면 금하지 말라."[179]

이상의 이유로 금주령을 해제하는 경우도 있었으나 중종 이후에는 금주령이 내려져 있는 기간에는 유가游街도 하지 못하게 함으로써 금주령을 강화했다.[180] 영조 대에는 더욱 금주령이 강화되자 이에 대한 폐단을 논하는 경우도 있었다. 정언 박상로가 금주령으로 인한 폐단을 논하면서 10개 조항의 문답을 올렸다.

> "종묘와 사직에 술을 쓰지 않아 예절에 위배되는 것이 첫째요, 빈객과 의약
> 에 술을 쓰지 않아 인정에 위배되는 것이 둘째이며, 이웃에게 연좌법을
> 적용하는 것이 셋째요, 포도청이 금지하는 것을 맡는 것이 넷째이며, 추출
> 한 관원이 소란을 피우는 것이 다섯째요, 수령들이 이로 인해 자주 바뀌는
> 것이 여섯째이며, 법제가 이로 인해 자주 변경되는 것이 일곱째요, 형벌과
> 옥사가 이로 인해 많이 남용되는 것이 여덟째이며 언로가 이로 인해 막히는
> 것인 아홉째요, 민심이 이로 인해 흩어지려고 하는 것이 열째입니다."[181]

이에 대하여 영조는 연소한 대각의 신하가 백성을 위해 소를 올렸으니 가상하기는 하나 오로지 술을 금지한 폐단을 논하며 장황하게 문답을 늘어놓아 금령을 어지럽혔으며, 또 수령을 자주 체차하는 것을 지금의 폐단이라고 하였는데 자주 체차하는 폐단이 술을 금지하는 폐단과 경중을 비교할 때 어느 것이 더 중한가를 물으면서 박상로를 사적에서 삭제하도록 했다. 이처럼 국왕이 금령을 엄격하게 지키고자 한 이유는 나라가 나라 구실을 하자면 법령에 믿음이 있어야한다고 생각했기 때문이다. 따라서 고종도 비단 술 빚는 것을 금지하는 것뿐만 아니라 법령이 한 번 나오면 권세있는 집에서는 감히 어쩌지 못한다고 하면서 먼저 법을 위반하여 스스로 법을 능멸하는 죄과에 빠진다는 것을 알지 못하고 있으

179) 『成宗實錄』 권167, 成宗 15년 6월 14일(己巳).
180) 『中宗實錄』 권74, 中宗 28년 5월 6일(戊申).
181) 『英祖實錄』 권104, 英祖 40년 9월 11일(庚申).

니 놀랍고 한탄스럽다고 생각하고 금령을 잘 지킬 것을 계속해서 권면하고자 했다.[182)

2) 선온(宣醞)

선온은 국왕이 신하에게 내리는 술이다. 술을 내리는 많은 경우의 대부분은 크게 대외와 대내로 구분할 수 있다. 대외는 외국에서 사신들이 왔을 때 내려주는 것이고 대내에서는 축하 또는 격려할 일이 있을 때 근신은 물론 지방에 있는 백성들에게까지 내려주었다. 여기에서는 특히 공식적인 잔치인 회례연, 양로연, 진연, 사객연 등에서 벗어나 개인적인 잔치에 내리는 선온을 중심으로 그 의미를 살펴보고자 한다.

(1) 잔치의 하이라이트 술

『조선왕조실록』을 통해 보면 금주령이 내려진 속에서도 국왕이 술을 내리는 것을 자주 확인할 수 있다. 그 중 몇가지 예를 살펴보면 1455년(세조 1) 사정전에서 좌익공신에게 물품을 하사했다. 그리고 술이 두어 순배에 이르렀을 때 국왕이 궁인宮人을 불러 음악을 연주하게 하고 말하기를, "내가 경들을 사랑하는 뜻을 표시하고 또 즐겁고 흡족함을 다하려는 것이다."라고 하여 술을 통해 국왕의 마음을 전달하고자 했던 것이다.[183)

또 1454년(단종 2)에는 기로들이 교외에서 잔치를 베푸니 술과 풍악을 내리고 또 쌀 15석과 면포 20필을 내려주어 잔치의 비용을 삼게 하였다. 해마다 3월 3일과 9월 9일에 교외에서 잔치를 베풀 때 다만 술과 풍악만을 내려주었는데 이번에는 특별히 쌀과 면포를 내려 주었다.[184)

1490년(성종 21) 이조참판 윤은로가 아비 영돈녕에게 헌수獻壽한다고 하므로 이미 풍악을 하사하도록 명하고 오늘 입번한 홍문관 직제학 허침과 수찬 허집으로 하여금 선온을 가지고,[185) 가게 하는 등 아주 많은

---

182) 『高宗實錄』 권14, 高宗 14년 1월 6일(壬戌).
183) 『世祖實錄』 권2, 世祖 1년 9월 14일(丙戌).
184) 『端宗實錄』 권10, 端宗 2년 3월 3일(甲寅).

경우에서 술을 내리고 있는 것이 확인된다.

이와 같이 금주령을 내렸음에도 불구하고 술을 내려준 것은 국왕이 신하들을 사랑한다는 뜻의 표시이고 같이 동참하여 즐겁고 흡족함을 다하려고 한다는 것이었다. 이는 정해진 틀로만 나라를 다스릴 수 없고 그것이 전부가 아니었음을 터득한 결과가 아니었을까 한다. 따라서 국왕은 채찍을 주기도 하고 당근을 주기도 하면서 운영의 묘미를 발휘하였으며 이는 결국 백성들에게 지도자로서의 능력을 보여줄 수 있는 단면이 되기에 충분하였다고 본다.

(2) 술을 허락하는 여러 가지 이유

옛 사람들은 머물 때에는 향연하는 의식이 있어야 하고 헤어질 때에는 전송하는 예가 있어야 하는데 이는 술 마시기를 숭상하려 하는 것이 아니라 인정을 후하게 하고 풍속을 도탑게 하려는 것으로 성인이 예절을 제정한 뜻이 지극한 것이라고 생각하였다. 그런데 후세에 이르러서 인심이 예전 같지 아니하고 고려의 말년에 와서는 대소 신료들이 직무에 부지런하지 아니하고 오직 술만을 숭상하여서 그 체모를 잃어버리고 그 신명을 해치는 자가 자주 있었기 때문에 아조에서는 모여서 마시며 맞이하고 전송하는 금령을 엄하게 세워서 인심을 맑게 하고 세상 도의를 돌리려 했기 때문에 금주령이 내려진 것이라고 하였다. 그러나 금주령이 내린 중에도 술을 허락하는 때가 있었다. 『조선왕조실록』을 통해 술이 허락된 예를 찾아보면 다음의 몇 가지 사례로 정리할 수 있다.

첫째는 약으로써의 술을 복용할 수 있었던 경우이다. 1394년(태조 3) 헌사에서 금주를 엄격하게 하니 장무인 잡단 김구덕을 불러 명하기를, "무릇 사람으로서 병이 있는 자는 혹 술을 약으로 마시게 되는데 개괄하여 범령으로써 죄를 가하는 일이 옳겠는가? 대저 금주는 잔치를 베풀어 술을 마셔 몹시 취하지 못하게 할 뿐인 것이다."[186]라고 하여 술을 마시는 것을 허락하였다.

---

185) 『成宗實錄』 권237, 成宗 21년 2월 13일(乙未).
186) 『太祖實錄』 권5, 太祖 3년 1월 13일(癸丑).

둘째는 신하들의 집에서 잔치가 있을 때 국왕이 신하들과 함께 기쁨을 같이 나누고자 한다는 마음의 정표를 전달하는 경우이다. 1397년(태조 6)에는 개국공신 좌정승 조준 등이 우정승 김사형 등을 위하여 잔치하니 임금이 술을 쓰도록 허락하였다.[187]

또 1431년(세종 13) 윤봉이 그의 아우 윤중부의 집에서 잔치를 베풀고 창성·장정안 두 사신을 위로하므로 내관 최습에게 명하여 술과 고기를 가지고 가서 그들에게 주도록 하였다.[188]

셋째는 장수한 백성들을 위해 은총을 내리고자 할 때 국왕은 술로써 그들을 격려하고 위로했다. 또 여기에 여러 가지 선물도 겸하였다.

1432년(세종 14) 이정간의 어머니는 나이가 90세를 넘었으며 자손이 번성하여 진실로 칭찬할 만했다. 이에 국왕이 두터운 은총을 내리고자 하니 대언들이 말하기를 "마땅히 잔치를 내리시고 안팎 옷감을 은사하는 것이 좋겠습니다."라고 하였으나 과중한 것 같다고도 했다. 그러나 안숭선은 "지금 이 부인은 나이가 늙었을 뿐만 아니고 온 가문에서 효도하고 우애하는 풍습은 사림에서 감모感慕하고 있습니다. 지금 그의 손자 이예장이 과거에 급제하였으니 반드시 영친연榮親宴을 베풀 것이므로 거기에 내사를 보내어 따로 술과 과일을 하사하여 위로하는 것이 편의하겠습니다." 하였다.[189]

넷째는 비단 남자들만을 위로하는 것이 아니라 양로연에 참여하지 못하는 부녀에게는 별도로 쌀과 술을 하사하였다. 이는 서울에만 국한된 것이 아니라 지방에도 서울의 예에 의거하여 수령에게 남녀별로 집을 달리 하여 잔치를 베풀어 주도록 했다. 이 때 벼슬이 있는 사람의 아내에게는 쌀 한 섬과 술 다섯 병을 주고, 벼슬이 없는 사람의 아내에게는 쌀 두 섬과 술 세 병을 주고 아울러 어육을 갖추어서 그 집에 보내주었다.[190]

187) 『太祖實錄』 권11, 太祖 6년 2월 17일(庚子).
188) 『世宗實錄』 권54, 世宗 13년 12월 8일(己亥).
189) 『世宗實錄』 권56, 世宗 14년 4월 25일(癸丑).

다섯째는 만나고 헤어질 때 그 정을 나누는 것이 예였으므로 그러한 경우 국왕은 전별의 의미를 더욱 뚜렷이 하고자 술을 하사하였다.

예전에는 친척·고구故舊가 서로 만나는 때에는 반드시 연향하는 것으로 예를 삼았으니 대개 그 기쁜 마음을 다하게 하여 예절이 있는 풍속을 성취하려는 것이었다. 고전을 상고하여 보니 향음주례를 베풀어서 친목을 도탑게 하였으니 『시경』에 이르기를, '오래도록 밤에 마시는데 취하지 아니하면 돌아가지 아니한다.'고 하였고 또 말하기를 '한후韓侯가 여행하는데 도屠 땅에 나와 잤다. 현부縣父는 전송하는데 맑은 술이 백 병이라.'하였으며, 『가어家語』에 자공子貢이 사제蜡祭를 구경하니 공자가 말하기를 '사賜야 즐거운가.'하니 '온 나라 사람이 다 미친 것 같습니다. 저는 그 즐거움을 알지 못하나이다.'하매 공자가 말하기를, '백날을 수고하다가 하루 즐기는 것이니 하루의 혜택은 너의 알 바가 아니다. 버티기만 하고서 풀지 아니하는 것은 문왕·무왕도 못하며, 풀기만 하고 버티지 않는 것은 문왕·무왕이 하지 않는다. 한번 버티고 한번 푸는 것은 문왕·무왕의 도道이다.'하였다.

> "국가에서 회음會飮하여 맞이하고 전송하는 것을 금하는 것은 비록 아름다운 법이라고 말하오나 보내고 맞이하는 것은 예절의 큰 것이온데 비록 지친이라도 금령에 구속되어 아버지가 그 아들을 전송하지 못하고 아우가 그 형을 전송하지 못하여 이로 인하여 인심과 풍속이 날로 박하여져서 고인古人의 중후忠厚한 뜻을 저버리게 되었습니다. 성내에서 무리지어 술 마시는 것은 금한다 할지라도 옛날에 시행했던 것처럼 문 밖에서 송별하는 것은 금하지 말게 하십시오."[191]

그러나 이러한 예는 법이나 제도에서는 다룰 수 없는 것으로 지극히 국왕의 인간적인 온정에서 내려지는 것이므로 일반 백성들은 이러한 국

---

190) 『世宗實錄』 권60, 世宗 15년 5월 3일(乙卯).
191) 『世宗實錄』 권101, 世宗 25년 9월 21일(壬申).

왕의 따뜻한 마음을 느낄 때 더욱 국왕에 대한 충성심이 생기고 그를 따르고자 하는 마음이 자연스럽게 생기는 것이다. 이에 조선왕실의 국왕들은 선온을 통해 백성과 인간적인 교감을 하길 원했으며 그러한 결과는 500여 년이라는 세월동안 계속 유지된 것을 통해서도 법이나 제도에 앞선 인정의 정치, 사랑의 정치가 국왕의 리더십 발현에는 보다 효과적이었음을 확인할 수 있는 기회가 되었다고 생각한다.

참고문헌

1. 자료

『孟子』(장서각 K1-174)
『禮記注疏』
『大明律』
『萬機要覽』(민족문화추진회, 1989)
『三國史記』
『高麗史』
『朝鮮王朝實錄』
『承政院日記』
『備邊司謄錄』
『日省錄』
『銀臺條例』
『銀臺便攷』
『國朝五禮儀』
『國朝五禮序例』
『經國大典』
『續大典』
『典錄通考』
『典律通補』
『六典條例』
『大典通編』
『大典會通』
『聖學輯要』
『尙方定例』
『推案及鞫案』
『科擧謄錄』(各司謄錄 83~86, 국사편찬위원회, 1996)

『國朝寶鑑』(세종대왕기념사업회, 1976)

『國朝征討錄』(장서각 貴B6B-99-4)

『德溫公主嘉禮謄錄』(장서각 K2-2632)

『謄錄類抄』(各司謄錄 64~66, 국사편찬위원회, 1993)

『武科總要』(아세아문화사, 1974년)

『西銓政格受敎筵奏輯錄』(장서각 K2-3328)

『受敎輯要』(朝鮮總督府中樞院編, 正文社, 1989)

『新增東國輿地勝覽』

『國朝功臣錄』(장서각 도서분류 2-622)

『錄勳都監儀軌』(장서각 도서분류 2-2857)

『正祖國葬都監儀軌』

『兩銓便攷』

『燃藜室記述』

『大東野乘』

『文獻通考』

『銓注纂要』(栖碧外史海外蒐佚本 17, 아세아문화사영인본, 1984)

『增補文獻備考』

『講官論』

『列聖朝繼講册子次第』

『弘文館志』

『海東名將傳』

『五衛陣法』

『紀效新書』

『登壇錄』

『兵政』

『受敎輯錄』

『漢京識略』

『宣傳官廳薦案』

『林下筆記』

『儀註謄錄』

『御營廳中旬謄錄』

『册封慶龍虎榜』

『武科總要』

『三峰集』

『磻溪隧錄』

『五洲衍文長箋散稿』

『芝峯類說』

『등단록』(장서각 K2-520)

『발부총록(發符總錄)』(규장각한국학연구원 규11648)

『선전관청천안(宣傳官廳薦案)』(규장각한국학연구소 규9758-v.1-7)

『한경지략(漢京識略)』

『병정(兵政) 외 오종(五種)』(아세아문화사, 1986)

『의주등록(儀註謄錄)』(장서각 K2-4794)

『수원 들목조씨 고문서』(화성시, 2006)

2. 저서

강석화, 『조선후기 함경도와 북방영토의식』, 경세원, 2000.

권연웅, 『동아사의 비교연구』, 일조각, 1987.

구수석, 『정조시대 훈련대장 구선복』, 민창사, 2007.

국립고궁박물관, 『조선 궁중의 잔치, 연향』, 글항아리, 2013.

_____, 『조선의 역사를 지켜온 왕실여성』, 글항아리, 2014.

_____, 『조선시대 궁중행사도』 I, 2010.

김 돈, 『조선 전기 군신권력관계 연구』, 서울대학교 출판부, 1997.

김우철, 『조선후기 지방군제사』, 경인문화사, 2000.

金鍾洙, 『朝鮮後期 訓鍊都監의 設立과 運營』, 서울대학교 박사학위
　　　　논문, 1996.

김종수, 『조선후기 중앙군제연구-훈련도감의 설립과 사회변동』, 혜
　　　　안, 2003.

_____, 『조선시대 궁중연향과 여악 연구』 민속원, 2003.

남지대, 『조선초기 중앙정치제도연구』, 서울대학교 박사학위논문, 1993.

노영구, 『조선후기 兵書와 戰法의 연구』, 서울대학교 박사학위논문, 2002.

레이 황지음, 김한식 외 옮김, 『만력 15년, 아무 일도 없었던 해』, 새물결, 2004.

민현구, 『조선초기의 군사제도와 정치』, 한국연구원, 1983.

박인호, 『한국사학사대요』(제3판), 이회, 2001.

박홍갑, 『朝鮮時代 門蔭制度 硏究』, 탐구당, 1994.

백기인, 『조선후기 국방론 연구』, 혜안, 2004

문화재청, 『문화재대관』, 문화재청, 1997

서울역사박물관, 『흥선대원군과 운현궁사람들』, 서울역사박물관, 2007.

서태원, 『조선후기 지방군제연구-營將制를 중심으로-』, 혜안, 1999.

송수환, 『조선전기 왕실재정연구』 집문당, 2002.

신병주, 『66세의 영조, 15세 신부를 맞이하다』, 효형, 2001.

심경호, 『국왕의 선물』 1, 책문, 2012.

심재우 외, 『조선의 세자로 살아가기』, 한국학중앙연구원, 2013.

신명호, 『조선왕실의 의례와 생활』, 돌베개, 2002

_____, 『조선의 공신들』, 가람기획, 2003.

_____, 『조선시대의 정치와 제도』, 집문당, 2003.

_____, 『국왕의 선물』, 책문, 2012.

오수창, 『조선후기 평안도 사회발전 연구』, 일조각, 2002.

유송옥, 『조선왕조 궁중의궤복식』, 수학사, 1999.

유희경·김혜순, 『왕의 복식』, 꼬레알리즘, 2009.

이범직, 『韓國中世禮思想硏究-五禮를 中心으로』, 일조각, 1991.

이민주, 『조선 궁중의 잔치, 연향』, 글항아리, 2013.

_____, 『용을 그리고 봉황을 수놓다』, 한국학중앙연구원, 2013

李善宰, 『儒敎思想과 儀禮服』, 아세아문화사, 1992.

이성곤, 『새롭게 읽는 조선의 궁술-한국무예사료총서 14』, 국립민속박물관, 2008.

이성무, 『조선초기 양반연구』, 일조각, 1980.

_____, 『科擧』, 일조각, 1981.

_____, 『한국의 과거제도』, 집문당, 1994.

_____, 『조선양반사회연구』, 일조각, 1995.

_____, 『조선왕조사』(1·2), 동방미디어, 1998.

_____, 『조선의 사회와 사상』, 일조각, 2004.

이 욱, 『조선시대 재난과 국가의례』, 창비, 2009.

이태진, 『조선후기의 정치와 군영제 변천』, 한국연구원, 1985.

李熙德, 『高麗儒敎政治思想의 硏究 -高麗時代 天文·五行說과 孝思想을 中心으로』, 一潮閣, 1984.

임민혁, 『조선의 禮治와 왕권』, 민속원, 2012.

_____, 『英祖의 정치와 禮』, 민속원, 2012.

장필기, 『조선후기 무반벌열가문 연구』, 집문당, 2004.

정두희, 『조선초기 정치지배세력연구』, 일조각, 1983.

정재훈, 『조선전기 유교정치사상 연구』, 태학사, 2005.

_____, 『조선의 국왕과 의례』, 지식산업사, 2010.

정해은, 『조선후기 무과급제자 연구』, 한국학대학원 박사학위논문, 2002.

_____, 『한국 전통병서의 이해』, 국방부 군사편찬연구소, 2004.

_____, 『한국 전통병서의 이해(Ⅱ)』, 국방부 군사편찬연구소, 2008.

제임스 B. 팔레 지음, 김범 옮김, 『유교적 경세론과 조선의 제도들 -유형원과 조선후기』(1), 산처럼, 2008.

제임스 M.번즈, 한국리더십연구회 옮김, 『리더십 강의』, 미래인력 연구센터, 2010.

趙善美, 『韓國肖像畫硏究』, 悅話堂, 1994.

존 B. 던컨, 『조선 왕조의 기원』, 너머북스, 2013

池斗煥, 『朝鮮前期 儀禮硏究』, 서울대 출판부, 1994.

진 령, 『청대 용포 상징의 전싱세계』, 무한방직대학 석사학위논문, 2014

차문섭, 『조선시대군제연구』, 단대출판부, 1973.

_____,『조선시대 군사관계 연구』, 단대출판부, 1996.

최연우,『면복』, 문학동네, 2015.

최진옥 외,『장서각 소장 왕실 보첩자료와 왕실구성원』, 민속원, 2010.

최효식,『조선후기군제사연구』, 신서원, 1995.

풍우 저·김갑수 역,『천인관계론』, 신지서원, 1993.

피터 K. 볼,『역사 속의 성리학』, 예문서원, 2010.

한국정신문화연구원,『장서각소장의궤해제』, 2002.

한국정신문화연구원,『장서각소장등록해제』, 2002.

한영우,『정조의 화성행차, 그 8일』, 효형출판, 1998.

한상우,『朝鮮後期 兩班層의 親族 네트워크』, 성균관대학교 박사학위논문, 2014.

화성시,『수원 들목조씨 고문서』, 화성시, 2006.

朱求真,『战国至汉楚地漆棺纹饰研究』, 山西大學碩士學位論文, 2010

徐敏敏,『中國古代陶瓷魚藻紋裝飾特徵的演變』, 景德鎮陶瓷學院 석사학위논문, 2012

诸葛恺,「斧鉞象征爭議」,『文物研究』, 1994

李欣·伊延波,「传统图案与创意图形的融合」,『藝術視界』 20, 2015

武金勇·尚莹辉·肖世孟,「"黻" 紋的特徵及來源探究」,『天津大学學報(社會科學版)』第12卷 第 4期, 2010.

3. 논문

강제훈,「조선초기의 朝會 의식」,『조선시대사학보』 28, 2003.

_____,「조선초기 종친직제의 정비와 운영」,『한국사연구』 151, 2010.

권연웅·설설규,「16세기 퇴계학파의 군주성학론」,『대구사학』 67집, 2002.

김광수,「고려태조의 三韓功臣」,『사학지』 7, 1973.

김문식,「1791년 숙종의 기로연 행사」,『사학지』 40, 2008.

김백철,「조선후기 정조대『대전통편』「병전」 편찬의 성격」,『군사』

76, 국방부군사편찬연구소, 2010.

김성준, 「太宗의 外戚除去에 對하여 : 閔氏兄弟의 獄」, 『역사학보』 17·18, 1962.

김순남, 「조선 연산군대 여진의 동향과 대책」, 『한국사연구』 144, 2009.

김웅호, 『조선초기 중앙군 운용 연구』, 서울대 박사학위논문, 2016.

김윤주, 「조선 초기 국왕 친인척의 정치 참여와 군친무장 원칙」, 『향토서울』 87, 2014.

김영주, 「조선시대 구언제도의 절차와 내용 연구」, 『언론과학연구』 9권 4호, 2009.

김종수, 「外宴과 內宴의 의례구성과 특징- 19세기~20세기 초 의궤를 중심으로-(I)」, 『韓國音樂史學報』 29, 2002.

_____, 「外宴과 內宴의 의례구성과 특징- 19세기~20세기 초 의궤를 중심으로-(II)」, 『韓國音樂史學報』 30, 2003.

_____, 「17~19세기 大妃殿宴禮의 변천」, 『규장각』 27, 2004.

_____, 「조선후기 내연 의례의 변천」, 『온지논총』 35, 2013.

나영훈, 「조선 전기 도감의 조직과 기능」, 『조선시대사학보』 70, 2014.

南權熙·呂恩暎, 「忠烈王代 武臣 鄭仁卿의 政案과 功臣錄券研究」, 『古文書研究』 7, 1995.

남지대, 「조선초기 禮遇衙門의 성립과 정비」, 『동양학』 24, 1994.

남지대, 「조선 초기 관서·관직체계의 정비」, 『호서문화논총』 9·10집, 1996.

노명호, 「고려후기의 공신녹권과 공신교서」, 『고문서연구』 13, 1998.

레이 황 지음, 김한식 외 옮김, 『만력 15년, 아무 일도 없었던 해』, 새물결, 2004.

명경일, 「조선초기 啓目 연구」, 『고문서연구』 39, 2011.

문재윤, 「조선조 왕실의 제가(齊家)론과 그 정치적 함의」, 『영남학』 12, 2007.

박가영, 「조선시대 갑주 유물의 감정을 위한 현황파악과 시대구분」, 『복식』 Vol. 58, no.5, 2008.

박준호, 「『경국대전』 체제의 문서 행정 연구」, 『고문서연구』 28, 2006.

박 진, 「한국 정치제도의 변화상 ; 조선초기 돈녕부의 성립」, 『한국사학보』 18, 2004.

박천식, 「개국원종공신의 검토」, 『사학연구』 38, 1984

박홍갑, 「朝鮮前期 宣傳官」, 『사학연구』 41, 한국사학회, 1990.

_____, 「조선전기 武班蔭職 연구」, 『한국사학논총』, 水邨朴永錫敎授華甲紀念論叢刊行委員會, 1992.

박홍갑, 「조선시대 免新禮 풍속과 그 성격」, 『역사민속학』 11, 2000.

배성수, 「숙종초 강화도 돈대의 축조와 그 의의」, 『조선시대사학보』 27, 조선시대사학회, 2003,

배우성, 「正祖年間 武班軍營大將과 軍營政策」, 『한국사론』 24, 서울대학교, 1991.

배혜숙, 「정조연간 홍복영 옥사 연구」, 『역사와실학』 5·6, 역사실학회, 1995.

백기인, 「조선후기 국왕의 열무 시행과 그 성격」, 『한국정치외교사논총』 27집 2호, 2006.

사진실, 「연경당 진작의 공간 운영과 극장사적 의의」, 『한국극예술연구』 27, 2008.

송방송, 「英祖朝甲子 進宴儀軌 攷- 公演史料를 중심으로 -」, 『國樂院論文集』 8, 국립국악원, 1996.

송양섭, 「효종의 북벌 구상과 군비증강책」, 『한국인물사연구』 7, 한국인물사연구회, 2007.

송준호, 「李朝後期의 武科의 運營實態에 관하여 : 丁茶山의 五亂說을 中心으로 하여」, 『전북사학』 15, 전북대학교, 1977.

_____, 「조선후기의 과거제도」, 『국사관논총』 63, 국사편찬위원회, 1995.

辛大奉, 「巨濟 宣武功臣錄」, 『경남향토사논총』 3, 1994.

신동은, 「조선 전기 경연의 이념과 전개」, 『정신문화연구』32권 제
    1호, 2009.
신명호, 「조선전기 왕비(王妃),대비(大妃)의 본궁(本宮)과 사장(私藏)」,
    『역사와경계』 89, 2013.
신병주, 「영조대 대사례 실시와 대사례의궤」, 『한국학보』 28, 2002.
심승구, 『조선전기 무과연구』, 국민대학교 박사학위논문, 1994.
_____, 「임진왜란 중 무과의 운영실태와 기능」, 『조선시대사학보』
    1, 1997.
_____, 「朝鮮時代 大射禮의 設行과 政治社會的 意味 -1743년(영
    조 19) 大射禮를 중심으로」, 『한국학논총』 32, 2009.
연갑수, 「19세기 종실(宗室)의 단절 위기와 종친부 개편」, 『조선시
    대사학보』 51, 2009.
오수창, 「17,18세기 평안도 유생·무사층 성장의 사회경제적 배경」,
    『奎章閣』 18, 서울대학교, 1995.
오종록, 「壬辰倭亂~丙子胡亂時期 軍事史 硏究의 現況과 課題」, 『軍
    史』 38, 국방부 국방군사연구소, 1999.
원창애, 「조선 종친부의 체제 및 기능과 그 변천」, 『사학연구』
    114, 2014.
윤진영, 「조선후기 면신례의 관행과 선전관계회도」, 『서울학연구』
    54, 서울학연구소, 2014.
윤훈표, 「朝鮮初期 武科制度硏究」, 『學林』 9, 연세대학교, 1987.
_____, 「조선 세조 때 병정(兵政) 편찬의 의미와 그 활용」, 『역사
    와 실학』 40, 2009,
_____, 「조선 정종 때의 경연에 대하여」, 『한성사학』 25, 2010.
_____, 「조선전기 진법훈련 체계의 변화」, 『역사와 실학』 46,
    2011.
_____, 「15세기 말엽부터 16세기 중엽까지 경연의 변모와 그 의
    미」, 『역사와 실학』 51, 2013.
이강욱, 「계사에 대한 고찰-『承政院日記』를 중심으로-」, 『고문서
    연구』 37, 2010.

438 | 국왕과 양반의 소통 구조

이기백, 「19세기 한국사학의 새 양상」, 『韓㳓劢博士停年紀念 史學論叢』, 지식산업사, 1981.

이석규, 「조선초기 응지상소를 통해 본 성종대의 변화」, 『조선시대사학보』 41, 2007.

이선희, 「18세기 수령과 관찰사의 행정마찰과 처리방식」, 『고문서연구』 27, 2005.

이성무, 『조선초기 양반연구』, 일조각, 1980.

이성무, 「한국의 과거제도와 그 특성」, 『과거』, 일조각, 1981.

_____, 「朱子學이 14·15세기의 韓國敎育·科擧制度에 미친 影響」, 『한국사학』 4, 한국정신문 화연구원, 1983.

_____, 『조선양반사회연구』, 일조각, 1995.

_____, 「『經國大典』의 編纂과 『大明律』」, 『朝鮮兩班社會硏究』, 일조각, 1995.

_____, 『조선왕조사』(1·2), 동방미디어, 1998.

_____, 「조선시대사 서설」, 『역사학보』 170, 2001.

이왕무, 「조선전기 군례의 정비와 射禮의 의례화」, 『동양고전연구』 54, 2014.

이태진, 『조선후기의 정치와 군영제 변천』, 한국연구원, 1985.

이현수, 「조선초기 강무 시행사례와 군사적 기능」, 『군사』 45, 국방부군사편찬연구소, 2002,

임선빈, 「조선초기 '외방사신'에 대한 시론」, 『조선시대사학보』 5, 1998.

임용한, 「오이라트의 위협과 조선의 방어전략-진관체제 성립의 역사적 배경」, 『역사와 실학』 46, 2011.

임혜련, 「純祖初期 貞純王后 垂簾聽政期의 官人 임용양상과 권력관계」, 『한국학논총』 41, 2014.

_____, 「1671년(顯宗 12) 肅宗妃 仁敬王后의 國婚과 光山 金門 家勢」, 『역사와담론』 71, 2014.

장필기, 「朝鮮後期 別軍職의 組織과 그 活動」, 『사학연구』 40, 1989

_____, 「朝鮮後期 ‘武譜’의 資料的 檢討」, 『조선시대사학보』 7, 1998.

_____, 「朝鮮後期 宣傳官出身 家門의 武班閥族化 過程」, 『軍史』 42, 2001.

정만조, 「均役法의 選武軍官 – 閑遊者 문제와 관련하여」, 『한국사연구』 18, 1977.

정승모, 「會盟誓文 : 조선 태종 4년(1404) 11월 공신회맹제 때 작성한 誓文의 板刻本」, 『역사민속학』 3, 1993.

정재훈, 「朝鮮初期 王室婚과 王室勢力의 形成」, 『한국사연구』 95, 1996.

_____, 「명종·선조년간의 경연」, 『조선시대사학보』 10, 1999.

_____, 「조선중기의 경연과 제왕학-광해군~현종년간을 중심으로-」, 『역사학보』 184, 2004.

정해은, 「조선후기 宣薦의 운영과 선천인의 서반직 진출 양상」, 『역사와 현실』 39, 2001.

차문섭, 「守禦廳硏究(上·下)」, 『東洋學』 6, 9, 단국대 동양학연구소, 1976, 1979.

_____, 「朝鮮後期 中央軍制의 再編」, 『韓國史論』 9, 국사편찬위원회, 1991.

_____, 『조선시대 군사관계 연구』, 단대출판부, 1996.

차용걸, 「조선 성종대 해방축성 논의와 그 양상」, 『백산학보』 23, 1977.

_____, 「행성·읍성·진성의 축조」, 『한국사』 22, 국사편찬위원회, 1995.

千惠鳳, 「義安伯李和 開國功臣錄券에 관한 硏究」, 『書誌學硏究』 3, 1988.

최승희, 「세조대 왕위의 취약성과 왕권강화책」, 『조선시대사학보』 1, 1997.

최이돈, 「사림언론과 중앙정치」, 『역사비평』 37, 1997

_____, 「조선초기 왕실 친족의 신분적 성격-관직 진출을 중심으로-」,

『진단학보』 117, 2013.

최주희, 「18세기 중반 定例類에 나타난 王室供上의 범위와 성격」, 『장서각』 27, 2012.

최효식, 『조선후기군제사연구』, 신서원, 1995.

한상권, 「세종대 치도론과 대명률-절도삼범자 처벌을 둘러싼 논변을 중심으로」, 『역사와 현실』 65, 2007.

한충희, 「조선세조대(145~1468) 종친연구」, 『한국학논집』 22, 1987.

_____, 「조선초기 儀賓研究」, 『조선사연구』 5, 1996.

한희숙, 「조선 종친부의 체제 및 기능과 변천」, 『사학연구』 114, 2014.

허선도, 「兵政」영인 및 해제」, 『한국학논총』 4, 국민대학교 한국학연구소, 1982,

홍순민, 「정치집단의 구성」, 『조선정치사』(상), 청년사, 1990.

색인

(ㅇ)

조선 국왕의 리더십과 소통 ❷
국왕과 양반의 소통 구조

지 은 이   신명호·원창애·이민주·이왕무·정해은
초판 1쇄 발행   2019년 5월 10일

발 행 인   박종서
발 행 처   역사산책
출판등록   2018년 4월 2일 제25100-2018-000060호
주   소   (10477) 경기도 고양시 덕양구 은빛로 39, 401호(화정동, 세은빌딩)
전   화   031-969-2004
팩   스   031-969-2070
이 메 일   historywalk2018@daum.net
페 이 스 북   https://www.facebook.com/historywalkpub/

© 신명호·원창애·이민주·이왕무·정해은, 2019

ISBN 979-11-964076-5-0 94900
        979-11-964076-3-6 (세트)

값 33,000원

이 저서는 2014년 대한민국 교육부와 한국학중앙연구원(한국학진흥사업단)을 통해
한국학 총서사업의 지원을 받아 수행된 연구임(AKS-2014-KSS-1230005)

이 도서의 국립중앙도서관 출판예정도서목록(CIP)은 서지정보유통지원시스템 홈페이
지(http://seoji.nl.go.kr)와 국가자료종합목록시스템(http://www.nl.go.kr/kolisnet)에서
이용하실 수 있습니다. (CIP제어번호 : CIP2019011808)